KB087498

2.ª edición

Coreano fácil · Vocabulario

Coreano fácil • Vocabulario 2.ª edición

Autora	Seung-eun Oh
Traductor	Katrin Maurer
Corrector de estilo	Alejandro Sánchez Sanabria
1.ª impresión	enero de 2021
1.ª edición	enero de 2021
Editor de proyecto	Kyu-do Chung
Editores	Suk-hee Lee, Sook-hee Kim, Katrin Maurer
Diseñadores	Na-kyung Kim, Ji-young Yoon, Eun-bi Park, Dong-chun Ham
Ilustrador	Moon-su Kim, Woo-seok Song, Byung-chul Yun
Actores de voz	So-yun Shin, Rae-whan Kim, Alejandro Sánchez Sanabria

DARAKWON Publicado por Darakwon Inc.

Darakwon Bldg., 211, Munbal-ro, Paju-si, Gyeonggi-do, República de Corea 10881
Tfno.: 02-736-2031 (Dpto. Mercadotecnia: Ext. 250~252; Dpto. Edición: Ext. 420~426)
Fax: 02-732-2037

Precio : 24,000 wones (incluye MP3 descargable gratuito)

ISBN : 978-89-277-3265-5 14710
978-89-277-3263-1 (set)

---

http://www.darakwon.co.kr
http://koreanbooks.darakwon.co.kr

※ En caso de querer más información sobre nuestras publicaciones y promociones, así como las instrucciones de cómo descargar los archivos MP3, visite la página web de Darakwon.

El presente libro fue seleccionado por la Agencia de Promoción de la Industria Editorial de Corea dentro del "Proyecto de Subvenciones a la Traducción de Contenidos Editoriales de 2020".

Seung-eun Oh

Prólogo

<Korean Made Easy> 시리즈는 제2언어 혹은 외국어로서 한국어를 공부하는 학습자를 위해 집필되었다. 특히 이 책은 시간적·공간적 제약으로 인해 정규 한국어 교육을 받을 수 없었던 학습자를 위해 혼자서도 한국어를 공부할 수 있도록 기획되었다. <Korean Made Easy> 시리즈는 초판 발행 이후 오랜 시간 독자의 사랑과 지지를 받으며 전세계 다양한 언어로 번역되어 한국어 학습에 길잡이 역할을 했다고 생각한다. 이번에 최신 문화를 반영하여 예문을 깁고 연습문제를 보완하여 개정판을 출판하게 되어 저자로서 크나큰 보람을 느낀다. 한국어를 공부하려는 모든 학습자가 <Korean Made Easy>를 통해 효과적으로 한국어를 공부하면서 즐길 수 있기를 바란다.

시리즈 중 <Korean Made Easy – Vocabulary>는 학습자가 맥락 안에서 의미 구조를 바탕으로 어휘의 의미와 쓰임을 익혀 갈 수 있도록 고안되었다. 이 책은 어휘 학습이 주제별로 나열된 어휘 목록을 암기하는 데에서 벗어나야 한다는 고민에서 시작되었다. 어휘의 의미를 어떻게 익히는 것이 효과적인지, 학습한 어휘를 담화 내에서 어떻게 사용해야 하는지, 비슷한 어휘들 간에 어떤 차이가 있는지, 이미 학습한 어휘가 다른 어휘로 어떻게 확장될 수 있는지 저자가 연구해 왔던 것을 이 책에 모두 담아내고자 하였다.

<Korean Made Easy – Vocabulary>는 초급에서 중급 초반에 이르는 약 2,500여 개의 방대한 어휘를 총 100개 과에서 다루고 있다. 어휘의 난이도에 따라 Part 1, Part 2, Part 3의 세 부분으로 구성 방식을 달리하여, 학습자가 맥락 안에서 어휘의 의미와 쓰임을 이해하면서 익힐 수 있도록 제시하였다. 또한 그림이나 사진, 듣기 자료, 어휘의 맥락을 보여 주는 대화 카드, 다양한 연습 문제를 통해 학습자가 어휘를 더 짜임새 있게 학습하고 자연스럽게 활용할 수 있도록 하였다. 이 책은 과가 진행되어 갈수록 어휘 수준이 높아지고 복잡해지며 세분화되지만, 각 과는 주제별로 독립적으로 구성되어 있기 때문에 학습자는 목차에서 제시한 순서와 상관 없이 원하는 주제를 선택하여 공부할 수 있다.

<Korean Made Easy – Vocabulary>는 자료 정리 및 책의 제작 과정에서 많은 이의 도움과 열정이 함께 했기에 빛을 볼 수 있었다. 개정판의 번역과 교정을 훌륭하게 해 주신 Katrin Maurer 씨와 감수를 맡아 주신 Alejandro Sánchez Sanabria 씨께도 깊은 감사 인사를 드린다. 또한 오랜 원고 집필과 제작 과정을 기다려 주신 ㈜다락원의 정규도 사장님과 책을 멋지게 완성해 주신 한국어출판부 편집진께 진심으로 감사드린다.

마지막으로, 늘 곁에서 딸의 꿈이 실현되도록 응원해 주시는 어머니와 하늘에서도 큰딸을 흐뭇하게 지켜보실 아버지께 이 책을 바치고 싶다.

오승은

Coreano fácil es una serie de manuales dirigida para aquellos que deseen estudiar coreano como segunda lengua o lengua extranjera. Este manual, en concreto, ha sido diseñado para aquellos que hayan decidido estudiar coreano por su cuenta por no poder recibir educación formal al respecto debido a falta de tiempo o lejanía de los centros educativos que oferten cursos de coreano. Parece que la serie *Coreano fácil* ha sido muy bien recibida y apreciada desde su primera edición. Además, ha sido traducida a varios idiomas, lo que ha convertido a esta serie en una valiosa herramienta para aprender coreano. Como autora, me siento extremadamente recompensada por la publicación de esta edición revisada, la cual incluye ejemplos con innovadores contenidos culturales y ejercicios complementarios adicionales. Espero que todos aquellos interesados en aprender coreano lo puedan hacer de manera eficaz y entretenida por medio de la serie *Coreano fácil*.

Coreano fácil – Vocabulario está diseñado para ayudar a los estudiantes a aprender el significado y el uso del vocabulario basado en la estructura semántica y el contexto. El libro surgió a partir de la idea de que el aprendizaje del vocabulario debería alejarse de la memorización de las listas de vocabulario enumeradas por temas. Como autora quería tratar de encapsular toda mi investigación acerca de cómo familiarizar eficazmente a los estudiantes con los significados de las palabras, cómo el vocabulario aprendido debe utilizarse en el discurso, cómo hay diferencias entre palabras similares y cómo el vocabulario aprendido puede extenderse a otras palabras.

Coreano fácil – Vocabulario presenta aproximadamente 2.500 palabras de vocabulario de nivel básico e intermedio en más de 100 unidades. Según la dificultad del vocabulario, la composición de las tres secciones de la Parte 1, la Parte 2 y la Parte 3 es diferente, de modo que los estudiantes pueden aprender el significado y el uso del vocabulario en el contexto apropiado. El alumno podrá estudiar el vocabulario de manera organizada y utilizarlo naturalmente con la ayuda de imágenes, material de audio, diversos ejercicios de práctica y tarjetas de diálogo que muestran el contexto en el que se utilizan las palabras del vocabulario. Aunque el vocabulario se hace cada vez más difícil y matizado a lo largo del libro, el estudiante puede seleccionar un tema del índice y saltar a él sin tener en cuenta el orden general del libro, ya que las unidades son en gran medida independientes unas de otras.

Coreano fácil – Vocabulario fue posible gracias al interés y el esfuerzo de muchas personas para llevar a cabo y organizar los materiales y la producción del libro. Quiero expresar mi profunda gratitud a Katrin Maurer por la excelente traducción y corrección de la versión revisada y a Alejandro Sánchez Sanabria por la supervisión. También quiero agradecer a Kyu-do Chung, el presidente de Darakwon Korean Press, por esperar pacientemente a que el borrador del libro sea escrito y producido, y al equipo de edición por completar el libro con gran paciencia durante dos años.

Por último, dedico este libro a mi madre, quien dedicó sus oraciones a que mi sueño se realizara, y a mi padre, que incluso desde el cielo estaría más feliz que nadie al ver la finalización de este libro.

Seung-eun Oh

Cómo utilizar este libro

Parte 1

La primera parte presenta el vocabulario básico y esencial que se utiliza comúnmente en conversaciones cotidianas sobre 10 temas, divididos en 60 unidades. El vocabulario para estudiar se presenta en forma de preguntas y ejercicios junto con el material de audio, diseñado para practicar simultáneamente el significado y la pronunciación del vocabulario y para profundizar su comprensión durante el transcurso del aprendizaje del vocabulario.

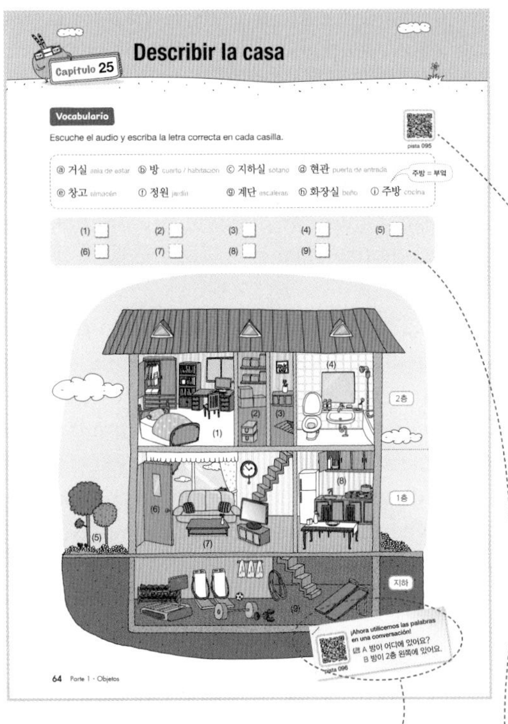

Vocabulario

▶ **Comprende los significados y los usos contextualizados del vocabulario**

En cada unidad, se presenta primero el vocabulario que se va aprender y luego se familiariza al estudiante más concretamente con los significados y usos de las palabras a través de ejercicios.

Código QR

Cada ejercicio cuenta con un archivo de audio para la práctica de una pronunciación y ritmo correctos, el mismo que puede ser descargado de la página web de Darakwon en formato MP3 mediante los códigos QR junto al ejercicio.

¡Ahora utilicemos las palabras en una conversación!
A 방이 어디에 있어요?
B 방이 2층 왼쪽에 있어요.
pista 096

Tarjeta de diálogo

Se puede practicar el uso del vocabulario en el contexto adecuado recitando los diálogos básicos presentes en estas tarjetas. Las transcripciones de las conversaciones aparecen en el apéndice.

Respuestas

Las respuestas pueden comprobarse a través de las traducciones o se pueden encontrar en el apéndice. También se pueden comprobar a través del material de audio. Sin embargo, el propósito principal del material de audio es estudiar y practicar la pronunciación. Es aconsejable practicar el vocabulario aprendido comprobando el contexto en el que se utiliza, mediante las tarjetas de conversación.

Ejercicio

▶ Amplía el vocabulario que acaba de aprender

Las palabras estudiadas en **Vocabulario** se pueden profundizar a través de los ejercicios de práctica de las secciones **Ejercicio 1** y **Ejercicio 2**. Al igual que en la sección **Vocabulario**, se pueden comprobar las respuestas correctas en el apéndice, comparar con el material de audio, y además se puede practicar con las tarjetas de conversación.

¡Cuidado!

Cuidado con estos errores comunes de uso o pronunciación.

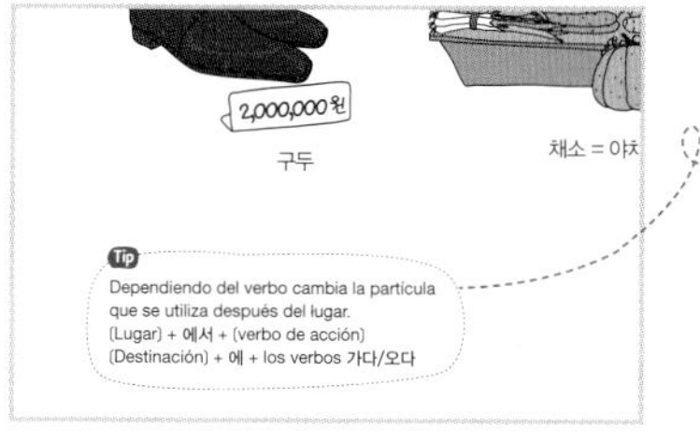

Tip

Intente recordar estos consejos de contexto para el uso del vocabulario.

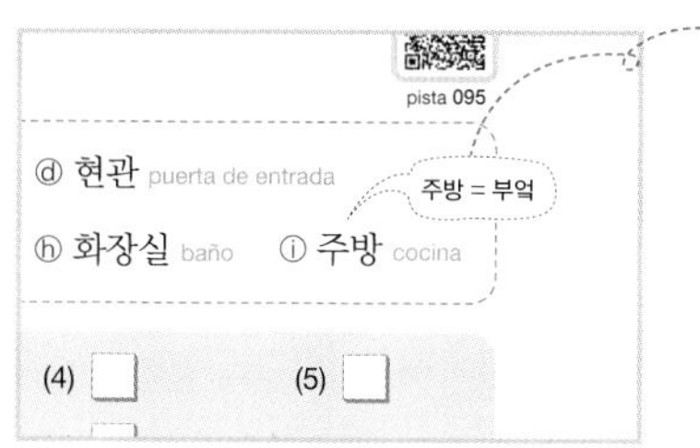

Globo de conversación

Aprenda sinónimos y antónimos útiles.

Parte ❷

La segunda parte se divide en 4 temas y 20 unidades. El vocabulario es más complejo, y se introducen muchas más frases y expresiones. El vocabulario está dividido por categorías para facilitar la memorización.

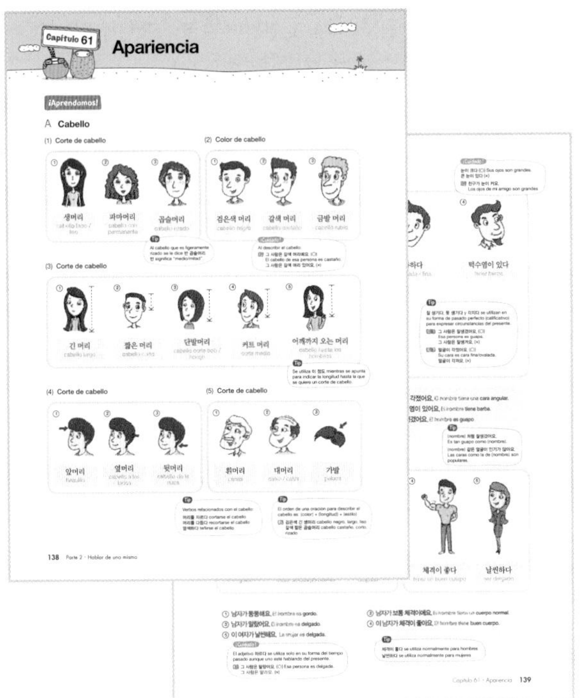

¡Aprendamos!

▶ Aprenda el vocabulario a través de asociación semántica

El vocabulario a cubrir en la segunda parte se presenta con breves frases de ejemplo para comprender su uso en cada contexto. Como en la Parte 1, el vocabulario se presenta junto a las traducciones en español.

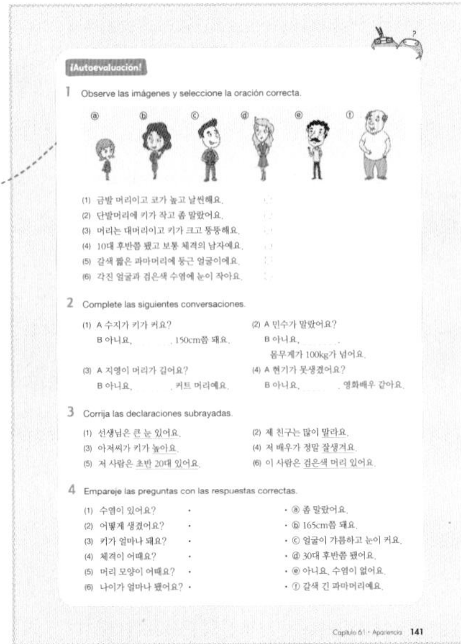

¡Autoevaluación!

▶ Confirme los usos del vocabulario a través de varios ejercicios

A través de los variados ejercicios de la sección ¡Autoevaluación!, no solo se aprende el significado del vocabulario, sino que también se aprende a incorporarlo en oraciones. Las respuestas se encuentran en el apéndice.

Parte 3

El vocabulario más complicado, incluyendo mucho vocabulario abstracto, se presenta en la tercera parte dividida en 3 temas y 20 unidades. Se enseña vocabulario con múltiples significados, frases, sinónimos y palabras comúnmente confusas. También se aprendera vocabulario gramatical y las partes de la expresión oral en coreano.

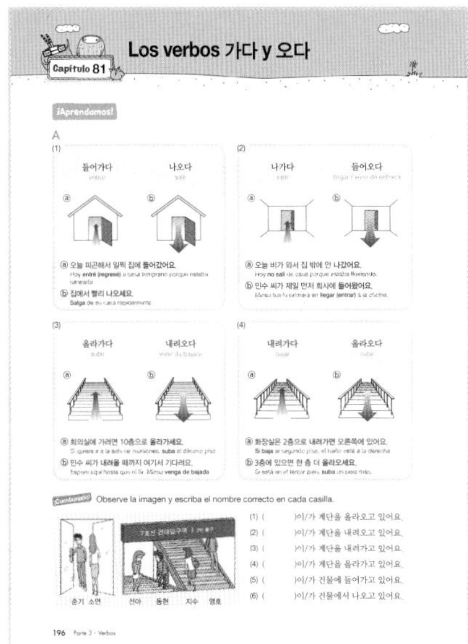

¡Aprendamos!

▶ **Distinga las diferencias sutiles entre palabras de vocabulario similares**

El vocabulario a ser estudiado se subdivide por significado en múltiples secciones. Cada subcategoría se presenta con explicaciones, así como con oraciones de ejemplo, y se explican las diferencias sutiles entre las palabras.

▶ **Confirme los significados y usos variados del vocabulario**

En la Parte 3, debido a que se cubren varias palabras del vocabulario que son complicadas y/o tienen múltiples significados, se coloca un cuestionario inmediatamente después de cada subcategoría de vocabulario para confirmar inmediatamente dichos significados y usos. Las respuestas se encuentran en el apéndice.

★ Transcripciones

Se presentan aquí los guiones de todas las tarjetas de conversación y de los ejercicios de escucha de la primera parte que requieren respuestas.

★ Índice de vocabulario

Todo el vocabulario de los 100 capítulos se presenta en orden con el número de página.

Índice

Parte 1

Parte 3

Apéndice

Parte 1

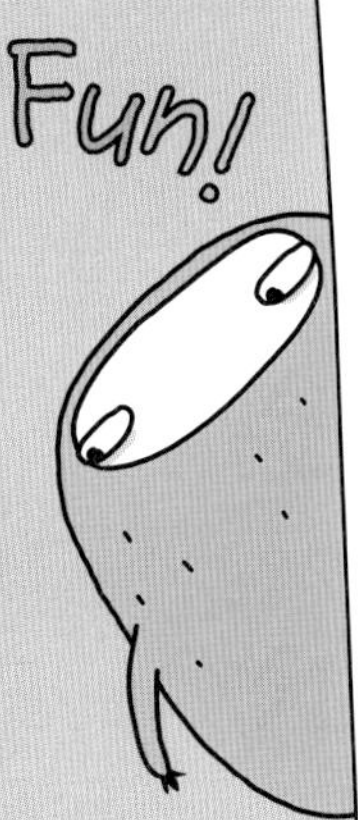

Leer números 1

Vocabulario

pista 001

1 Escuche el audio y repita a continuación.

pista 002

2 Escriba la letra correcta en cada casilla y verifique su respuesta con el audio correspondiente.

ⓐ 삼일오이
ⓑ 칠이공삼
ⓒ 공삼일삼구
ⓓ 사구오이삼공
ⓔ 삼삼칠일 이사이공
ⓕ 공일공 구오이삼 팔육일사
ⓖ 구사이팔 칠칠팔공 삼육삼일 이칠육팔

Por ejemplo, el número de cuatro cifras "3371" no se lee 삼십삼 칩실일, sino 삼삼칠일.

'-' (el signo de guión) se lee como [에].

(1) 전화번호 ☐

Cuando se lee un número de teléfono, se lee el 0 como 공.

(2) 핸드폰 번호 ☐

(3) 비밀번호 ☐

(4) 우편 번호 ☐

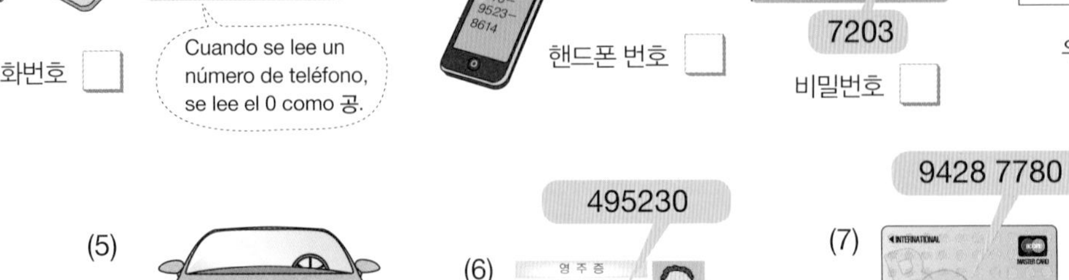

(5) 자동차 번호 ☐

(6) 외국인 등록 번호 ☐

(7) 카드 번호 ☐

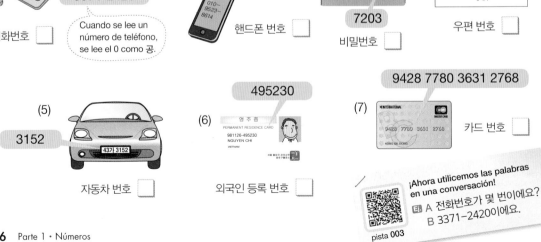

¡Ahora utilicemos las palabras en una conversación!
예 A 전화번호가 몇 번이에요?
B 3371-2420이에요.

pista 003

Ejercicio 1

Escuche el audio y repita a continuación.

pista 004

(1)

A 전화번호가 2645-7865 맞아요?

B 네, 맞아요.

A ¿El número de teléfono es 2645-7865, correcto?

B Sí, es correcto.

(2)

A 핸드폰 번호가 010-4964-6547 맞아요?

B 아니요, 틀려요. 010-3964-6547이에요.

A ¿El número de móvil es 2645-7865, correcto?

B No, es incorrecto. Es 010-3964-6547.

Ejercicio 2

Marque cada casilla de acuerdo al audio con (O) si el número es correcto o (X) si es incorrecto.

pista 005

(1)

영화관

1544-1580 ☐

(2)

공항

1577-2600 ☐

(3)

교회

498-1287 ☐

(4)

리에

010-5690-0135 ☐

(5)

민호

010-3467-3230 ☐

(6)

제인

010-2624-3573 ☐

(7)

병원

507-7583 ☐

(8)

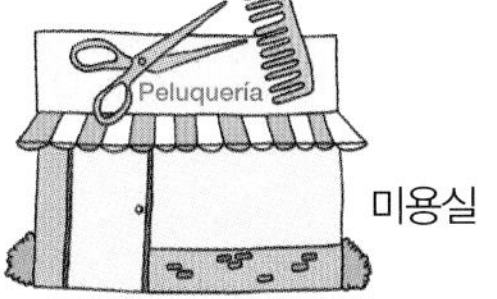

미용실

6334-1010 ☐

(9)

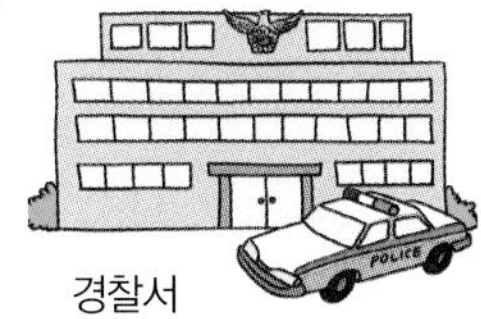

경찰서

2438-5670 ☐

Leer números 2

Capítulo 02

Vocabulario

pista 006

1 Escuche el audio y repita a continuación.

11	12	13	14	15	16	17	18	19	20
십일	십이	십삼	십사	십오	십육	십칠	십팔	십구	이십

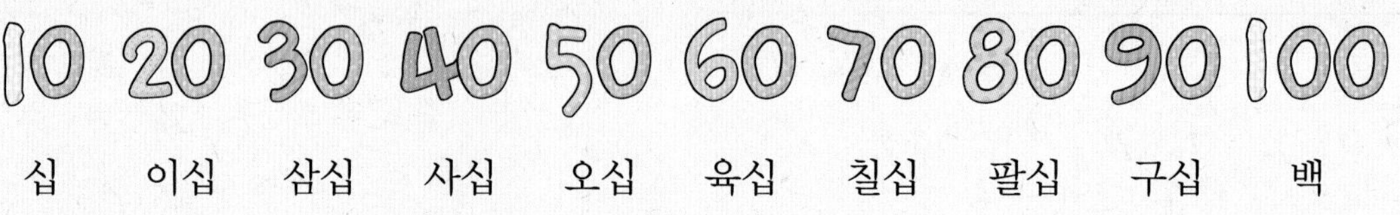

10	20	30	40	50	60	70	80	90	100
십	이십	삼십	사십	오십	육십	칠십	팔십	구십	백

Tip
10 se lee como 십 y no como 일십.

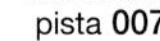

pista 007

2 Escuche el audio y escriba la letra correcta en cada casilla.

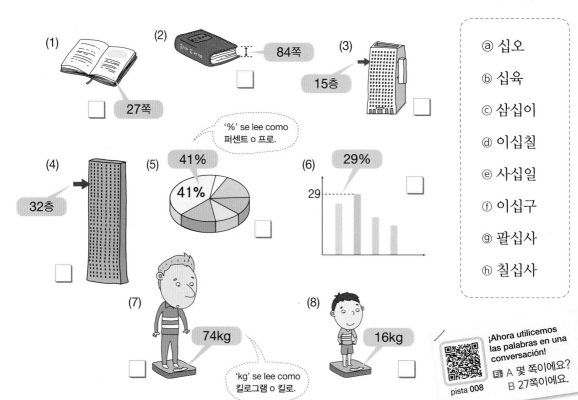

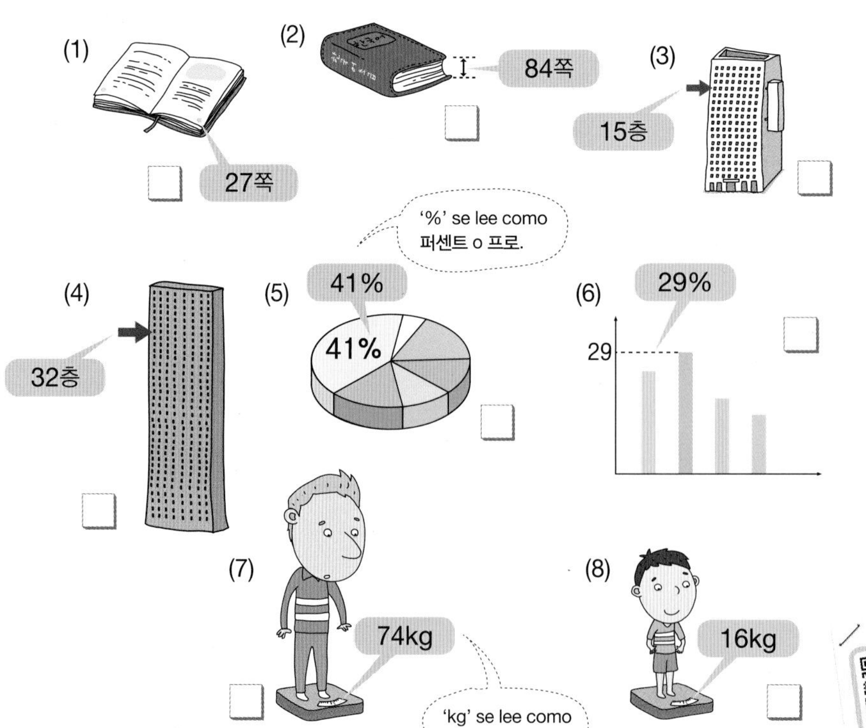

ⓐ 십오
ⓑ 십육
ⓒ 삼십이
ⓓ 이십칠
ⓔ 사십일
ⓕ 이십구
ⓖ 팔십사
ⓗ 칠십사

pista 008

¡Ahora utilicemos las palabras en una conversación!

Ej. A 몇 쪽이에요?
B 27쪽이에요.

Ejercicio 1

'100' se lee como 백 y no como 일백.
'1000' se lee como 천 y no como 일천.

pista 009

Escuche el audio y repita a continuación.

(1)
110 백십
120 백이십

(2)
150 백오십
250 이백오십

(3)
1050 천오십
1500 천오백

(4)
1300 천삼백
2300 이천삼백

Ejercicio 2

pista 010

Escuche el audio y escriba la letra correcta en cada casilla.

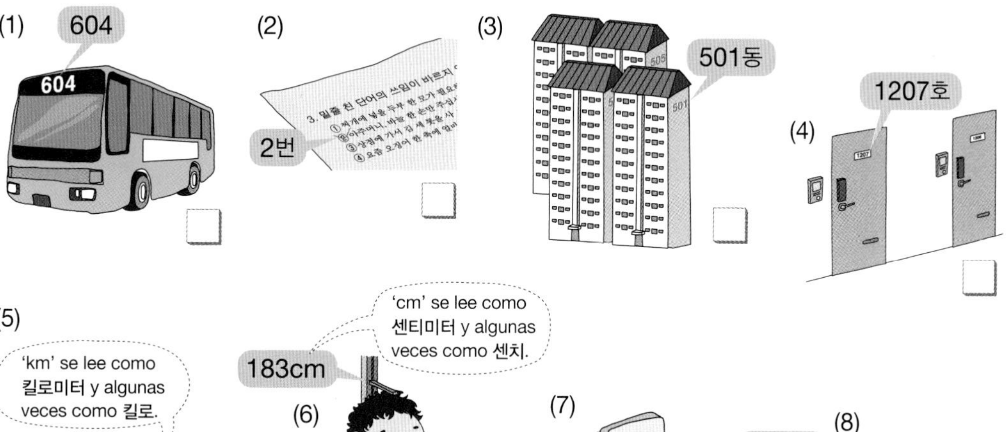

ⓐ A 몇 쪽이에요?
B 사백오십이 쪽이에요.

ⓑ A 방이 몇 호예요?
B 천이백칠 호예요.

ⓒ A 답이 몇 번이에요?
B 이 번이에요.

ⓓ A 집이 몇 동이에요?
B 오백일 동이에요.

ⓔ A 버스가 몇 번이에요?
B 육백사 번이에요.

ⓕ A 전기가 몇 볼트예요?
B 이백이십 볼트예요.

ⓖ A 부산까지 몇 킬로미터예요?
B 삼백구십구 킬로미터예요.

ⓗ A 키가 몇 센티미터예요?
B 백팔십삼 센티미터예요.

Tip
Cuando se requiere un número (en una pregunta) se usa 몇 antes de la unidad.
Ej. 몇 쪽 (página), 몇 층 (piso), 몇 호 (número de habitación), 몇 번 (número)

Cómo leer precios

Vocabulario

pista 011

1 Escuche el audio y repita a continuación.

(1) 10원
십 원 (no 일십 원)

(2) 50원
오십 원

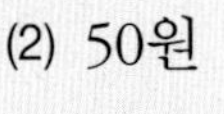

(3) 100원
백 원

(4) 500원
오백 원

(5) 1,000원
천 원 (no 일천 원)

(6) 5,000원
오천 원

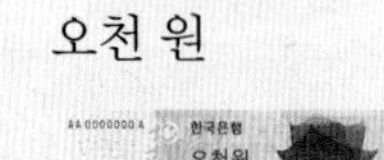

(7) 10,000원
만 원 (no 일만 원)

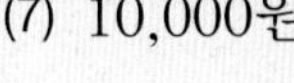

(8) 50,000원
오만 원

	만	천	백	십			
		1,	0	0	0	원 →	천 원
		5,	0	0	0	원 →	오천 원
	1	0,	0	0	0	원 →	만 원
	5	0,	0	0	0	원 →	오만 원
1	0	0,	0	0	0	원 →	십만 원

Los precios se leen con números sino-coreanos. Aunque una coma se coloca comúnmente después de 3 dígitos, los números se leen con la unidad básica de cuatro dígitos 만 (10,000).

¡Cuidado!
10(십) 원 [시뷘]
100(백) 원 [배권]
1,000(천) 원 [처눤]
10,000(만) 원 [마눤]

pista 012

2 Escuche el audio y escriba la letra correcta en cada casilla.

ⓐ 팔천오백 원
ⓑ 삼천팔백 원
ⓒ 만 이천오백 원
ⓓ 이만 천칠백 원
ⓔ 천사백오십 원
ⓕ 칠만 육천이백 원

(1)

3,800원 ☐

(2)

1,450원 ☐

(3)
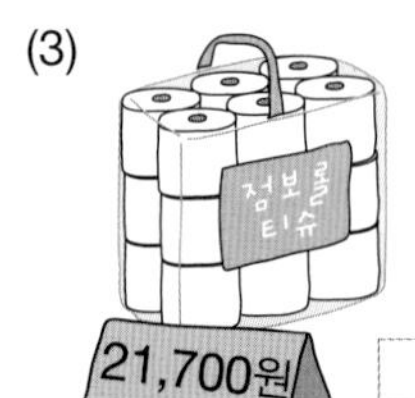

21,700원 ☐

(4)

8,500원 ☐

(5)
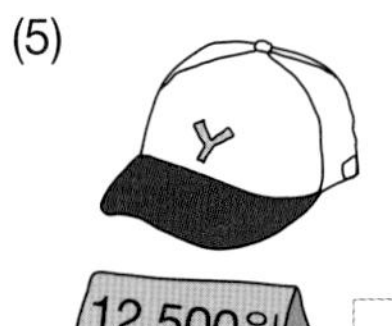
12,500원 ☐

(6)
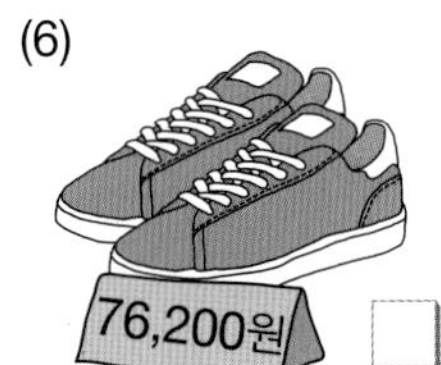
76,200원 ☐

Ejercicio 1

Escuche el audio y repita a continuación.

pista 013

억				만	
			1 십만	0	0,0 0 0 원
		1, 백만	0	0	0,0 0 0 원
	1 천만	0,	0	0	0,0 0 0 원
1 일억	0	0,	0	0	0,0 0 0 원

(1) 347,600원 삼십사만 칠천육백 원

(2) 2,650,300원 이백육십오만 삼백 원

(3) 10,824,500원 천팔십이만 사천오백 원

(4) 157,030,000원 일억 오천칠백삼만 원

100,000 y 1,000,000 se leen como 백만 원, 천만 원 y no como 일백만 원, 일천만 원.
Le excepción es 'cien millones' que se lee como 일 억.

¡Cuidado!
¡Preste atención a la pronunciación!
십만 원 [심마눤]
백만 원 [뱅마눤]
일억 원 [이러권]

Ejercicio 2

Escriba la letra correcta en cada casilla y verifique su respuesta con el audio correspondiente.

pista 014

(1) 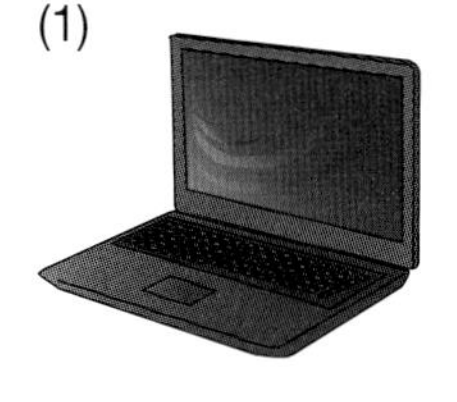

노트북 ☐

(2) 

그림 ☐

(3) 

한복 ☐

(4) 

코트 ☐

(5) 

자동차 ☐

(6)  

가방 ☐

(7) 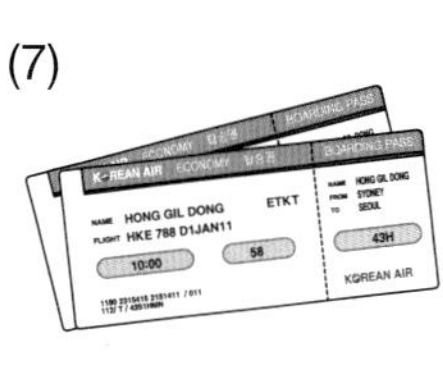

비행기 표 ☐

(8) 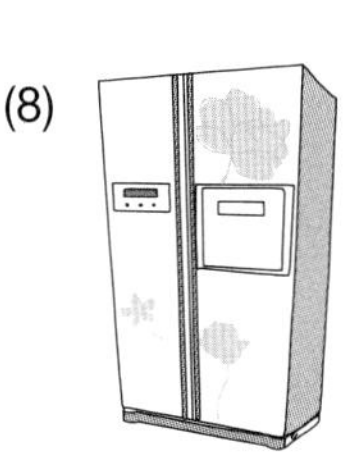

냉장고 ☐

ⓐ 380,000원 ⓑ 2,173,000원 ⓒ 47,400,000원 ⓓ 830,000원
ⓔ 610,000원 ⓕ 56,300,000원 ⓖ 2,837,000원 ⓗ 1,120,000원

Capítulo 04 Cómo contar objetos

Vocabulario

pista 015

1 Escuche el audio y repita a continuación.

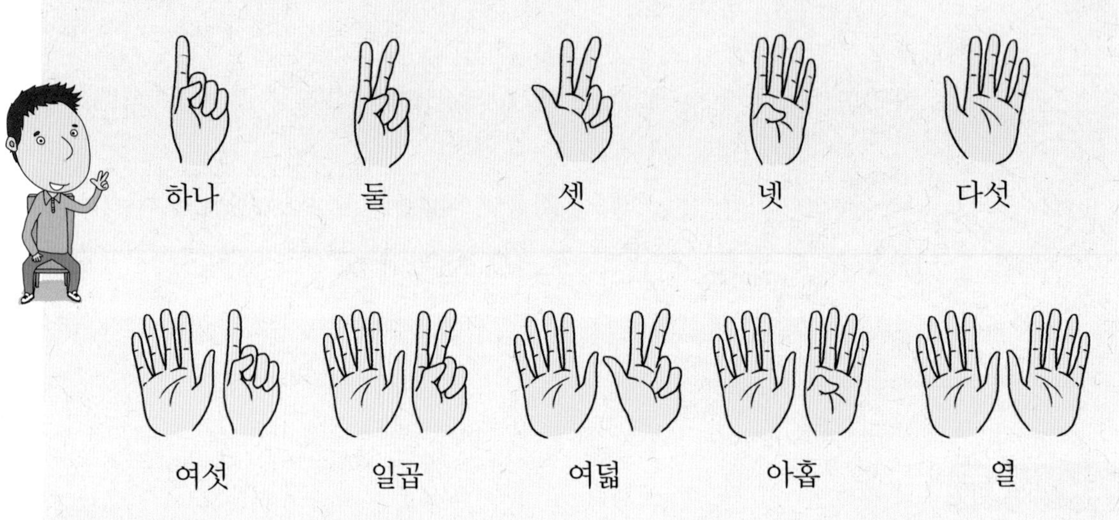

pista 016

2 Escuche el audio y escriba la letra correcta en cada casilla.

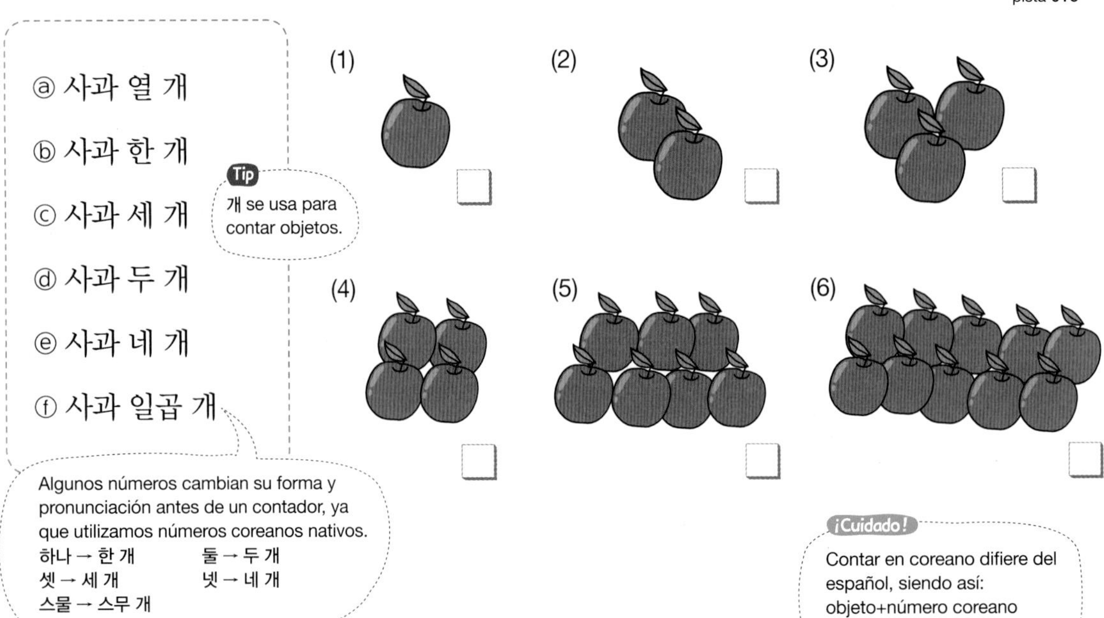

ⓐ 사과 열 개

ⓑ 사과 한 개

ⓒ 사과 세 개

ⓓ 사과 두 개

ⓔ 사과 네 개

ⓕ 사과 일곱 개

Tip
개 se usa para contar objetos.

Algunos números cambian su forma y pronunciación antes de un contador, ya que utilizamos números coreanos nativos.
하나 → 한 개 둘 → 두 개
셋 → 세 개 넷 → 네 개
스물 → 스무 개

¡Cuidado!
Contar en coreano difiere del español, siendo así: objeto+número coreano nativo+contador.

Ejercicio 1

Seleccione la palabra que no coincide con el contador especificado.

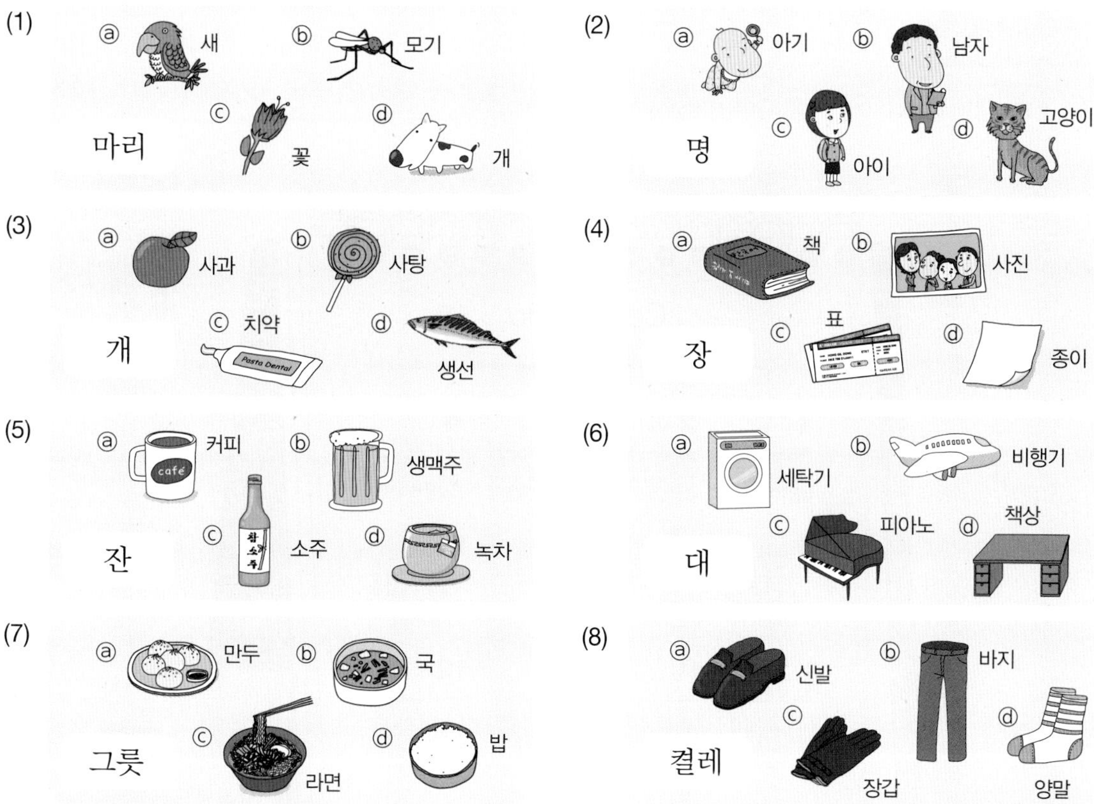

Ejercicio 2

Escuche el audio y escriba la letra correcta en cada casilla.

pista 017

ⓐ 개 ⓑ 명 ⓒ 장 ⓓ 잔 ⓔ 권 ⓕ 대 ⓖ 병 ⓗ 분 ⓘ 마리 ⓙ 켤레

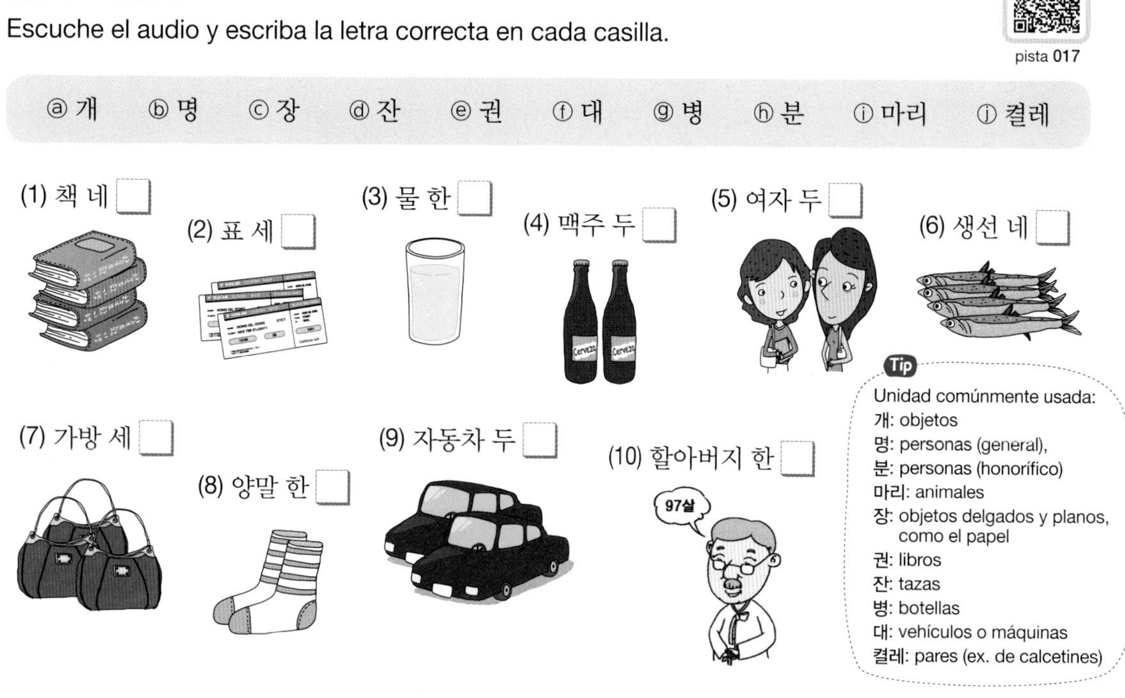

Tip

Unidad comúnmente usada:
개: objetos
명: personas (general),
분: personas (honorífico)
마리: animales
장: objetos delgados y planos, como el papel
권: libros
잔: tazas
병: botellas
대: vehículos o máquinas
켤레: pares (ex. de calcetines)

Meses y días

Vocabulario

pista 018

1 Escuche el audio y repita los meses a continuación.

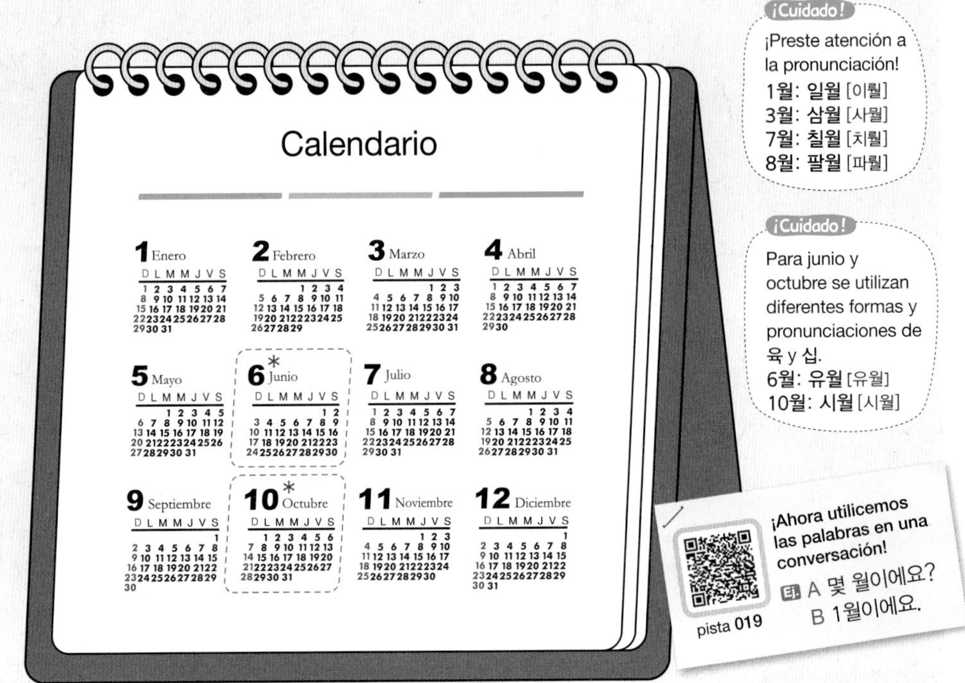

¡Cuidado!

¡Preste atención a la pronunciación!
1월: 일월 [이뤌]
3월: 삼월 [사뭘]
7월: 칠월 [치뤌]
8월: 팔월 [파뤌]

¡Cuidado!

Para junio y octubre se utilizan diferentes formas y pronunciaciones de 육 y 십.
6월: 유월 [유월]
10월: 시월 [시월]

pista 019

¡Ahora utilicemos las palabras en una conversación!

예 A 몇 월이에요?
B 1월이에요.

2 Escuche el audio y seleccione las respuestas correctas.

pista 020

(1) 시험을 (ⓐ 1월 / ⓑ 2월)에 봐요.

(2) 출장을 (ⓐ 4월 / ⓑ 10월)에 가요.

(3) 휴가를 (ⓐ 7월 / ⓑ 8월)에 가요.

(4) 축제를 (ⓐ 6월 / ⓑ 9월)에 해요.

La partícula 에 se usa después de los sustantivos que expresan tiempo.

Ejercicio 1

pista 021

Escuche el audio y repita los días a continuación.

Ejercicio 2

pista 023

Escuche el audio y seleccione las respuestas correctas.

(1) 오늘이 (ⓐ 13일 / ⓑ 14일)이에요.

(2) 졸업이 (ⓐ 17일 / ⓑ 27일)이에요.

(3) 발표가 (ⓐ 11일 / ⓑ 12일)이에요.

(4) 생일이 (ⓐ 30일 / ⓑ 31일)이에요.

Tip

Las fechas se escriben en formato: mes/día.

Ej. 3월 31일 → 3/31

Días festivos

Vocabulario

Escuche el audio y escriba la letra correcta en cada casilla.

pista 024

ⓐ 5월 5일　ⓑ 10월 3일　ⓒ 음력 1월 1일
ⓓ 6월 6일　ⓔ 10월 9일　ⓕ 음력 4월 8일
ⓖ 8월 15일　ⓗ 12월 25일　ⓘ 음력 8월 15일

¡Preste atención a la pronunciación!
음력 [음녁]

(1)

설날 ☐
Año Nuevo Lunar

¡Cuidado!
¡Preste atención a la pronunciación!
ㄴ + ㄹ → ㄹ + ㄹ
설날 [설랄]
한글날 [한글랄]

(2)

개천절 ☐
Gaecheonjeol,
Día de la Fundación de Corea

(3)

어린이날 ☐
Día del Niño

(4)

광복절 ☐
Gwangbokjeol, Día de la Liberación

(5)

추석 ☐
Chuseok (Fiesta de la cosecha)

(6)

부처님 오신 날 ☐
Aniversario de Buda

(7)

성탄절 (=크리스마스) ☐
Navidad

(8)

현충일 ☐
Día de Conmemoración de los Caídos

(9)

한글날 ☐
Día del Hangul

pista 025

¡Ahora utilicemos las palabras en una conversación!
예 A 설날이 며칠이에요?
B 음력 1월 1일이에요.

Ejercicio 1

Escriba la letra correcta en cada casilla.

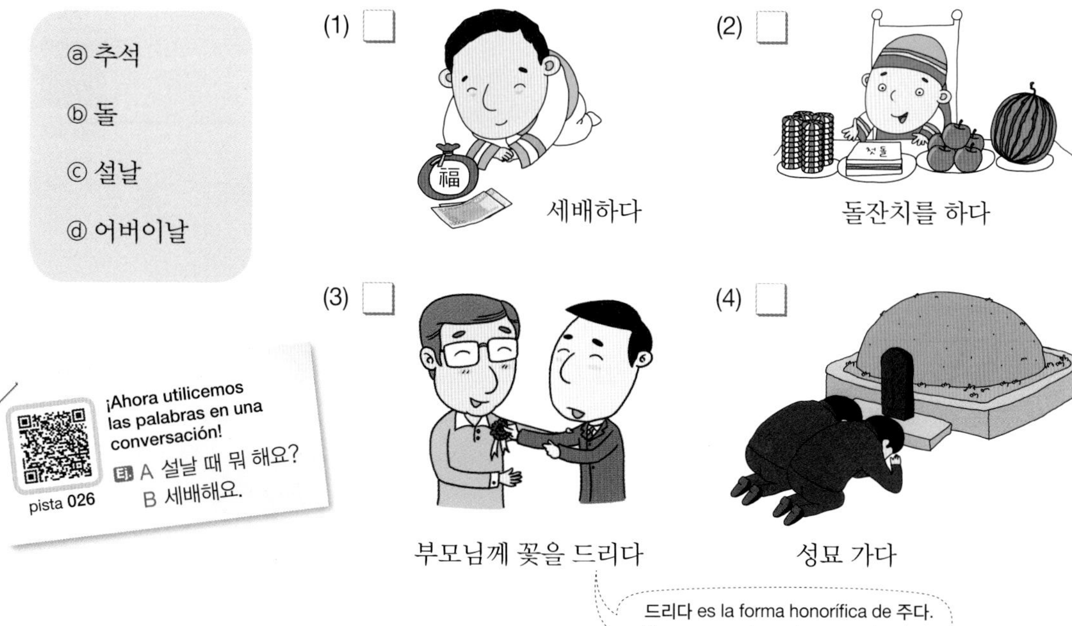

드리다 es la forma honorífica de 주다. Se usa para demostrar respeto al receptor del objeto o acto.

Ejercicio 2

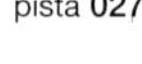

Empareje los objetos relacionados y verifique su respuesta con el audio correspondiente.

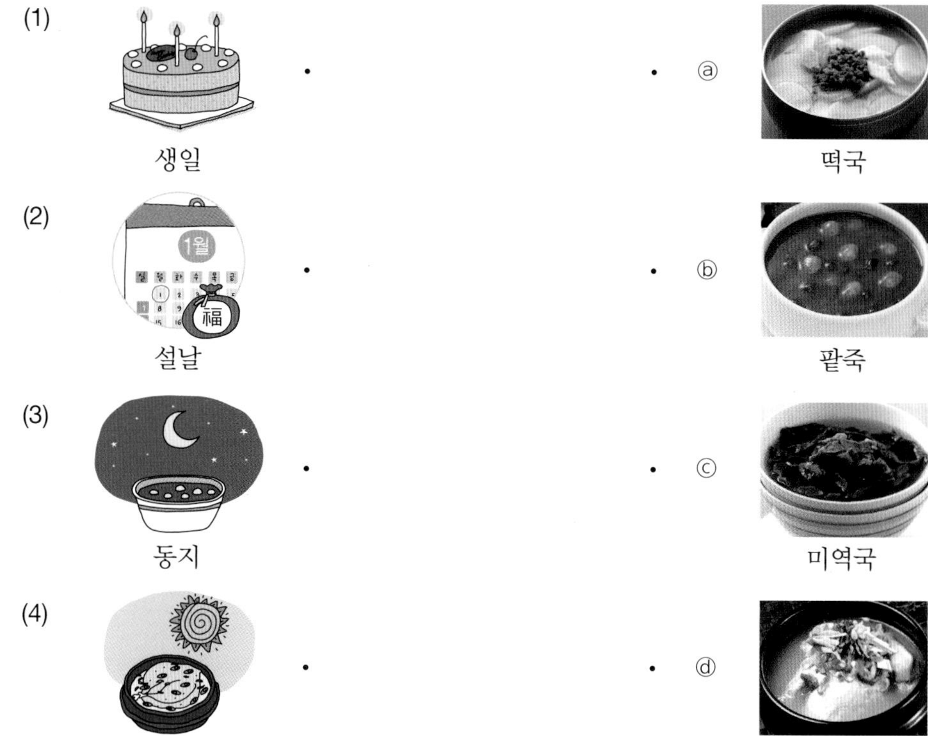

Capítulo 07 Los días de la semana

Vocabulario

pista 028

1 Escuche el audio y escriba la letra correcta en cada casilla.

ⓐ 목　ⓑ 일　ⓒ 화　ⓓ 금　ⓔ 월　ⓕ 토　ⓖ 수

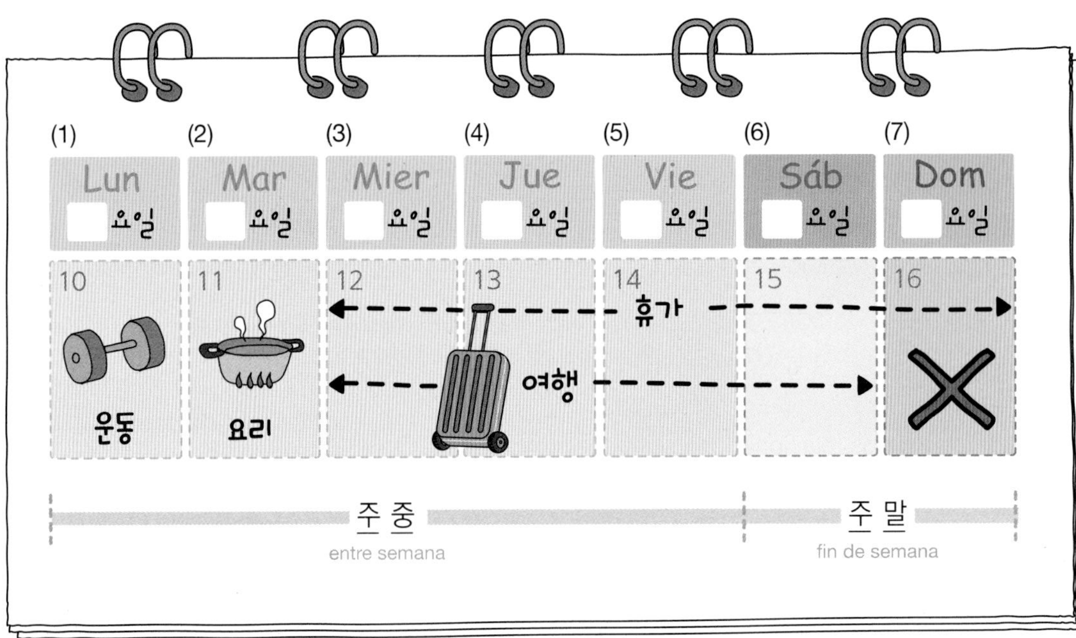

pista 029

2 Seleccione las respuestas correctas según el calendario y verifique su respuesta con el audio correspondiente.

(1) 11일이 (ⓐ 월요일 / ⓑ 화요일)이에요.

(2) 월요일에 (ⓐ 운동해요. / ⓑ 요리해요.)

(3) 휴가가 (ⓐ 수요일 / ⓑ 목요일)에 시작해요.

(4) 휴가가 (ⓐ 토요일 / ⓑ 일요일)에 끝나요.

(5) 수요일(ⓐ 부터 / ⓑ 까지) 토요일(ⓒ 부터 / ⓓ 까지) 여행 가요.

(6) (ⓐ 월요일 / ⓑ 일요일)에 아무것도 안 해요.

Tip
Para expresar la duración de un evento o un período de tiempo:
(hora de inicio)부터
(hora de finalización)까지

Tip
Cuando se utiliza 아무것도 (nada), este debe estar seguido de otro negativo (como 안).
Ej.1 아무것도 안 해요. No hago nada.
Ej.2 아무것도 안 먹어요. No como nada.
Ej.3 아무것도 안 읽어요. No leo nada.

Ejercicio 1

Escuche el audio y repita a continuación.

pista 030

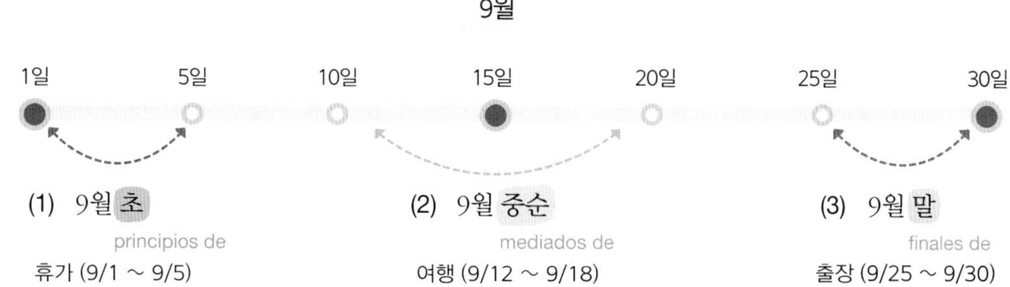

(1) 9월 초
principios de
휴가 (9/1 ~ 9/5)

(2) 9월 중순
mediados de
여행 (9/12 ~ 9/18)

(3) 9월 말
finales de
출장 (9/25 ~ 9/30)

pista 031

¡Ahora utilicemos las palabras en una conversación!

Ej. A 언제 휴가 가요?
B 9월 초에 가요.

Ejercicio 2

Seleccione las respuestas correctas según el calendario y verifique su respuesta con el audio correspondiente.

pista 032

Tip

첫 번째 주 primera semana
두 번째 주 segunda semana
세 번째 주 tercera semana
네 번째 주 cuarta semana
다섯 번째 주 quinta semana
마지막 주 la última semana

(1) 10월 (ⓐ 초 / ⓑ 말)에 중국에 친구하고 여행 가요.
10월 2일(ⓒ 부터 / ⓓ 까지) 5일(ⓔ 부터 / ⓕ 까지) 여행해요.
10월 5일에 (ⓖ 집을 떠나요. / ⓗ 집에 돌아와요.)

(2) 원래 (ⓐ 십월 / ⓑ 시월) 십칠 일이 제 생일이에요.
그런데 (ⓒ 주중 / ⓓ 주말)에는 일해야 해서 시간이 없어요.
그래서 (ⓔ 세 번째 / ⓕ 네 번째) 주 일요일에 우리 집에서 생일 파티를 해요.

(3) 10월 (ⓐ 초 / ⓑ 말)에 축제가 있어요.
10월 (ⓒ 첫 번째 / ⓓ 마지막) 주 금요일에 축제가 시작해요.
10월 31일에 축제가 (ⓔ 시작해요. / ⓕ 끝나요.)

Capítulo 08 Años

Vocabulario

pista 033

1 Escuche el audio y repita los años a continuación.

Se lee como 천 y no como 일천.

(1)

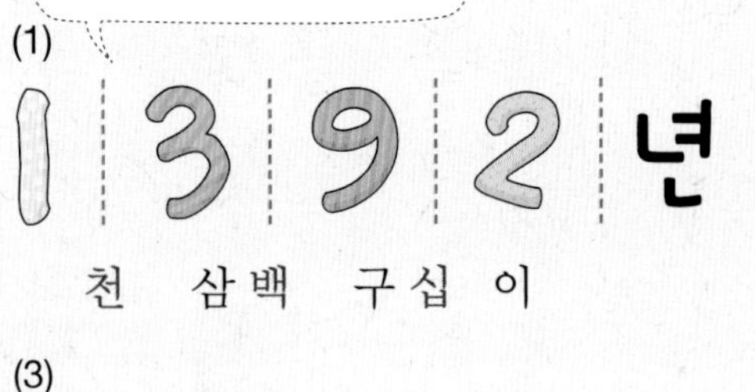

천 삼백 구십 이

(2)

천 구백 팔십 육

(3)

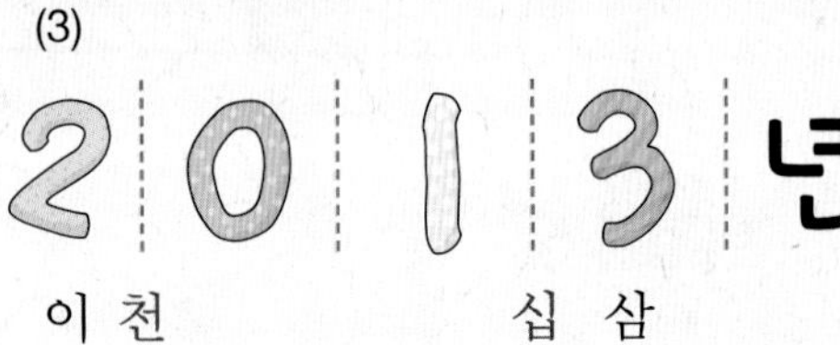

이천 십 삼

¡Cuidado!

¡Preste atención a la pronunciación!

1년: 일 년 [일련]
6년: 육 년 [융년]
7년: 칠 년 [칠련]
8년: 팔 년 [팔련]
10년: 십 년 [심년]
100년: 백 년 [뱅년]

pista 034

2 Escuche el audio y escriba la letra correcta en cada casilla.

(1) 

김연아 선수 patinadora artística **(1990~)** ☐

(2) 김대중 전 대통령 expresidente **(1924~2009)** ☐

(3) 

박찬욱 감독 director de cine **(1963~)** ☐

(4) 

배우 이병헌 actor **(1970~)** ☐

(5) 

세종대왕 Sejong el Grande **(1397~1450)** ☐

(6) 

김수환 추기경 cardenal **(1922~2009)** ☐

ⓐ 천구백 육십삼 년에 태어났어요.
ⓑ 천구백 구십 년에 태어났어요.
ⓒ 천구백 칠십 년에 태어났어요.
ⓓ 천사백 오십 년에 돌아가셨어요.
ⓔ 천구백 이십사 년에 태어나셨어요.
ⓕ 이천구 년에 돌아가셨어요.

Ejercicio 1

pista 035

Escuche el audio y repita a continuación.

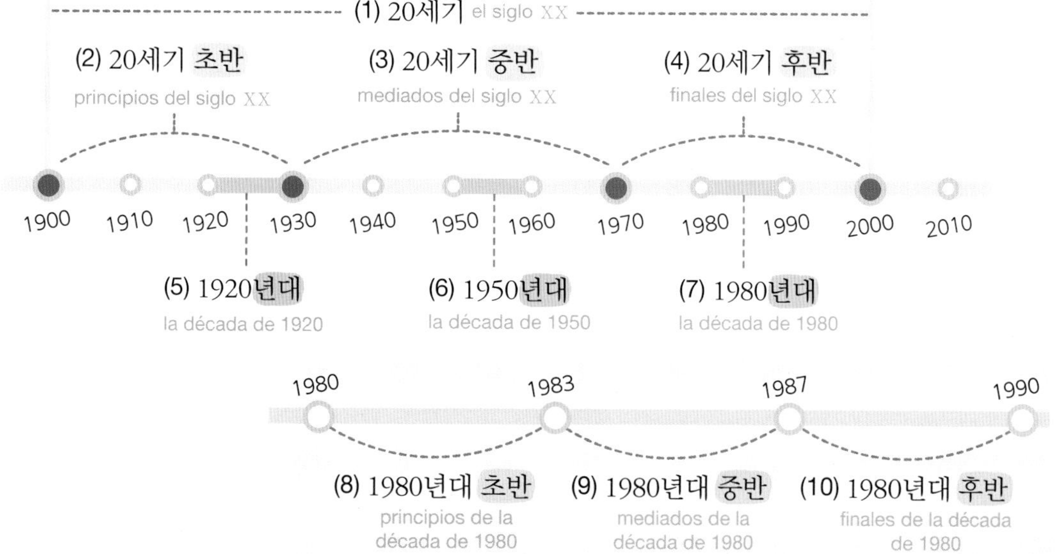

Ejercicio 2

pista 036

1 Escuche el audio y escriba la letra correcta en cada casilla.

(1)

한글 1443년 ☐

(2)
경복궁 1395년 ☐

(3)

석굴암 751년 ☐

(4)
부석사 676년 ☐

ⓐ 8세기 중반에 만들어졌어요.
ⓑ 7세기 후반에 만들어졌어요.
ⓒ 14세기 후반에 만들어졌어요.
ⓓ 15세기 중반에 만들어졌어요.

Tip

한글: Hangul: el alfabeto coreano.
경복궁: Gyeongbokgung: palacio real de la dinastía Joseon.
석굴암: Seokguram: templo budista en una cueva de la Dinastía Silla.
부석사: Buseoksa: el edificio de madera más antiguo de Corea.

2 Conecte lo que deba ir a continuación y verifique su respuesta con el audio correspondiente.

pista 037

(1)

해방
Liberación de la conquista japonesa

(2)

한국 전쟁
La guerra de Corea

(3)

서울 올림픽
Las olimpiadas de Seúl

(4)

한일 월드컵
La Copa Mundial de Corea del Sur/Japón

ⓐ 2000년대 초반　ⓑ 1950년대 초반　ⓒ 1940년대 중반　ⓓ 1980년대 후반

Semanas y meses

Vocabulario

pista 038

1 Escuche el audio y repita a continuación.

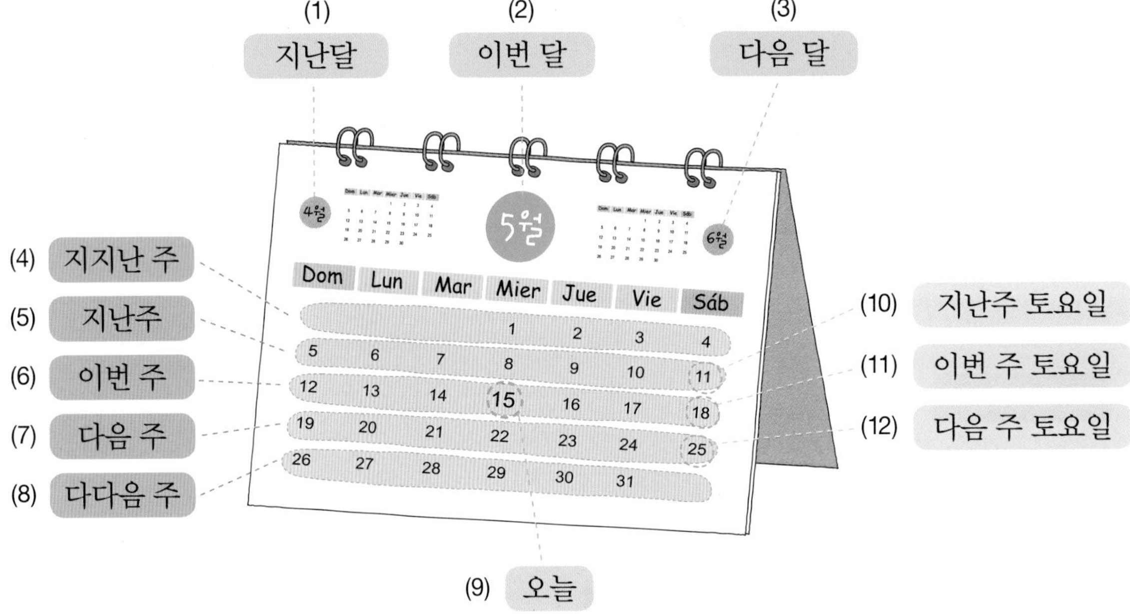

pista 039

2 Seleccione las respuestas correctas de acuerdo al calendario.

(1) 이번 주 월요일이 (ⓐ 6일 / ⓑ 13일)이에요.
(2) 5월 9일이 (ⓐ 지난주 / ⓑ 이번 주) 목요일이에요.
(3) 4월은 (ⓐ 지난달 / ⓑ 이번 달)이에요.
(4) 다음 달은 (ⓐ 5월 / ⓑ 6월)이에요.
(5) 지지난 주 금요일은 (ⓐ 3일 / ⓑ 10일)이에요.
(6) 5월 29일은 (ⓐ 다음 주 / ⓑ 다다음 주) 수요일이에요.
(7) 지지난달은 (ⓐ 3월 / ⓑ 4월)이에요.
(8) 다음 주 화요일은 (ⓐ 21일 / ⓑ 28일)이에요.

¡Cuidado!
Esta semana 이 주 (×) → 이번 주 (○)
Este mes 이 달 (×) → 이번 달 (○)

Ejercicio 1

pista 040

Escuche el audio y repita a continuación.

오늘 hoy

전에 antes ← → 후에 después

주 Semana	4월 17	4월 24	5월 1	5월 8	5월 15	5월 22	5월 29	6월 5	6월 12
			지지난 주 hace dos semanas	지난주 la semana pasada	이번 주 esta semana	다음 주 la próxima semana	다다음 주 en dos semanas		
Números sino-coreanos Ej. 일, 이, 삼, …	4주 전 사	3주 전 삼	2주 전 이	1주 전 일	이번 주	1주 후 일	2주 후 이	3주 후 삼	4주 후 사

달/개월 Mes	1월	2월	3월	4월	5월	6월	7월	8월	9월
			지지난달 hace dos meses	지난달 el mes pasado	이번 달 este mes	다음 달 el próximo mes	다다음 달 en dos meses		
Números coreanos nativos Ej. 하나, 둘, …	4달 전 네	3달 전 세	2달 전 두	1달 전 한	이번 달	1달 후 한	2달 후 두	3달 후 세	4달 후 네
Números sino-coreanos Ej. 일, 이, 삼, …	4개월 전 사	3개월 전 삼	2개월 전 이	1개월 전 일	이번 달	1개월 후 일	2개월 후 이	3개월 후 삼	4개월 후 사

¡Cuidado!

Preste atención a la diferencia entre la lectura y el significado de los números:

Un mes 1(한)달 ← Números coreanos nativos
1(일)개월 ← Números sino-coreanos

Enero 1(일)월

Ejercicio 2

pista 041

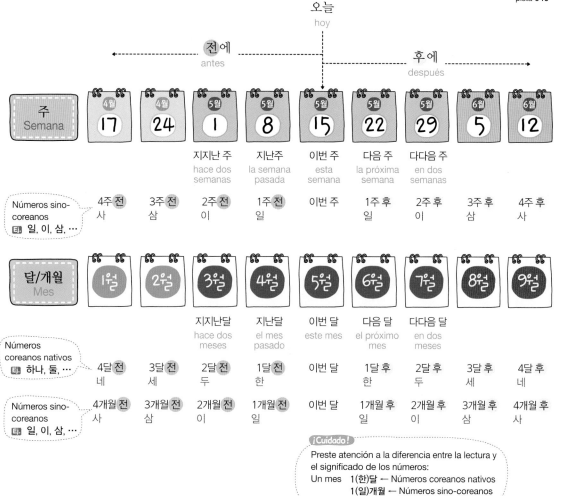

Seleccione las respuestas correctas de acuerdo al calendario.

(1) (ⓐ 두 달 / ⓑ 세 달) 전에 졸업식을 했어요. 졸업식은 2월 18일이었어요.

(2) (ⓐ 일 개월 / ⓑ 이 개월) 전에 생일 파티를 했어요. 제 생일은 4월 20일이에요.

(3) (ⓐ 한 달 / ⓑ 두 달) 후에 휴가가 시작해요. 7월 22일부터 휴가예요.

(4) (ⓐ 일 개월 / ⓑ 이 개월) 후에 고향에 돌아갈 거예요. 6월 15일에 출발해요.

(5) (ⓐ 이 주 / ⓑ 삼 주) 전에 옷을 샀어요. 그날이 5월 첫 번째 주 목요일이었어요.

(6) 다음 주에는 시간이 없어요. (ⓐ 일 주 / ⓑ 이 주) 후에 시간이 있어요.

Tip

일 주 se usa frecuentemente con el mismo significado que 일주일.

Días y años

Vocabulario

1 Escriba la respuesta correcta en cada casilla.

내일 mañana	어제 ayer	올해 este año
그제 antes de ayer	작년 el último año	후년 dentro de dos años
모레 pasado mañana	내년 el próximo año	재작년 el año antepasado

pista 042

2 Escuche el audio y repita a continuación.

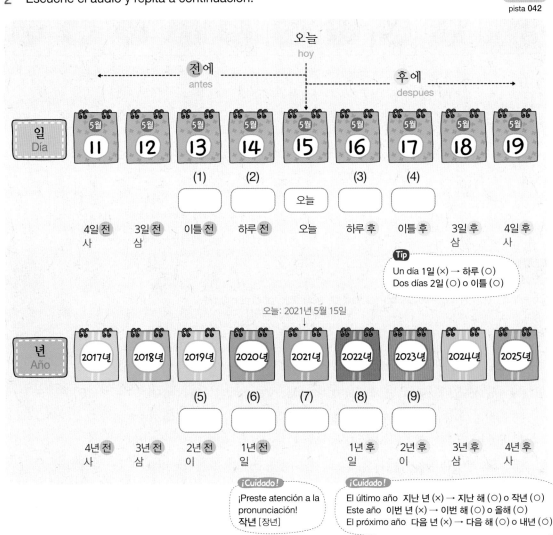

오늘
hoy

전에
antes

후에
despues

일 Día	5월 11	5월 12	5월 13	5월 14	5월 15	5월 16	5월 17	5월 18	5월 19
			(1)	(2)	오늘	(3)	(4)		
	4일 전 사	3일 전 삼	이틀 전	하루 전	오늘	하루 후	이틀 후	3일 후 삼	4일 후 사

Tip
Un día 1일 (×) → 하루 (○)
Dos días 2일 (○) o 이틀 (○)

오늘: 2021년 5월 15일

년 Año	2017년	2018년	2019년	2020년	2021년	2022년	2023년	2024년	2025년
			(5)	(6)	(7)	(8)	(9)		
	4년 전 사	3년 전 삼	2년 전 이	1년 전 일		1년 후 일	2년 후 이	3년 후 삼	4년 후 사

¡Cuidado!
¡Preste atención a la pronunciación!
작년 [장년]

¡Cuidado!
El último año 지난 년 (×) → 지난 해 (○) o 작년 (○)
Este año 이번 년 (×) → 이번 해 (○) o 올해 (○)
El próximo año 다음 년 (×) → 다음 해 (○) o 내년 (○)

Ejercicio 1

pista 043

Escriba la respuesta correcta en cada casilla de acuerdo al calendario.

5월 오늘 : 5월 15일 수요일

월	화	수	목	금	토	일
6 7:00 AM 한국어 수업	7 2:00 PM 동료, 점심	8 등산 (북한산)	9 7:00 PM 쇼핑	10 7:00 AM 출발	11 휴가 여행	12 10:00 PM 도착
13 7:00 AM 한국어 수업	14 10:00 PM 영화	15 1:00 PM 아르바이트	16 6:30 PM 음악회	17 2:00 PM 운동	18 6:00 PM 가족, 식사	19 3:00 PM 친구 집

달
후
전
매주
오늘
내일
어제
모레
화요일
일주일

(1) 이번 ________ 은 5월이에요.

(2) 3일 ________ 에 여행에서 돌아왔어요.

(3) ________ 저녁에 영화 보러 갔어요.

(4) ________ 월요일 저녁 7시마다 한국어 수업이 있어요.

(5) ________ 오후에 운동할 거예요.

(6) ________ 저녁 6시 30분에 음악회에 가려고 해요.

(7) ________ 전에 친구하고 북한산에 등산 갔어요.

(8) 4일 ________ 에 친구 집에 놀러 갈 거예요.

(9) 지난주 ________ 오후 2시에 동료하고 점심을 먹었어요.

(10) ________ 오후 1시에 백화점에서 아르바이트해요.

¡Cuidado!

Anoche 지난 밤 (×) → 어젯밤 (○)
Esta mañana 이번 아침 (×) → 오늘 아침 (○)
Esta tarde 이번 저녁 (×) → 오늘 저녁 (○)
Esta noche 이번 밤 (×) → 오늘 밤 (○)

¡Cuidado!

에 suele utilizarse con expresiones de tiempo, con las siguientes excepciones:
오늘에 (×) → 오늘 (○)
내일에 (×) → 내일 (○)
어제에 (×) → 어제 (○)

Tip

En coreano, el tiempo presente (gramatical) puede ser usado para hablar de un evento en un futuro cercano.
Ej. 내일 일해요. = 내일 일할 거예요.
Mañana trabajo.

Ejercicio 2

pista 044

Complete las frases usando las partículas apropiadas.

例 작년 / 9월 / 친구 / 중국 / 여행 / 가다
→ 작년 9월에 친구하고 중국에 여행을 갔어요.

(1) 오늘 / 오후 / 2시 / 30분 / 명동 / 약속 / 있다
→ ________________.

(2) 지난주 / 금요일 / 밤 / 8시 / 동료 / 저녁 식사 / 하다
→ ________________.

(3) 올해 / 12월 / 마지막 주 / 토요일 / 콘서트 / 보다 / 가다
→ ________________.

(4) 다음 주 / 월요일 / 아침 / 9시 / 한국어 / 수업 / 시작하다
→ ________________.

Tip

Si hay múltiples expresiones de tiempo 에 se usa sólo después de la última.
Ej. 지난주 금요일 밤 8시에
El viernes de la pasada semana a las 8

Cómo leer el tiempo

Vocabulario

pista 045

1 Escuche el audio y repita la hora a continuación.

10시 10분

열 시 십 분

Números sino-coreanos
Ej. 하나, 둘, …

Números coreanos nativos
Ej. 일, 이, 삼, …

시				분	
1시	한 시	7시	일곱 시	5분	오 분
2시	두 시	8시	여덟 시	10분	십 분
3시	세 시	9시	아홉 시	20분	이십 분
4시	네 시	10시	열 시	30분	삼십 분
5시	다섯 시	11시	열한 시	40분	사십 분
6시	여섯 시	12시	열두 시	50분	오십 분

pista 046

2 Escriba la letra correcta en cada casilla y verifique su respuesta con el audio correspondiente.

ⓐ 여섯 시 이십 분
ⓑ 두 시 사십 분
ⓒ 일곱 시 십오 분
ⓓ 한 시 이십오 분
ⓔ 아홉 시 삼십 분
ⓕ 네 시 반

(1) 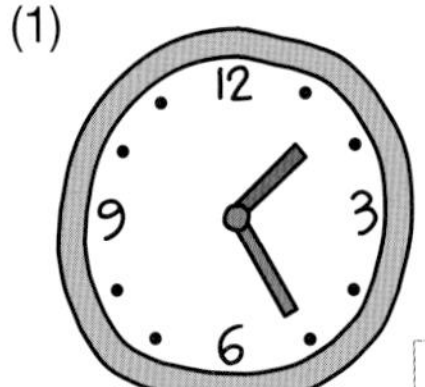

(2) 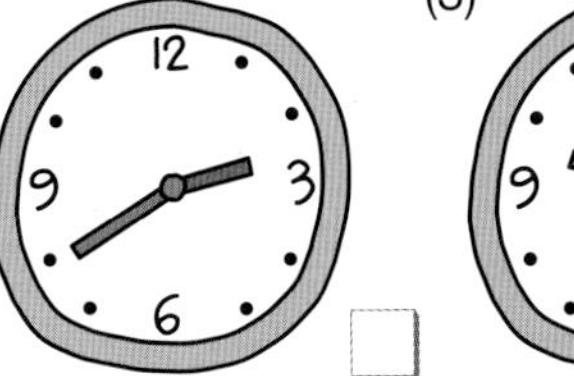

(3) 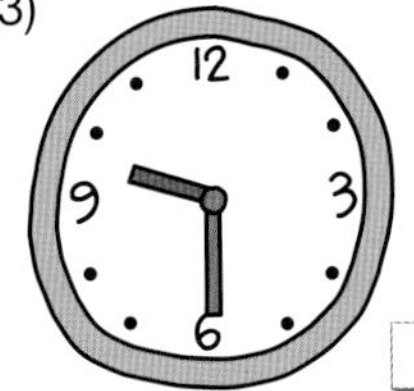

(4) 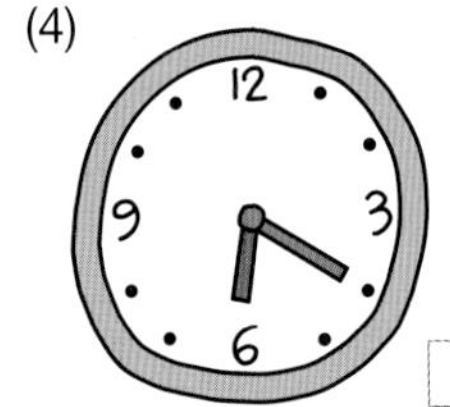

(5) 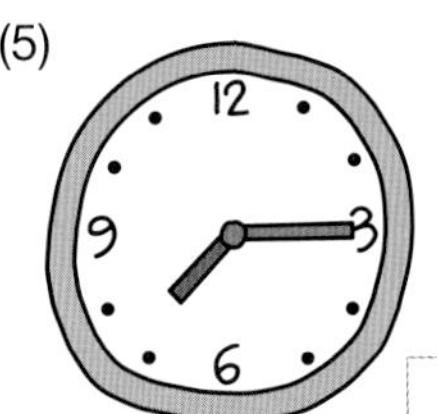

(6) 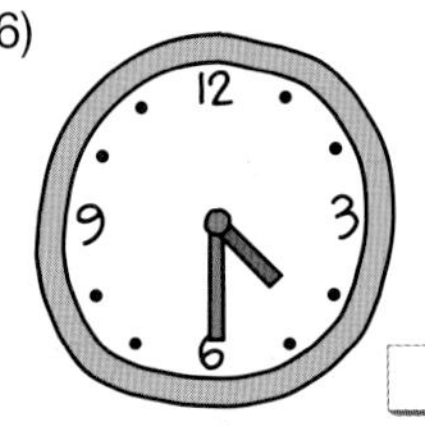

Una media hora se expresa como X '반'.
Ej. 한 시간 반, 한 시 반 Hora y media

pista 047

3 Escuche el audio y repita a continuación.

(1) 5시 10분 전이에요. Son las cinco menos diez.
= 4시 50분이에요. Son las 4:50.

(2) 6시 15분 전이에요. Son las cinco menos cuarto.
= 5시 45분이에요. Son las 5:45.

Ejercicio 1

Escuche el audio y escriba la letra correcta en cada casilla.

pista 048

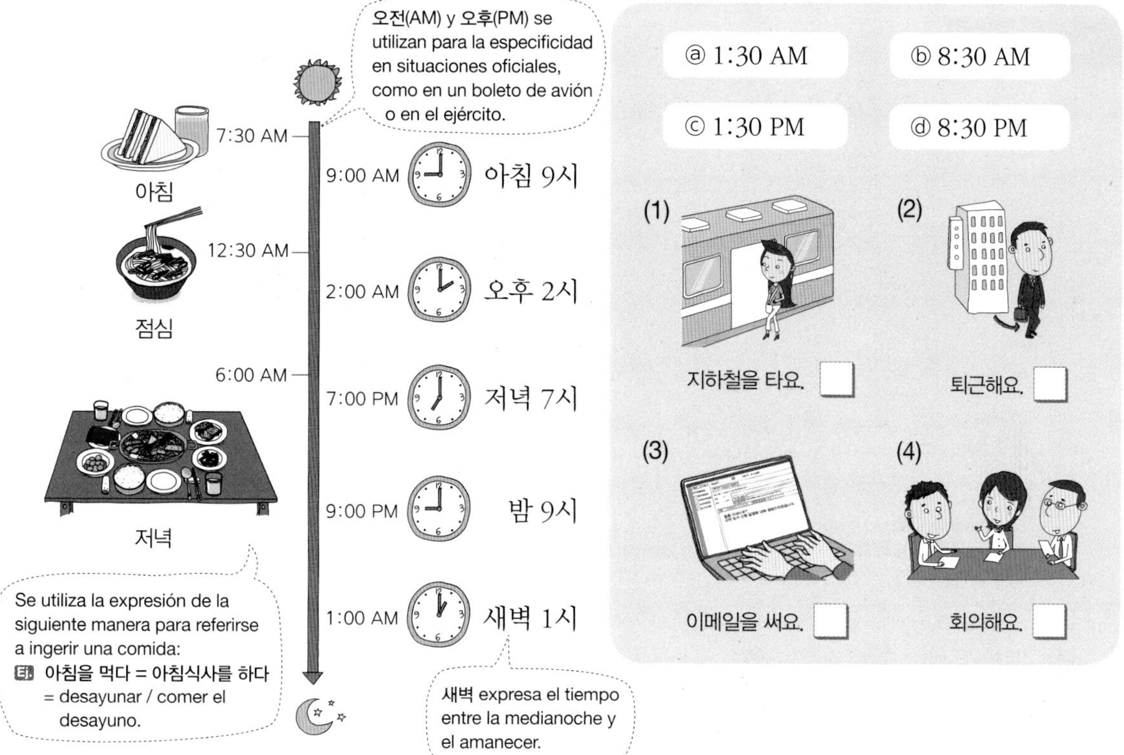
오전(AM) y 오후(PM) se utilizan para la especificidad en situaciones oficiales, como en un boleto de avión o en el ejército.
7:30 AM
아침
12:30 AM
점심
6:00 AM
저녁
9:00 AM 아침 9시
2:00 AM 오후 2시
7:00 PM 저녁 7시
9:00 PM 밤 9시
1:00 AM 새벽 1시
Se utiliza la expresión de la siguiente manera para referirse a ingerir una comida:
Ej. 아침을 먹다 = 아침식사를 하다 = desayunar / comer el desayuno.
새벽 expresa el tiempo entre la medianoche y el amanecer.
ⓐ 1:30 AM
ⓑ 8:30 AM
ⓒ 1:30 PM
ⓓ 8:30 PM
(1) 지하철을 타요.
(2) 퇴근해요.
(3) 이메일을 써요.
(4) 회의해요.

Ejercicio 2

Escuche el audio y repita la oración.

pista 049

(1)

시작
Película
끝
3:30 PM
6:00 PM

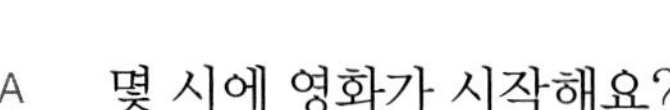

A 몇 시에 영화가 시작해요?

B 오후 3시 30분에 시작해요.

A 몇 시에 영화가 끝나요?

B 저녁 6시에 끝나요.

(2)

Panadería

Abierto 7:00 AM

Cerrado 11:00 PM

A 빵집이 몇 시에 문을 열어요?

B 매일 아침 7시에 문을 열어요.

A 빵집이 몇 시에 문을 닫아요?

B 매일 밤 11시에 문을 닫아요.

Duración de tiempo

Vocabulario

pista 050

1 Escuche el audio y repita a continuación.

(1) 1년 = 12달 = 12개월 = 52주 = 365일

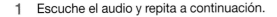

	1년	12달	12개월	52주	365일
	año	meses	meses	semanas	días
	일	열두	십이	오십이	삼백육십오

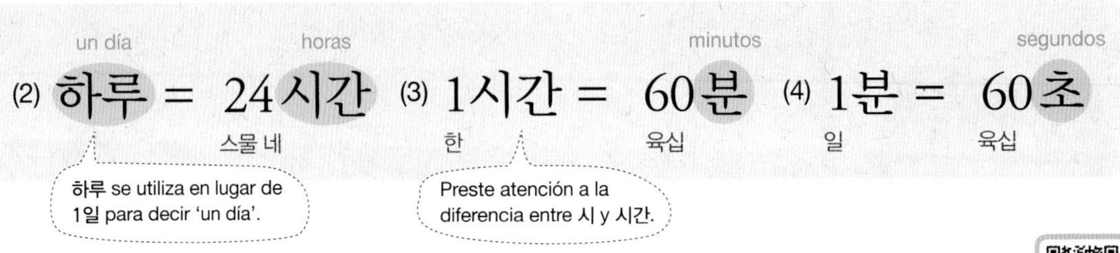

2 Lea a continuación y complete las conversaciones llenando los espacios en blanco con las letras correctas.

pista 051

ⓐ 며칠 동안　　ⓑ 몇 년 동안　　ⓒ 몇 개월 동안　　ⓓ 몇 시간 동안

(1) 9시부터 11시까지 회의해요. (9:00 – 11:00)

A ________ 회의해요?
B 2시간 동안 회의해요.

(2) 월요일부터 금요일까지 수업해요. (월요일 – 금요일)

A ________ 수업해요?
B 5일 동안 수업해요.

(3) 6월부터 8월까지 휴가예요. (6/1 – 8/31)

A ________ 휴가예요?
B 3개월 동안 휴가예요.

(4) 2019년부터 2020년까지 한국어를 공부했어요. (2019년 9월 – 2020년 9월)

A ________ 한국어를 공부했어요?
B 1년 동안 한국어를 공부했어요.

Tip Se utiliza 얼마 동안…? para preguntar "¿Cuánto tiempo…?"

Ejercicio 1

Escuche el audio y escriba la letra correcta en cada casilla.

pista 052

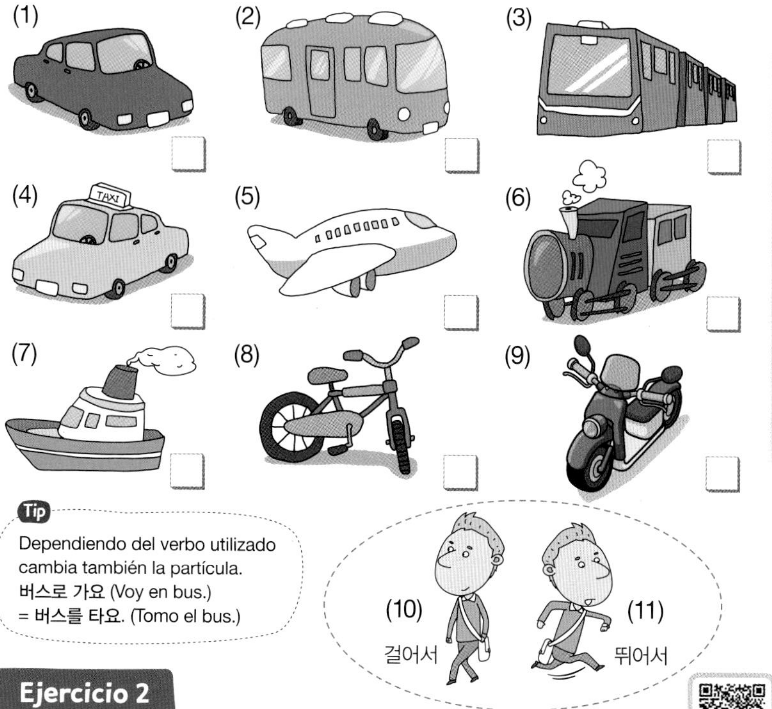

ⓐ 배 barco
ⓑ 택시 taxi
ⓒ 기차 tren
ⓓ 버스 bus
ⓔ 자동차 coche
ⓕ 비행기 avión
ⓖ 지하철 metro/subterráneo
ⓗ 자전거 bicicleta
ⓘ 오토바이 motocicleta

Tip
Dependiendo del verbo utilizado cambia también la partícula.
버스로 가요 (Voy en bus.)
= 버스를 타요. (Tomo el bus.)

pista 053

¡Ahora utilicemos las palabras en una conversación!
Ej. A 어떻게 가요?
B 자동차로 가요.

Ejercicio 2

Escuche el audio y escriba la letra correcta en cada casilla.

pista 054

ⓐ 집에서 공항까지 택시로 40분 걸려요.
ⓑ 집에서 회사까지 지하철로 50분 걸려요.
ⓒ 집에서 지하철역까지 걸어서 10분 걸려요.
ⓓ 부산에서 오사카까지 배로 18시간 걸려요.
ⓔ 서울에서 뉴욕까지 비행기로 14시간 걸려요.
ⓕ 서울에서 부산까지 기차로 3시간 30분 걸려요.

• (espacio físico)
(punto de partida)에서 (punto de llegada)까지
• (tiempo)
(hora de inicio) 부터 (hora de finalización) 까지

pista 055

¡Ahora utilicemos las palabras en una conversación!
Ej. A 서울에서 뉴욕까지 어떻게 가요?
B 비행기로 가요.
A 시간이 얼마나 걸려요?
B 14시간 걸려요.

(1)
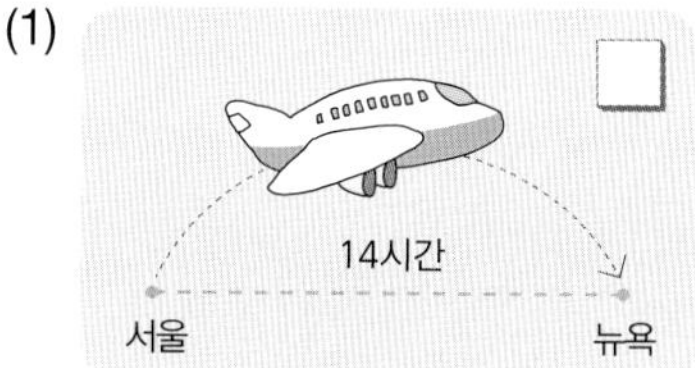

(2)
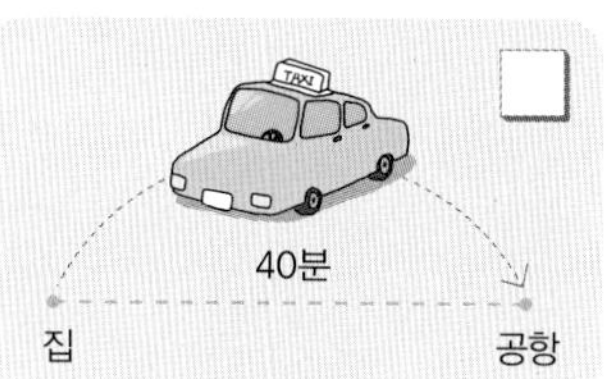

(3)

(4)
18시간
부산 오사카

(5)
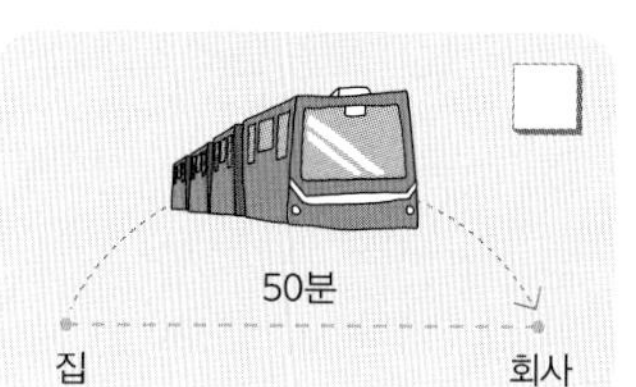

(6)
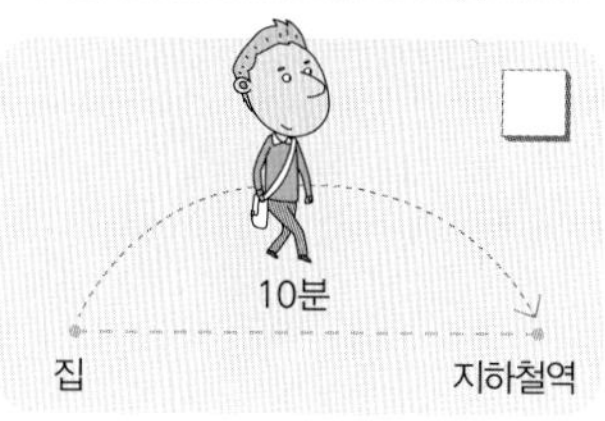

Países

Vocabulario

Escriba la letra correcta en cada casilla y verifique su respuesta con el audio correspondiente.

pista 056

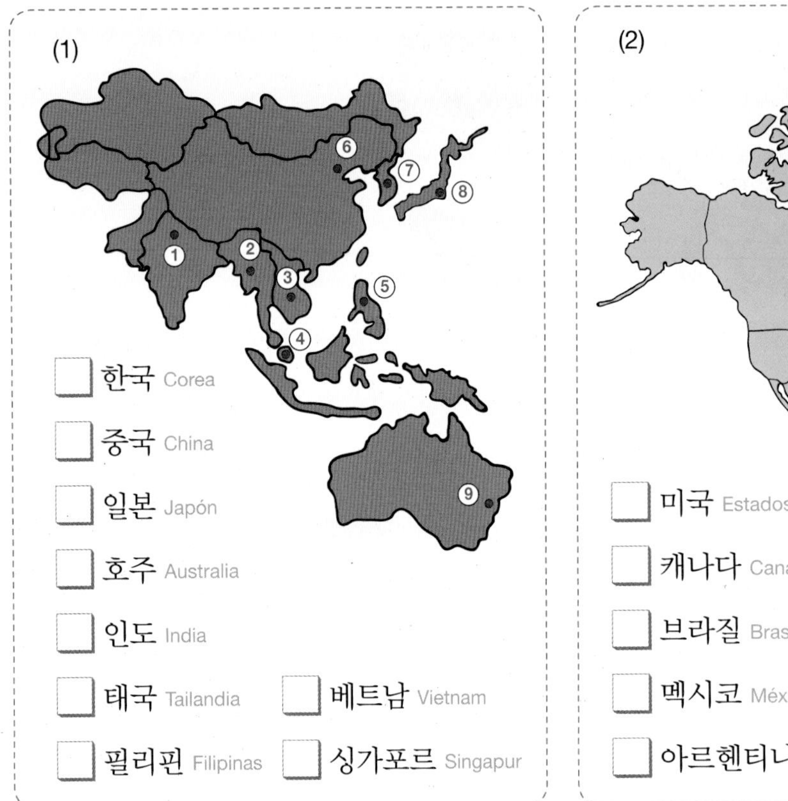

(1)

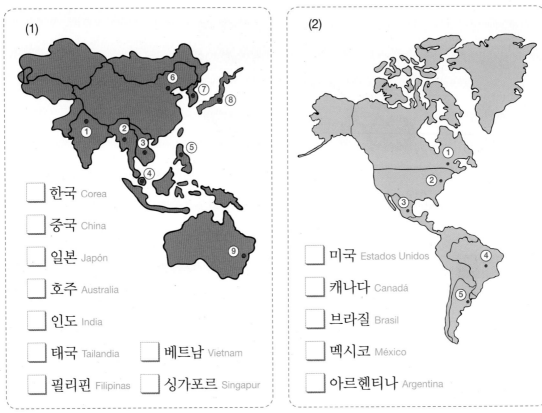

☐ 한국 Corea
☐ 중국 China
☐ 일본 Japón
☐ 호주 Australia
☐ 인도 India
☐ 태국 Tailandia
☐ 베트남 Vietnam
☐ 필리핀 Filipinas
☐ 싱가포르 Singapur

(2)

☐ 미국 Estados Unidos
☐ 캐나다 Canadá
☐ 브라질 Brasil
☐ 멕시코 México
☐ 아르헨티나 Argentina

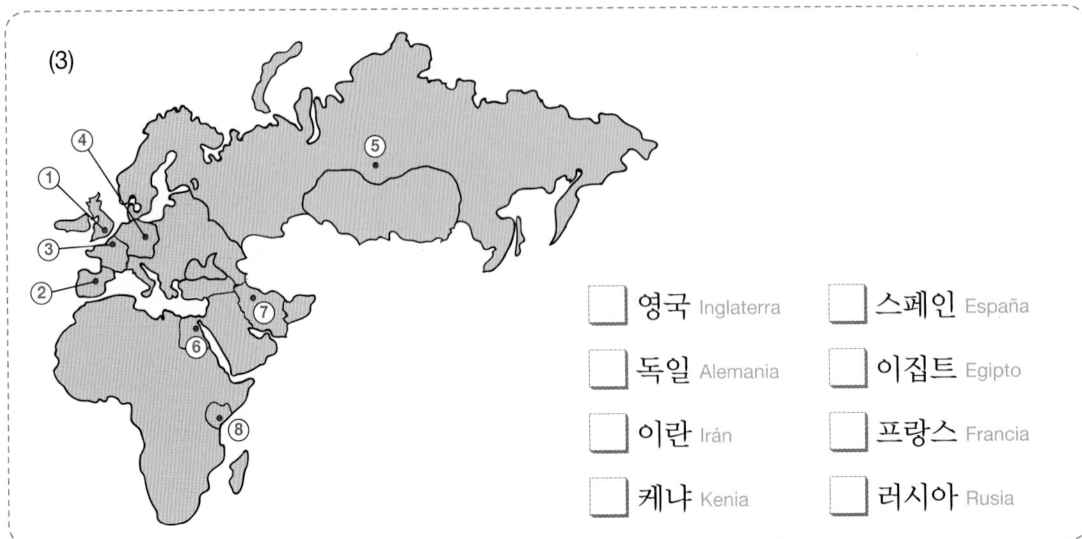

(3)

☐ 영국 Inglaterra
☐ 스페인 España
☐ 독일 Alemania
☐ 이집트 Egipto
☐ 이란 Irán
☐ 프랑스 Francia
☐ 케냐 Kenia
☐ 러시아 Rusia

Ejercicio 1

Escriba la letra correcta en cada casilla.

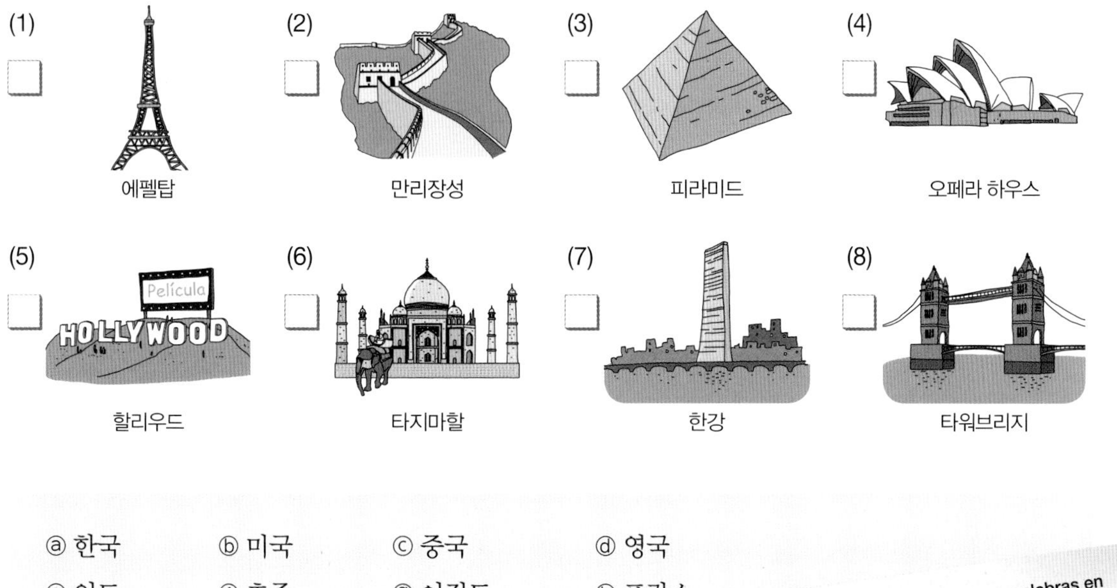

ⓐ 한국　ⓑ 미국　ⓒ 중국　ⓓ 영국
ⓔ 인도　ⓕ 호주　ⓖ 이집트　ⓗ 프랑스

¡Ahora utilicemos las palabras en una conversación!
Ej. A 에펠탑이 어디에 있어요?
B 프랑스에 있어요.
pista 057

Ejercicio 2

Escriba la respuesta correcta en cada casilla.

(1) 한국 ☐
(2) 일본 ☐
(3) 독일 ☐
(4) 미국 ☐
(5) 영국 ☐
(6) 호주 ☐
(7) 인도 ☐
(8) 스페인 ☐

¡Ahora utilicemos las palabras en una conversación!
Ej. A 한국은 뭐가 유명해요?
B 태권도가 유명해요.
pista 058

Nacionalidades e idiomas

Vocabulario

Escriba la respuesta correcta en cada casilla y verifique su respuesta con el audio correspondiente.

pista 059

País		Nacionalidad (País + 사람/인)	Idioma (País + 말/어)
1 한국 Corea	Lenguaje cotidiano	한국 사람 Coreano (persona)	한국말 Coreano (idioma)
	lenguaje formal	한국인 Coreano (persona)	한국어 Coreano (idioma)
2 일본 Japón	Lenguaje cotidiano	일본 사람 Japonés (persona)	일본말 Japonés (idioma)
	lenguaje formal	일본인 Japonés(persona)	(1)
3 중국 China	Lenguaje cotidiano	중국 사람 Chino (persona)	중국말 Chino (idioma)
	lenguaje formal	(2)	중국어 Chino(idioma)
4 스페인 España	Lenguaje cotidiano	스페인 사람 Español	스페인말 Español
	lenguaje formal	스페인인 Español	스페인어 Español
5 (3)	Lenguaje cotidiano	프랑스 사람 Francés	프랑스말 Francés (idioma)
	lenguaje formal	프랑스인 Francés	프랑스어 Francés (idioma)
6 이집트 Egipto	Lenguaje cotidiano	이집트 사람 Egipcio	아랍말 Árabe (idioma)
	lenguaje formal	이집트인 Egipcio	(4)
7 미국 Estados Unidos	Lenguaje cotidiano	(5)	영어 Inglés
	lenguaje formal	미국인 Estadounidense	
8 영국 Inglaterra	Lenguaje cotidiano	영국 사람 Inglés (persona)	(6)
	lenguaje formal	영국인 Inglés (idioma)	
9 (7)	Lenguaje cotidiano	외국 사람 Persona extranjera	외국말 Idioma extranjero
	lenguaje formal	외국인 Extranjero	외국어 Idioma extranjero

El idioma inglés es una excepción 영어말 (×), 영국말 (×), 미국말 (×)

Ejercicio 1

Observe las imágenes y escoja la correcta, verifique su respuesta con el audio correspondiente.

pista **060**

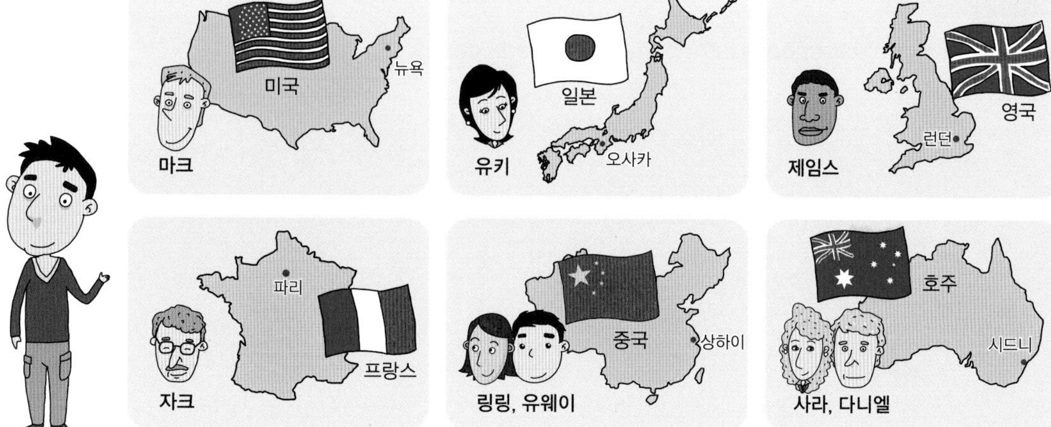

(1) 이 (ⓐ 남자 / ⓑ 여자)는 마크예요. 미국 사람이에요. 뉴욕에서 왔어요.

(2) 이 (ⓐ 남자 / ⓑ 여자)는 유키예요. 일본 사람이에요. 오사카에서 왔어요.

(3) 이 사람은 제임스예요. (ⓐ 미국 / ⓑ 영국) 사람이에요. 런던에서 왔어요.

(4) 이분은 자크 씨예요. 프랑스 분이에요. (ⓐ 파리 / ⓑ 로마)에서 왔어요.

(5) 이 (ⓐ 사람 / ⓑ 사람들)은 링링하고 유웨이예요. 중국 사람들이에요. 상하이에서 왔어요.

(6) 이 (ⓐ 분 / ⓑ 분들)은 사라 씨하고 다니엘 씨예요. 호주 분들이에요. 시드니에서 왔어요.

Cuando se refiere a alguien mayor o de mayor estatus social, se utiliza 분 en lugar de 사람.

Cuando el sustantivo esté en plural, se coloca 들 después del sustantivo.

Ejercicio 2

De acuerdo con el audio marque cada casilla O si el hablante conoce los siguientes idiomas o X en el caso contrario.

pista **061**

(1) 안녕하세요?
한국어 ☐

(2) こんにちは。
일본어 ☐

(3) Hello.
영어 ☐

(4) 你好!
중국어 ☐

(5) ¡Hola!
스페인어 ☐

(6) اَلسَّلَامُ عَلَيْكُمْ.
아랍어 ☐

Trabajo y ocupación

Vocabulario

pista 062

Escuche el audio y escriba la letra correcta en cada casilla.

ⓐ 의사 médico
ⓑ 작가 autor
ⓒ 회사원 oficinista / empleado empresarial
ⓓ 배우 actor / acrtiz
ⓔ 교사 maestro de escuela
ⓕ 간호사 enfermera
ⓖ 군인 soldado
ⓗ 주부 ama de casa
ⓘ 요리사 cocinero
ⓙ 가수 cantante
ⓚ 변호사 abogado
ⓛ 운동선수 atleta

(1)  ☐

(2)  ☐

(3)  ☐

(4)  ☐

(5)   ☐

(6)  ☐

(7)  ☐

(8)  ☐

(9)   ☐

(10)  ☐

(11)  ☐

(12)  ☐

¡Cuidado!
Cuando se habla de la ocupación:
진수 씨가 의사예요. (○)
진수 씨가 의사 있어요. (×)

Hay dos maneras de preguntar acerca del trabajo de una persona:
직업이 뭐예요? ¿Cuál es su trabajo?
= 무슨 일 해요?
¿Qué clase de trabajo hace?

pista 063

¡Ahora utilicemos las palabras en una conversación!
Ej. A 직업이 뭐예요?
B 교사예요.

Ejercicio 1

Empareje los objetos relacionados.

¡Ahora utilicemos las palabras en una conversación!

예 A 기자가 무슨 일을 해요?
B 기자가 기사를 써요.

pista 064

Ejercicio 2

Empareje la respuesta correcta con la pregunta y verifique su respuesta con el audio correspondiente.

pista 065

(1) 무슨 일을 해요?	ⓐ 우체국에 다녀요.
(2) 월급이 얼마예요?	ⓑ 3년 됐어요.
(3) 어디에 다녀요?	ⓒ 변호사예요.
(4) 언제부터 일했어요?	ⓓ 아침 9시에 출근해요.
(5) 몇 시에 출근해요?	ⓔ 한 달에 500만 원이에요.
(6) 하루에 얼마 동안 일해요?	ⓕ 8시간 동안 일해요.

Capítulo 16

Edad

Vocabulario

1 Escuche el audio y escriba la letra correcta en cada casilla.

pista 066

(1) ☐ (2) ☐ (3) ☐ (4) ☐ (5) ☐

ⓐ 다섯 살
ⓑ 한 살
ⓒ 서른한 살
ⓓ 여덟 살
ⓔ 스물두 살

살 se utiliza para contar años (al expresar la edad de alguien)

2 Escriba la letra correcta en cada casilla y verifique su respuesta con el audio correspondiente.

pista 067

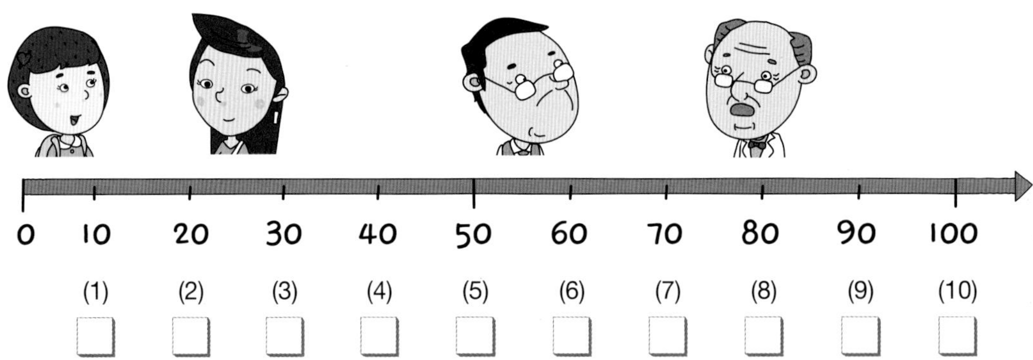

(1) ☐ (2) ☐ (3) ☐ (4) ☐ (5) ☐ (6) ☐ (7) ☐ (8) ☐ (9) ☐ (10) ☐

ⓐ 열	ⓑ 백	ⓒ 쉰	ⓓ 마흔	ⓔ 아흔
ⓕ 일흔	ⓖ 서른	ⓗ 여든	ⓘ 예순	ⓙ 스물

스물 cambia a 스무 delante de 살.
Ej. 스무 살, 스물한 살
veinte años, veintiún años

Ejercicio 1

pista 068

1 Escuche el audio y repita a continuación.

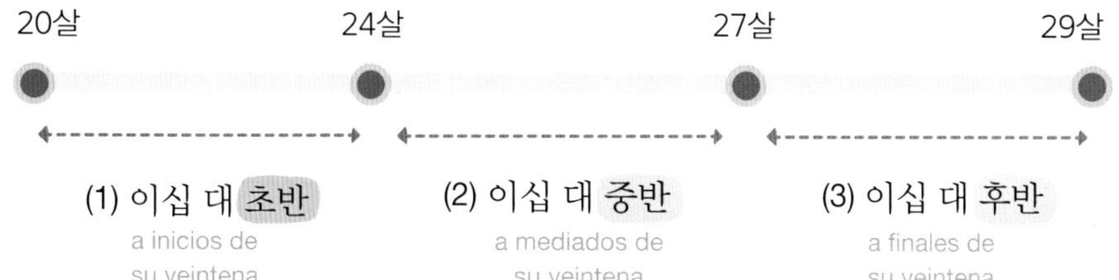

(1) 이십 대 초반
a inicios de su veintena

(2) 이십 대 중반
a mediados de su veintena

(3) 이십 대 후반
a finales de su veintena

pista 069

2 Escuche el audio y escriba la letra correcta en cada casilla.

(1) 51살 ☐ (2) 68살 ☐
(3) 29살 ☐ (4) 14살 ☐
(5) 45살 ☐ (6) 32살 ☐

ⓐ 십 대 중반 ⓑ 오십 대 초반
ⓒ 사십 대 중반 ⓓ 이십 대 후반
ⓔ 삼십 대 초반 ⓕ 육십 대 후반

Ejercicio 2

pista 070

Escriba la letra correcta en cada casilla y verifique su respuesta con el audio correspondiente.

할아버지 (72세)	아줌마 (51세)	남학생 (18세)	아저씨 (49세)	할머니 (66세)	여자 (24세)
(1) ☐	(2) ☐	(3) ☐	(4) ☐	(5) ☐	(6) ☐

ⓐ 십 대 후반이에요.
ⓑ 이십 대 중반이에요.
ⓒ 사십 대 후반이에요.
ⓓ 오십 대 초반이에요.
ⓔ 육십 대 중반이에요.
ⓕ 칠십 대 초반이에요.

할아버지 y 할머니 se usan para referirse a las personas mayores así no tengan relación familiar con uno mismo.

Tip

Otras maneras de hablar de edad:
29: 거의 서른이 다 됐어요. Ya tengo casi 30 años.
29-31: 서른쯤 됐어요. Tengo alrededor de 30 años. / Tengo como unos 30 años.
33: 서른이 넘었어요. Tengo más de 30 años.

¡Cuidado!

나이가 많다 ser viejo / anciano / tener edad elevada
↔ 젊다 ser joven
↔ 어리다 ser joven (utilizado con niños en sus primeros años de adolescencia y más jóvenes)

Familia

Vocabulario

Escuche el audio y escriba la letra correcta en cada casilla.

ⓐ 큰딸 Hija mayor	ⓑ 누나 Hermana mayor (para hombres)	ⓒ 할머니 Abuela
ⓓ 작은딸 Hija menor	ⓔ 남동생 Hermano menor	ⓕ 어머니 Madre
ⓖ 형 Hermano mayor (para hombres)	ⓗ 여동생 Hermana menor	ⓘ 할아버지 Abuelo
ⓙ 아들 Hijo	ⓚ 아버지 Padre	ⓛ 아내 Esposa

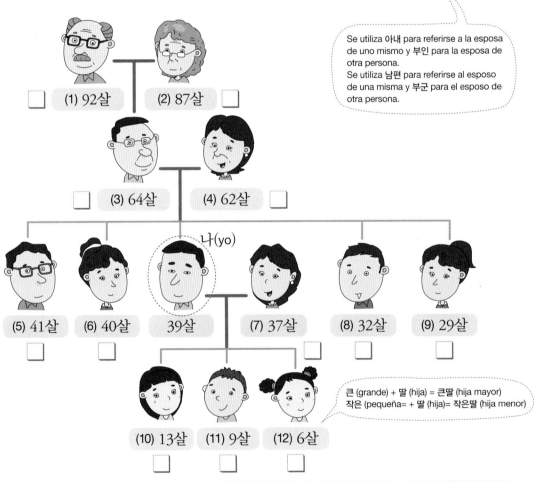

Se utiliza 아내 para referirse a la esposa de uno mismo y 부인 para la esposa de otra persona.
Se utiliza 남편 para referirse al esposo de una misma y 부군 para el esposo de otra persona.

(1) 92살 ☐ (2) 87살 ☐

(3) 64살 ☐ (4) 62살 ☐

(5) 41살 ☐ (6) 40살 ☐ 나(yo) 39살 (7) 37살 ☐ (8) 32살 ☐ (9) 29살 ☐

(10) 13살 ☐ (11) 9살 ☐ (12) 6살 ☐

큰 (grande) + 딸 (hija) = 큰딸 (hija mayor)
작은 (pequeña= + 딸 (hija)= 작은딸 (hija menor)

	Dirigiéndose al hermano mayor	Dirigiéndose a la hermana mayor	Dirigiéndose al hermano menor	Dirigiéndose a la hermana menor
orador masculino	형	누나	남동생	여동생
oradora femenina	오빠	언니	남동생	여동생

Ejercicio 1

Observe las imágenes y escoja la correcta, verifique su respuesta con el audio correspondiente.

pista 072

아버지 어머니 큰딸 아들 작은딸

(1) 큰딸이 (ⓐ 아버지 / ⓑ 어머니)하고 똑같이 생겼어요.

(2) 아들이 아버지의 (ⓐ 귀 / ⓑ 코)를 닮았어요.

(3) 작은딸이 아버지하고 눈이 (ⓐ 비슷해요. / ⓑ 달라요.)

(4) 큰딸이 아버지를 하나도 (ⓐ 닮았어요. / ⓑ 안 닮았어요.)

Tip
똑같이 생겼어요 verse exactamente igual.
닮았어요 asemejarse uno al otro (personas)
↔ 안 닮았어요. No asemejarse uno al otro
비슷해요 ser similar ↔ 달라요 ser diferente

Ejercicio 2

Observe las imágenes y escoja la correcta, verifique su respuesta con el audio correspondiente.

pista 073

큰딸 (13살) 아들 (9살) 작은딸 (6살)

큰딸하고 아들이 4살 차이가 나요. Mi hija mayor y mi hijo tienen 4 años de diferencia.

큰딸이 아들보다 4살 많아요. Mi hija mayor es 4 años mayor que mi hijo.

아들이 큰딸보다 4살 어려요. Mi hijo es 4 años más joven que mi hija mayor.

(1) 아들하고 작은딸하고 (ⓐ 삼 년 / ⓑ 세 살) 차이가 나요.

(2) 아들이 큰딸보다 네 살 (ⓐ 많아요 / ⓑ 적어요).

(3) 큰딸하고 작은딸이 (ⓐ 일곱 살 / ⓑ 여덟 살) 차이가 나요.

(4) 작은딸이 아들보다 (ⓐ 세 살 / ⓑ 네 살) 어려요.

Tip
Cuando uno se refiere a la edad de más de tres hijos en orden:
첫째 hijo/a mayor, 둘째 segundo/a,
셋째 tercero/a, 막내 hijo/a menor

¡Cuidado!
살 se utiliza cuando se habla de la edad de personas.
년 se utiliza cuando se habla de la edad de objetos.
Ej. 아이가 4살이에요. El niño tiene 4 años.
자동차가 4년 됐어요. El auto tiene 4 años.

Lugares y ubicación 1

Vocabulario

Empareje los objetos relacionados.

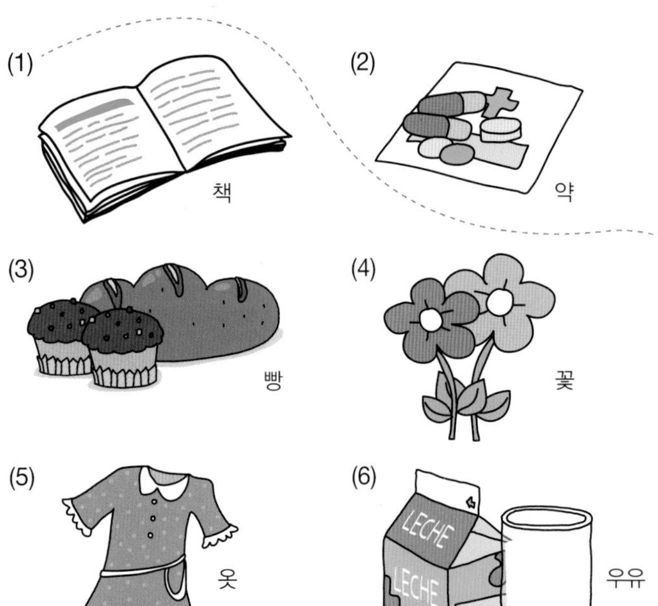

(9) 구두

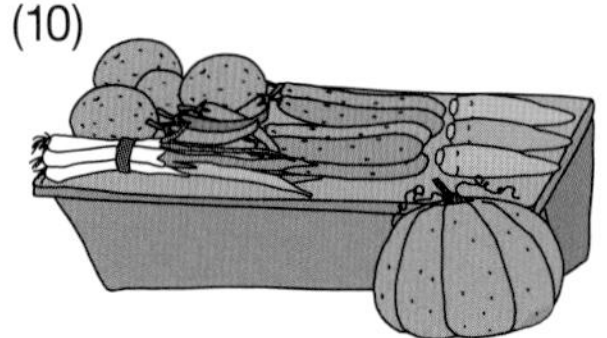

(10) 채소 = 야채

¡Cuidado!
¡Preste atención a la pronunciación!
백화점 [배콰점]
편의점 [펴니점]

- ⓐ 백화점 centro comercial
- ⓑ 여행사 agencia de viajes
- ⓒ 서점 librería
- ⓓ 꽃집 florería
- ⓔ 약국 farmacia
- ⓕ 편의점 tienda de conveniencia
- ⓖ 빵집 panadería
- ⓗ 카페 cafetería
- ⓘ 옷 가게 tienda de ropa
- ⓙ 시장 mercado

물건 (objeto) + 가게 (tienda)
Ej. 옷 가게 tienda de ropa, 가방 가게 tienda de bolsos, 생선 가게 pescadería, 과일 가게 frutería, tienda de frutas

Tip
Dependiendo del verbo cambia la partícula que se utiliza después del lugar.
(Lugar) + 에서 + (verbo de acción)
(Destinación) + 에 + los verbos 가다/오다

pista 074

¡Ahora utilicemos las palabras en una conversación!
Ej. A 어디에서 책을 사요?
B 서점에서 책을 사요.

Ejercicio 1

Escriba la letra correcta en cada casilla.

(1)

돈을 찾다 retirar dinero

(2)

산책하다 dar un paseo

(3)

일하다 trabajar

(4)

기도하다 rezar

(5)

머리를 자르다 cortarse el pelo

(6)

소포를 보내다 enviar un paquete

ⓐ 회사 empresa/compañia
ⓑ 은행 banco
ⓒ 우체국 oficina postal
ⓓ 공원 parque
ⓔ 성당 iglesia católica
ⓕ 미용실 salón de belleza

¡Ahora utilicemos las palabras en una conversación!
Ej. A 어디에 가요?
B 돈을 찾으러 은행에 가요.
pista 075

Ejercicio 2

Escriba la letra correcta en cada casilla.

(1)

집

(2)
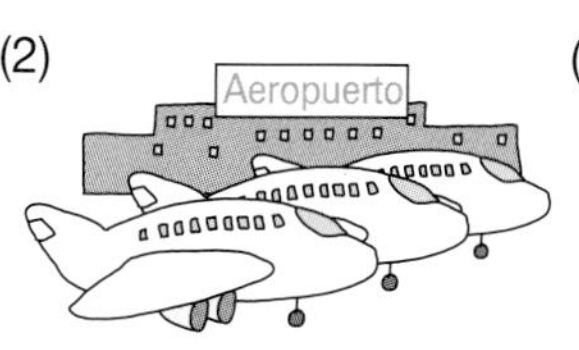

공항

(3)

식당

(4)

학원

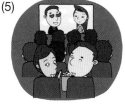

(5)

영화관

(6)

PC방

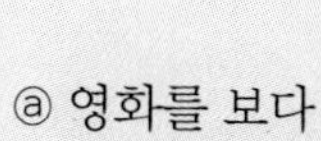

ⓐ 영화를 보다 ver una película
ⓑ 밥을 먹다 comer
ⓒ 비행기를 타다 tomar un avión
ⓓ 요리를 배우다 aprender a cocinar
ⓔ 인터넷 하다 usar el internet
ⓕ 쉬다 descansar

¡Cuidado!
¡Preste atención a la pronunciación!
학원 [하권]

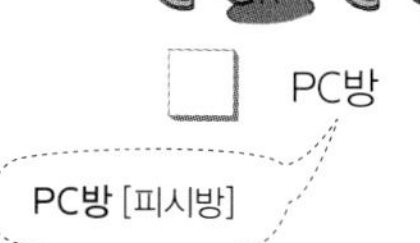
PC방 [피시방]

¡Ahora utilicemos las palabras en una conversación!
Ej. A 집에서 뭐 해요?
B 집에서 쉬어요.
pista 076

Lugares y ubicación 2

Vocabulario

Escriba la letra correcta en cada casilla.

ⓐ 교회 iglesia	ⓑ 박물관 museo	ⓒ 주차장 estacionamiento
ⓓ 술집 bar	ⓔ 대사관 embajada	ⓕ 노래방 sala de karaoke
ⓖ 대학교 universidad	ⓗ 도서관 biblioteca	ⓘ 경찰서 estación de policía
ⓙ 헬스장 gimnasio	ⓚ 사진관 estudio de fotografía	ⓛ 지하철역 estación de metro

(1)  ☐

(2)  ☐

(3)  ☐

(4)  ☐

(5) 

☐

(6)  ☐

(7)  ☐

(8)  ☐

(9)  ☐

(10)  ☐

(11) 

☐

(12)  ☐

¡Cuidado!
¡Preste atención a la pronunciación!
박물관 [방물관]

pista 077

¡Ahora utilicemos las palabras en una conversación!
예 A 여기가 어디예요?
B 노래방이에요.

Ejercicio 1

Empareje los objetos relacionados.

(1)	(2)	(3)	(4)	(5)	(6)
경찰	신부	요리사	교수	의사	소방관

ⓐ	ⓑ	ⓒ	ⓓ	ⓔ	ⓕ
식당 restaurante	성당 iglesia católica	병원 hospital	소방서 estación de bomberos	대학교 universidad	경찰서 estación de policía

pista 078

¡Ahora utilicemos las palabras en una conversación!

Ej. A 경찰이 어디에 있어요?
B 경찰이 경찰서에 있어요.

Ejercicio 2

Empareje el sitio que corresponde con la situación y verifique su respuesta con el audio correspondiente.

pista 079

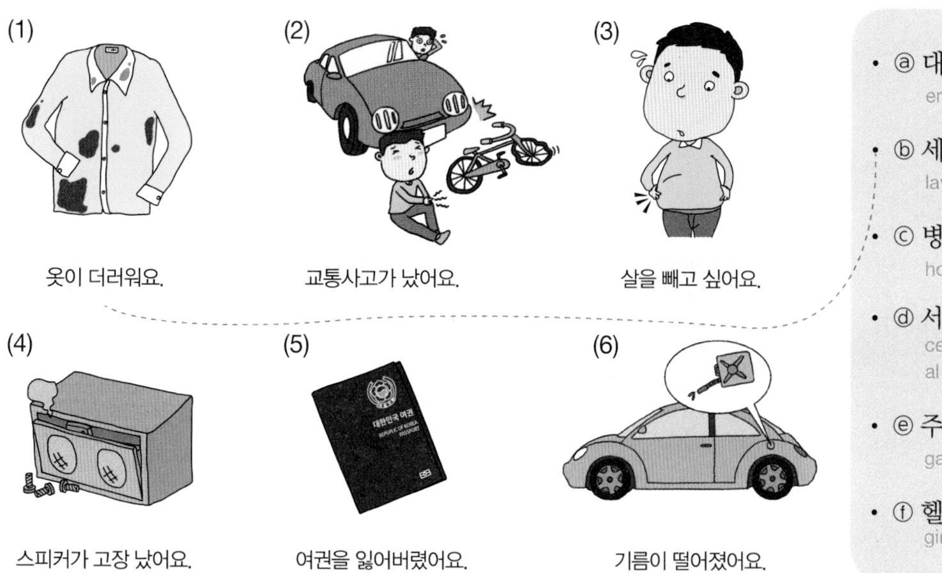

(1) 옷이 더러워요.

(2) 교통사고가 났어요.

(3) 살을 빼고 싶어요.

(4) 스피커가 고장 났어요.

(5) 여권을 잃어버렸어요.

(6) 기름이 떨어졌어요.

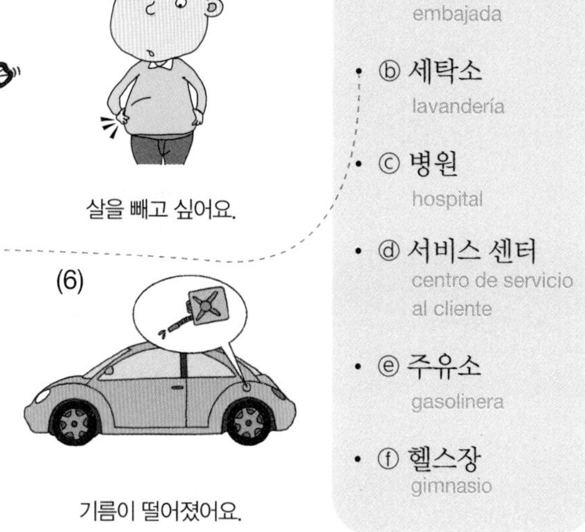

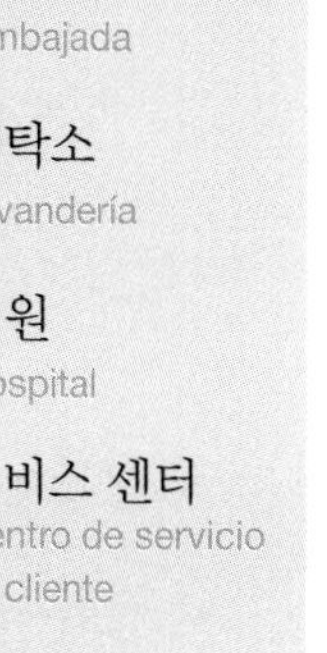

- ⓐ 대사관 embajada
- ⓑ 세탁소 lavandería
- ⓒ 병원 hospital
- ⓓ 서비스 센터 centro de servicio al cliente
- ⓔ 주유소 gasolinera
- ⓕ 헬스장 gimnasio

En la calle

Vocabulario

pista 080

Escuche el audio y escriba la letra correcta en cada casilla.

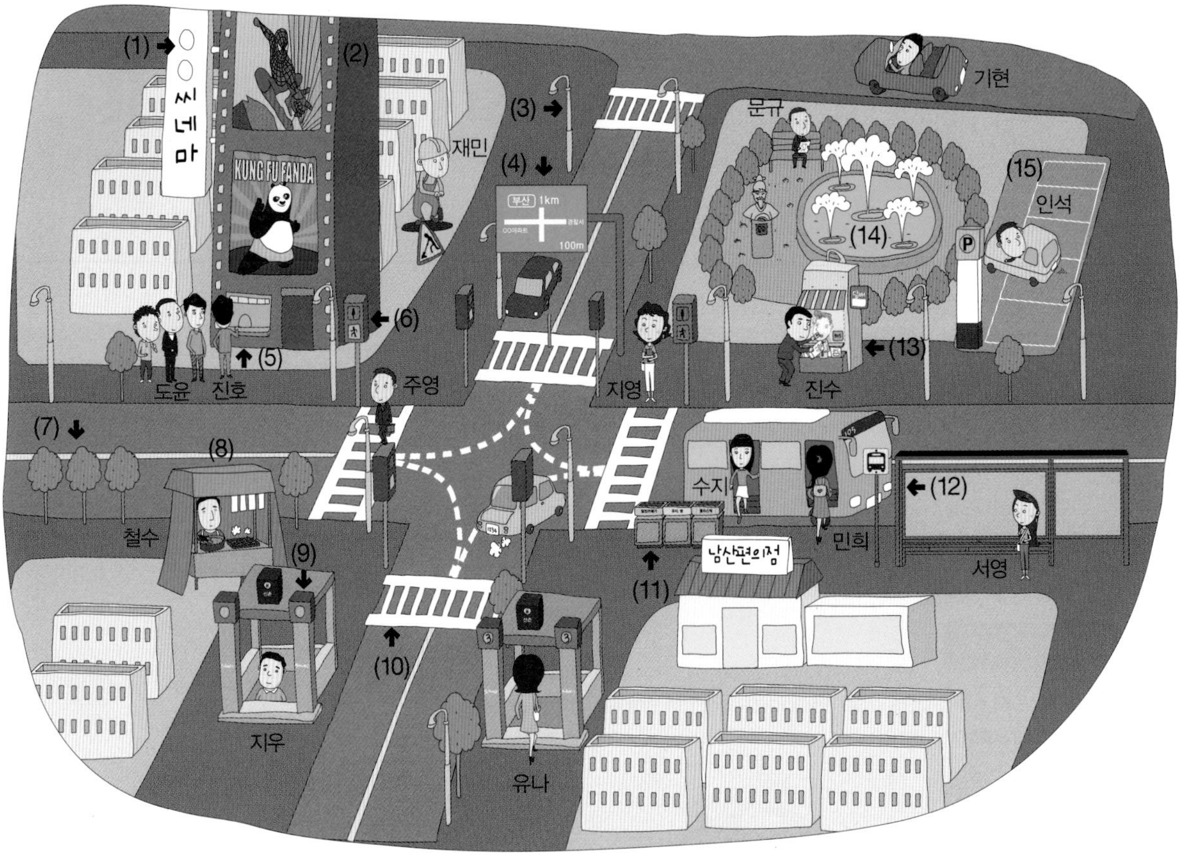

(1) ☐ (2) ☐ (3) ☐ (4) ☐ (5) ☐ (6) ☐ (7) ☐ (8) ☐
(9) ☐ (10) ☐ (11) ☐ (12) ☐ (13) ☐ (14) ☐ (15) ☐

ⓐ 건물 edificio
ⓑ 신호등 semáforo
ⓒ 포장마차 bar ambulante
ⓓ 간판 signo / letrero
ⓔ 표지판 señal de tráfico
ⓕ 횡단보도 cruce peatonal
ⓖ 분수 fuente
ⓗ 주차장 estacionamiento
ⓘ 지하철역 estación de metro
ⓙ 매점 quiosco
ⓚ 매표소 taquilla
ⓛ 쓰레기통 basurero / papelera
ⓜ 가로등 farola
ⓝ 가로수 árboles en una alameda
ⓞ 버스 정류장 parada de bus

쓰레기통 = 휴지통 basurero

Ejercicio 1

pista 081

Observe la imagen a la izquierda y escoja la respuesta correcta. Verifique su respuesta con el audio correspondiente.

(1) (ⓐ 수지 / ⓑ 민희)가 버스를 타고 있어요.

(2) (ⓐ 문규 / ⓑ 진호)가 벤치에 앉아 있어요.

(3) (ⓐ 기현 / ⓑ 재민)이 자동차를 운전하고 있어요.

(4) (ⓐ 도윤 / ⓑ 인석)이 표를 사려고 줄을 서 있어요.

(5) (ⓐ 지우 / ⓑ 유나)가 지하철역의 계단을 내려가고 있어요.

(6) (ⓐ 주영 / ⓑ 서영)이 횡단보도를 건너고 있어요.

Ejercicio 2

pista 082

Observe la imagen a la izquierda y escoja la respuesta correcta. Verifique su respuesta con el audio correspondiente.

(1) 지영이 ⓐ ☐ 신호등 앞에서 신호를 기다리고 있어요.
ⓑ ☐ 신호등 옆에서 신호를 기다리고 있어요.

(2) 가로수가 ⓐ ☐ 인도 위에 있어요.
ⓑ ☐ 인도 뒤에 있어요.

인도 = 보도 = acera

(3) 철수가 ⓐ ☐ 포장마차 밖에서 음식을 팔고 있어요.
ⓑ ☐ 포장마차 안에서 음식을 팔고 있어요.

(4) 동상이 ⓐ ☐ 분수 근처에 있어요.
ⓑ ☐ 분수에서 멀리 있어요.

(5) ⓐ ☐ 지하철역 건너편에 공원이 있어요.
ⓑ ☐ 지하철역 바로 앞에 있어요.

Lugares y direcciones

Vocabulario

Escuche el audio y escriba la letra correcta en cada casilla.

pista 083

(1)

(2)

(3)

(4)

(5)

(6)

(7)

(8)

(9)

(10)

ⓐ 병원 오른쪽에 있어요.
Está a la derecha del hospital.

ⓑ 길 건너편에 있어요.
Está al otro lado de la calle.

ⓒ 병원 왼쪽에 있어요.
Está a la izquierda del hospital.

ⓓ 병원 바로 뒤에 있어요.
Está directamente detrás del hospital.

ⓔ 병원 근처에 있어요.
Está cerca del hospital.

ⓕ 약국하고 병원 사이에 있어요.
Está entre la farmacia y el hospital.

ⓖ 모퉁이에 있어요.
Está en la esquina.

ⓗ 횡단보도 지나서 오른쪽에 있어요.
Está pasando el cruce peatonal a la derecha.

ⓘ 병원 앞에 있어요.
Está en frente del hospital.

ⓙ 횡단보도 지나기 전에 오른쪽에 있어요.
Está a la derecha antes del cruce peatonal.

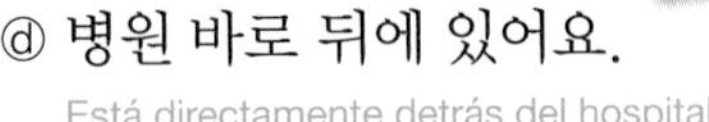

¡Ahora utilicemos las palabras en una conversación!
pista 084
예 A 은행이 어디에 있어요?
B 모퉁이에 있어요.

바로 (directamente / inmediatamente) se escribe antes de la ubicación para enfatizarla.
바로 앞 directamente en frente
바로 뒤 directamente detrás
바로 옆 directamente al lado

Ejercicio 1

Observe la imagen, empareje cada lugar emblemático con su ubicación y verifique su respuesta con el audio correspondiente.

pista 085

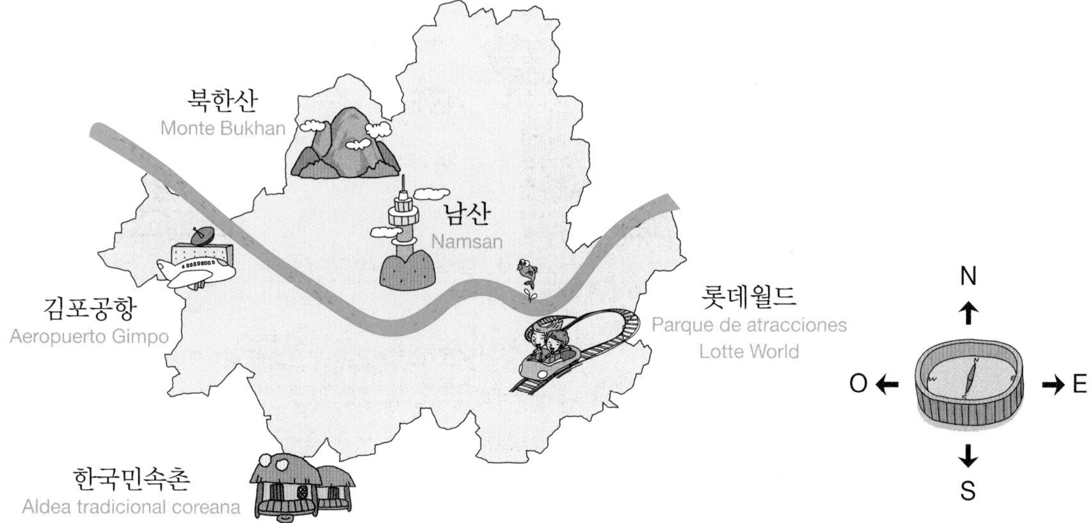

(1) 남산 •	• ⓐ 동쪽에 있어요.
(2) 북한산 •	• ⓑ 서쪽에 있어요.
(3) 김포공항 •	• ⓒ 남쪽에 있어요.
(4) 롯데월드 •	• ⓓ 북쪽에 있어요.
(5) 한국민속촌 •	• ⓔ 중앙에 있어요.

쪽 se utiliza para indicar dirección.
Ej. 이쪽 por aquí / en esta dirección,
저쪽 por allá / en aquella dirección

Ejercicio 2

Escuche el audio y escriba la letra correcta en cada casilla.

pista 086

ⓐ 왼쪽으로 가요. ("Voy" / "Ir") a la izquierda.

ⓑ 위쪽으로 가요. Voy hacia arriba.

ⓒ 뒤쪽으로 가요. Voy hacia atrás.

ⓓ 앞쪽으로 가요. Voy hacia adelante.

ⓔ 아래쪽으로 가요. Voy hacia abajo.

ⓕ 오른쪽으로 가요. Voy a la derecha.

¡Cuidado!

Las partículas se utilizan de manera diferente dependiendo del verbo.
[Ubicación] 오른쪽에 있어요. Es / Está a la derecha.
[Dirección] 오른쪽으로 가요. Ir / Voy a la derecha

Pedir direcciones

Vocabulario

Escuche el audio y escriba la letra correcta en cada casilla.

pista 087

ⓐ 쭉 가세요.
Siga recto.

ⓑ 길 끝에서 왼쪽으로 가세요.
Gire a la izquierda al final de la calle.

ⓒ 다리를 건너세요.
Cruce el puente.

ⓓ 약국을 끼고 왼쪽으로 도세요.
Gire a la izquierda después de la farmacia.

ⓔ 길을 따라가세요.
Siga a lo largo de la calle.

ⓕ 사거리에서 오른쪽으로 가세요.
Gire a la derecha en la intersección de cuatro vías.

ⓖ 골목으로 들어가세요.
Entre en el callejón.

ⓗ 횡단보도를 지나서 오른쪽으로 도세요.
Gire justo después del cruce peatonal.

ⓘ 지하도로 내려가세요.
Entre en el paso subterráneo.

ⓙ 횡단보도를 지나기 전에 오른쪽으로 도세요.
Gire a la derecha antes del cruce peatonal.

ⓚ 다리 밑을 지나가세요.
Pase por debajo del puente.

밑 y 아래 son sinónimos.

Cuando se le explica el lugar de destino a un taxista:
(Lugar) 에 가 주세요. Por favor lléveme a (Lugar).
(Lugar) 에서 세워 주세요. Por favor pare en (Lugar).

(1)
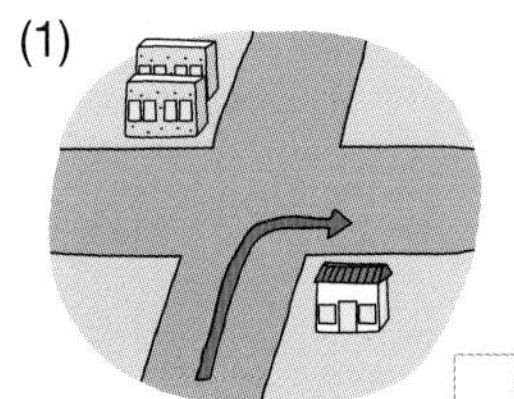

(2)

(3)
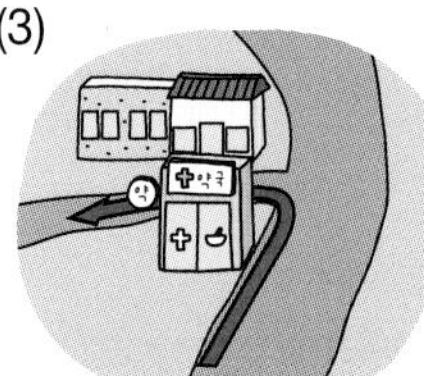

(4)
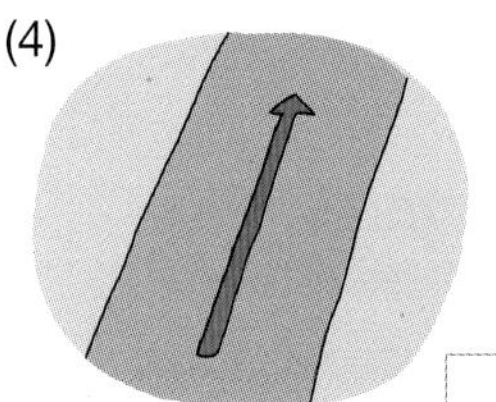

(5)

(6)

(7)

(8)
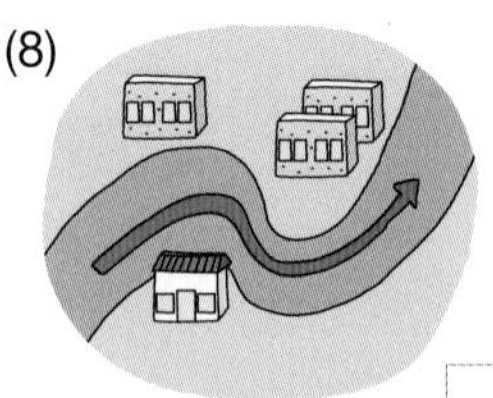

(9)

(10)
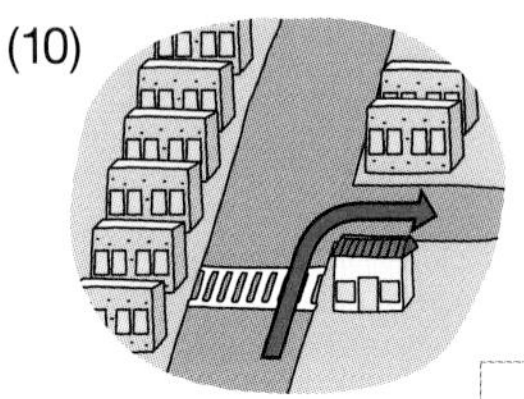

(11)
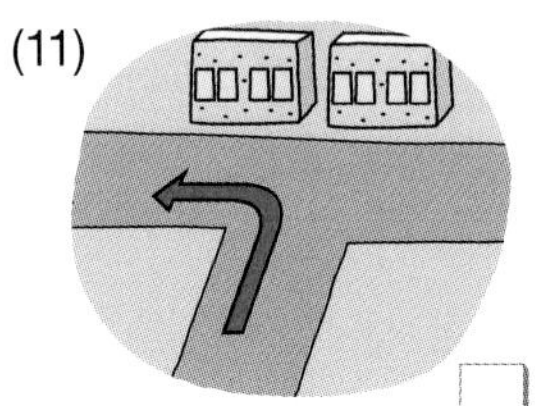

Ejercicio

Lea el texto y ubique los lugares en el mapa.

pista 088

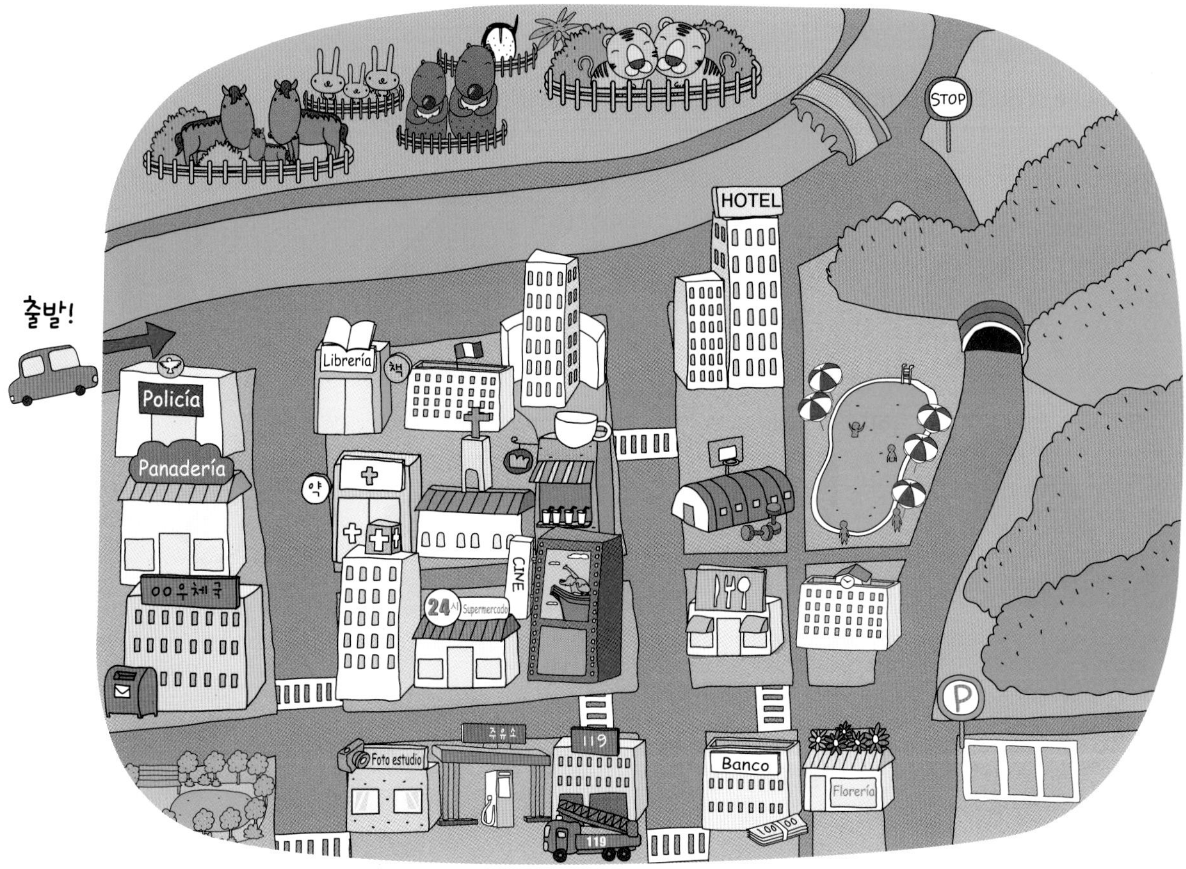

여기가 어디예요?

(1) 쭉 가면 오른쪽에 호텔이 있어요. 호텔을 끼고 오른쪽으로 돌면 왼쪽에 있어요.
체육관 건너편에 있어요. ______________

(2) 경찰서에서 오른쪽으로 가면 사거리가 나와요. 사거리에서 왼쪽으로 돌아서 조금만 가면 횡단보도가 나와요. 그 횡단보도 앞 왼쪽에 있는 건물이에요. 편의점 다음 건물이에요. ______________

(3) 다리가 보일 때까지 직진하세요.
왼쪽에 다리가 나오면 다리를 건너세요. 다리를 건너자마자 바로 있어요. ______________

(4) 서점 앞에서 오른쪽으로 가면 횡단보도를 지나기 전에 왼쪽에 약국이 보여요.
약국을 끼고 왼쪽으로 돌면 왼쪽에 있어요. 약국하고 카페 사이에 있어요. ______________

(5) 호텔을 지나서 다리가 나올 때까지 쭉 가세요. 다리 반대쪽으로 가면 터널이 있어요.
터널을 나와서 길을 따라 가면 오른쪽에 수영장을 지나서 학교가 나와요.
학교를 끼고 오른쪽으로 돌면 횡단보도가 나오는데 바로 왼쪽에 있어요.
식당 맞은편에 있어요. ______________

Pertenencias y posesiones

Vocabulario

pista 089

Escuche el audio y escriba la letra correcta en cada casilla.

(1)  ☐ (2)  ☐ (3)  ☐ (4)  ☐

(5)  ☐ (6) 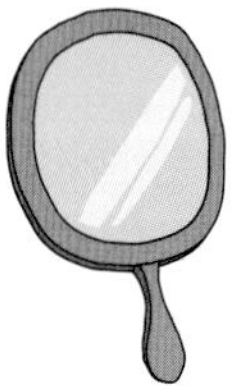 ☐ (7) 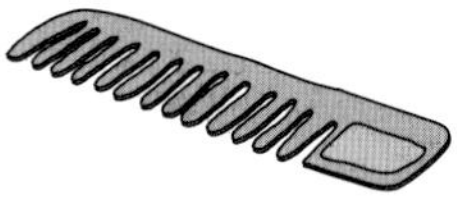 ☐ (8)  ☐

(9)  ☐ (10)  ☐ (11)  ☐ (12)  ☐

(13)  ☐ (14) 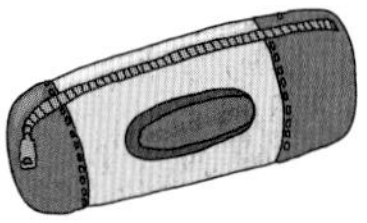 ☐ (15)  ☐ (16) ☐

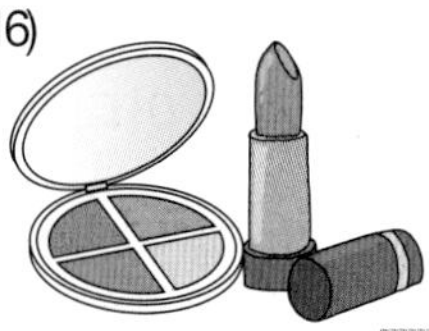

ⓐ 책 libro	ⓑ 우산 paraguas	ⓒ 거울 espejo	ⓓ 빗 peine
ⓔ 열쇠 llaves	ⓕ 공책 cuaderno	ⓖ 펜 bóligrafo	ⓗ 수첩 agenda
ⓘ 휴지 pañuelo	ⓚ 안경 gafas	ⓛ 화장품 maquillaje	ⓜ 필통 estuche para lápices
ⓝ 사진 fotografía	ⓞ 핸드폰 teléfono celular / móvil	ⓟ 서류 documentos	ⓠ 지갑 billetera

Ejercicio 1

pista 090

Escriba los objetos que pertenecen a cada persona según el audio.

(1) 아빠

(2)  엄마

(3)  아이

Ejercicio 2

pista 091

Observe las imágenes arriba y escoja la correcta. Verifique su respuesta con el audio correspondiente.

(1) 엄마 가방에 우산이 (ⓐ 들어 있어요. / ⓑ 들어 있지 않아요.)

(2) 아이 가방에 열쇠가 (ⓐ 들어 있어요. / ⓑ 들어 있지 않아요.)

(3) 아빠 가방에 서류가 (ⓐ 들어 있어요. / ⓑ 들어 있지 않아요.)

(4) 아이 가방에 휴지가 (ⓐ 들어 있어요. / ⓑ 들어 있지 않아요.)

(5) 아빠 가방에 지갑이 (ⓐ 들어 있어요. / ⓑ 들어 있지 않아요.)

(6) 엄마 가방에 안경이 (ⓐ 들어 있어요. / ⓑ 들어 있지 않아요.)

La forma negativa de 들어 있다 es 들어 있지 않다.
Ej. 가방에 핸드폰이 들어 없어요(×)
가방에 핸드폰이 들어 있지 않아요. (○)
El teléfono celular no está en la mochila.

Tip
아빠 (papá/papi) = 아버지 (padre)
엄마 (mamá/mami) = 어머니 (madre)

Describir la habitación

Vocabulario

Escuche el audio y escriba la letra correcta en cada casilla.

pista 092

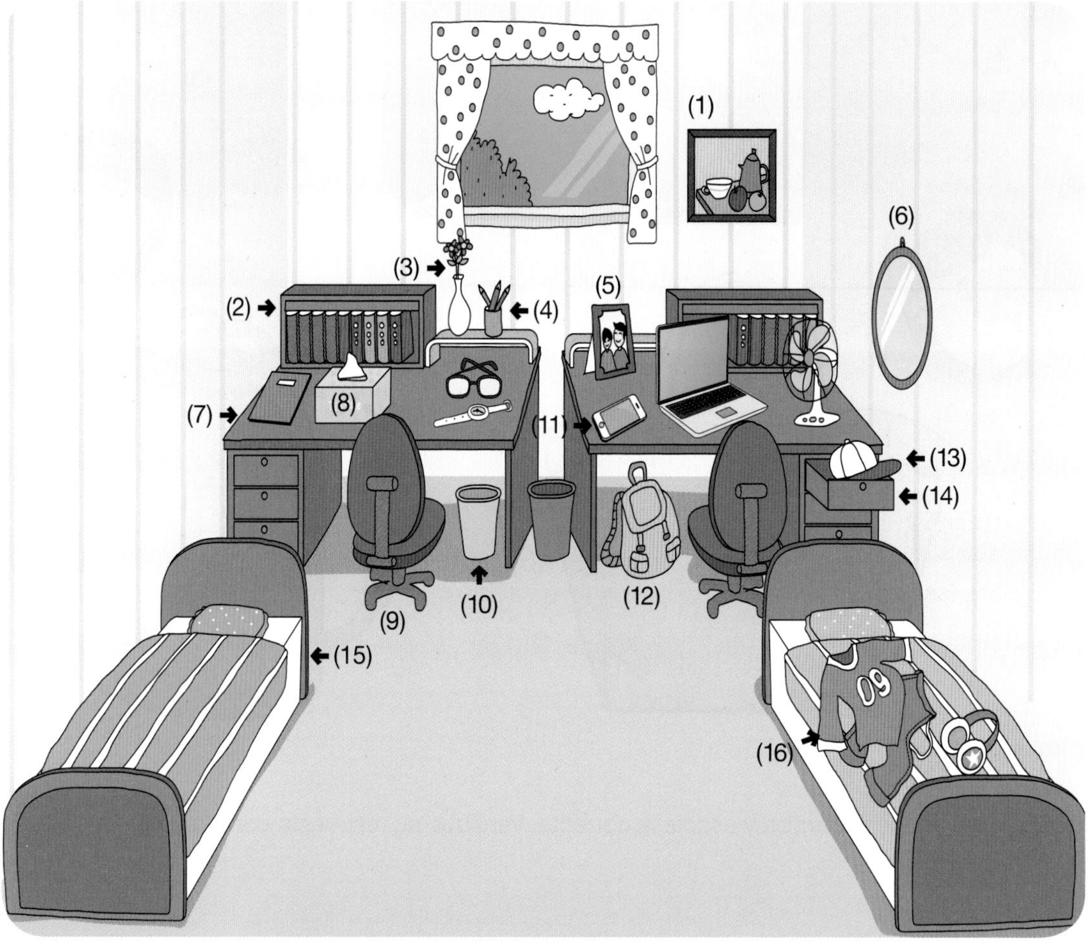

(1)	(2)	(3)	(4)	(5)	(6)	(7)	(8)
(9)	(10)	(11)	(12)	(13)	(14)	(15)	(16)

ⓐ 옷 ropa	ⓑ 그림 foto / imagen	ⓒ 휴지 pañuelos	ⓓ 핸드폰 teléfono celular / móvil
ⓔ 꽃병 florero	ⓕ 책상 escritorio	ⓖ 가방 bolsa	ⓗ 책꽂이 estantería
ⓘ 액자 marco de fotos	ⓙ 연필 lápiz	ⓚ 모자 gorro	ⓛ 서랍 cajón
ⓜ 의자 silla	ⓝ 침대 cama	ⓞ 거울 espejo	ⓟ 휴지통 papelera

Ejercicio 1

Seleccione las respuestas correctas según la imagen de la izquierda.

(1) 공책이 휴지 (ⓐ 앞 / ⓑ 옆)에 있어요.

(2) 나무가 창문 (ⓐ 안 / ⓑ 밖)에 있어요.

(3) 핸드폰이 액자 (ⓐ 앞 / ⓑ 뒤)에 있어요.

(4) 가방이 책상 (ⓐ 위 / ⓑ 아래)에 있어요.

(5) 책꽂이가 휴지 (ⓐ 위 / ⓑ 뒤)에 있어요.

(6) 옷이 침대 (ⓐ 위 / ⓑ 아래)에 있어요.

(7) 시계가 안경 (ⓐ 앞 / ⓑ 뒤)에 있어요.

(8) 모자가 책상 서랍 (ⓐ 안 / ⓑ 밖)에 있어요.

(9) 그림이 창문 (ⓐ 왼쪽 / ⓑ 오른쪽)에 있어요.

(10) 노트북이 핸드폰과 선풍기 (ⓐ 앞 / ⓑ 사이)에 있어요.

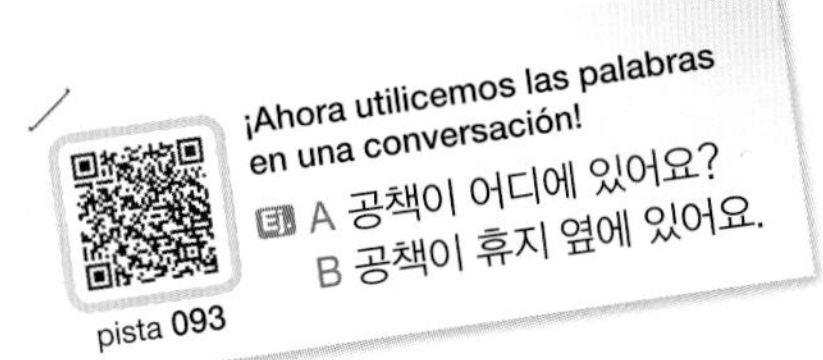

¡Ahora utilicemos las palabras en una conversación!
Ej. A 공책이 어디에 있어요?
B 공책이 휴지 옆에 있어요.
pista 093

Ejercicio 2

Seleccione las respuestas correctas según la imagen.

	ⓐ 지수	ⓑ 승민
(1) 안경	☐	☐
(2) 치마	☐	☐
(3) 노트북	☐	☐
(4) 시계	☐	☐
(5) 핸드폰	☐	☐
(6) 모자	☐	☐
(7) 공책	☐	☐
(8) 가방	☐	☐
(9) 연필	☐	☐
(10) 바지	☐	☐

Tip

Utilice 거 para hablar de un objeto ya mencionado.

Ej. (누구) 거 objeto/cosa de (alguien / quién) = 누구 시계 su reloj
지수 거 el objeto/cosa de Jisu
= 지수 시계 el reloj de Jisu

¡Ahora utilicemos las palabras en una conversación!

Ej. A 안경이 누구 거예요?
B 안경이 지수 거예요.

pista 094

Describir la casa

Vocabulario

pista 095

Escuche el audio y escriba la letra correcta en cada casilla.

ⓐ 거실 sala de estar ⓑ 방 cuarto / habitación ⓒ 지하실 sótano ⓓ 현관 puerta de entrada
ⓔ 창고 almacén ⓕ 정원 jardín ⓖ 계단 escaleras ⓗ 화장실 baño ⓘ 주방 cocina

주방 = 부엌

(1) ☐ (2) ☐ (3) ☐ (4) ☐ (5) ☐
(6) ☐ (7) ☐ (8) ☐ (9) ☐

2층

1층

지하

(1) (2) (3) (4) (5) (6) (7) (8) (9)

¡Ahora utilicemos las palabras en una conversación!

pista 096

Ej. A 방이 어디에 있어요?
B 방이 2층 왼쪽에 있어요.

Ejercicio 1

Observe las imágenes a la derecha y empareje los objetos relacionados.

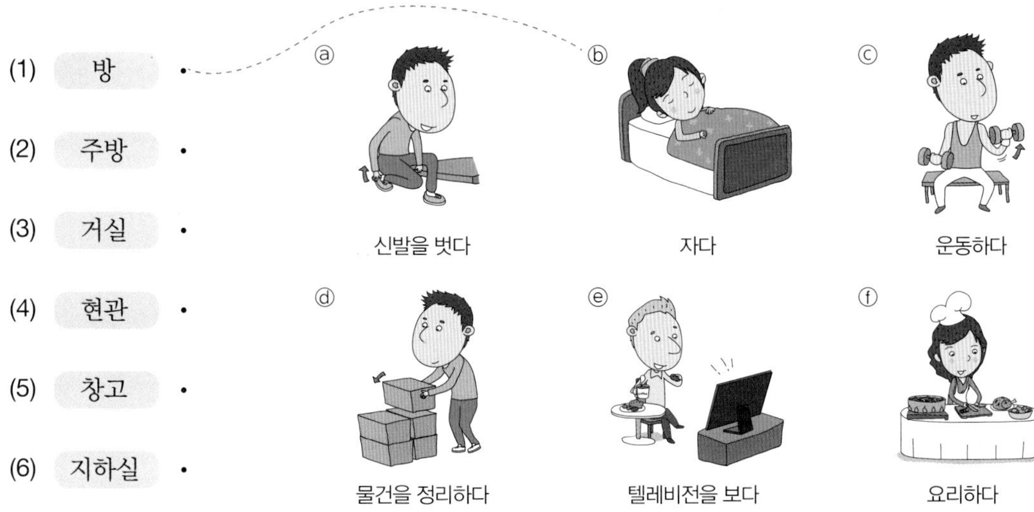

¡Ahora utilicemos las palabras en una conversación!

Ej. A 방에서 뭐 해요?
B 방에서 자요.

pista 097

Ejercicio 2

Escriba la letra correcta en cada casilla.

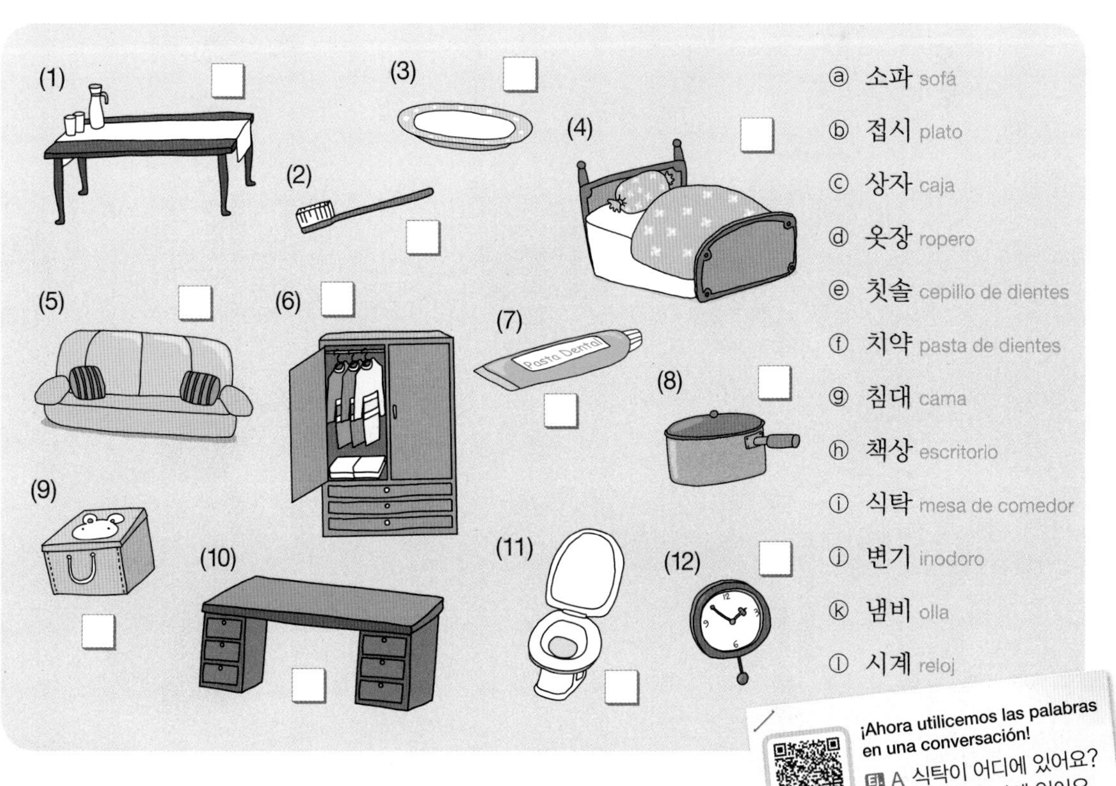

¡Ahora utilicemos las palabras en una conversación!

Ej. A 식탁이 어디에 있어요?
B 식탁이 주방에 있어요.

pista 098

Muebles y artículos del hogar

Vocabulario

pista 099

Escuche el audio y escriba la letra correcta en cada casilla.

ⓐ 책장 estantería	ⓑ 베개 almohada	ⓒ 옷걸이 perchero	ⓓ 서랍장 tocador
ⓔ 옷장 ropero	ⓕ 욕조 bañera	ⓖ 청소기 aspiradora	ⓗ 냉장고 refrigerador
ⓘ 침대 cama	ⓙ 이불 edredón	ⓚ 샤워기 ducha / regadera	ⓛ 에어컨 aire acondicionado
ⓜ 탁자 mesa	ⓝ 변기 inodoro	ⓞ 세면대 lavabo del baño	ⓟ 가스레인지 estufa / cocina de gas
ⓠ 의자 silla	ⓡ 선풍기 ventilador	ⓢ 신발장 estante de zapatos	ⓣ 전자레인지 microondas

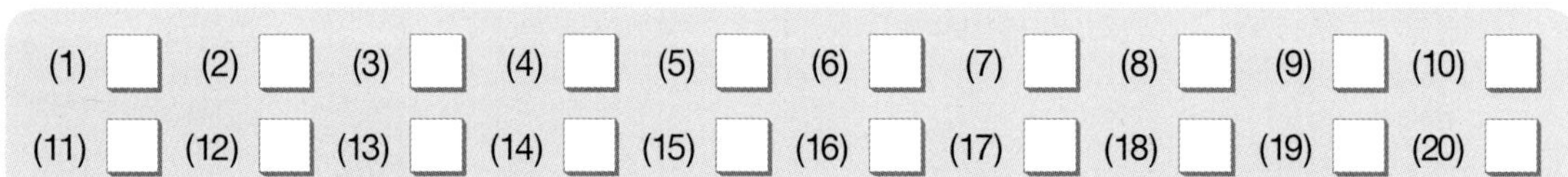

(1) (2) (3) (4) (5) (6) (7) (8) (9) (10)
(11) (12) (13) (14) (15) (16) (17) (18) (19) (20)

방 (1) (2) (3) (4) (5) (6) (7) (8) (9) (10) (11) (12)

화장실 (13) (14) (15) (16)

부엌 (17) (18) (19)

현관 (20)

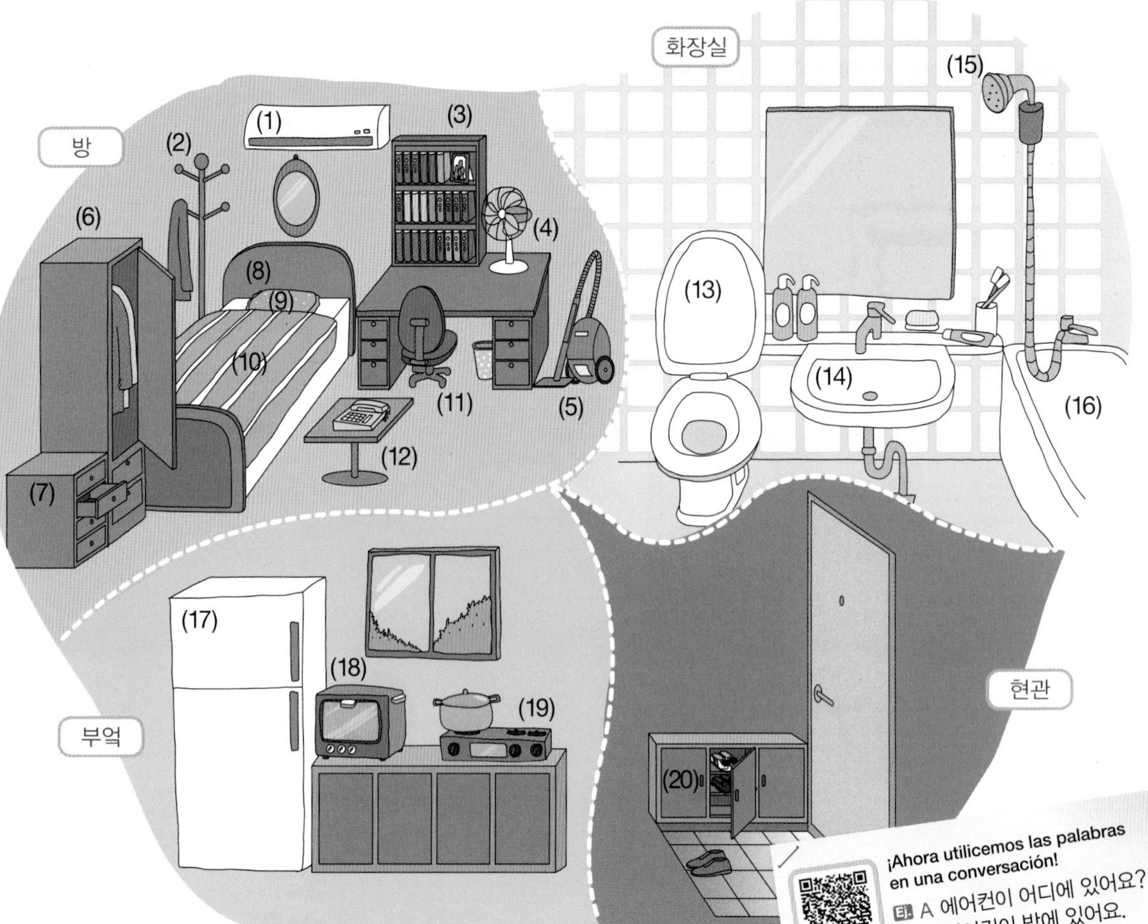

¡Ahora utilicemos las palabras en una conversación!

Ej. A 에어컨이 어디에 있어요?
B 에어컨이 방에 있어요.

pista 100

Ejercicio 1

Seleccione las respuestas correctas de acuerdo a la imagen.

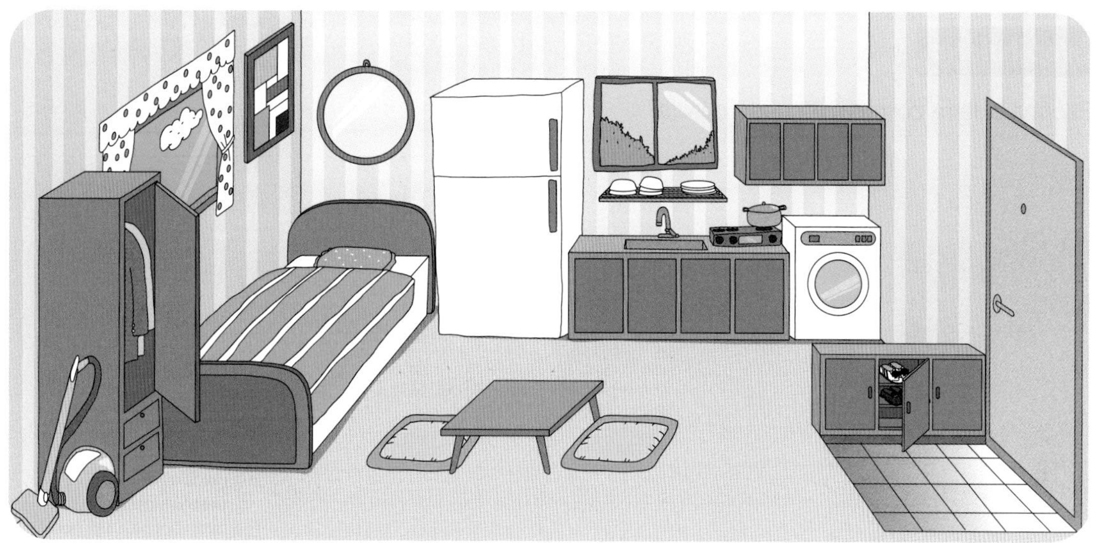

(1) 이 집에 냉장고가 (ⓐ 있어요. / ⓑ 없어요.)

(2) 이 집에 청소기가 (ⓐ 있어요. / ⓑ 없어요.)

(3) 이 집에 의자가 (ⓐ 있어요. / ⓑ 없어요.)

(4) 이 집에 옷장이 (ⓐ 있어요. / ⓑ 없어요.)

(5) 이 집에 신발장이 (ⓐ 있어요. / ⓑ 없어요.)

(6) 이 집에 선풍기가 (ⓐ 있어요. / ⓑ 없어요.)

(7) 이 집에 침대가 (ⓐ 있어요. / ⓑ 없어요.)

(8) 이 집에 세탁기가 (ⓐ 있어요. / ⓑ 없어요.)

Se utilizan las partículas 이/가 con los verbos 있다/없다.

¡Ahora utilicemos las palabras en una conversación!
예 A 이 집에 냉장고가 있어요?
B 네, 있어요.
pista 101

Ejercicio 2

Seleccione las respuestas correctas según la imagen superior.

(1) 거울이 ⓐ 벽에 있어요.
ⓑ 바닥에 있어요.

(2) 냄비가 ⓐ 가스레인지 바로 뒤에 있어요.
ⓑ 가스레인지 바로 위에 있어요.

(3) 그림이 ⓐ 창문 옆에 있어요.
ⓑ 창문 앞에 있어요.

(4) 청소기가 ⓐ 옷장 옆에 있어요.
ⓑ 옷장 안에 있어요.

(5) 신발이 ⓐ 신발장 안에 있어요.
ⓑ 신발장 밖에 있어요.

(6) 방석이 ⓐ 탁자 사이에 있어요.
ⓑ 탁자 양쪽에 있어요.

¡Ahora utilicemos las palabras en una conversación!
예 A 거울이 어디에 있어요?
B 거울이 벽에 있어요.
pista 102

Rutina diaria

Vocabulario

Escriba la letra correcta en cada casilla.

ⓐ 자다 dormir
ⓑ 옷을 입다 vestirse / ponerse ropa
ⓒ 일어나다 levantarse
ⓓ 이를 닦다 lavarse los dientes
ⓔ 세수하다 lavarse la cara
ⓕ 집에 돌아오다 regresar a casa
ⓖ 목욕하다 bañarse
ⓗ 집에서 나가다 salir de casa
ⓘ 밥을 먹다 comer

Tip
아침 por la mañana
오후 por la tarde / después del medio día
저녁 tarde-noche
밤 noche

(1) 

(2) 

(3) 

(4) 

(5) 

(6) 

(7) 

(8) 

(9) 

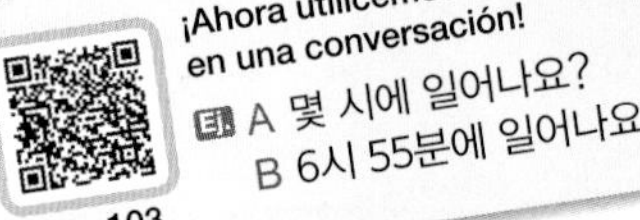

¡Ahora utilicemos las palabras en una conversación!

예 A 몇 시에 일어나요?
B 6시 55분에 일어나요.

Ejercicio 1

Escuche el audio y escriba la letra correcta en cada casilla.

pista 104

ⓐ 보통 아침에 신문을 안 읽어요.

ⓑ 보통 아침에 커피를 마셔요.

ⓒ 보통 저녁에 음식을 만들어요.

ⓓ 보통 주말에 편지를 안 써요.

ⓔ 보통 저녁에 텔레비전을 안 봐요.

ⓕ 보통 밤에 친구한테 전화 안 해요.

- Para cambiar un verbo a negativo en una frase, se coloca 안 delante del verbo.
  Ej. 안 봐요. No lo veo.
- 안 se coloca entre el sustantivo y 하다 en el caso de un verbo de la forma (Sustantivo)하다.
  Ej. 전화 안 해요. No estoy llamando por teléfono.

Ejercicio 2

Escuche el audio y seleccione las respuestas correctas.

pista 105

(1) 뭐 마셔요?

ⓐ Café 커피를 마셔요. ☐

ⓑ 녹차를 마셔요. ☐

ⓒ 우유를 마셔요. ☐

ⓓ 아무것도 안 마셔요. ☐

(2) 뭐 읽어요?

ⓐ 신문을 읽어요. ☐

ⓑ 책을 읽어요. ☐

ⓒ 잡지를 읽어요. ☐

ⓓ 아무것도 안 읽어요. ☐

(3) 뭐 봐요?

ⓐ 텔레비전을 봐요. ☐

ⓑ Película 영화를 봐요. ☐

ⓒ 공연을 봐요. ☐

ⓓ 아무것도 안 봐요. ☐

(4) 뭐 해요?

ⓐ 편지를 써요. ☐

ⓑ 전화를 해요. ☐

ⓒ E-mail 이메일을 보내요. ☐

ⓓ 아무것도 안 해요. ☐

Capítulo 28

Actividades domésticas

Vocabulario

Escriba la letra correcta en cada casilla.

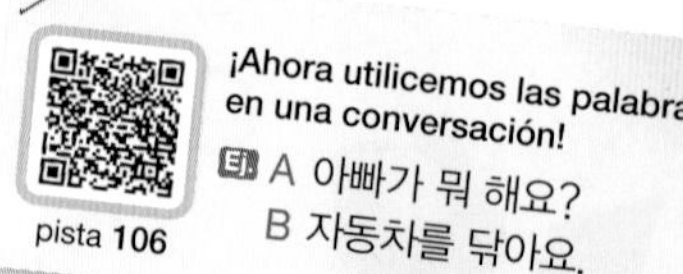
¡Ahora utilicemos las palabras en una conversación!
A 아빠가 뭐 해요?
B 자동차를 닦아요.
pista 106

(1)

(2)

你好?
?

(3)

(4)

(5)

(6)

(7)

(8)

(9)

(10)

(11)

(12)

ⓐ 면도하다 afeitarse

ⓑ 편지를 쓰다 escribir una carta

ⓒ 화장하다 maquillarse

ⓓ 단어를 찾다 buscar una palabra de vocabulario

ⓔ 자동차를 닦다 lavar un coche

ⓕ 머리를 빗다 peinarse el cabello

ⓖ 손을 씻다 lavarse las manos

ⓗ 집을 수리하다 arreglar la casa

ⓘ 이를 닦다 cepillarse los dientes

ⓙ 음식을 만들다 cocinar

ⓚ 라면을 먹다 cocinar ramyeon (sopa de fideos coreanos)

ⓛ 화분에 물을 주다 regar una maceta

Ejercicio 1

Observe las imágenes y empareje a cada persona con la acción correspondiente.

acción	ⓐ 아빠	ⓑ 엄마	ⓒ 아이	acción	ⓐ 아빠	ⓑ 엄마	ⓒ 아이
(1) 손을 씻어요.	☐	☐	☐	(2) 면도해요.	☐	☐	☐
(3) 이를 닦아요.	☐	☐	☐	(4) 화장해요.	☐	☐	☐
(5) 라면을 먹어요.	☐	☐	☐	(6) 편지를 써요.	☐	☐	☐
(7) 자동차를 닦아요.	☐	☐	☐	(8) 단어를 찾아요.	☐	☐	☐
(9) 머리를 빗어요.	☐	☐	☐	(10) 화분에 물을 줘요.	☐	☐	☐
(11) 집을 수리해요.	☐	☐	☐	(12) 음식을 만들어요.	☐	☐	☐

pista 107

¡Ahora utilicemos las palabras en una conversación!

Ej. A 누가 손을 씻어요?
B 엄마가 손을 씻어요.

Ejercicio 2

Empareje los objetos relacionados entre sí.

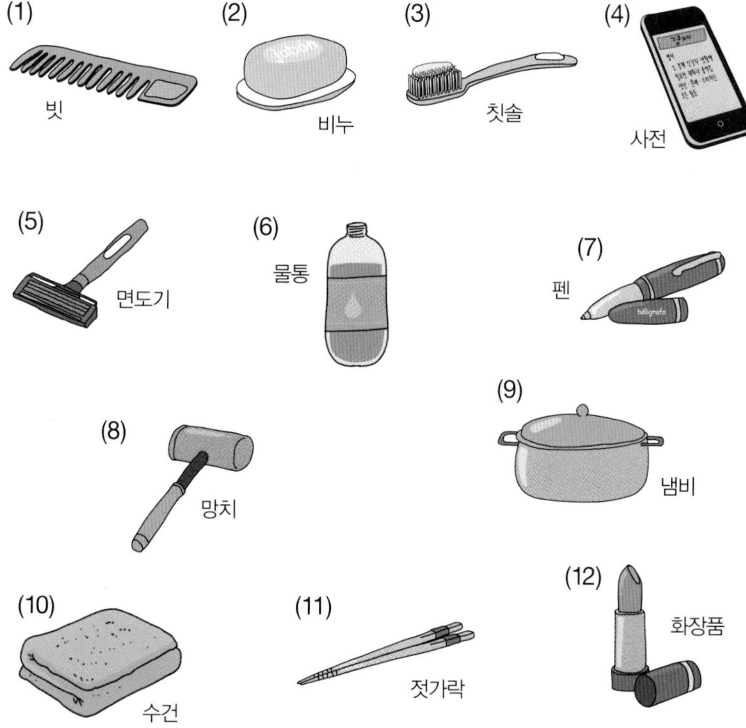

- ⓐ 면도하다
- ⓑ 화장하다
- ⓒ 손을 씻다
- ⓓ 이를 닦다
- ⓔ 라면을 먹다
- ⓕ 편지를 쓰다
- ⓖ 단어를 찾다
- ⓗ 머리를 빗다
- ⓘ 자동차를 닦다
- ⓙ 음식을 만들다
- ⓚ 집을 수리하다
- ⓛ 화분에 물을 주다

pista 108

¡Ahora utilicemos las palabras en una conversación!

Ej. A 뭘로 머리를 빗어요?
B 빗으로 머리를 빗어요.

Capítulo 29 Actividades diarias

Vocabulario

Escuche el audio y escriba la frecuencia con la que se realiza cada acción.

pista **109**

> **Tip**
> Se utilizan números coreanos nativos al hablar de frecuencia.
> 하루에 1(한) 번 una vez al día
> 일주일에 2(두) 번 dos veces a la semana
> 한 달에 3(세) 번 tres veces al mes
> 일 년에 4(네) 번 cuatro veces al año

하루에 몇 번…?

(1) 

커피를 마시다 ☐
tomar un café

(2) 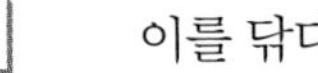

이를 닦다 ☐
cepillarse los dientes

(3) 

손을 씻다 ☐
lavarse las manos

(4) 

밥을 먹다 ☐
comer

> **Tip**
> 1~2(한두) 번 1 a 2 veces
> 2~3(두세) 번 2 a 3 veces
> 여러 번 varias veces

일주일에 몇 번…?

(5) 

운동하다 ☐
hacer ejercicio

(6) 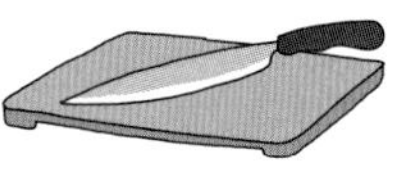

요리하다 ☐
cocinar

(7) 

택시를 타다 ☐
tomar un taxi

(8) 

신용 카드를 사용하다 ☐
usar la tarjeta de crédito

한 달에 몇 번…?

(9) 

친구를 만나다 ☐
verse con amigos

(10) 

빨래하다 ☐
lavar ropa

(11) 

가족한테 전화하다 ☐
hablar por teléfono con la familia

(12) 

장을 보다 ☐
ir de compras al mercado

일 년에 몇 번…?

(13) 

선물을 사다 ☐
comprar regalos

(14) 

여행하다 ☐
ir de viaje

(15) 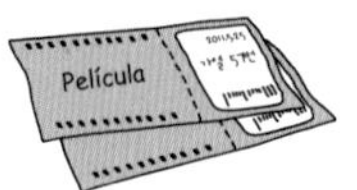

영화를 보다 ☐
ver una película

(16) 

미용실에 가다 ☐
ir a un salón de belleza

> **Tip**
> 매일 cada día 매주 cada semana
> 매달 cada mes 매년 cada año

> **Tip**
> Para decir "nunca" se utiliza 전혀 안 antes del verbo.
> 예 영화를 전혀 안 봐요. No veo películas para nada.

Ejercicio 1

pista **110**

Empareje la respuesta correcta con la pregunta y verifique su respuesta con el audio correspondiente.

(1) 하루에 얼마나 많이 걸어요?

(2) 하루에 얼마나 많이 이메일을 받아요?

(3) 하루에 얼마나 많이 돈을 써요?

(4) 하루에 얼마나 많이 사람을 만나요?

(5) 하루에 얼마나 많이 물을 마셔요?

ⓐ 1리터쯤 마셔요.

ⓑ 30분쯤 걸어요.

ⓒ 10통쯤 받아요.

ⓓ 3만 원쯤 써요.

ⓔ 15명쯤 만나요.

쯤 significa "aproximadamente", pero en coreano se coloca después del número dado.

Ejercicio 2

항상 = 언제나 = 늘 siempre

100%

항상: **항상** 채소를 먹어요. **Siempre** como verduras.

보통: **보통** 아침에 채소를 먹어요. **Suelo** comer verduras por la mañana.

자주: 채소를 **자주** 먹어요. Como verduras **con frecuencia**.

가끔: 채소를 **가끔** 먹어요. **A veces** como verduras

별로 안: 채소를 **별로 안** 먹어요. **Raramente** como verduras

거의 안: 채소를 **거의 안** 먹어요. **Casi nunca** como verduras.

전혀 안: 채소를 **전혀 안** 먹어요. **Nunca** como verduras.

0%

Aunque 별로, 거의, 전혀 ya tienen un significado negativo, se debe también colocar 안 antes del verbo cuando se utilicen en una oración.
Ej. 운전을 전혀 해요. (×)
운전을 전혀 안 해요. (○)
Nunca manejo / conduzco.

pista **111**

Escuche el audio y escriba la letra correcta en cada casilla.

ⓐ 보통　ⓑ 거의　ⓒ 자주　ⓓ 항상　ⓔ 전혀　ⓕ 가끔

(1)

외식하다
comer fuera ☐

(2)
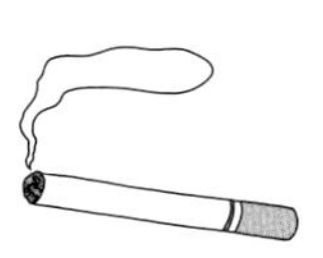
담배를 피우다
fumar tabaco ☐

(3)
거짓말하다
mentir ☐

(4)

늦잠을 자다
dormir hasta tarde ☐

(5)

감기에 걸리다
resfriarse / pillar un resfriado ☐

(6)

정장을 입다
vestir un traje formal ☐

(7)

술을 마시다
beber alcohol ☐

(8)

운동하다
hacer ejercicio ☐

Capítulo 30

Labores domésticas

Vocabulario

Escriba la letra correcta en cada casilla.

ⓐ 청소하다 limpiar
ⓑ 상을 차리다 poner la mesa /preparar la mesa
ⓒ 빨래하다 lavar ropa
ⓓ 상을 치우다 recoger la mesa / limpiar la mesa
ⓔ 요리하다 cocinar
ⓕ 다리미질하다 planchar
ⓖ 장을 보다 ir de compras al mercado
ⓗ 옷을 정리하다 arreglar la ropa
ⓘ 음식을 데우다 calentar comida
ⓙ 설거지하다 lavar los platos
ⓚ 바닥을 닦다 limpiar el piso
ⓛ 쓰레기를 버리다 tirar la basura

(1) ☐ (2)  ☐ (3)  ☐ (4) ☐

(5)  ☐ (6)  ☐ (7)  ☐ (8) ☐

(9)  ☐ (10)  ☐ (11)  ☐ (12) ☐

pista 112

¡Ahora utilicemos las palabras en una conversación!

예 A 지금 뭐 해요?
B 장을 봐요.

Ejercicio 1

Empareje los objetos relacionados.

- ⓐ 요리하다
- ⓑ 빨래하다
- ⓒ 상을 치우다
- ⓓ 바닥을 닦다
- ⓔ 청소하다
- ⓕ 다리미질하다
- ⓖ 음식을 데우다
- ⓗ 쓰레기를 버리다

pista 113

¡Ahora utilicemos las palabras en una conversación!

Ej. A 걸레로 뭐 해요?
B 바닥을 닦아요.

Ejercicio 2

Observe las imágenes y empareje con la respuesta correcta.

(1) (2) 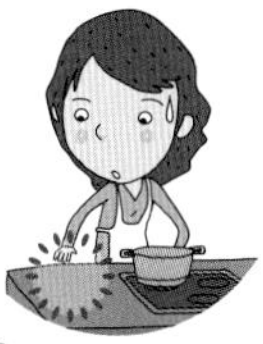 (3) 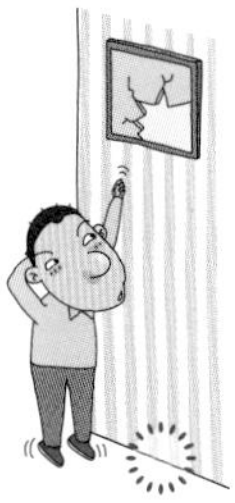 (4) 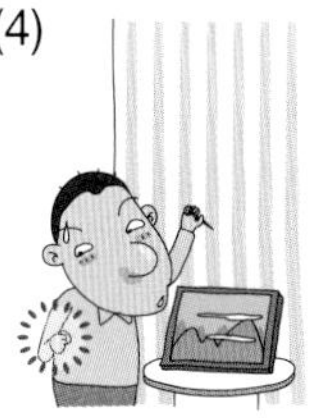 (5) 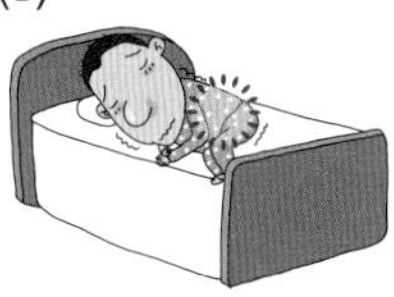 (6) 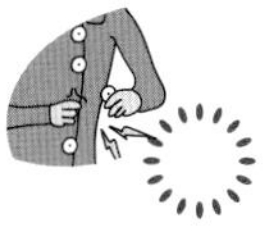 (7) 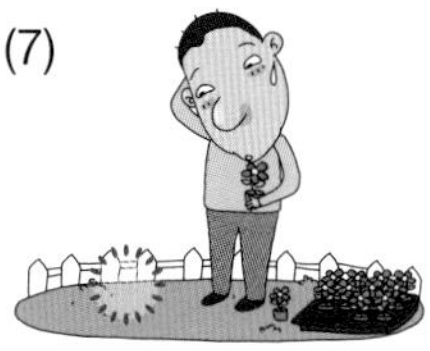 (8)

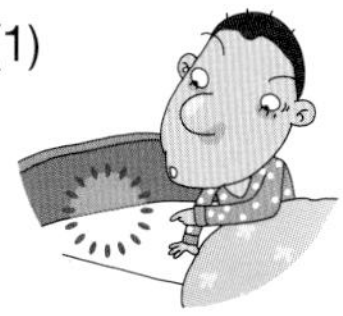

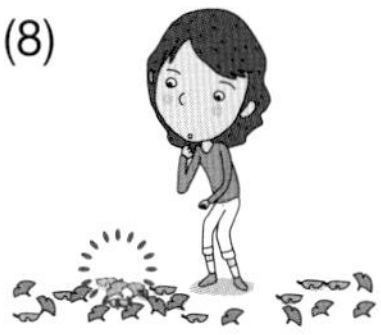

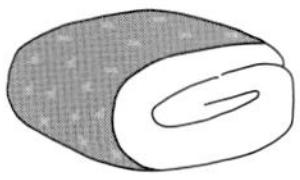

ⓐ 이불 edredón

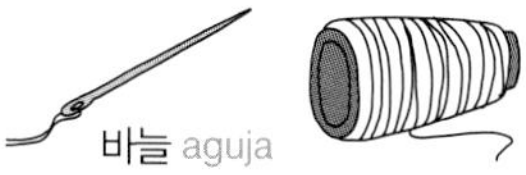

ⓑ 바늘 aguja 실 hilo

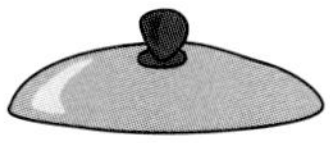

ⓒ 뚜껑 tapa

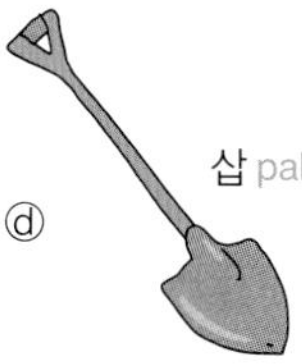

ⓓ 삽 pala

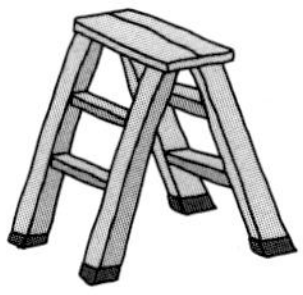

ⓔ 사다리 escalera

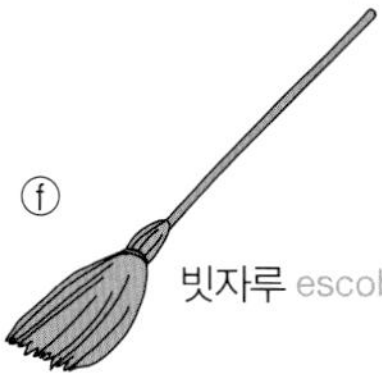

ⓕ 빗자루 escoba

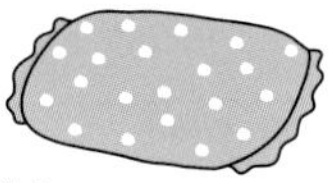

ⓖ 베개 almohada

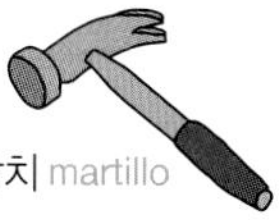

ⓗ 망치 martillo

Tip

필요하다 (necesitar) es adjetivo en coreano, por lo tanto se debe utilizar la partícula 이/가 después del objeto.

pista 114

¡Ahora utilicemos las palabras en una conversación!

Ej. A 뭐가 필요해요?
B 베개가 필요해요.

Capítulo 31 Actividades del fin de semana

Vocabulario

Escriba la letra correcta en cada casilla.

(1)  ☐

(2)  ☐

(3)  ☐

(4)  ☐

(5)  ☐

(6)  ☐

(7)  ☐

(8)  ☐

(9)  ☐

(10)  ☐

(11)  ☐

(12) 

☐

ⓐ 쉬다 descansar
ⓑ 데이트하다 tener una cita
ⓒ 구경하다 hacer turismo / echar un vistazo
ⓓ 시험을 보다 tomar un examen
ⓔ 이사하다 mudarse a otro domicilio
ⓕ 친구를 만나다 encontrarse con amigos
ⓖ 산책하다 dar un paseo
ⓗ 아르바이트하다 trabajar (a tiempo parcial)
ⓘ 책을 읽다 leer un libro
ⓙ 피아노를 배우다 aprender a tocar el piano
ⓚ 인터넷하다 navegar por internet
ⓛ 친구 집에 놀러 가다 visitar a un amigo en su casa (por entretenimiento)

pista 115

¡Ahora utilicemos las palabras en una conversación!

Ej. A 지난 주말에 뭐 했어요?
B 시험을 봤어요.

Ejercicio 1

Escuche el audio y seleccione las respuestas correctas.

pista **116**

Cuando se utilizan los sustantivos **여행, 구경, 출장, 산책, 유학** en conjunto con un lugar, las próximas expresiones son útiles.
(lugar) + 을/를 + ____하다
(lugar) + 에 + ____가다

(1)  

(ⓐ 절 / ⓑ 궁)을 구경했어요.

(2) 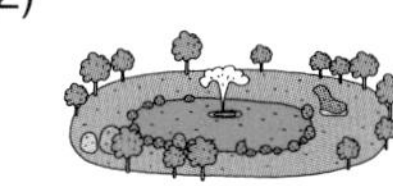 

(ⓐ 공원 / ⓑ 길)을 산책했어요.

(3)  

(ⓐ 영화관 / ⓑ 재래시장)에서 데이트했어요.

(4) 

(ⓐ 동물원 / ⓑ 놀이공원)에 놀러 갔어요.

(5) 

(ⓐ 카페 / ⓑ 술집)에서 친구를 만났어요.

(6) 

(ⓐ 편의점 / ⓑ 세탁소)에서 아르바이트했어요.

Ejercicio 2

재미있다 ser divertido
신나다 estar emocionado / ser emocionante
좋다 (ser) bueno

그저 그렇다 (estar) más o menos / bien

재미없다 (ser) aburrido
심심하다 estar/ser aburrido
별로이다 (ser) poca cosa / no muy bueno

Escuche el audio y conecte lo que sigue.

pista **117**

(1)	(2)	(3)	(4)	(5)	(6)
			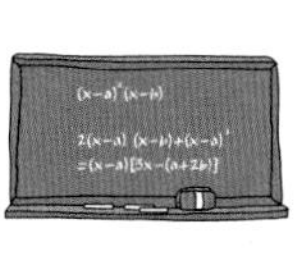		
데이트	생일 파티	여행	수업	영화	공연
•	•	•	•	•	•
•	•	•	•	•	•
ⓐ 신났어요	ⓑ 별로였어요	ⓒ 심심했어요	ⓓ 재미있었어요	ⓔ 재미없었어요	ⓕ 그저 그랬어요

Verbos comunes

Vocabulario

Escriba la letra correcta en cada casilla.

(1) 정우 (2) 동현 (3) 지연 나리 (4) 진규 유나 (5) 준기 (6) 민수 (7) 윤호 (8) 동욱 (9) 소은 (10) 정희 (11) 영식 (12) 현철 진석 (13) 혜인 (14) 성하

Hip Hop

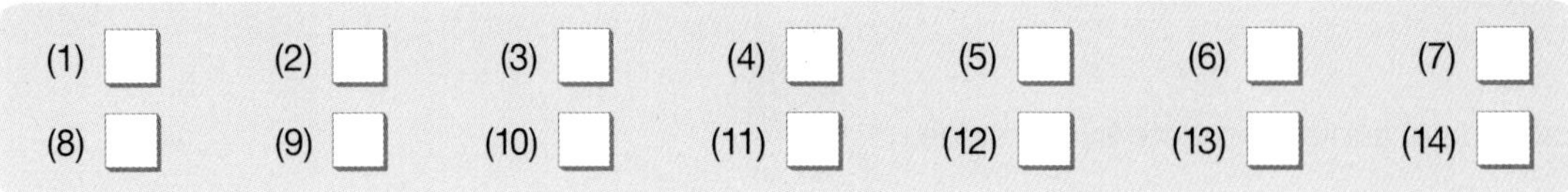

ⓐ 울다 llorar	ⓑ 숨다 esconder	ⓒ 얘기하다 hablar, platicar
ⓓ 웃다 reír	ⓔ 찾다 buscar	ⓕ 춤을 추다 bailar
ⓖ 사다 comprar	ⓗ 앉다 sentar(se)	ⓘ 사진을 찍다 tomar una foto
ⓙ 팔다 vender	ⓚ 싸우다 pelear	ⓛ 음악을 듣다 escuchar música
ⓜ 놀다 jugar	ⓝ 기다리다 esperar	

pista 118

¡Ahora utilicemos las palabras en una conversación!

Ej. A 정우가 뭐 하고 있어요?
B 정우가 웃고 있어요.

Ejercicio 1

Observe la imagen y seleccione la respuesta correcta. Verifique su respuesta con el audio correspondiente.

pista 119

(1) 정우는 (ⓐ 웃고 있어요. / ⓑ 웃고 있지 않아요.)

(2) 현철은 (ⓐ 울고 있어요. / ⓑ 울고 있지 않아요.)

(3) 정희는 (ⓐ 앉아 있어요. / ⓑ 서 있어요.)

(4) 민수는 소은을 (ⓐ 찾고 있어요. / ⓑ 사진 찍고 있어요.)

(5) 진규는 유나하고 (ⓐ 놀고 있어요. / ⓑ 만나고 있어요.)

(6) 윤호는 친구를 (ⓐ 기다리고 있어요. / ⓑ 기다리고 있지 않아요.)

(7) 지연은 동욱하고 (ⓐ 얘기하고 있어요. / ⓑ 얘기하고 있지 않아요.)

(8) 혜인은 진석하고 (ⓐ 싸우고 있어요. / ⓑ 싸우고 있지 않아요.)

Cuado se desea cambiar la forma –고 있다 a negativo se utiliza:
웃고 있지 않아요. (○) No está sonriendo.
웃고 없어요. (×)

Se utiliza –고 있다 con verbos de acción como 싸우다 (pelear), 얘기하다 (hablar).
Ej. 싸우고 있다 (se están peleando.)
Se utiliza –아/어 있다 con verbos situacionales como 앉다 (sentarse), 서다 (levantarse), 숨다 (esconderse).
Ej. 앉아 있다 (está sentado)

Ejercicio 2

Observe las imágenes y conecte lo que sigue.

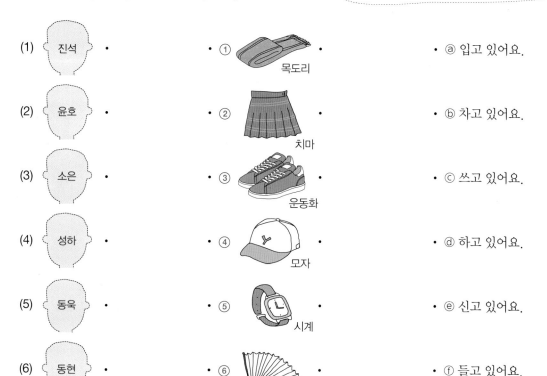

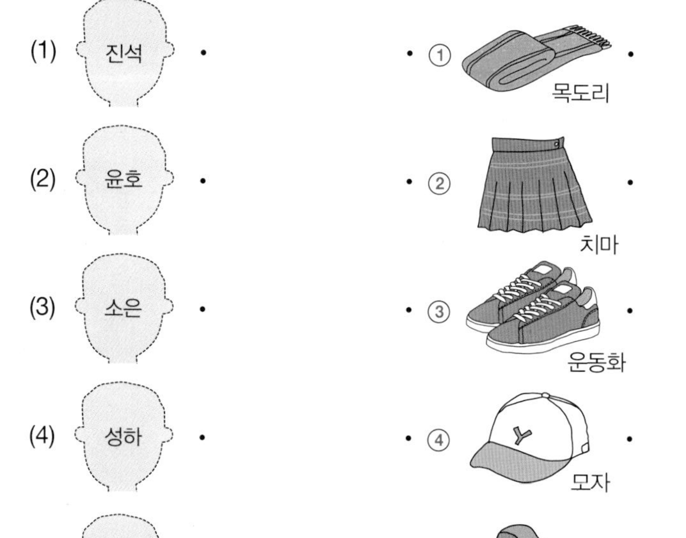

(1) 진석 •	• ① 목도리 •	• ⓐ 입고 있어요.
(2) 윤호 •	• ② 치마 •	• ⓑ 차고 있어요.
(3) 소은 •	• ③ 운동화 •	• ⓒ 쓰고 있어요.
(4) 성하 •	• ④ 모자 •	• ⓓ 하고 있어요.
(5) 동욱 •	• ⑤ 시계 •	• ⓔ 신고 있어요.
(6) 동현 •	• ⑥ 부채 •	• ⓕ 들고 있어요.

pista 120

¡Ahora utilicemos las palabras en una conversación!

Ej. A 누가 운동화를 신고 있어요?
B 진석이 운동화를 신고 있어요.

Adjetivos comunes

Vocabulario

pista 121

Escuche el audio y escriba la letra correcta en cada casilla.

ⓐ 이상하다 extraño / Inusual
ⓑ 필요하다 necesario
ⓒ 힘들다 laborioso
ⓓ 어렵다 difícil
ⓔ 재미있다 divertido / interesante
ⓕ 위험하다 peligroso
ⓖ 중요하다 importante
ⓗ 맛있다 delicioso
ⓘ 바쁘다 ocupado / atareado
ⓙ 인기가 많다 popular

(1) 불고기가 ________!

(2) 수영복이 ________!

(3) ________!

(4) 너무 ________!

(5) 건강이 더 ________!

(6) 너무 ________!

(7) 컴퓨터 게임이 ________!

(8) 한자가 너무 ________!

(9) ________!

(10) 저 사람이 ________!

Tip

En Coreano los adjetivos (lit. verbos usados de manera descriptiva) que se utilizan en una oración son más similares a verbos descriptivos utilizados en combinación con los verbos "Ser" / "Estar". Sin embargo, esto no incluye el verbo –예요 (lit. "Ser" / "Estar"). Los verbos utilizados de manera descriptiva (en otras palabras, adjetivos) requieren de la partícula 이/가 después del sujeto.

Ej. 한국어 공부가 재미있어요. (○) El aprendizaje de coreano es divertido.
한국어 공부가 재미있는이에요. (×)

Ejercicio 1

Escriba los antónimos de las siguientes palabras.

(1) 필요하다 ↔

(2) 어렵다 ↔

(3) 위험하다 ↔

(4) 재미있다 ↔

(5) 맛있다 ↔

(6) 바쁘다 ↔

(7) 중요하다 ↔

(8) 인기가 많다 ↔

맛없다 안전하다
인기가 없다 한가하다
쉽다 재미없다
필요 없다 안 중요하다

¡Cuidado!

A diferencia de los verbos, para negar los adjetivos de la forma 하다, se agrega 안 antes del adjetivo completo.
〔adjetivo〕 **안 중요해요.** No es importante.
〔verbo〕 **운동 안 해요.** No hago ejercicio.

Ejercicio 2

Empareje las frases para formar secuencias lógicas y verifique su respuesta con el audio correspondiente.

pista 122

(1) 혼자 이사하는 것은 힘들어요. • — • ⓑ

(1) 혼자 이사하는 것은 힘들어요. •	• ⓐ 돈이 아까워요.
(2) 봄에 눈이 와요. •	• ⓑ 친구가 도와주면 좋겠어요.
(3) 비싼 음식이 정말 맛없었어요. •	• ⓒ 냉장고에서 꺼내도 돼요?
(4) 이곳은 안전해요. •	• ⓓ 요즘 날씨가 정말 이상해요.
(5) 이번 시험이 정말 중요해요. •	• ⓔ 그러니까 너무 걱정하지 마세요.
(6) 너무 바빠서 쉴 수 없어요. •	• ⓕ 그러니까 열심히 준비해야 해요.
(7) 얼음이 필요해요. •	• ⓖ 혼자 10개라도 먹을 수 있어요.
(8) 이 음식은 정말 맛있어요. •	• ⓗ 그래서 스트레스를 많이 받아요.

Expresiones comunes 1

Vocabulario

Escriba la letra correcta en cada burbúja de diálogo y verifique su respuesta con el audio correspondiente.

pista 123

(1)

(2)

(3)

(4)

(5)

(6)

(7)

(8)

(9)

(10)

(11)

(12)

ⓐ 맞아요. Correcto.

ⓑ 실례합니다. Disculpe, por favor / Disculpe la molestia

ⓒ 좋아요. Está bien / okay.

ⓓ 안녕하세요? Hola.

ⓔ 여보세요. ¿Aló? / ¿Diga?

ⓕ 도와주세요. ¿Podría ayudarme?

ⓖ 미안합니다. Lo siento.

ⓗ 안녕히 계세요. Adiós.

ⓘ 축하합니다. Felicidades.

ⓙ 잘 먹었습니다. Gracias por la comida (después de comer).

ⓚ 감사합니다. Gracias.

ⓛ 잘 먹겠습니다. Buen provecho.

> 안녕하세요? se utiliza en la mañana, tarde y noche por igual, sin importar la hora del encuentro.
>
> ¡Buenos días! / ¡Buenas tardes! / ¡Buenas noches! ▶ 안녕하세요!

Ejercicio 1

Empareje los objetos relacionados y verifique su respuesta con el audio correspondiente.

pista 124

(1) 맛있게 드세요.

(2) 안녕하세요?

(3) 우리 같이 식사해요.

(4) 김수지 씨죠?

(5) 안녕히 계세요.

(6) 시험에 합격했어요.

ⓐ 좋아요.

ⓑ 축하합니다.

ⓒ 안녕하세요?

ⓓ 잘 먹겠습니다.

ⓔ 안녕히 가세요.

ⓕ 맞아요.

Tip
안녕히 계세요: Se usa cuando uno deja un lugar y la otra persona se queda en el lugar.
안녕히 가세요: Se usa cuando uno permanece en un lugar y la otra persona se va del lugar.

Ejercicio 2

Conecte los verbos correctos y complete las oraciones

(1) **유나는 약속 시간을 잘 몰라서 진수한테 ______.**
유나: 3시 맞아요?
진수: 네, 맞아요.

(2) **유나는 약속 시간에 늦게 와서 진수에게 ______.**
유나: 약속에 늦어서 정말 미안해요.
진수: 괜찮아요.

(3) **진수는 유나하고 저녁을 먹기로 ______.**
진수: 오늘 같이 저녁 먹을까요?
유나: 좋아요. 7시에 만나요.

(4) **진수와 유나는 길에서 만나서 ______.**
유나: 안녕하세요? 잘 지내죠?
진수: 네, 잘 지내요.

ⓐ 약속해요

ⓑ 인사해요

ⓒ 확인해요

ⓓ 사과해요

Expresiones comunes 2

Vocabulario

Escriba la letra correcta en cada burbúja de diálogo y verifique con el audio.

pista 125

> **Tip**
> 알겠어요 y 알겠습니다 pueden expresar su comprensión de una situación o su consentimiento a una solicitud.
> Ej. 1 A 미안해요. 갑자기 일이 생겨서 못 가요. Lo siento. Surgió un imprevisto y no puedo ir.
> B 알겠어요. Entendido.
> Ej. 2 A 저 좀 도와주세요. Por favor ayúdeme.
> B 네, 알겠어요. Sí, claro.
> Ej. 3 A 커피 한 잔 주세요. Una taza de café, por favor.
> B 네, 알겠습니다. Sí, al instante

ⓐ 건배! ¡Salud!
ⓑ 잘 모르겠어요. No lo sé.
ⓒ 괜찮아요. Está bien.
ⓓ 수고하셨습니다. Buen trabajo, gracias. (Hacia alguien que nos ha asistido en algo.)
ⓔ 잠깐만요. Un momento.
ⓕ 처음 뵙겠습니다. Mucho gusto en conocerle.
ⓖ 잘 지내요. Me va bien / Las cosas marchan bien.
ⓗ 주말 잘 보내세요. Que tenga un buen fin de semana.
ⓘ 알겠습니다. Entendido.
ⓙ 아니에요, 괜찮아요. No, gracias.
ⓚ 오랜만이에요. Cuánto tiempo sin vernos.
ⓛ 다시 한번 말해 주세요. ¿Podría decirlo una vez más?

(1)

(2)

(3)

(4)

(5)

(6)

(7)

(8)

(9)

(10)

(11)

(12)

Ejercicio 1

Escoja la opción correcta y escriba el símbolo correspondiente en cada casilla.

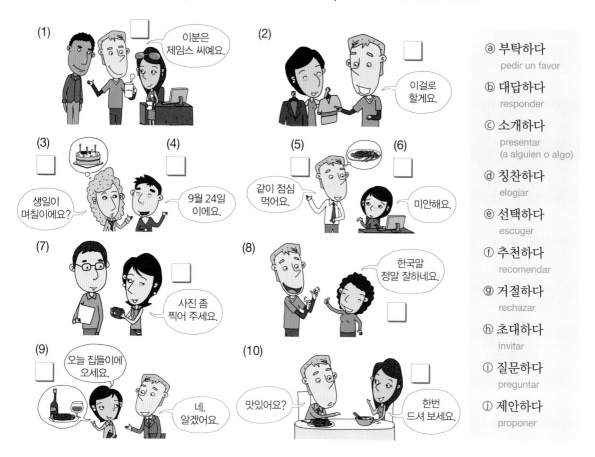

(1)

이분은
제임스 씨예요.

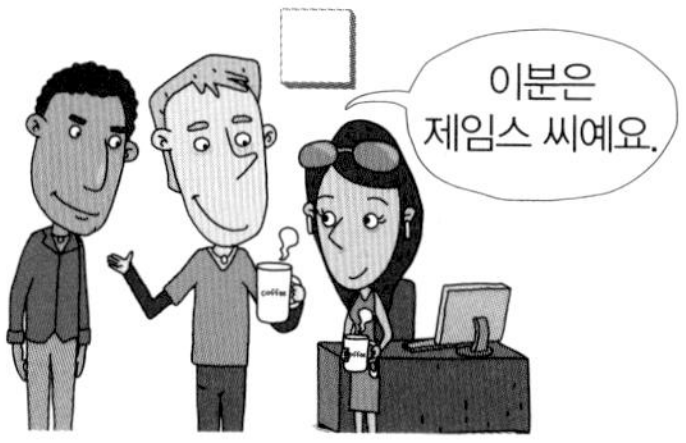

(2)

이걸로
할게요.

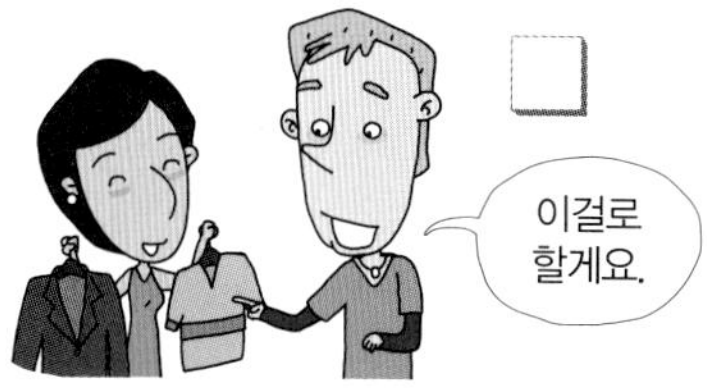

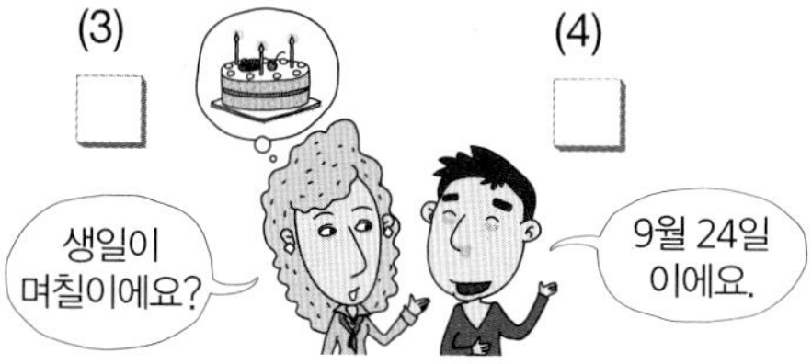

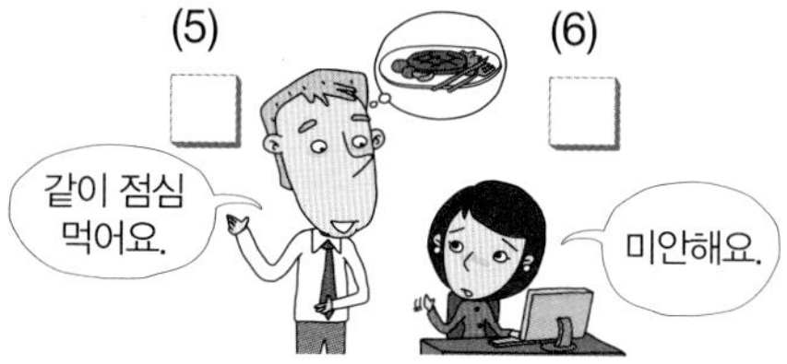

(3) (4)

생일이
며칠이에요?
9월 24일
이에요.

(5) (6)

같이 점심
먹어요.
미안해요.

(7)

사진 좀
찍어 주세요.

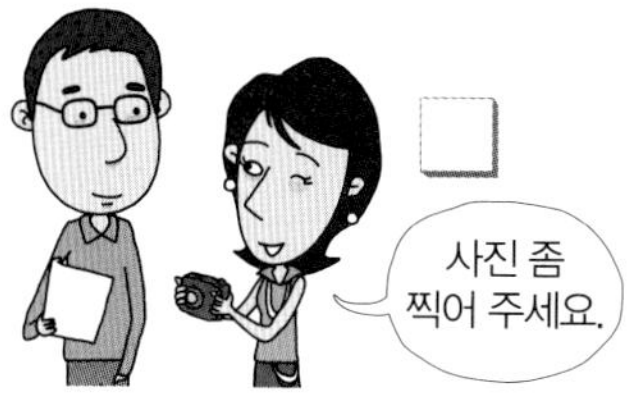

(8)

한국말
정말 잘하네요.

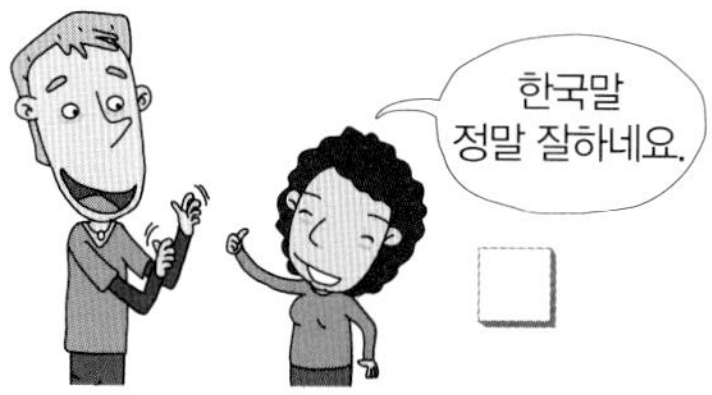

(9)

오늘 집들이에
오세요.
네,
알겠어요.

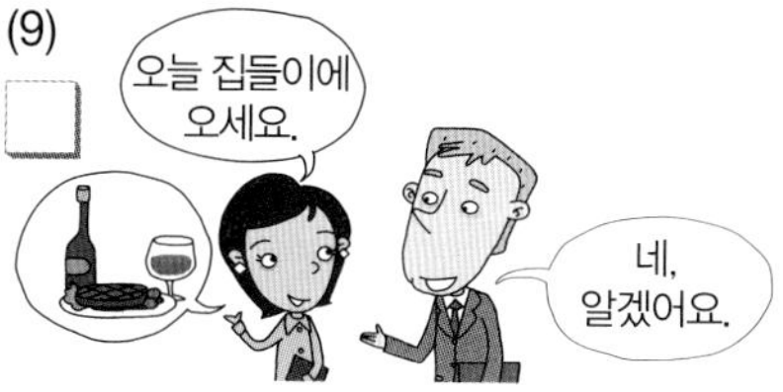

(10)

맛있어요?
한번
드셔 보세요.

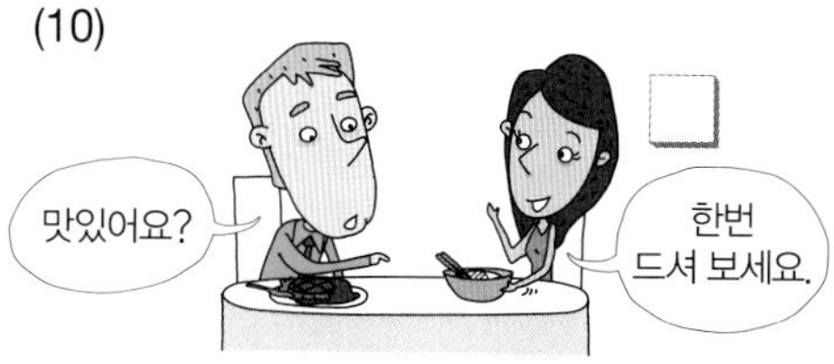

ⓐ 부탁하다
pedir un favor

ⓑ 대답하다
responder

ⓒ 소개하다
presentar
(a alguien o algo)

ⓓ 칭찬하다
elogiar

ⓔ 선택하다
escoger

ⓕ 추천하다
recomendar

ⓖ 거절하다
rechazar

ⓗ 초대하다
invitar

ⓘ 질문하다
preguntar

ⓙ 제안하다
proponer

Ejercicio 2

Empareje la expresión con el lugar donde puede ser utilizada.

(1) 집세가 얼마예요?

(2) 표 한 장 주세요.

(3) 여기에서 세워 주세요.

(4) 지하철역이 어디예요?

(5) 뭐 주문하시겠어요?

(6) 소포를 보내려고 하는데요.

ⓐ

우체국에서

ⓑ

Boletería

매표소에서

ⓒ

Inmobiliaria
땅
상가
상담환영
부동산
오피스텔
분양

부동산 중개소에서

ⓓ

길에서

ⓔ

TAXI

택시에서

ⓕ

Restaurante

식당에서

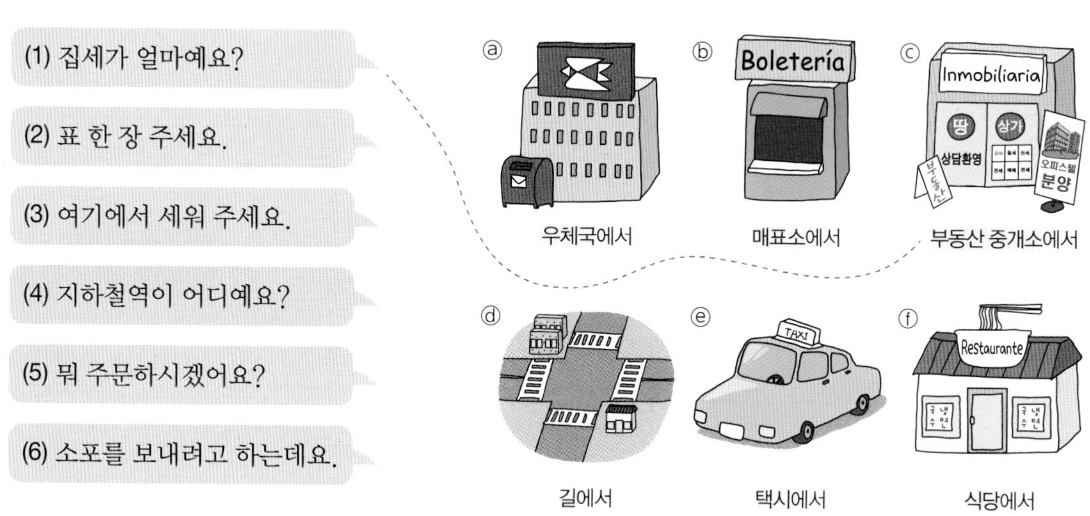

Capítulo 36

Frutas

Vocabulario

Escuche el audio y escriba la letra correcta en cada casilla.

pista 126

ⓐ 배 pera	ⓑ 사과 manzana	ⓒ 키위 kiwi
ⓓ 감 caqui	ⓔ 포도 uva	ⓕ 레몬 limón
ⓖ 귤 mandarina	ⓗ 수박 sandía	ⓘ 바나나 banana, plátano
ⓙ 딸기 fresa	ⓚ 참외 melón asiático	ⓛ 복숭아 durazno, melocotón

(1)  ☐

(2)  ☐

(3)  ☐

(4)  ☐

(5) 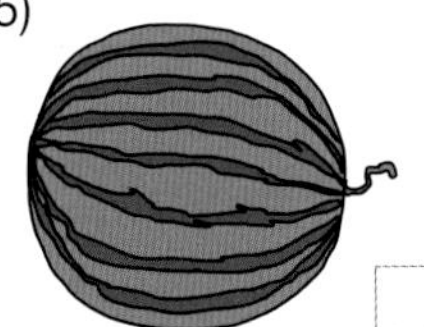 ☐

(6) 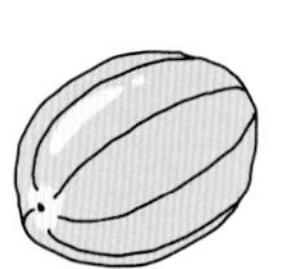 ☐

(7)  ☐

(8)  ☐

(9)  ☐

(10) 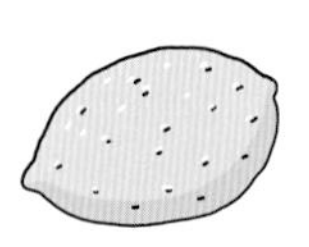 ☐

(11) 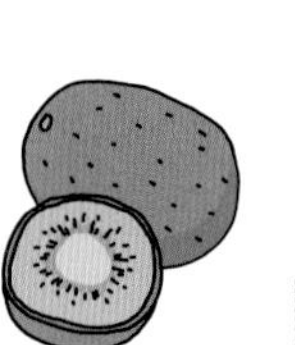 ☐

(12)  ☐

¡Ahora utilicemos las palabras en una conversación!

Ej. A 뭐 드릴까요?
B 사과 주세요.

pista 127

Ejercicio 1

pista 128

Escuche el audio y repita la conversación a continuación.

(1) 싱싱하다 fresco

A 사과가 어때요?
¿Cómo está la manzana?
B 싱싱해요. Está fresca.

(2) 안 싱싱하다 no fresco / rancio

A 사과가 어때요?
¿Cómo está la manzana?
B 안 싱싱해요. No está fresca.

(3) 썩다 pudrir

A 사과가 어때요?
¿Cómo está la manzana?
B 썩었어요. Está podrida.

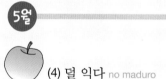

5월 → 10월

(4) 덜 익다 no maduro

A 사과가 어때요?
¿Cómo está la manzana?
B 덜 익었어요.
Aún no ha madurado.

(5) 잘 익다 maduro

A 사과가 어때요?
¿Cómo está la manzana?
B 잘 익었어요.
Está madura.

Ejercicio 2

pista 129

Escuche el audio y seleccione las respuestas correctas.

(1) 	① 사과 한 상자	ⓐ 1,500원이에요.
(2) 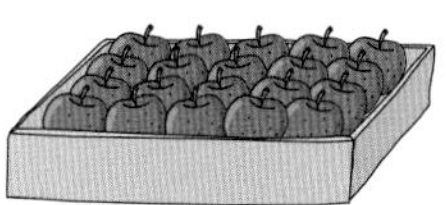	② 사과 한 봉지	ⓑ 10,000원이에요.
(3) 	③ 사과 한 바구니	ⓒ 6,000원이에요.
(4) 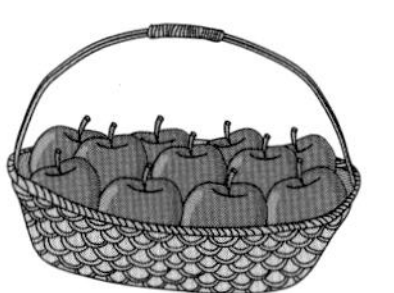	④ 사과 한 개	ⓓ 25,000원이에요.

Verduras

Vocabulario

pista 130

Escuche el audio y escriba la letra correcta en cada casilla.

(1) 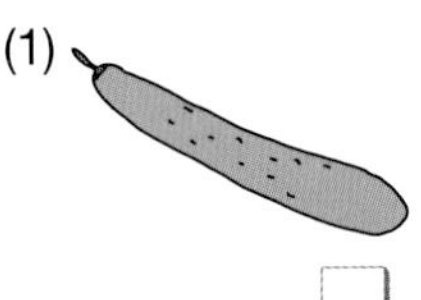
(2) 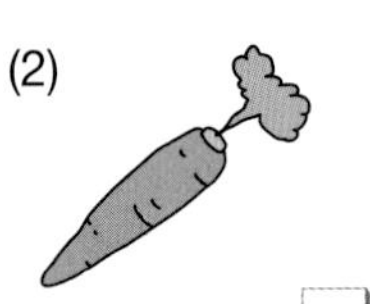
(3) 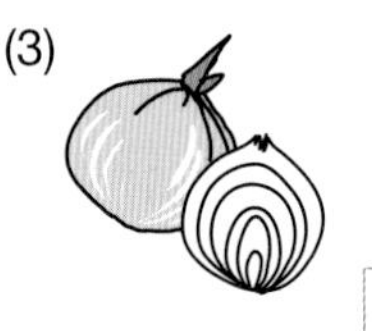
(4) 
(5) 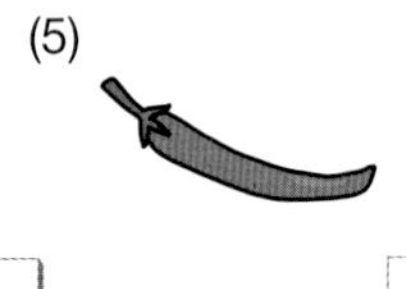

(6) 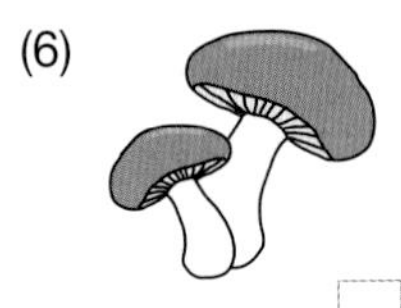
(7) 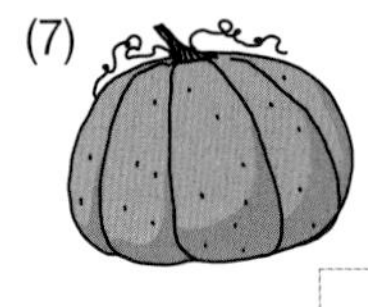
(8) 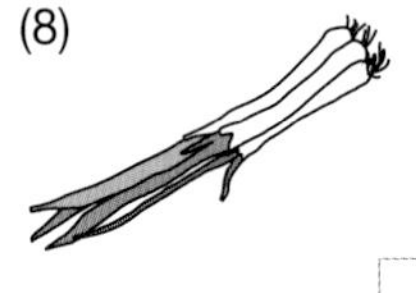
(9) 
(10) 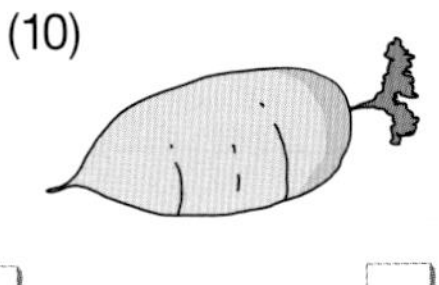

ⓐ 파 cebollín
ⓑ 마늘 ajo
ⓒ 호박 calabaza
ⓓ 콩 legumbres
ⓔ 당근 zanahoria
ⓕ 양파 cebolla
ⓖ 무 rábano
ⓗ 고추 chile
ⓘ 오이 pepino
ⓙ 버섯 hongo

(11) 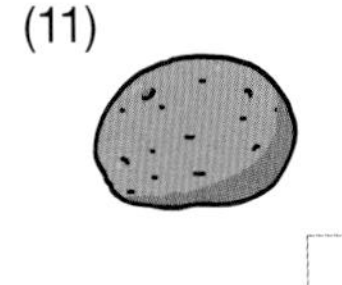
(12) 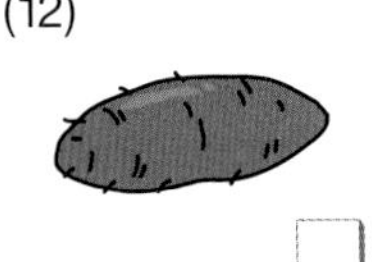
(13) 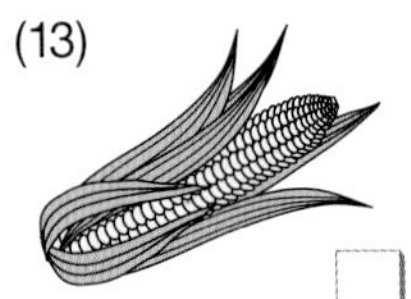
(14) 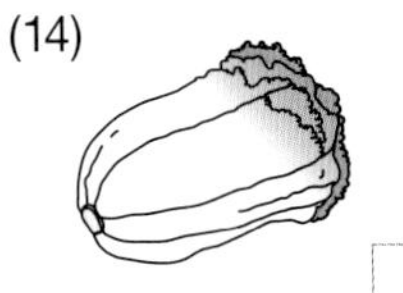
(15) 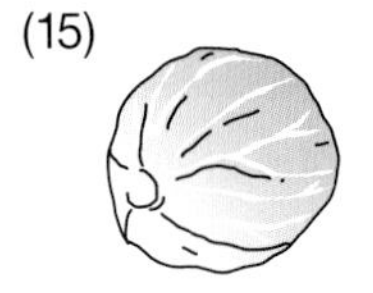

(16) 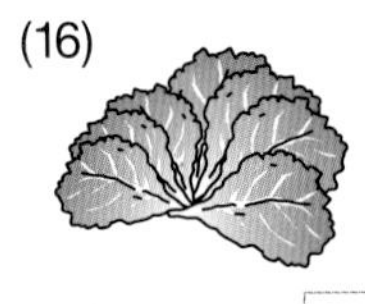
(17) 
(18) 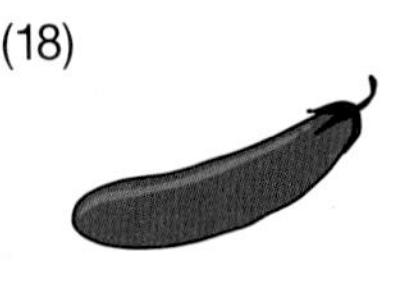
(19) 
(20) 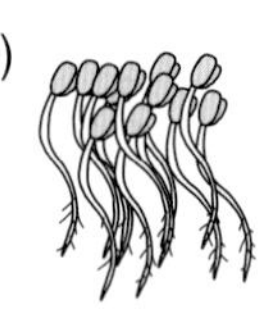

ⓚ 가지 berenjena
ⓛ 토마토 tomate
ⓜ 고구마 patata dulce
ⓝ 배추 col china
ⓞ 콩나물 brotes de soja
ⓟ 시금치 espinaca
ⓠ 상추 lechuga
ⓡ 양배추 col
ⓢ 감자 patata
ⓣ 옥수수 maíz

Ejercicio 1

pista 131

1 Escuche el audio y repita a continuación.

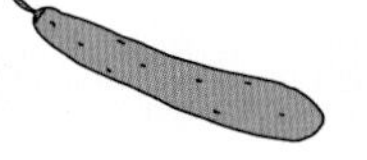

(1) 오이하고 당근 **둘 다** 좋아해요.
Me gustan ambos, las zanahorias y los pepinos.

(2) 당근**만** 좋아해요.
Solo me gustan las zanahorias.

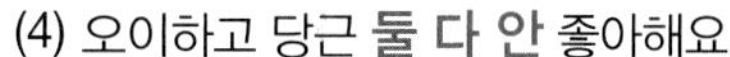

(3) 오이**만** 좋아해요.
Solo me gustan los pepinos.

(4) 오이하고 당근 **둘 다 안** 좋아해요.
No me gusta ninguno, ni las zanahorias ni los pepinos.

다 todos
둘 다 ambos
둘 다 안 ninguno

2 Marque cada casilla de acuerdo al audio con (O) si al orador le gusta la verdura o (X) si no le gusta.

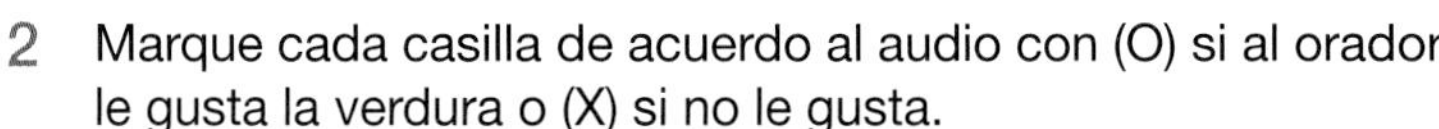

pista 132

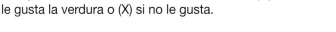

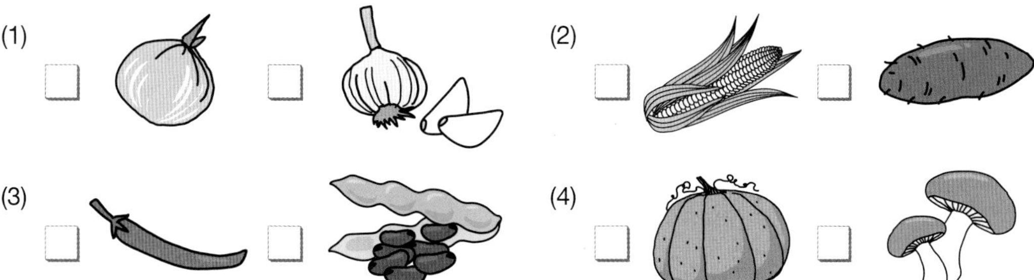

Ejercicio 2

Marque cada casilla (O) si es correcta o (X) si es incorrecta.

(1) 고추가 흰색이에요. ☐

(2) 오이가 녹색이에요. ☐

(3) 가지가 흰색이에요. ☐

(4) 당근이 파란색이에요. ☐

(5) 양파가 검은색이에요. ☐

(6) 마늘이 빨간색이에요. ☐

(7) 옥수수가 노란색이에요. ☐

(8) 토마토가 검은색이에요. ☐

흰색 = 하얀색 blanco
녹색 = 초록색 verde
검은색 = 까만색 negro

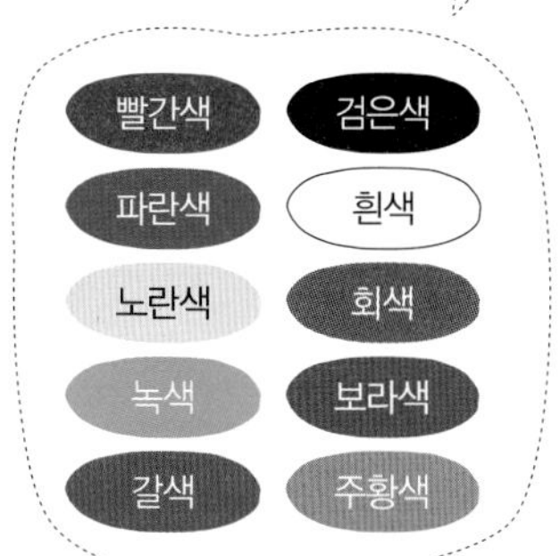

Carne y mariscos

Vocabulario

pista 133

1 Escuche el audio y repita a continuación.

(1)

(2)

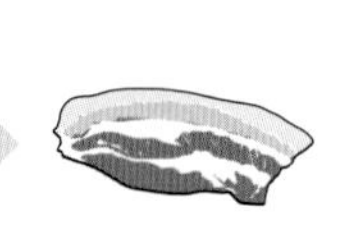

(3)

소 vaca	소고기 carne de res	돼지 cerdo	돼지고기 carne de cerdo	닭 pollo	닭고기 carne de pollo

pista 134

2 Escuche el audio y escriba la letra correcta en cada casilla.

(1)  (2)  (3)  (4) 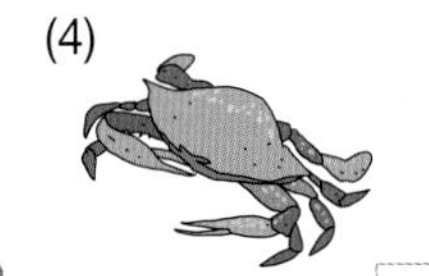 (5) 

(6) 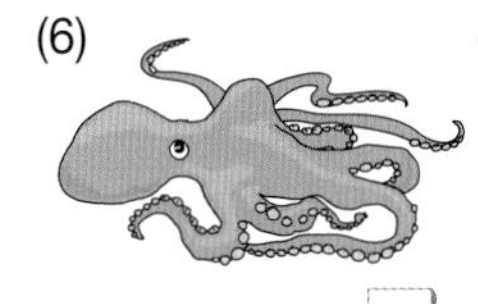 (7) 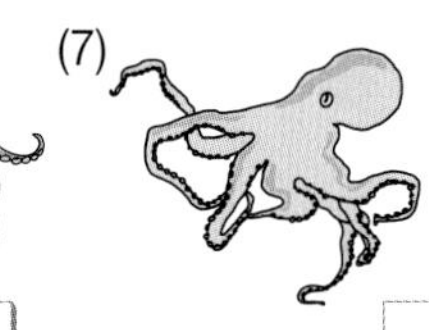 (8) 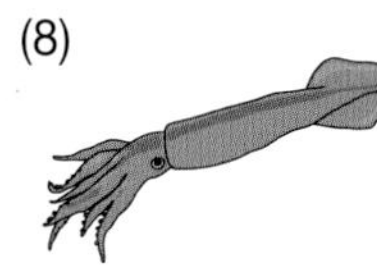 (9)  (10) 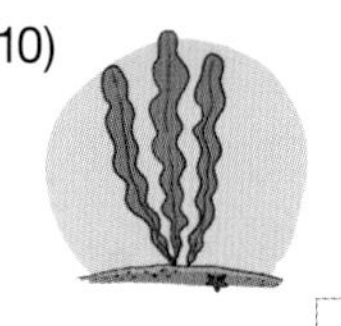

(11) 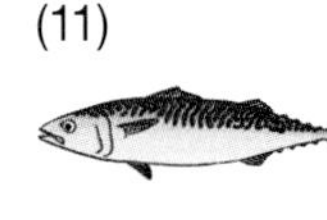 (12) 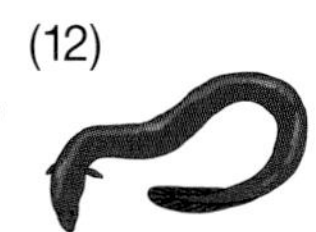 (13)  (14) 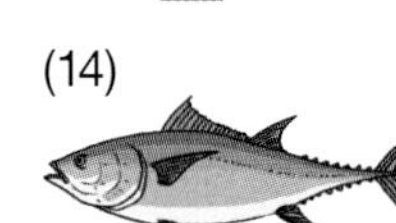 (15) 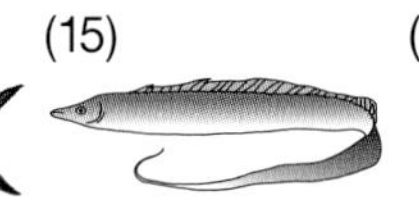 (16) 

해물 mariscos
ⓐ 문어 pulpo
ⓑ 홍합 mejillón
ⓒ 미역 algas marinas
ⓓ 굴 ostra
ⓔ 낙지 pulpo pequeño
ⓕ 새우 camarón
ⓖ 오징어 calamar
ⓗ 게 cangrejo
ⓘ 조개 almeja
ⓙ 가재 cangrejo de río

생선 pescado
ⓚ 장어 anguila
ⓛ 참치 atún
ⓜ 고등어 pez caballa
ⓝ 연어 salmón
ⓞ 갈치 pez sable
ⓟ 멸치 anchoas

¡Cuidado!

물고기: Se refiere a todos los peces aún vivos en el agua.
생선: Se refiere al pescado como ingrediente culinario (no incluye el pescado seco o encurtido).

pista 135

¡Ahora utilicemos las palabras en una conversación!
Ej. A 이게 한국어로 뭐예요?
B 새우예요.

Ejercicio 1

Escuche el audio y repita la oración.

pista 136

(1) 신선하다 fresco

A 고기가 어때요?
¿Cómo está la carne?
B 신선해요.
Está fresca.

(2) 신선하지 않다 rancio / no fresco

A 고기가 어때요?
¿Cómo está la carne?
B 신선하지 않아요.
Está rancia. / No está fresca.

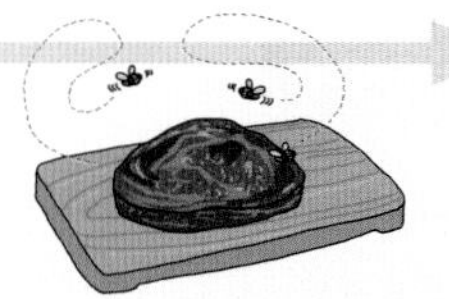

(3) 상하다 podrido / estropeado

A 고기가 어때요?
¿Cómo está la carne?
B 상했어요.
Está podrida.

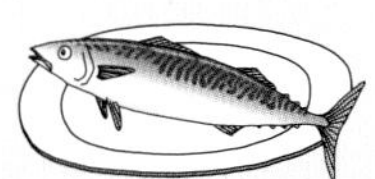

(4) 신선하다 fresco

A 생선이 어때요?
¿Cómo está el pescado?
B 신선해요.
Está fresco.

(5) 신선하지 않다 rancio / no fresco

A 생선이 어때요?
¿Cómo está el pescado?
B 신선하지 않아요.
Está rancio. / No está fresco.

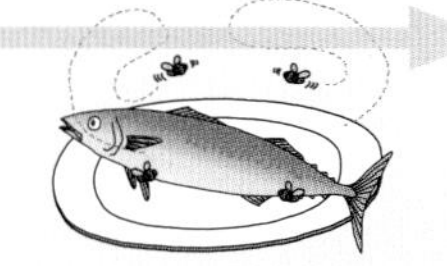

(6) 상하다 pudrido

A 생선이 어때요?
¿Cómo está el pescado?
B 상했어요.
Está podrido.

Ejercicio 2

Complete la siguiente tabla de acuerdo con el audio.

pista 137

		ⓐ	ⓑ	ⓒ	ⓓ	ⓔ
(1) 소고기	남자	항상 ☐	자주 ☐	가끔 ☐	거의 ☐	전혀 ☐
	여자	항상 ☐	자주 ☐	가끔 ☐	거의 ☐	전혀 ☐
(2) 돼지고기	남자	항상 ☐	자주 ☐	가끔 ☐	거의 ☐	전혀 ☐
	여자	항상 ☐	자주 ☐	가끔 ☐	거의 ☐	전혀 ☐
(3) 닭고기	남자	항상 ☐	자주 ☐	가끔 ☐	거의 ☐	전혀 ☐
	여자	항상 ☐	자주 ☐	가끔 ☐	거의 ☐	전혀 ☐
(4) 새우	남자	항상 ☐	자주 ☐	가끔 ☐	거의 ☐	전혀 ☐
	여자	항상 ☐	자주 ☐	가끔 ☐	거의 ☐	전혀 ☐
(5) 조개	남자	항상 ☐	자주 ☐	가끔 ☐	거의 ☐	전혀 ☐
	여자	항상 ☐	자주 ☐	가끔 ☐	거의 ☐	전혀 ☐
(6) 장어	남자	항상 ☐	자주 ☐	가끔 ☐	거의 ☐	전혀 ☐
	여자	항상 ☐	자주 ☐	가끔 ☐	거의 ☐	전혀 ☐

Alimentos y bebidas comunes

Vocabulario

1 Empareje los objetos relacionados.

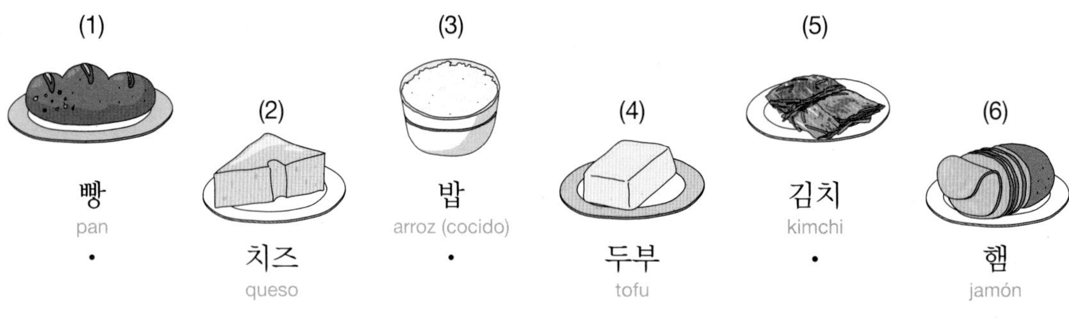

(1)	(2)	(3)	(4)	(5)	(6)
빵	치즈	밥	두부	김치	햄
pan	queso	arroz (cocido)	tofu	kimchi	jamón

ⓐ	ⓑ	ⓒ	ⓓ	ⓔ	ⓕ
쌀	콩	밀가루	우유	배추	돼지고기
arroz (crudo)	legumbres	harina	leche	col china	carne de cerdo

2 Seleccione la respuesta correcta y verifique su respuesta con el audio correspondiente.

pista 138

(1) 빵은 (ⓐ 쌀 / ⓑ 밀가루)로 만들어요.

(2) 치즈는 (ⓐ 콩 / ⓑ 우유)(으)로 만들어요.

(3) 밥은 (ⓐ 쌀 / ⓑ 밀가루)로 만들어요.

(4) 두부는 (ⓐ 콩 / ⓑ 우유)(으)로 만들어요.

(5) 김치는 (ⓐ 배추 / ⓑ 돼지고기)로 만들어요.

(6) 햄은 (ⓐ 배추 / ⓑ 돼지고기)로 만들어요.

Tip
Se utiliza –(으)로 para expresar de qué ingredientes está hecho algo. Sin embargo, la partícula cambia a –로 después de los sustantivos que terminen en ㄹ.
Ej. 쌀로 만들었어요. Hecho con arroz.

Ejercicio 1

Empareje los objetos relacionados y verifique su respuesta con el audio correspondiente.

pista 139

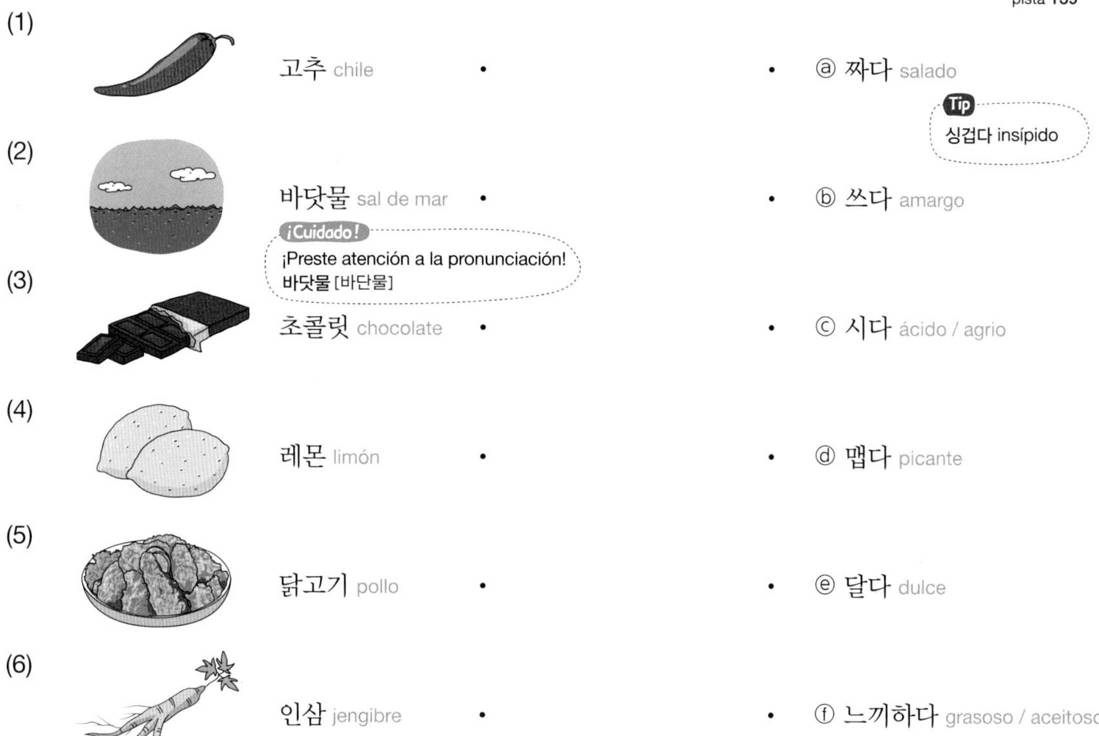

(1) 고추 chile •   • ⓐ 짜다 salado

Tip: 싱겁다 insípido

(2) 바닷물 sal de mar •   • ⓑ 쓰다 amargo

¡Cuidado! ¡Preste atención a la pronunciación! 바닷물 [바단물]

(3) 초콜릿 chocolate •   • ⓒ 시다 ácido / agrio

(4) 레몬 limón •   • ⓓ 맵다 picante

(5) 닭고기 pollo •   • ⓔ 달다 dulce

(6) 인삼 jengibre •   • ⓕ 느끼하다 grasoso / aceitoso

Ejercicio 2

Escuche el audio y escriba la letra correcta en cada casilla.

pista 140

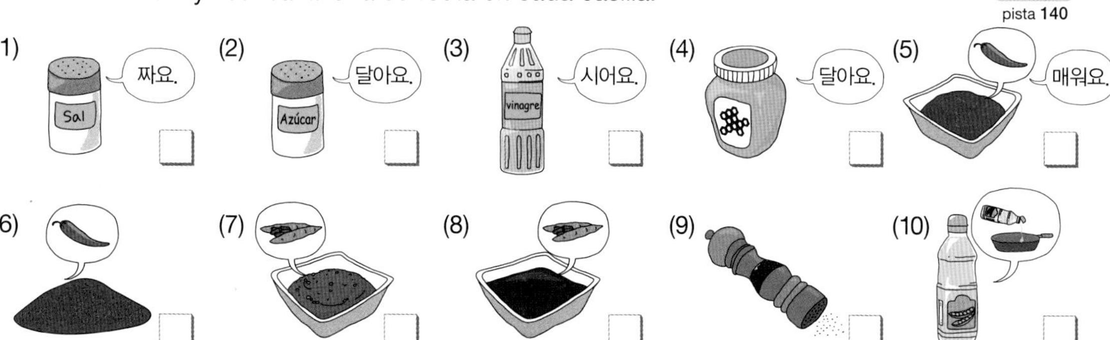

양념 condimientos

ⓐ 식초 vinagre
ⓑ 된장 pasta de soja
ⓒ 꿀 miel
ⓓ 기름 aceite
ⓔ 고추장 pasta de chiles rojos
ⓕ 소금 sal
ⓖ 설탕 azúcar
ⓗ 고춧가루 chile rojo en polvo
ⓘ 후추 pimienta
ⓙ 간장 salsa de soja

Bebidas

Vocabulario

Escuche el audio y repita a continuación.

pista 141

음료수 bebidas

ⓐ 우유 leche

ⓑ 주스 jugo / zumo

ⓒ 녹차 té verde

ⓓ 콜라 coca cola

ⓔ 홍차 té negro

ⓕ 커피 café

ⓖ 생수 agua

ⓗ 사이다 gaseosa

(1)

(2)

(3)

(4)

(5)

(6)

(7)

(8)

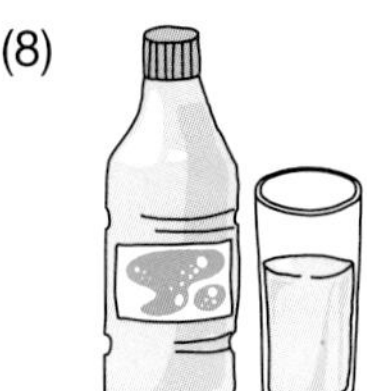

(9)

(10)

술 alcohol

ⓘ 와인 vino

ⓙ 맥주 cerveza

ⓚ 소주 soju (licor coreano)

ⓛ 생맥주 cerveza de barril

ⓜ 막걸리 makgeolli (vino de arroz)

(11)

(12)

(13)

pista 142

¡Ahora utilicemos las palabras en una conversación!

Ej. A 뭐 드릴까요?
B 커피 주세요.

Ejercicio 1

Escuche el audio y repita a continuación.

pista **143**

차다 (= 차갑다) frío	시원하다 refrescante	미지근하다 tibio / temperado	따뜻하다 cálido	뜨겁다 caliente
(1) 물이 차요. = 물이 차가워요.	(2) 물이 시원해요.	(3) 물이 미지근해요.	(4) 물이 따뜻해요.	(5) 물이 뜨거워요.

¡Cuidado!
- Se utiliza para expresar la temperatura de algo al tacto: 차갑다 frío, 뜨겁다 caliente
- Se utiliza para expresar la temperatura ambiental: 춥다 frío, 덥다 caliente

Ejercicio 2

Escriba la letra correcta en cada casilla y verifique su respuesta con el audio correspondiente.

pista **144**

(1)

(2)

(3)

(4)

(5)

(6)

ⓐ 커피가 연해요.
El café está suave / diluído.

ⓑ 커피가 진해요.
El café está fuerte.

ⓒ 술이 독해요.
El alcohol está fuerte.

ⓓ 술이 순해요.
El alcohol está suave.

ⓔ 주스가 사과 맛이 나요.
Este jugo sabe a manzana.

ⓕ 주스가 딸기 향이 나요.
Este jugo huele a fresa.

¡Cuidado!
Se utiliza 진하다 para expresar una alta concentración.
Ej. 진한 커피 (↔ 연한 커피) café fuerte (↔ café suave)
Se utiliza 독하다 para expresar un sabor u olor fuerte.
Ej. 독한 술 (↔ 순한 술) alcohol fuerte (↔ alcohol suave)

Bocadillos y postres

Vocabulario

pista 145

1 Escuche el audio y escriba la letra correcta en cada casilla.

ⓐ 떡 pasta de arroz
ⓑ 사탕 caramelo
ⓒ 케이크 pastel
ⓓ 과자 galleta / golosina
ⓔ 호두 nuez
ⓕ 아이스크림 helado
ⓖ 땅콩 maní / cacahuete
ⓗ 초콜릿 chocolate

pista 146

2 Escuche el audio y repita a continuación.

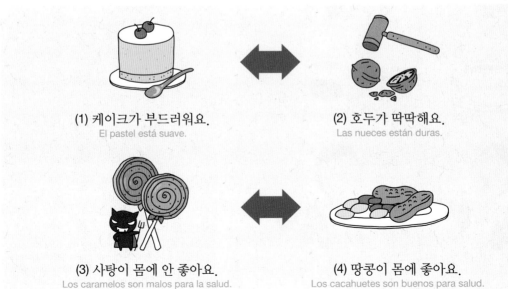

(1) 케이크가 부드러워요.
El pastel está suave.

(2) 호두가 딱딱해요.
Las nueces están duras.

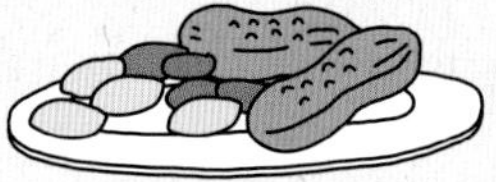

(3) 사탕이 몸에 안 좋아요.
Los caramelos son malos para la salud.

(4) 땅콩이 몸에 좋아요.
Los cacahuetes son buenos para salud.

Ejercicio 1

pista 147

Escuche el audio y escriba la letra correcta en cada casilla.

ⓐ 커피 한 **잔** ⓑ 생수 세 **통** ⓒ 땅콩 한 **접시** ⓓ 케이크 한 **조각**

ⓔ 맥주 두 **병** ⓕ 과자 한 **봉지** ⓖ 생맥주 세 **잔** ⓗ 초콜릿 한 **상자**

통 se utiliza para referirse a algo envasado en plástico o madera.
병 se utiliza para referirse a líquidos o polvos envasados en vidrio.

Ejercicio 2

pista 148

Escuche el audio y empareje los artículos que han sido ordenados.

(1)  • • ⓐ 

(2) 

• • ⓑ 

(3) 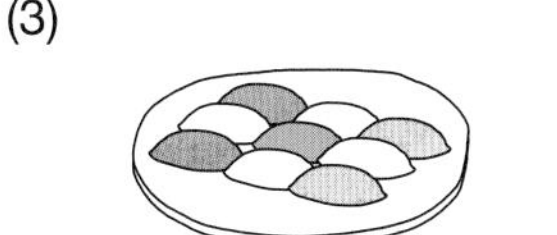 • • ⓒ 

Tip
La partícula 하고 solo al ser colocada después de un sustantivo puede indicar “y” (conjuntivo).

(4)  • • ⓓ 

La mesa del comedor

Vocabulario

pista 149

1 Escuche el audio y escriba la letra correcta en cada casilla.

(1) ☐ (2) ☐ (3) ☐ (4) ☐ (5) ☐
(6) ☐ (7) ☐ (8) ☐ (9) ☐

ⓐ 밥 arroz (cocido) ⓑ 김 alga seca ⓒ 반찬 acompañamiento
ⓓ 국 sopa ⓔ 김치 kimchi ⓕ 숟가락 cuchara
ⓖ 물 agua ⓗ 찌개 un guiso o estofado coreano ⓘ 젓가락 palillos

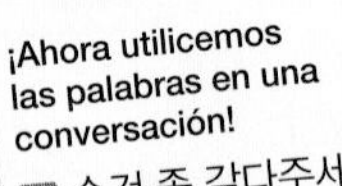
pista 150
¡Ahora utilicemos las palabras en una conversación!
Ej. 수건 좀 갖다주세요.

2 Escriba la letra correcta en cada casilla.

(1) 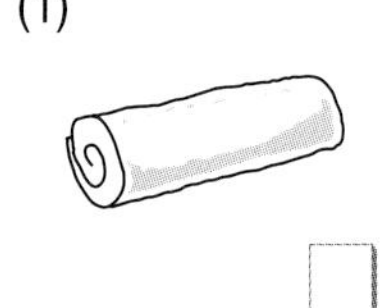 ☐
(2)  ☐
(3)   ☐
(4) 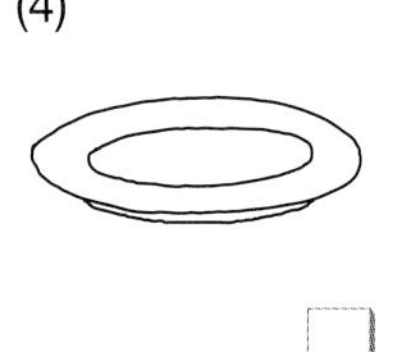 ☐
(5) 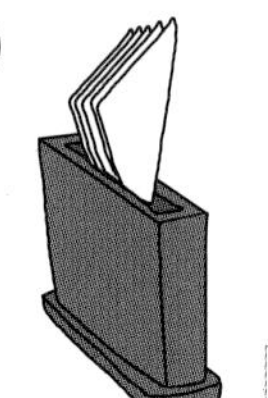 ☐
(6)  ☐

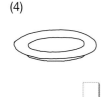

ⓐ 국자 cucharón
ⓑ 냅킨 servilleta
ⓒ 물수건 toalla húmeda para manos
ⓓ 계산서 factura, cheque, cuenta
ⓔ 영수증 recibo
ⓕ 개인 접시 plato (para plato personal)

Ejercicio 1

Marque cada casilla de acuerdo al audio con (O) si la verdura se utiliza en la receta o (X) en caso contrario.

pista 151

Ejercicio 2

Observe las imágenes y escoja la correcta. Verifique su respuesta con el audio correspondiente.

pista 153

(1) 저는 단 음식을 좋아해요. (ⓐ 설탕 / ⓑ 소금)을 넣어 주세요.

(2) 고기를 정말 좋아해요. 고기를 (ⓐ 빼 / ⓑ 넣어) 주세요.

(3) 저는 매운 음식을 못 먹어요. (ⓐ 된장 / ⓑ 고추장)을 빼 주세요.

(4) 계란을 정말 (ⓐ 좋아해요. / ⓑ 싫어해요.) 계란을 하나 더 주세요.

(5) 마늘을 먹으면 배가 아파요. 마늘을 (ⓐ 빼 / ⓑ 넣어) 주세요.

(6) 저는 버섯 알레르기가 (ⓐ 있어요. / ⓑ 없어요.) 버섯을 빼 주세요.

〔sustantivo〕을/를 넣어 주세요.
Por favor agregue 〔sustantivo〕.
〔sustantivo〕을/를 빼 주세요.
Por favor no le agregue 〔sustantivo〕.

¡Cuidado!
¡Con el orden de los elementos!
하나 더 주세요. (○)
Uno más, por favor.
더 하나 주세요. (×)

Comidas

Vocabulario

pista 154

Escuche el audio y escriba la letra correcta en cada casilla.

ⓐ 양식 comida occidental　ⓑ 중식 comida china　ⓒ 일식 comida japonesa

ⓓ 한식 comida coreana　ⓔ 분식 platillo sencillo coreano　ⓕ 패스트푸드 comida rápida

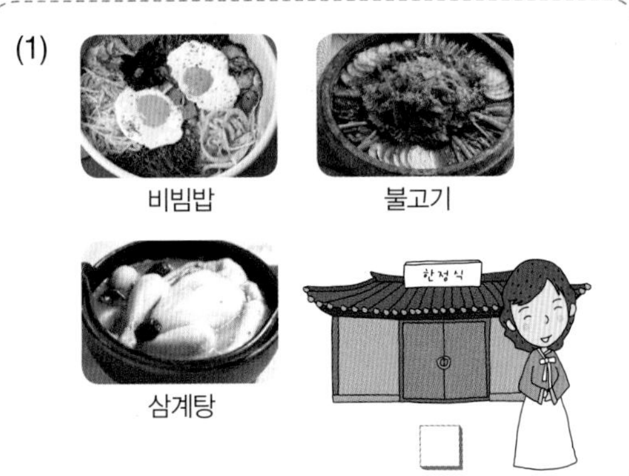

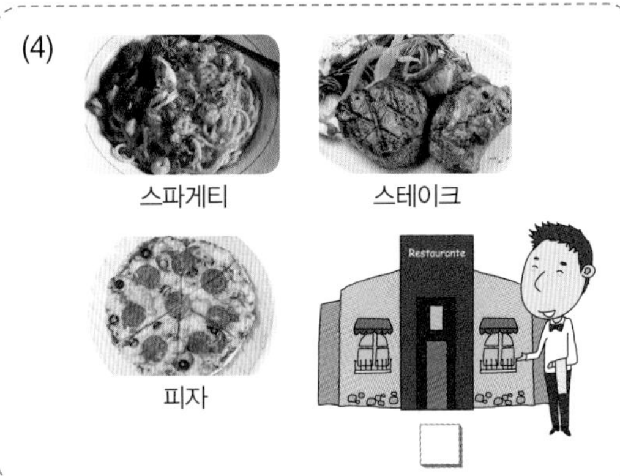

Ejercicio 1

Escriba la letra correcta en cada casilla y verifique su respuesta con el audio correspondiente.

pista 155

(1) ☐ (2) ☐ (3) ☐

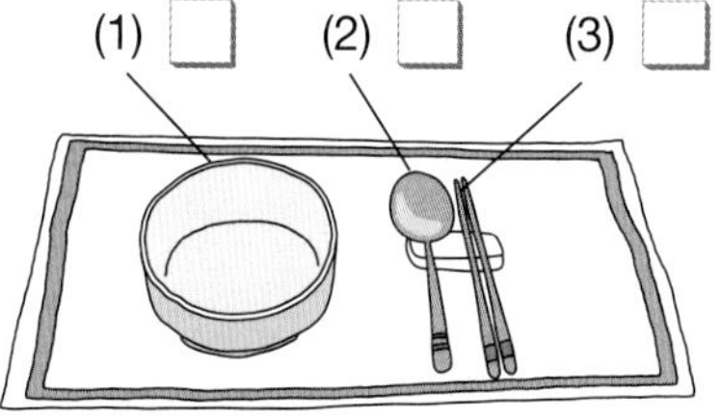

(4) ☐ (5) ☐ (6) ☐

(7) ☐ (8) ☐ (9) ☐

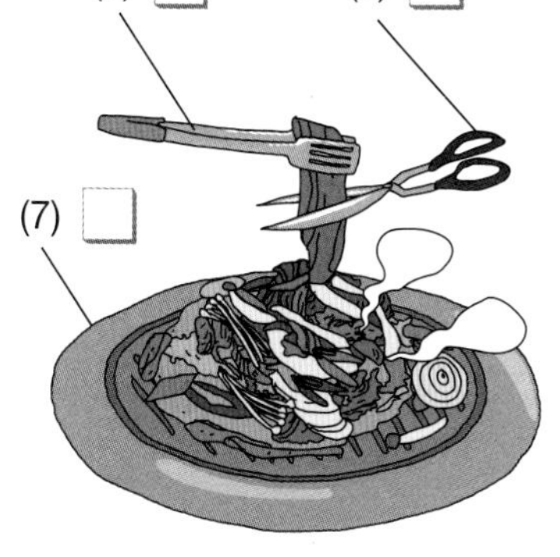

(10) ☐ (11) ☐ (12) ☐

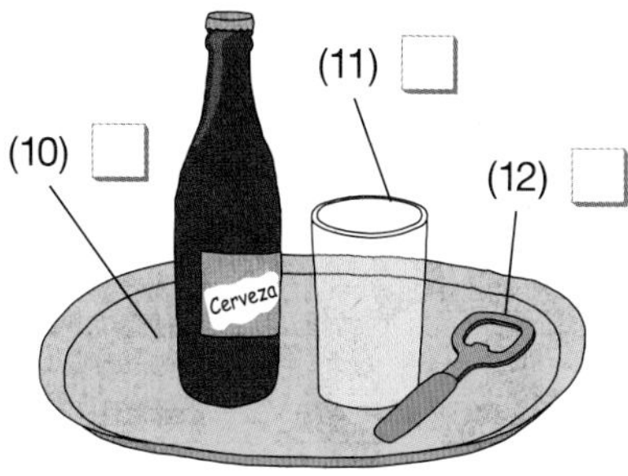

ⓐ 칼 cuchillo
ⓑ 컵 taza
ⓒ 집게 pinzas
ⓓ 접시 plato
ⓔ 그릇 tazón, bol
ⓕ 가위 tijeras
ⓖ 쟁반 bandeja
ⓗ 포크 tenedor
ⓘ 불판 parrilla
ⓙ 병따개 destapador / abrebotellas
ⓚ 젓가락 palillos
ⓛ 숟가락 cuchara

Ejercicio 2

Escriba la letra correcta en cada casilla y verifique su respuesta con el audio correspondiente.

pista 156

(1)

☐

(2)

여기 앉으세요.

☐

(3)

이거 매워요?

☐

(4)

이걸로 주세요.

☐

(5)

비빔밥 주세요.

☐

(6)

☐

(7)

물 좀 주세요.

☐

(8)

10,000원 입니다.

☐

ⓐ 손님이 의자에 앉아요.
ⓑ 손님이 음식값을 계산해요.
ⓒ 손님이 음식을 정해요.
ⓓ 종업원이 음식을 갖다줘요.
ⓔ 손님이 음식을 시켜요.
ⓕ 손님이 종업원에게 물을 부탁해요.
ⓖ 손님이 식당에 들어가요.
ⓗ 손님이 종업원에게 음식에 대해 물어봐요.

Tip
시키다 = 주문하다
ordenar, pedir

Métodos de cocina

Vocabulario

Tip
양념 condimentos
거품 espuma, burbuja
국물 caldo

pista 157

1 Escuche el audio y repita a continuación.

(1) 
고기를 굽다
asar carne

(2) 
찌개를 끓이다
hervir un guiso / estofado

(3) 
채소를 볶다
saltear verduras

(4) 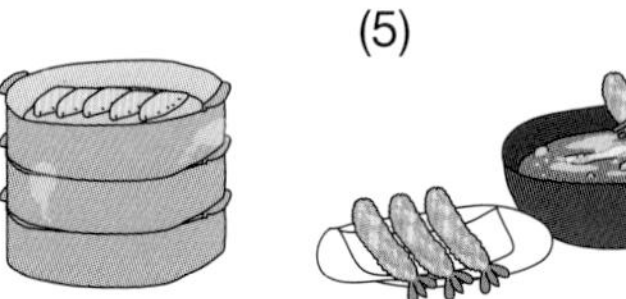
만두를 찌다
cocer mandu (bollo coreana) al vapor

(5)
새우를 튀기다
freír camarones

pista 158

2 Escriba la letra correcta en cada casilla y verifique su respuesta con el audio correspondiente.

(1) ⓐ 자르다 cortar
ⓑ 썰다 rebanar

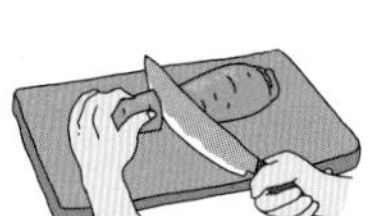

☐ ☐

(2) ⓐ 넣다 añadir, agregar
ⓑ 빼다 quitar, remover

☐ ☐

(3) ⓐ 부치다 freír
ⓑ 굽다 asar

☐ ☐

(4) ⓐ 뿌리다 espolvorear
ⓑ 바르다 untar, embarrar

☐ ☐

(5) ⓐ 섞다 mezclar
ⓑ 젓다 mover

☐ ☐

(6) ⓐ 삶다 cocer, guisar
ⓑ 데치다 blanquear, saltear

☐ ☐

Ejercicio 1

De los siguientes objetos seleccione el que difiere de los otros en su método de preparación.

(1) ⓐ 국 ☐
ⓑ 탕 ☐
ⓒ 찌개 ☐
ⓓ 김치 ☐

(2) ⓐ 갈비 ☐
ⓑ 불고기 ☐
ⓒ 비빔밥 ☐
ⓓ 삼겹살 ☐

(3) ⓐ 간장 ☐
ⓑ 된장 ☐
ⓒ 김장 ☐
ⓓ 고추장 ☐

(4) ⓐ 김밥 ☐
ⓑ 만두 ☐
ⓒ 갈비찜 ☐
ⓓ 아귀찜 ☐

(5) ⓐ 빵 ☐
ⓑ 과자 ☐
ⓒ 떡볶이 ☐
ⓓ 케이크 ☐

(6) ⓐ 라면 ☐
ⓑ 국수 ☐
ⓒ 튀김 ☐
ⓓ 냉면 ☐

Ejercicio 2

pista 159

Escuche el audio y escriba los símbolos en el orden correspondiente.

ⓐ
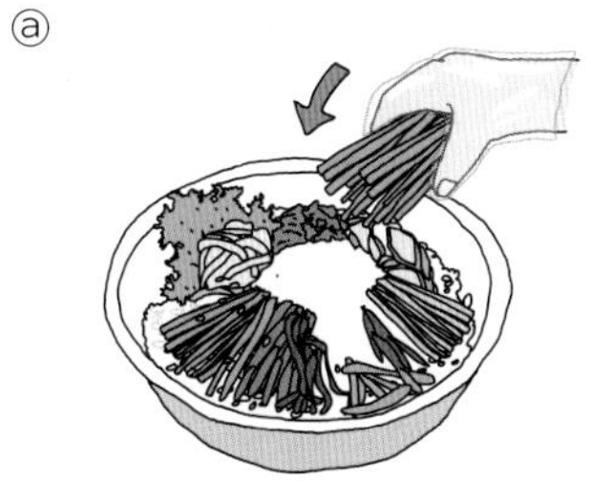
채소를 밥 위에 놓아요.

ⓑ

맛있게 먹어요.

ⓒ
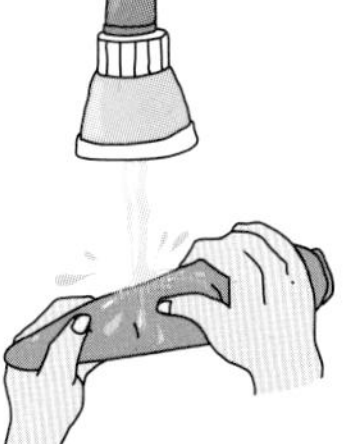
채소를 씻어요.

ⓓ

고추장을 넣어요.

ⓔ
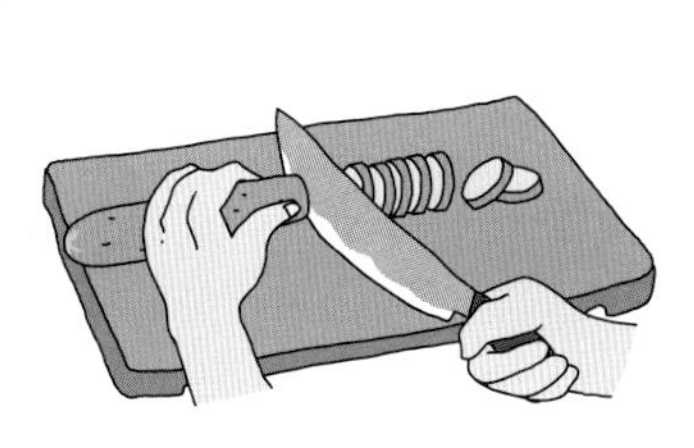
채소를 썰어요.

ⓕ

잘 비벼요.

¡Cuidado!

¡Preste atención la pronunciación que es muy similar!
놓다 dejar encima / dejar sobre (lugar)
넣다 meter, introducir

☐ → ☐ →  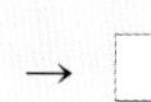 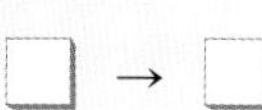 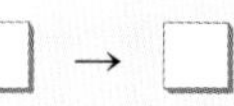 ☐ → ☐ → ☐ → ☐

Pasatiempos y aficiones

Vocabulario

Escriba la letra correcta en cada casilla.

¡Ahora utilicemos las palabras en una conversación!

pista 160

Ej. A 시간이 있을 때 뭐 해요?
B 여행해요.

ⓐ 운동하다 hacer ejercicio
ⓑ 책을 읽다 leer libros
ⓒ 여행하다 ir de viaje
ⓓ 사진을 찍다 tomar fotos
ⓔ 요리하다 cocinar
ⓕ 영화를 보다 ver películas
ⓖ 수리하다 reparar, arreglar
ⓗ 음악을 듣다 escuchar música
ⓘ 등산하다 ir de caminata (a una montaña)
ⓙ 그림을 그리다 dibujar
ⓚ 낚시하다 pescar
ⓛ 테니스를 치다 jugar al tenis
ⓜ 쇼핑하다 ir de compras
ⓝ 악기를 연주하다 tocar un instrumento musical
ⓞ 게임하다 jugar a videojuegos
ⓟ 개하고 놀다 jugar con un perro

(1) ☐ (2) ☐ (3) ☐ (4) ☐

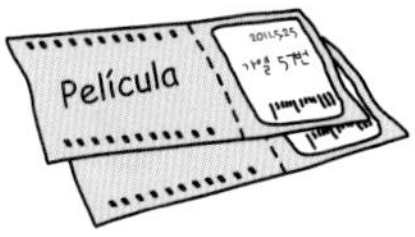

(5) ☐ (6) ☐ (7) ☐ (8) ☐

(9) ☐ (10) ☐ (11) ☐ (12) ☐

(13) ☐ (14) ☐ (15) ☐ (16) ☐

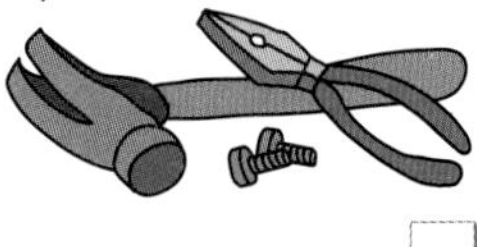

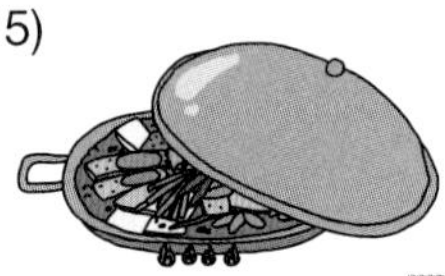

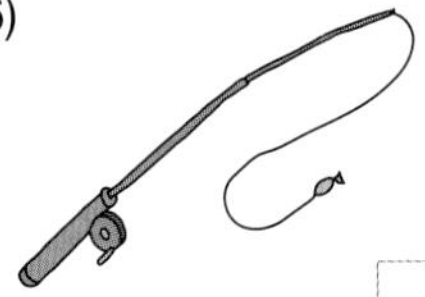

Ejercicio 1

Escuche el audio y repita la oración.

pista 161

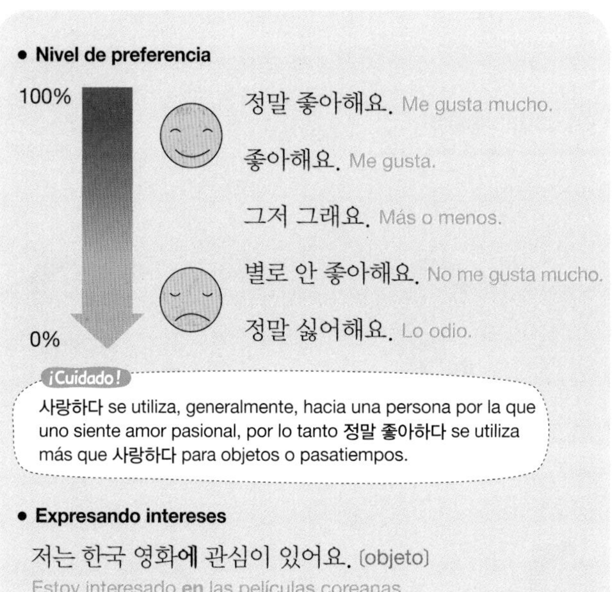

- **Nivel de preferencia**

100%

정말 좋아해요. Me gusta mucho.

좋아해요. Me gusta.

그저 그래요. Más o menos.

별로 안 좋아해요. No me gusta mucho.

정말 싫어해요. Lo odio.

0%

¡Cuidado!

사랑하다 se utiliza, generalmente, hacia una persona por la que uno siente amor pasional, por lo tanto **정말 좋아하다** se utiliza más que **사랑하다** para objetos o pasatiempos.

- **Expresando intereses**

저는 한국 영화**에** 관심이 있어요. (objeto)
Estoy interesado **en** las películas coreanas.

친구는 저 여자**에게** 관심이 있어요. (persona/animal)
Mi amigo está interesado **en** esa chica.

(1)

A 여행 좋아해요?
¿Te gusta ir de viaje?
B 네, 정말 좋아해요.
Sí, me gusta mucho.

(2)

A 영화 좋아해요?
¿Te gustan las películas?
B 네, 좋아해요.
Sí, me gustan.

(3)

A 그림 좋아해요?
¿Te gusta el arte?
B 그저 그래요.
Más o menos.

(4)

A 쇼핑 좋아해요?
¿Te gusta ir de compras?
B 아니요, 별로 안 좋아해요.
No, no me gusta mucho.

(5)

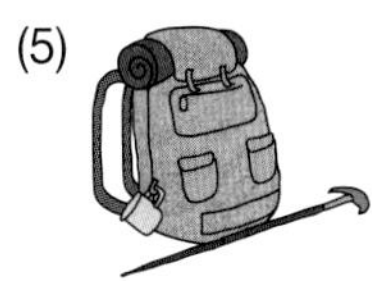

A 등산 좋아해요?
¿Te gusta ir de caminata a las montañas?
B 아니요, 정말 싫어해요.
No, de verdad lo odio.

Ejercicio 2

Escuche el audio y marque la casilla con (O) si al orador le gusta o le interesa o (X) si no le gusta o no le interesa.

pista 162

(1)

(2)

(3)

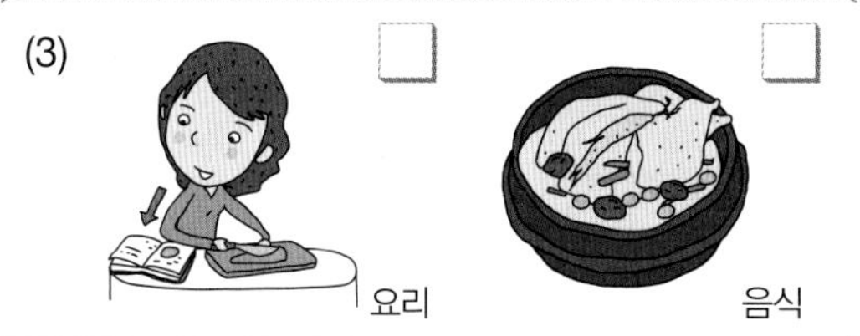

(4)

(5)

(6)

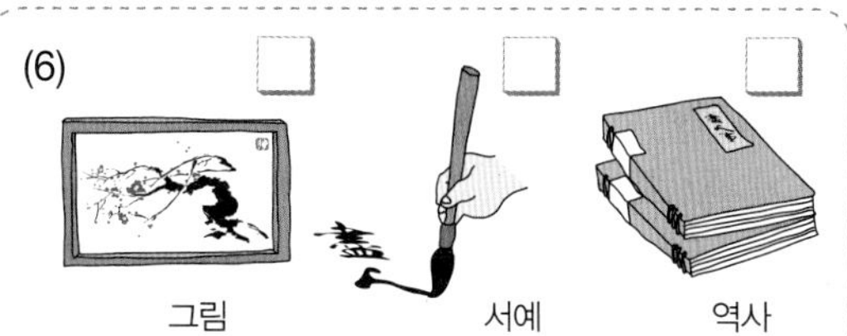

Deportes

Vocabulario

pista 163

Escuche el audio y escriba la letra correcta en cada casilla.

치다 Se utiliza 치다 cuando se habla de deportes en los que se golpea una pelota.

(1)  ☐

(2) 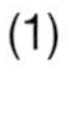  ☐

(3)  ☐

(4)    ☐

타다 Se utiliza 타다 (montar) para los deportes en los que uno está encima de algo.

(5)  ☐

(6)  ☐

(7)  ☐

하다 Se utiliá la forma 하다 para todos los otros tipos de deportes.

(8)  ☐

(9)  ☐

(10)  ☐

(11)  ☐

(12)  ☐

(13)  ☐

(14)  ☐

(15)  ☐

ⓐ 야구 béisbol	ⓑ 스키 esquí	ⓒ 검도 kendo, esgrima japonesa
ⓓ 축구 fútbol	ⓔ 골프 golf	ⓕ 태권도 taekwondo
ⓖ 탁구 tenis de mesa	ⓗ 수영 natación	ⓘ 자전거 bicleta
ⓙ 농구 baloncesto	ⓚ 볼링 boliche / bolos	ⓛ 테니스 tenis
ⓜ 배구 vóleibol	ⓝ 요가 yoga	ⓞ 스케이트 patinaje

Ejercicio 1

Escuche el audio y repita a continuación.

pista 164

(1)

수영을 잘해요.
Yo puedo nadar bien.

(2)

수영을 조금 해요.
Yo puedo nadar un poco.

(3)

수영을 잘 못해요.
No nado muy bien.

(4)

수영을 전혀 못해요.
No puedo nadar.

¡Preste atención a la partícula!
Ej. 수영을 못해요. (○) No puedo nadar.
≠ 수영이 못해요. (×)

Tip

Debido a que la modestia es un valor importante en la cultura coreana, incluso si uno es bueno en algo, es más común responder con 잘 못해요.

Ejercicio 2

Escuche el audio y marque cada casilla (O) si el orador es bueno en la actividad, (△) si el orador no lo hace bien o (X) si el orador no puede hacerlo.

pista 165

(1)

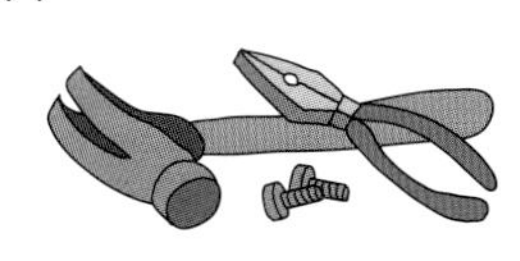

수리 ☐

(2)

요리 ☐

(3)

춤 ☐

(4)

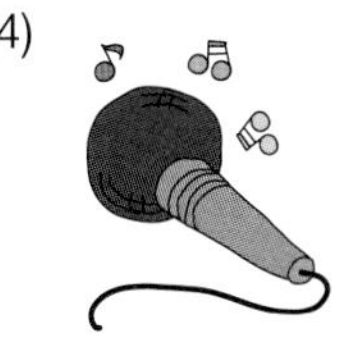

노래 ☐

(5)

기타 ☐

(6)

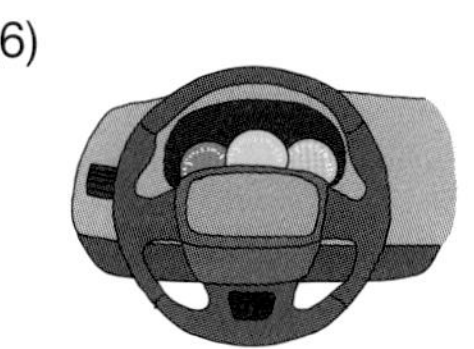

운전 ☐

(7)

바둑 ☐

(8)

외국어 ☐

(9)

피아노 ☐

(10)

컴퓨터 ☐

(11)

농담 ☐

(12)

한자 ☐

Ir de viaje 1

Vocabulario

Escuche el audio y escriba la letra correcta en cada casilla.

pista 166

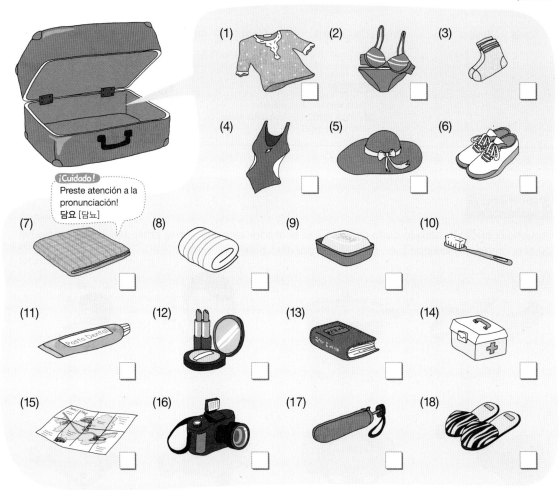

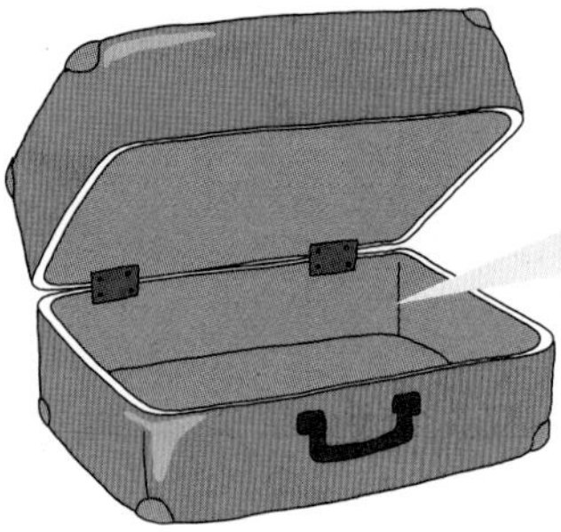

¡Cuidado! Preste atención a la pronunciación! 담요 [담뇨]

(1)  (2)  (3) 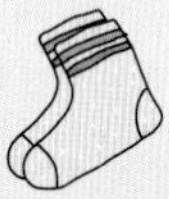 (4) 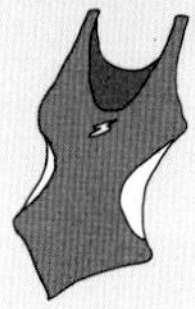 (5) 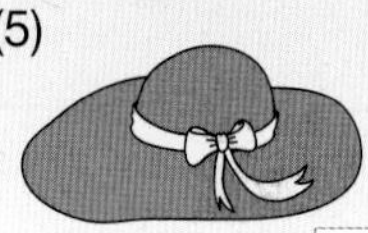 (6)  (7)  (8) 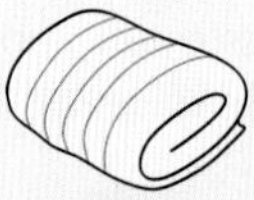 (9)  (10) 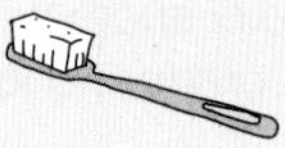 (11)  (12)  (13)  (14) 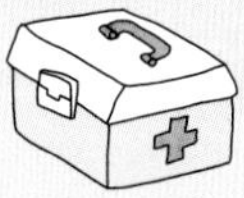 (15) 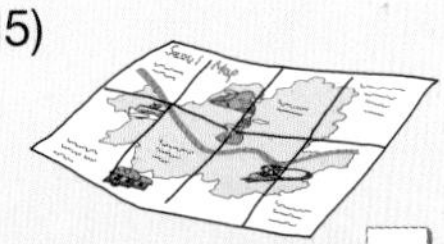 (16)  (17)  (18)

ⓐ 옷 ropa ⓑ 비누 jabón ⓒ 양말 calcetines ⓓ 카메라 cámara fotográfica

ⓔ 책 libro ⓕ 속옷 ropa interior ⓖ 우산 paraguas ⓗ 화장품 maquillaje

ⓘ 약 medicina ⓙ 담요 manta ⓚ 지도 mapa ⓛ 슬리퍼 pantuflas

ⓜ 치약 pasta de dientes ⓝ 수건 toalla ⓞ 수영복 traje de baño / bañador

ⓟ 모자 gorra ⓠ 칫솔 cepillo de dientes ⓡ 운동화 zapatillas de deporte, tenis

pista 167

¡Ahora utilicemos las palabras en una conversación!

예 A 옷을 가져가요?
B 네, 가져가요.

¡Ahora utilicemos las palabras en una conversación!

Ej. A 어디로 놀러 갔어요?
B 산으로 놀러 갔어요.

pista 168

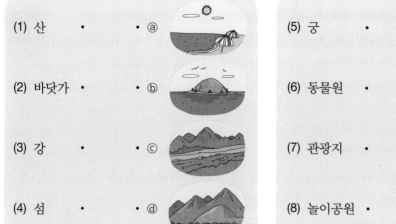

Ejercicio 1

Relacione.

(1) 산 • • ⓐ

(2) 바닷가 • • ⓑ

(3) 강 • • ⓒ

(4) 섬 • • ⓓ

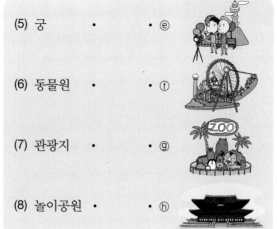

(5) 궁 • • ⓔ

(6) 동물원 • • ⓕ

(7) 관광지 • • ⓖ

(8) 놀이공원 • • ⓗ

Ejercicio 2

pista 169

1 Escuche el audio y repita a continuación.

(1)

혼자 solo

가요.

¡Cuidado! ¡Preste atención a la partícula!
혼자하고 (×)
혼자 (○)

¡Cuidado! ¡Preste atención a la pronunciación!
동료 [동뇨]

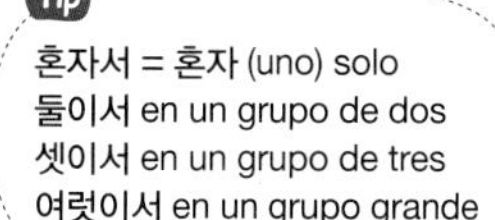

Tip
혼자서 = 혼자 (uno) solo
둘이서 en un grupo de dos
셋이서 en un grupo de tres
여럿이서 en un grupo grande

(2)

가족 familia

(3)

친구 amigo

(4)

동료 compañero de trabajo

(5)

이웃 vecino

(6)

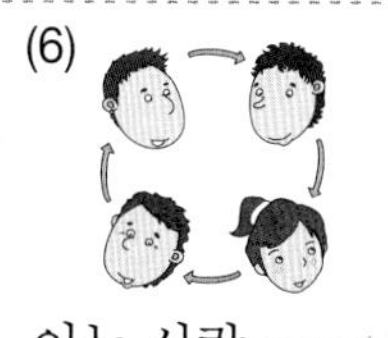

아는 사람 conocido

하고 가요.

pista 170

2 Escuche el audio y complete el gráfico.

	ⓐ 가족	ⓑ 친구	ⓒ 동료	ⓓ 이웃	ⓔ 아는 사람	ⓕ 혼자
(1) 산	☐	☐	☐	☐	☐	☐
(2) 강	☐	☐	☐	☐	☐	☐
(3) 바다	☐	☐	☐	☐	☐	☐
(4) 관광지	☐	☐	☐	☐	☐	☐
(5) 동물원	☐	☐	☐	☐	☐	☐
(6) 놀이공원	☐	☐	☐	☐	☐	☐

Ir de viaje 2

Vocabulario

pista 171

Escuche el audio y escriba la letra correcta en cada casilla.

ⓐ 탑 pagoda, torre	ⓑ 한옥 Hanok, casa tradicional de estilo coreano	ⓒ 폭포 cascada /catarata
ⓓ 절 templo budista	ⓔ 단풍 follaje otoñal	ⓕ 매표소 taquilla / boletería
ⓖ 일몰 puesta del sol	ⓗ 축제 festival	ⓘ 안내소 oficina de información
ⓙ 일출 salida del sol	ⓚ 동굴 gruta, cueva	ⓛ 기념품 가게 tienda de recuerdos

(1)

(2)

(3)

(4)

(5)

(6)

(7)

(8)

(9)

(10)

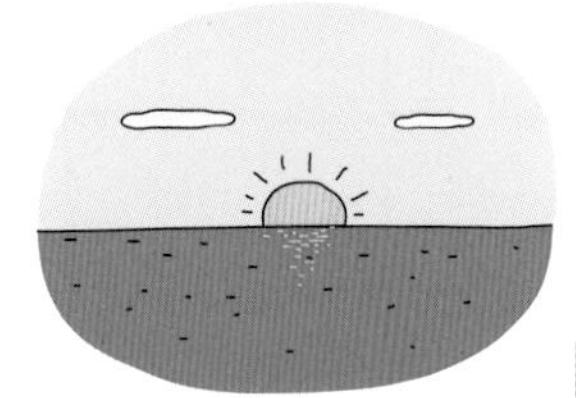

(11)

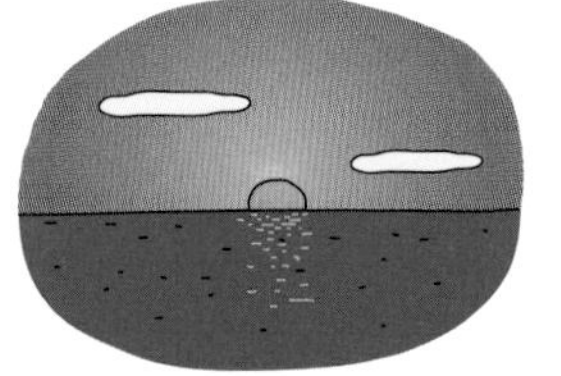

(12)

Ejercicio 1

Escriba la letra correcta en cada casilla.

ⓐ 

ⓑ 

ⓒ  

ⓙ 

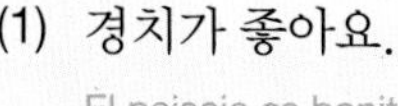

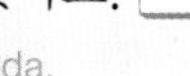

(1) 경치가 좋아요. El paisaje es bonito.	☐	↔	(2) 경치가 안 좋아요. El paisaje no es bonito.	☐
(3) 음식이 입에 맞아요. Me gusta la comida.	☐	↔	(4) 음식이 입에 안 맞아요. No me gusta la comida.	☐
(5) 물가가 싸요. Los precios son bajos.	☐	↔	(6) 물가가 비싸요. Los precios son altos.	☐
(7) 말이 잘 통해요. Puedo comunicarme bien.	☐	↔	(8) 말이 잘 안 통해요. No puedo comunicarme bien.	☐
(9) 사람들이 친절해요. La gente es amable.	☐	↔	(10) 사람들이 불친절해요. La gente no es amable.	☐

ⓓ 

ⓘ

ⓔ 

ⓗ 

ⓖ  

ⓕ 

Ejercicio 2

Empareje la respuesta correcta con la pregunta y verifique con el audio correspondiente.

pista 172

(1) 어디로 여행 가요? •
(2) 얼마 동안 여행해요? •
(3) 누구하고 여행 가요? •
(4) 여행지에 어떻게 가요? •
(5) 어디에서 묵어요? •
(6) 언제 호텔을 예약했어요? •
(7) 여행이 어땠어요? •
(8) 하루에 돈이 얼마나 들어요? •

• ⓐ 가족하고 여행 가요.
• ⓑ 호텔에서 묵어요.
• ⓒ 15만 원쯤 들어요.
• ⓓ 산으로 여행 가요.
• ⓔ 2박 3일 여행해요.
• ⓕ 기차로 가요.
• ⓖ 여행 떠나기 일주일 전에 했어요.
• ⓗ 힘들었지만 재미있었어요.

Tip
2(이)박 3(삼)일 dos noches, tres días
당일 여행 viaje de un día

Comunicación

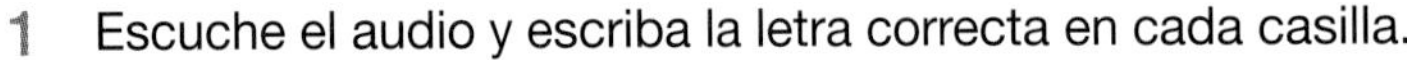

Vocabulario

1 Escuche el audio y escriba la letra correcta en cada casilla.

ⓐ 소포 paquete
ⓑ 팩스 fax
ⓒ 편지 carta
ⓓ 메모 nota, apunte
ⓔ 문자 메시지 mensaje de texto
ⓕ 엽서 tarjeta postal
ⓖ 핸드폰 teléfono móvil
ⓗ 음성 메시지 mensaje de voz
ⓘ 전화 teléfono
ⓙ 이메일 correo electrónico

핸드폰 = 휴대폰
celular / teléfono móvil

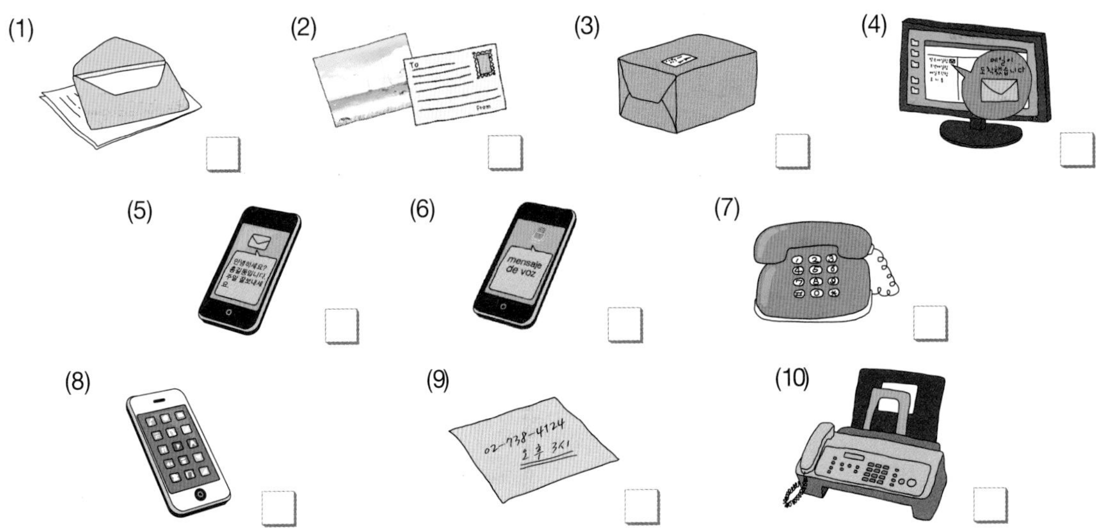

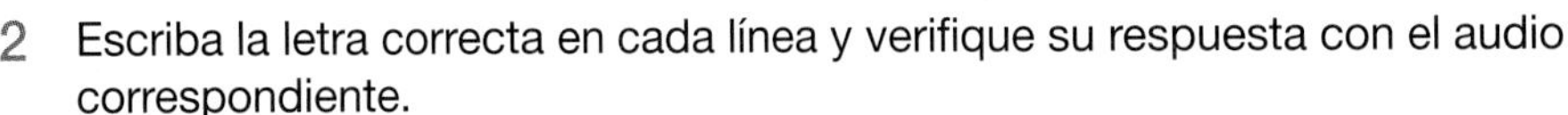

2 Escriba la letra correcta en cada línea y verifique su respuesta con el audio correspondiente.

(1) A 여보세요. ______________
B 지금 안 계신데요.

(2) B 실례지만 누구세요?
A ______________

(3) A ______________
B 잠깐만요. 말씀하세요.

(4) A ______________
B 안녕히 계세요.

ⓐ 안녕히 계세요.
ⓑ 저는 '박유나'라고 합니다.
ⓒ 메시지 좀 전해 주세요.
ⓓ 김진수 씨 계세요?

Ejercicio 1

Escriba la letra correcta en cada casilla.

(1)

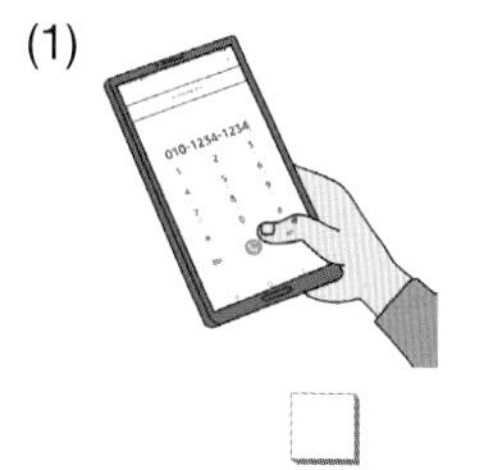

(2)

(3)

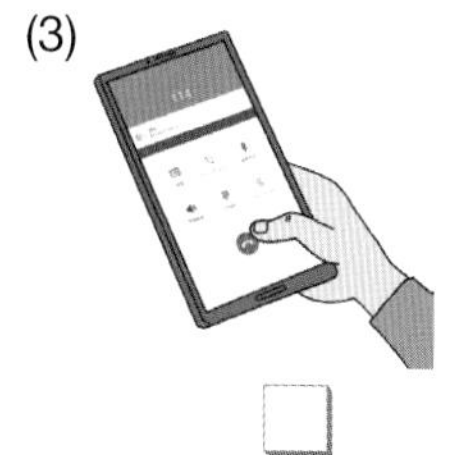

(4)

ⓐ 통화하다 hablar por teléfono

ⓑ 전화를 받다 recibir una llamada

ⓒ 전화를 끊다 colgar el teléfono

ⓓ 전화를 걸다 hacer una llamada

Tip

Problemas al hablar por teléfono:
전화가 안돼요. El teléfono no funciona.
수신이 안돼요. No hay cobertura / recepción.
통화 중이에요. El teléfono está ocupado.
전원이 꺼져 있어요. La electricidad está desconectada.

Ejercicio 2

Escriba la letra correcta en cada casilla.

(1)

ⓐ 편지를 주다 entregar una carta

ⓑ 편지를 받다 recibir una carta

(2)

ⓐ 소포를 보내다 enviar un paquete

ⓑ 소포를 받다 recibir un paquete

(3)

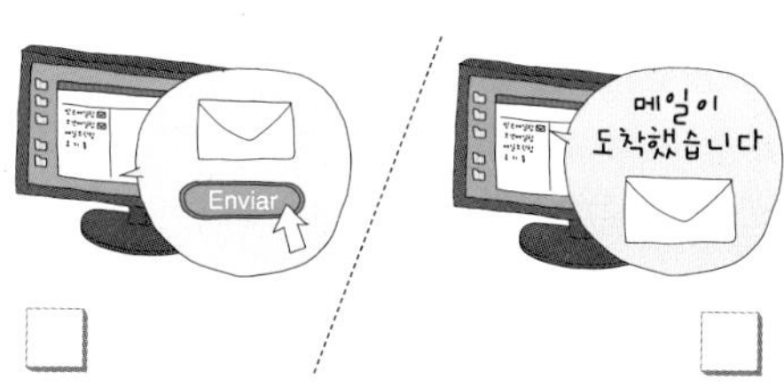

ⓐ 이메일을 받다 recibir un correo electrónico

ⓑ 이메일을 보내다 enviar un correo electrónico

(4)

ⓐ 메모를 받다 recibir una nota

ⓑ 메모를 전하다 entregar una nota

ⓒ 메모를 남기다 dejar una nota

Tip

La siguiente expresión puede acortarse:
문자 메시지를 보내다 → 문자를 보내다 enviar un mensaje de texto

Adquisición de bienes

Vocabulario

Escriba la letra correcta en cada casilla y verifique su respuesta con el audio correspondiente.

pista 175

(1)

(2) (3)

(4)

(5)

(6)

(7)

(8)

(9)

¡Cuidado!

이게 se utiliza cuando se presenta un objeto por primera vez, a diferencia de 이건 que se utiliza para enfatiza el objeto señalado en comparación con uno anterior.

ⓐ 각각 얼마예요? ¿Cuánto cuesta cada uno?

ⓑ 전부 얼마예요? ¿Cuánto cuesta todo junto?

ⓒ 저게 얼마예요? ¿Cuánto cuesta aquello?

ⓓ 뭘 드릴까요? ¿Qué le gustaría?

ⓔ 그게 얼마예요? ¿Cuánto cuesta eso?

ⓕ 어떻게 드릴까요? ¿Cómo le gustaría?

ⓖ 이게 얼마예요? ¿Cuánto cuesta esto?

ⓗ 이게 무료예요. Esto es gratis.

ⓘ 이건 얼마예요? ¿Cuánto cuesta esto?

Tip

이게 / 그게 / 저게 (=이것이 / 그것이 / 저것이)
Las contracciones como 이게 se utilizan más que 이것이 en conversaciones.
이건 / 그건 / 저건 (=이것은 / 그것은 / 저것은)
Cuando se pide comparar varios objetos, 은/는 se adjunta frecuentemente.

Tip

무료: gratis (sin costo monetario)
Ej. 한국 식당에서 김치는 무료예요.
El kimchi es gratis en restaurantes coreanos.
공짜: gratis (obtenido sin esfuerzo ni dinero)
Ej. 오늘 길에서 책을 공짜로 받았어요.
Hoy recibí un libro gratis en la calle.

Ejercicio 1

Empareje la respuesta correcta con la pregunta y verifique su respuesta con el audio correspondiente.

pista 176

(1) 뭐 찾으세요? •	• ⓐ 저한테 좀 작아요.
(2) 사이즈가 어떠세요? •	• ⓑ 바지 좀 보여 주세요.
(3) 옷이 어떠세요? •	• ⓒ 흰색으로 보여 주세요.
(4) 더 큰 건 없어요? •	• ⓓ 그럼요, 탈의실에서 입어 보세요.
(5) 입어 봐도 돼요? •	• ⓔ 지금은 이 사이즈밖에 없어요.
(6) 무슨 색으로 보여 드릴까요? •	• ⓕ 디자인은 마음에 드는데 좀 비싸요.

¡Cuidado!

좀 tiene dos significados.
1. un poco: Ej. 좀 작아요. Un poco pequeño
2. por favor: Ej. 바지 좀 보여 주세요. Por favor, muéstreme los pantalones.

Ejercicio 2

Complete la tabla con el número correcto de cada fruta.

	사과 (por porción)	배 (por porción)	딸기 (por cesta)
(1) 사과 4,000원어치하고 딸기 5,000원어치 주세요.	3	0	1
(2) 딸기 10,000원어치하고 사과 20,000원어치 주세요.			
(3) 배 10,000원어치하고 사과 4,000원어치 주세요.			
(4) 사과 8,000원어치하고 배 5,000원어치 주세요.			
(5) 딸기 20,000원어치하고 사과 8,000원어치 주세요.			
(6) 사과 12,000원어치하고 배 10,000원어치 주세요.			

Tip

어치: Se escribe después del precio y se utiliza para describir el valor de una cierta cantidad de artículos.
짜리: Se utiliza para expresar el valor de un artículo individual.
Ej. 만원 짜리 책을 오만 원어치 샀어요.
Compré 50.000 wones en libros, cada uno costó 10.000 wones.

Tip

Si uno paga 5,000 wones por dos peras:
배 10,000원어치 → 배 2개
배 10,000원어치 = 10,000 wones en peras (2 peras)
(어치: X를 Y원어치 주세요 expresa “deme Y (valor monetario) en won de X (producto)”)

Sentimientos y sensaciones

Vocabulario

Escriba la letra correcta en cada casilla.

(1)  ☐

(2)  ☐

(3)  ☐

(4)  ☐

(5)  ☐

(6)  ☐

(7)  ☐

(8)  ☐

(9)  ☐

ⓐ 춥다 frío	ⓑ 졸리다 soñoliento	ⓒ 피곤하다 cansado
ⓓ 덥다 caliente	ⓔ 목마르다 sediento	ⓕ 배부르다 lleno (de comida)
ⓖ 아프다 doloroso	ⓗ 긴장되다 estar nervioso	ⓘ 배고프다 tener hambre

Tip

긴장되다: Se utiliza para expresar sentimientos subjetivos de nerviosismo.
Ej. 지금 너무 긴장돼요. Estoy muy nervioso en este momento.
긴장하다: Se utiliza para expresar el nerviosismo de otra persona de manera objetiva.
Ej. 시험 볼 때 너무 긴장하지 마세요. No se pongan muy nerviosos al hacer la prueba.

pista 177

¡Ahora utilicemos las palabras en una conversación!
Ej. A 지금 어때요?
B 아파요.

Ejercicio 1

Empareje los objetos relacionados y verifique su respuesta con el audio correspondiente.

pista 178

(1) 에어컨이 고장 났어요. • • ⓐ 아파요.

(2) 너무 많이 먹었어요. • • ⓑ 긴장돼요.

(3) 5분 후에 시험을 봐요. • • ⓒ 배불러요.

(4) 감기에 걸렸어요. • • ⓓ 더워요.

(5) 요즘 일이 너무 많아요. • • ⓔ 배고파요.

(6) 아무것도 못 먹었어요. • • ⓕ 피곤해요.

Ejercicio 2

Empareje los objetos relacionados y verifique su respuesta con el audio correspondiente.

pista 179

(1) 

(2) 

(3) 

(4) 

(5) 

ⓐ 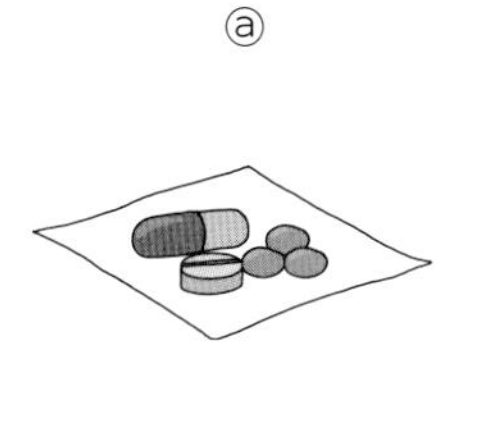 약

ⓑ 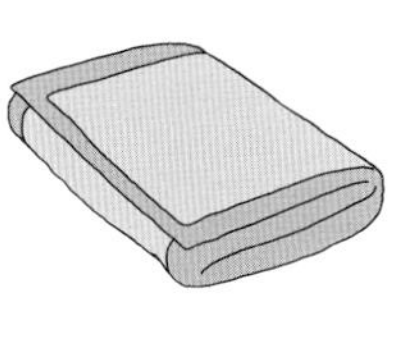 담요

ⓒ  물

ⓓ  빵

ⓔ 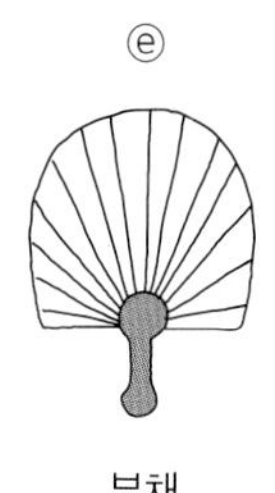 부채

Emociones

Vocabulario

Escriba la letra correcta en cada casilla.

ⓐ 기쁘다 alegre
ⓑ 심심하다 aburrido
ⓒ 슬프다 triste
ⓓ 실망하다 decepcionado
ⓔ 무섭다 (algo es) aterrador
ⓕ 창피하다 avergonzado
ⓖ 외롭다 solitario
ⓗ 화가 나다 enojado / enfadado
ⓘ 놀라다 sorpendido
ⓙ 기분이 좋다 estar de buen humor
ⓚ 걱정되다 preocupado
ⓛ 기분이 나쁘다 estar de mal humor

¡Cuidado!

Al utilizar las siguientes expresiones para comunicar un estado emocional en el presente, estas se utilizan en su forma pasada.

- 놀라다: Ej. 알람 소리에 깜짝 놀랐어요. (○)
  Me ha sorprendido mi alarma.
  알람 소리에 깜짝 놀라요. (×)
- 화가 나다: Ej. 사장님이 지금 화가 났어요. (○)
  El presidente se ha enojado.
  사장님이 지금 화가 나요. (×)
- 실망하다: Ej. 시험에 떨어져서 실망했어요. (○)
  Me he decepcionado porque fallé la prueba.
  시험에 떨어져서 실망해요. (×)

(1)

☐

(2)

☐

(3)

☐

(4)

☐

(5)

☐

(6)

☐

(7)

☐

(8)

☐

(9)

☐

(10)

☐

(11)

☐

(12)

☐

¡Cuidado!

기분이 solo se utiliza con 좋다 y 나쁘다.
Ej. 기분이 무서웠어요. (×)

pista 180

¡Ahora utilicemos las palabras en una conversación!
Ej. A 기분이 어때요?
B 기분이 좋아요.

Ejercicio 1

Seleccione las respuestas correctas y verifique con el audio correspondiente.

pista 181

(1) 내일 시험이 있는데 공부를 많이 못 해서 ⓐ 외로워요.
ⓑ 걱정돼요.

(2) 열심히 공부해서 좋은 성적을 받았을 때 ⓐ 기뻤어요.
ⓑ 슬펐어요.

(3) 오늘도 친구가 약속에 늦게 와서 ⓐ 무서웠어요.
ⓑ 화가 났어요.

(4) 같은 일을 매일 반복하고 새로운 일이 없으면 ⓐ 놀라요.
ⓑ 심심해요.

(5) 제가 실수로 한국어를 잘못 말했을 때 사람들이 웃어서 ⓐ 창피했어요.
ⓑ 기분이 좋았어요.

Ejercicio 2

Empareje los objetos relacionados y verifique su respuesta con el audio correspondiente.

pista 182

(1)	(2)	(3)	(4)	(5)	(6)
무서워요.	슬퍼요.	심심해요.	화가 났어요.	기뻐요.	창피해요.
ⓐ	ⓑ	ⓒ	ⓓ	ⓔ	ⓕ

눈물이 나요.	웃어요.	몸이 떨려요.	얼굴이 빨개졌어요.	소리를 질러요.	하품이 나요.

Capítulo 53 Describir personas

Vocabulario

pista 183

Escuche el audio y escriba la letra correcta en cada casilla.

ⓐ  ⓑ 

(1) 머리가 길어요. Tiene cabello largo. ☐
(2) 머리가 짧아요. Tiene cabello corto. ☐

ⓐ 

ⓑ 

(3) 뚱뚱해요. Es gordo. ☐
(4) 말랐어요. Es delgado. ☐

ⓐ  ⓑ 

(5) 멋있어요. Es elegante / Cool. ☐
(6) 촌스러워요. Se ve de mal gusto / Fuera de moda. ☐

ⓐ  ⓑ 

(7) 약해요. Es débil. ☐
(8) 힘이 세요. Es fuerte. ☐

ⓐ  ⓑ 

(9) 돈이 없어요. No tiene mucho dinero / Es pobre. ☐
(10) 돈이 많아요. Tiene mucho dinero / Es rico. ☐

ⓐ  ⓑ 

(11) 키가 커요. Es alta. ☐
(12) 키가 작아요. Es baja. ☐

¡Cuidado!
Al describir la altura de alguien
키가 높다 (×)
→ 키가 크다 (○) Es alto.
키가 낮다 (×)
→ 키가 작다 (○) Es bajo

ⓐ 

ⓑ 

ⓒ 

(13) 젊어요. Es joven. ☐
(14) 어려요. Infantil. ☐
(15) 나이가 많아요. Es viejo. ☐

Ejercicio 1

Escriba la palabra correcta en cada línea y verifique su respuesta con el audio correspondiente.

pista **184**

ⓐ 귀여워요 ⓑ 아름다워요 ⓒ 날씬해요 ⓓ 건강해요 ⓔ 예뻐요 ⓕ 체격이 좋아요

Tip
날씬하다 por lo general se utiliza para describir a mujeres.
체격이 좋다 por lo general se utiliza para describir a hombres.

(1)

A 5살 여자아이가 웃고 있어요.
B 웃는 얼굴이 정말 ________.

(2)

A 우리 할아버지는 90살인데 매일 등산하세요.
B 와! 할아버지가 ________.

(3)

A 요즘 살이 쪘어요.
B 아니에요. ________.

(4)

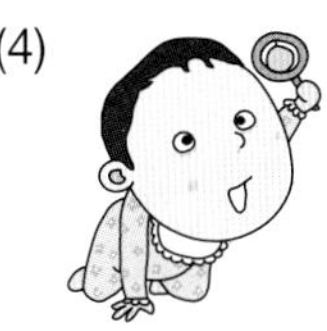

A 아기가 웃어요.
B 아기가 정말 ________.

(5)

A 결혼식에서 신부 봤어요?
B 네. 신부가 정말 ________.

(6)

A 진호 씨는 ________. 매일 운동해요?
B 네, 운동을 좋아해요.

Ejercicio 2

Escriba la letra correcta en cada casilla y verifique su respuesta con el audio correspondiente.

pista **185**

ⓐ

ⓑ

ⓒ
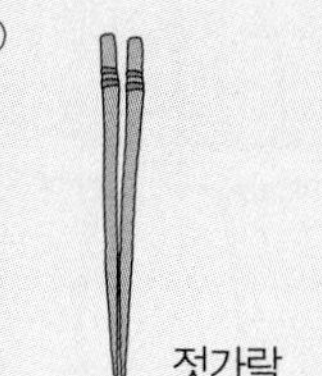

ⓓ

(1) 그 사람은 ________처럼 예뻐요.

(2) 그 사람은 ________처럼 말랐어요.

(3) 그 사람은 ________처럼 뚱뚱해요.

(4) 그 사람은 ________처럼 머리가 짧아요.

Tip
El uso de **처럼** y **같아요** es diferente como se muestra a continuación
Ej. 그 사람은 영화 배우처럼 잘생겼어요.
Es tan guapo como un actor.
그 사람은 영화 배우 같아요.
Es como un actor.

El cuerpo y las enfermedades

Vocabulario

pista 186

Escuche el audio y escriba la letra correcta en cada casilla.

(1) ☐
(2) ☐
(3) ☐
(4) ☐
(5) ☐
(6) ☐
(7) ☐
(8) ☐
(9) ☐
(10) ☐
(11) ☐
(12) ☐
(13) ☐
(14) ☐
(15) ☐
(16) ☐
(17) ☐
(18) ☐
(19) ☐
(20) ☐

ⓐ 이 diente
ⓑ 목 cuello
ⓒ 귀 oreja
ⓓ 입 boca
ⓔ 눈 ojo
ⓕ 코 nariz
ⓖ 이마 frente
ⓗ 머리 cabeza, cabello
ⓘ 눈썹 ceja
ⓙ 어깨 hombro

ⓚ 팔 brazo
ⓛ 발 pie
ⓜ 손 mano
ⓝ 배 estómago
ⓞ 허리 cintura, región lumbar
ⓟ 다리 pierna
ⓠ 가슴 pecho
ⓡ 무릎 rodilla
ⓢ 발가락 dedo del pie
ⓣ 손가락 dedo de la mano

Tip
오른손, 오른발 mano derecha, pie derecho
왼손, 왼발 mano izquierda, pie izquierdo
양손, 양발 ambas manos, ambos pies

Ejercicio 1

pista 187

Escuche el audio y escriba la letra correcta en cada casilla.

어디가 아파요?

ⓐ 이
ⓑ 목
ⓒ 배
ⓓ 머리
ⓔ 허리
ⓕ 어깨

(1) ____이/가 아파요. ☐
(2) ____이/가 아파요. ☐
(3) ____이/가 아파요. ☐
(4) ____이/가 아파요. ☐
(5) ____이/가 아파요. ☐
(6) ____이/가 아파요. ☐

Tip

목이 부었어요. Tengo la garganta inflamada.
= 목이 아파요. Tengo dolor de garganta.
배탈이 났어요. Tengo indigestión.
= 배가 아파요. Tengo dolor de estómago.

Ejercicio 2

pista 188

Escuche el audio y escriba la letra correcta en cada casilla.

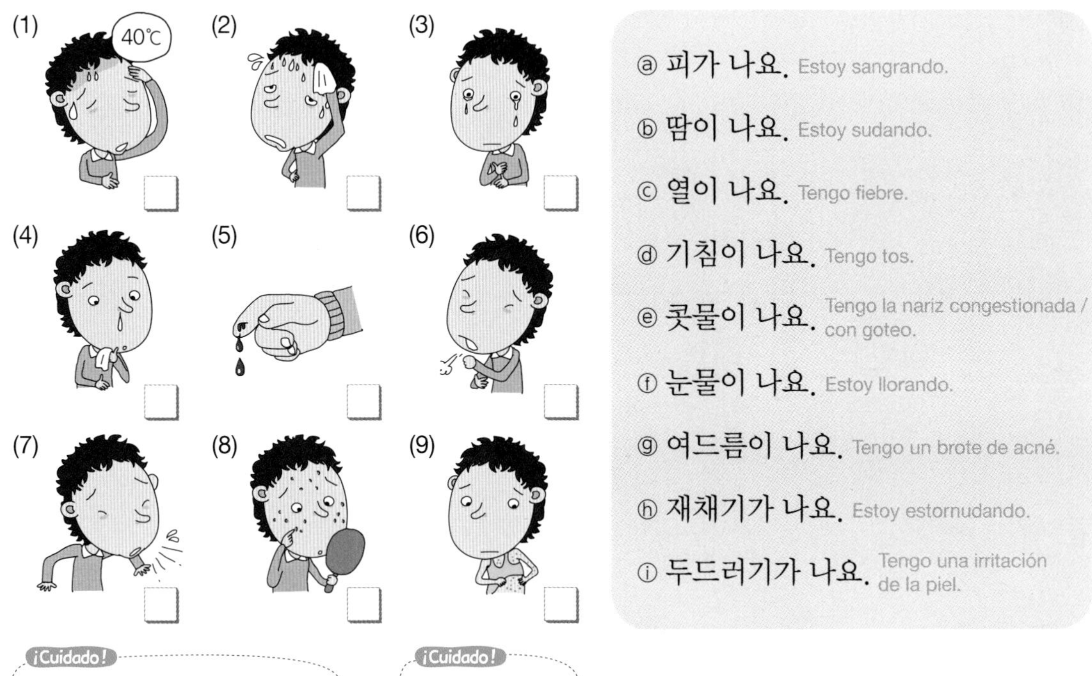

(1) ☐ (2) ☐ (3) ☐ (4) ☐ (5) ☐ (6) ☐ (7) ☐ (8) ☐ (9) ☐

ⓐ 피가 나요. Estoy sangrando.
ⓑ 땀이 나요. Estoy sudando.
ⓒ 열이 나요. Tengo fiebre.
ⓓ 기침이 나요. Tengo tos.
ⓔ 콧물이 나요. Tengo la nariz congestionada / con goteo.
ⓕ 눈물이 나요. Estoy llorando.
ⓖ 여드름이 나요. Tengo un brote de acné.
ⓗ 재채기가 나요. Estoy estornudando.
ⓘ 두드러기가 나요. Tengo una irritación de la piel.

¡Cuidado!

Para decir que uno no se siente bien:
몸이 안 좋다 (○) No me siento bien.
몸이 나쁘다 (×)

¡Cuidado!

¡Preste atención a la pronunciación!
콧물 [콘물]

El cuerpo

Vocabulario

pista 189

Escuche el audio y escriba la letra correcta en cada casilla.

A 얼굴 la cara

ⓐ 턱 barbilla ⓑ 볼 mejilla
ⓒ 이 diente ⓓ 눈썹 ceja
ⓔ 혀 lengua ⓕ 입술 labios

B 몸 el cuerpo

ⓐ 배 estómago ⓑ 허리 cintura, región lumbar
ⓒ 등 espalda ⓓ 옆구리 costado
ⓔ 어깨 hombro ⓕ 엉덩이 trasero

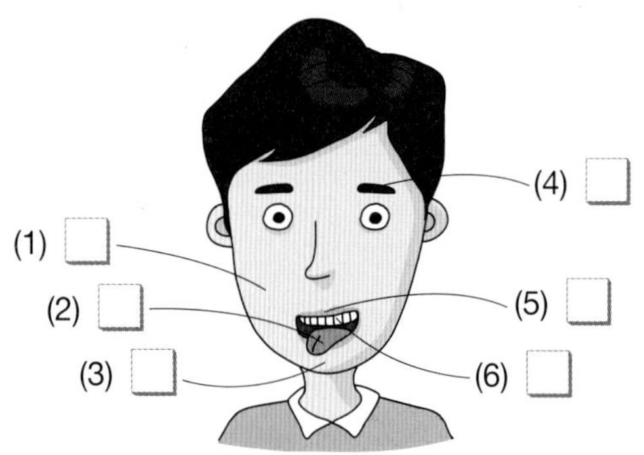

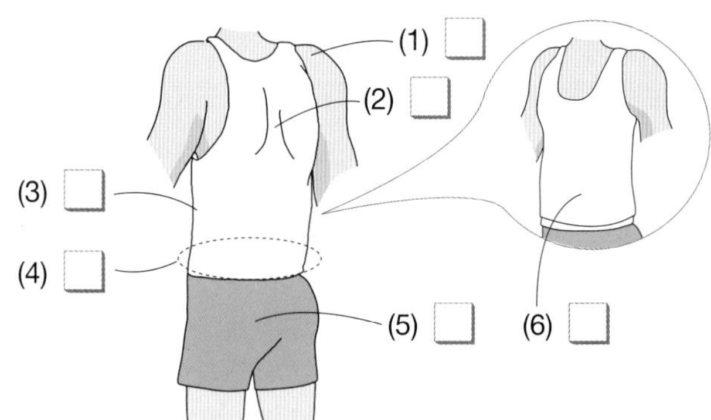

C 팔 brazo

ⓐ 손목 muñeca ⓑ 손가락 dedo
ⓒ 손등 el dorso de la mano ⓓ 손바닥 la palma de la mano
ⓔ 손톱 uña ⓕ 팔꿈치 codo

D 발 la pierna

ⓐ 발목 tobillo ⓑ 발가락 dedo del pie
ⓒ 발등 el empeine ⓓ 발바닥 la planta del pie
ⓔ 발톱 uña del pie ⓕ 뒤꿈치 talón

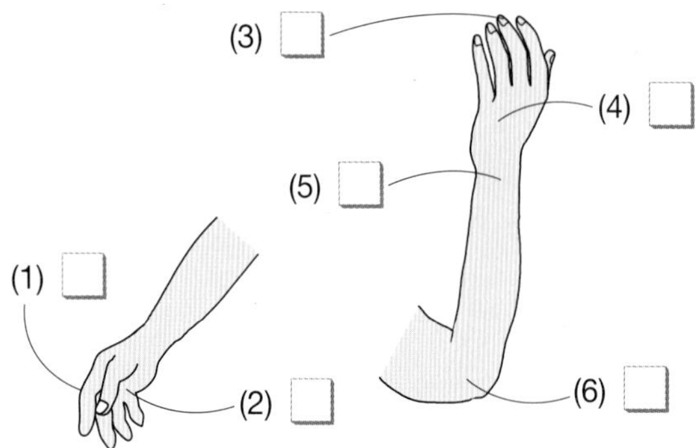

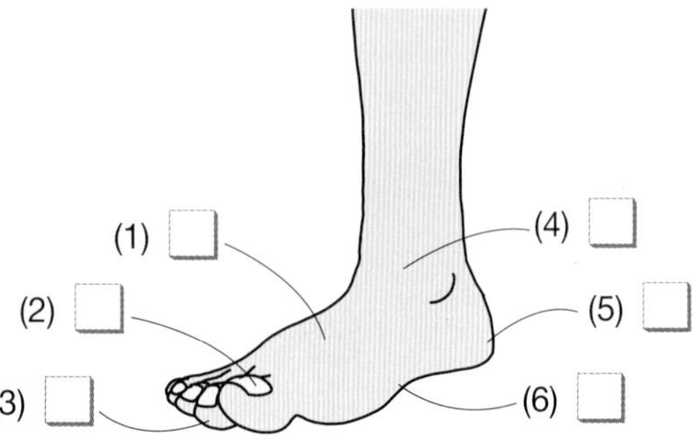

Ejercicio 1

Coloque las siguientes palabras en la región del cuerpo que correspondan.

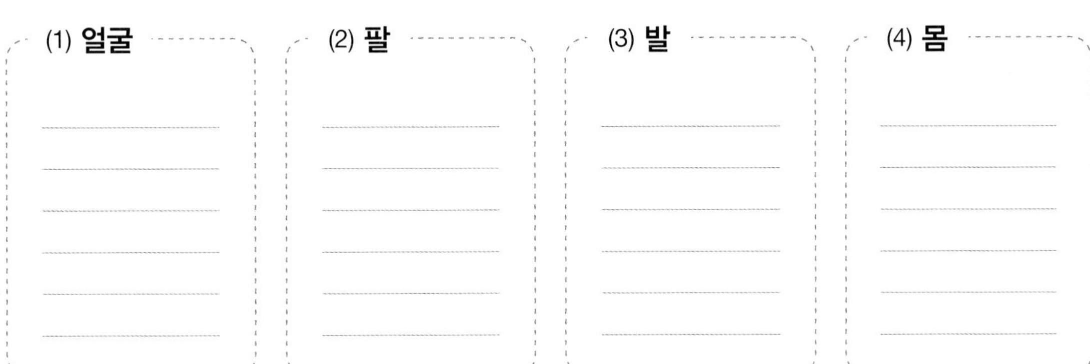

ⓐ 눈	ⓑ 혀	ⓒ 턱	ⓓ 가슴	ⓔ 눈썹	ⓕ 손가락	ⓖ 발바닥
ⓗ 코	ⓘ 이	ⓙ 배	ⓚ 허리	ⓛ 손톱	ⓜ 손바닥	ⓝ 발꿈치
ⓞ 입	ⓟ 볼	ⓠ 등	ⓡ 입술	ⓢ 발톱	ⓣ 발가락	ⓤ 팔꿈치

(1) **얼굴**

(2) **팔**

(3) **발**

(4) **몸**

Ejercicio 2

Empareje los objetos relacionados y verifique su respuesta con el audio correspondiente.

pista **190**

(1) 맥주를 많이 마셨어요. • • ⓐ 배탈이 났어요.

(2) 오랫동안 박수를 쳤어요. • • ⓑ 배가 나왔어요.

(3) 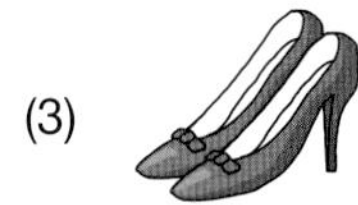 높은 구두를 신고 많이 걸었어요. • • ⓒ 허리가 아파요.

(4) 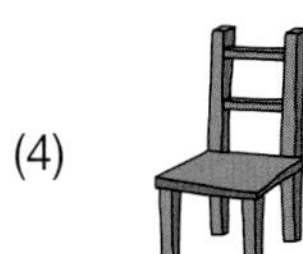 오랫동안 의자에 앉아 있었어요. • • ⓓ 발목이 아파요.

(5)  모기에게 팔을 물렸어요. • • ⓔ 팔이 가려워요.

(6) 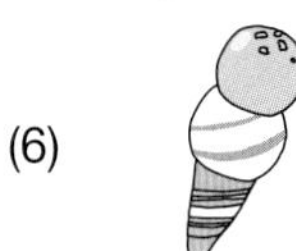 아이스크림을 많이 먹었어요. • • ⓕ 손바닥이 아파요.

Capítulo 56 Vestuario

Vocabulario

pista 191

Escuche el audio y escriba la letra correcta en cada casilla.

A 입다 Se utiliza cuando se lleva un artículo de ropa en el cuerpo

정장: Traje formal para mujeres o hombres
양복: Traje formal solo para hombres.

ⓐ 치마 falda　ⓑ 재킷 chaqueta　ⓒ 양복 traje (para hombres)　ⓓ 스웨터 suéter
ⓔ 바지 pantalones　ⓕ 코트 abrigo　ⓖ 정장 traje de negocios　ⓗ 티셔츠 camiseta
ⓘ 셔츠 camisa　ⓙ 점퍼 campera / chaqueta de campaña　ⓚ 반바지 pantalones cortos　ⓛ 원피스 vestido
ⓜ 조끼 chaleco　ⓝ 한복 Hanbok (ropa tradicional coreana)　ⓞ 청바지 vaqueros, jeans

(1) ☐ (2) ☐ (3) ☐ (4) ☐ (5) ☐

(6) ☐ (7) ☐ (8) ☐ (9) ☐ (10) ☐

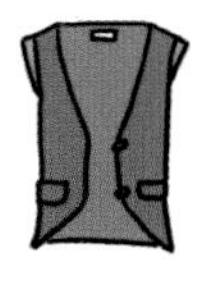
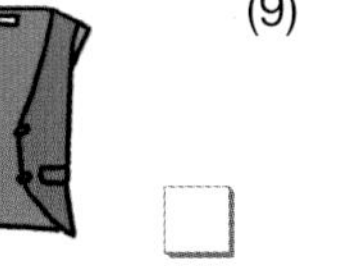

(11) ☐ (12) ☐ (13) ☐ (14) ☐ (15) ☐

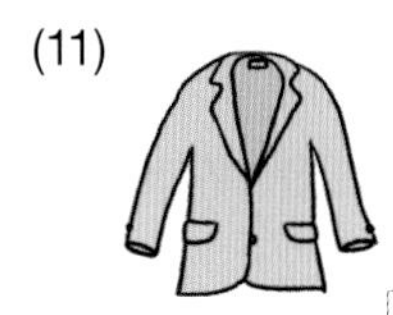

B 신다 Se utiliza cuando se calza un artículo en los pies

ⓐ 구두 zapatos de vestir　ⓑ 운동화 zapatillas de deporte, tenis
ⓒ 부츠 botas　ⓓ 슬리퍼 zapatillas
ⓔ 샌들 sandalias　ⓕ 스타킹 medias
ⓖ 양말 calcetínes

C 쓰다 Se utiliza cuando se lleva un artículo en la cabeza o la cara

ⓐ 모자 gorro　ⓑ 털모자 gorro de lana
ⓒ 안경 gafas　ⓓ 선글라스 gafas de sol
ⓔ 마스크 mascarilla / cubrebocas

B: (1) ☐ (2) ☐ (3) ☐ (4) ☐

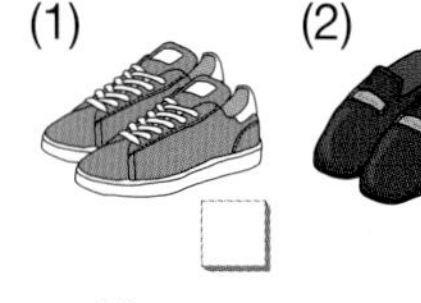
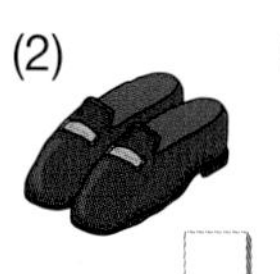
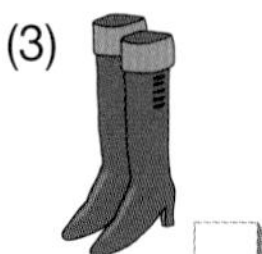

C: (1) ☐ (2) ☐ (3) ☐

B: (5) ☐ (6) ☐ (7) ☐

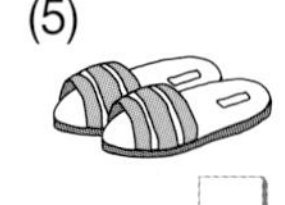
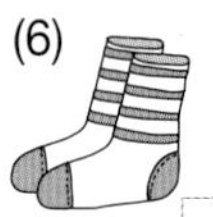
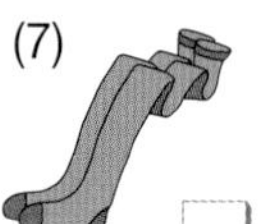
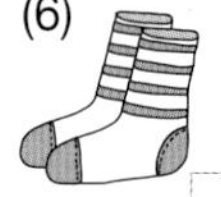

C: (4) ☐ (5) ☐

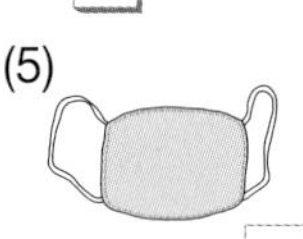

D 하다 Se utiliza cuando se lleva un accesorio

ⓐ 목걸이 collar ⓑ 목도리 bufanda
ⓒ 귀걸이 arete ⓓ 스카프 pañuelo/chal
ⓔ 팔찌 pulsera ⓕ 넥타이 corbata

E 끼다 Se utiliza como los verbos "colocarse/ponerse", por ejemplo: colocarse lentes de contacto.

ⓐ 장갑 guantes ⓑ 콘택트렌즈 lentes de contacto
ⓒ 반지 anillo

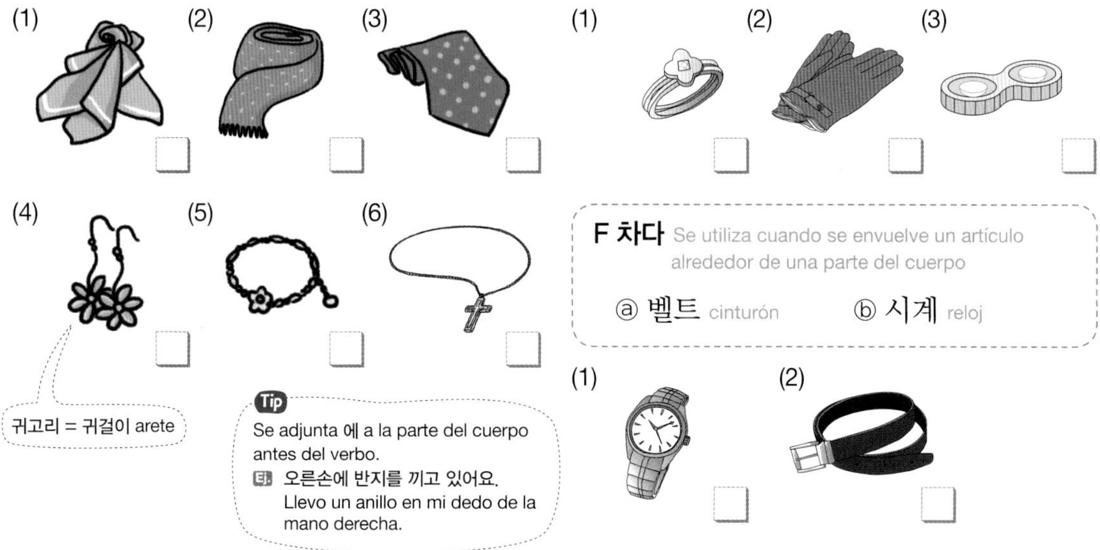

(1) (2) (3) (4) (5) (6)

(1) (2) (3)

귀고리 = 귀걸이 arete

F 차다 Se utiliza cuando se envuelve un artículo alrededor de una parte del cuerpo

ⓐ 벨트 cinturón ⓑ 시계 reloj

(1) (2)

Tip
Se adjunta 에 a la parte del cuerpo antes del verbo.
예) 오른손에 반지를 끼고 있어요.
Llevo un anillo en mi dedo de la mano derecha.

Ejercicio

Seleccione la respuesta correcta y verifique su respuesta con el audio correspondiente.

pista 192

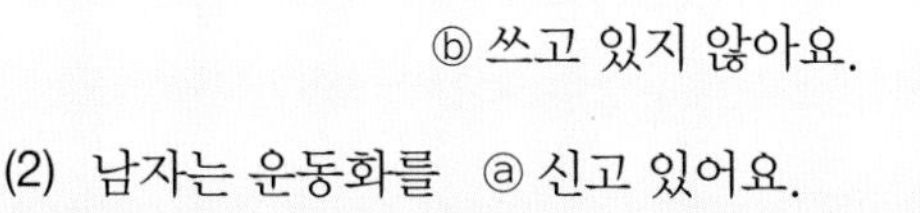

(1) 여자는 우산을 ⓐ 쓰고 있어요.
ⓑ 쓰고 있지 않아요.

(2) 남자는 운동화를 ⓐ 신고 있어요.
ⓑ 신고 있지 않아요.

(3) 여자는 시계를 ⓐ 차고 있어요.
ⓑ 차고 있지 않아요.

(4) 남자는 청바지를 ⓐ 입고 있어요.
ⓑ 입고 있지 않아요.

(5) 여자는 목도리를 ⓐ 하고 있어요.
ⓑ 하고 있지 않아요.

(6) 남자는 장갑을 ⓐ 끼고 있어요.
ⓑ 끼고 있지 않아요.

Las cuatro estaciones

Vocabulario

1 Empareje los objetos relacionados y verifique su respuesta con el audio correspondiente.

pista 193

(1)  

(2) 

(3) 

(4) 

3월 ~ 5월	6월 ~ 8월	9월 ~ 11월	12월 ~ 2월
•	•	•	•
•	•	•	•
ⓐ 겨울	ⓑ 여름	ⓒ 봄	ⓓ 가을

pista 194

2 Escuche el audio y repita la oración.

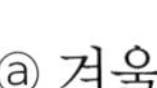

날씨가 어때요?

A 날씨가 추워요.
Hoy hace frío.
B 네, 오늘 영하 10도예요.
Sí, hoy estamos a 10 grados bajo cero.

A 날씨가 시원해요.
Está fresco.
B 네, 오늘 7도예요.
Sí, hoy estamos a 7 grados.

A 날씨가 더워요.
Hace calor.
B 네, 오늘 30도예요.
Sí, hoy estamos a 30 grados.

-5℃

(1) 춥다
frío

2℃

(2) 쌀쌀하다
relativamente frío

7℃

(3) 시원하다
fresco

13℃

(4) 따뜻하다
cálido

30℃

(5) 덥다
caliente

Tip
Al hablar del clima 0 se pronuncia como 영, y "−" (menos cero) se pronuncia como 영하.

A 날씨가 쌀쌀해요.
Está relativamente frío.
B 네, 오늘 2도예요.
Sí, estamos a 2 grados hoy.

A 날씨가 따뜻해요.
Está cálido.
B 네, 오늘 13도예요.
Sí, estamos a 13 grados.

Ejercicio 1

Empareje los objetos relacionados y verifique su respuesta con el audio correspondiente.

pista 195

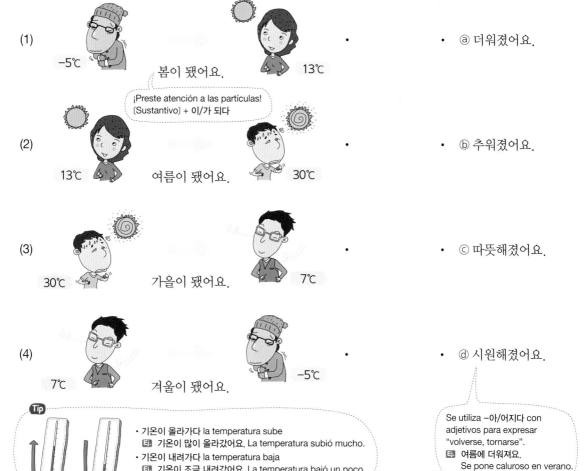

(1)  -5℃ 봄이 됐어요. 13℃ • • ⓐ 더워졌어요.

¡Preste atención a las partículas!
〔Sustantivo〕 + 이/가 되다

(2)  13℃ 여름이 됐어요. 30℃ • • ⓑ 추워졌어요.

(3)  30℃ 가을이 됐어요. 7℃ • • ⓒ 따뜻해졌어요.

(4)  7℃ 겨울이 됐어요. -5℃ • • ⓓ 시원해졌어요.

Tip

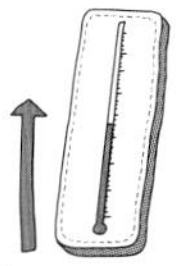

- 기온이 올라가다 la temperatura sube
  Ej. 기온이 많이 올라갔어요. La temperatura subió mucho.
- 기온이 내려가다 la temperatura baja
  Ej. 기온이 조금 내려갔어요. La temperatura bajó un poco.

Se utiliza –아/어지다 con adjetivos para expresar "volverse, tornarse".
Ej. 여름에 더워져요.
Se pone caluroso en verano.

Ejercicio 2

Seleccione la respuesta correcta y verifique su respuesta con el audio correspondiente.

pista 196

(1) 보통 한국에서 (ⓐ 8월 / ⓑ 10월)에 시원해요.

(2) 보통 (ⓐ 여름 / ⓑ 가을)에 쌀쌀해요.

(3) 한국에서 (ⓐ 5월 / ⓑ 11월)에 추워져요.

(4) 한국에서 (ⓐ 6월 / ⓑ 10월)에 기온이 올라가요.

(5) 기온이 영하 3도면 날씨가 (ⓐ 더워요. / ⓑ 추워요.)

El clima

Vocabulario

pista 197

1 Escuche el audio y escriba la letra correcta en cada casilla.

ⓐ 눈 ⓑ 해 ⓒ 비 ⓓ 안개 ⓔ 구름 ⓕ 번개 ⓖ 천둥 ⓗ 바람

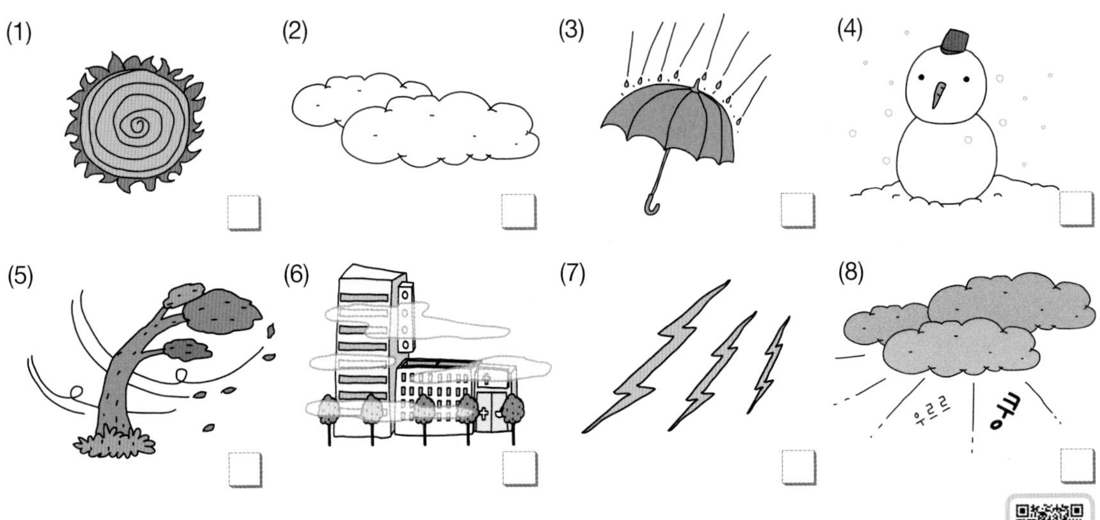

pista 198

2 Escuche el audio y escriba la letra correcta en cada casilla.

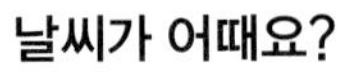

(1)

(2)

(3)

(4)

(5)

(6)

ⓐ 맑다 despejado
ⓑ 흐리다 nublado
ⓒ 비가 오다 llueve
ⓓ 눈이 오다 nevar
ⓔ 바람이 불다 ventoso
ⓕ 안개가 끼다 la neblina es densa

개다 despejar
흐리다 está nublado (adjetivo)
= 구름이 끼다 (verbo)

Tip

습기가 많다
húmedo

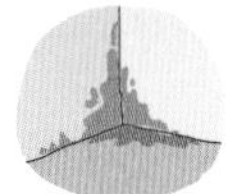

건조하다
seco

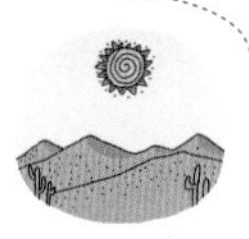

습도가 높다
la humedad
está subiendo

습도가 낮다
la humedad
está bajando

소나기: lluvia repentina 장마: temporada lluviosa

Ejercicio 1

Seleccione la respuesta correcta.

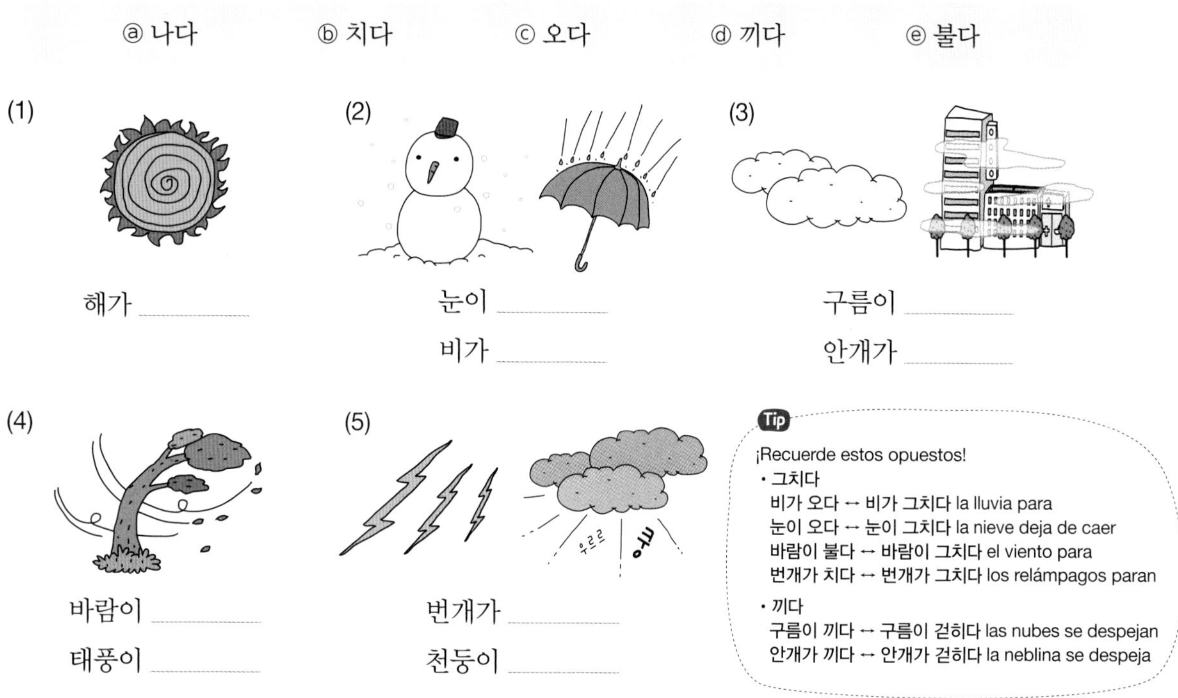

ⓐ 나다　　ⓑ 치다　　ⓒ 오다　　ⓓ 끼다　　ⓔ 불다

(1) 해가 ________

(2) 눈이 ________
비가 ________

(3) 구름이 ________
안개가 ________

(4) 바람이 ________
태풍이 ________

(5) 번개가 ________
천둥이 ________

Tip

¡Recuerde estos opuestos!

- 그치다
  비가 오다 ↔ 비가 그치다 la lluvia para
  눈이 오다 ↔ 눈이 그치다 la nieve deja de caer
  바람이 불다 ↔ 바람이 그치다 el viento para
  번개가 치다 ↔ 번개가 그치다 los relámpagos paran
- 끼다
  구름이 끼다 ↔ 구름이 걷히다 las nubes se despejan
  안개가 끼다 ↔ 안개가 걷히다 la neblina se despeja

Ejercicio 2

pista 199

Empareje cada frase con los objetos necesarios y verifique su respuesta con el audio correspondiente.

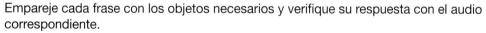

뭐가 필요해요?

(1) 날씨가 더워요.

(2) 비가 와요.

(3) 날씨가 추워요.

(4) 햇빛이 강해요.

Animales

Vocabulario

pista 200

1 Escuche el audio y escriba la letra correcta en cada casilla.

ⓐ 곰 oso	ⓑ 여우 zorro	ⓒ 늑대 lobo	ⓓ 코끼리 elefante
ⓔ 사자 león	ⓕ 사슴 venado	ⓖ 기린 jirafa	ⓗ 고양이 gato
ⓘ 오리 pato	ⓙ 악어 cocodrilo	ⓚ 개구리 rana	ⓛ 거북이 tortuga

Tip
새 (pájaro), 벌레 (insecto) y 물고기 (pescado) no se refieren a animales específicos sino que son términos genéricos.

2 Escuche el audio y escriba la letra correcta en cada casilla.

pista 201

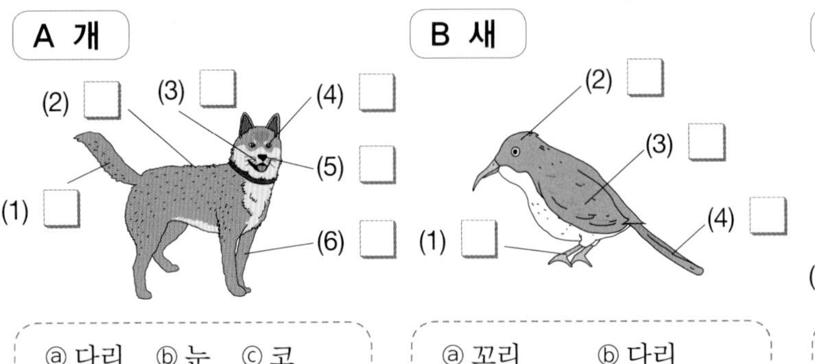

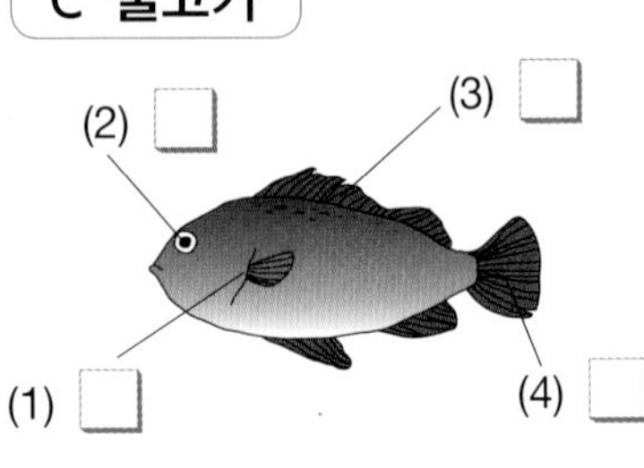

A 개: ⓐ 다리 ⓑ 눈 ⓒ 코 ⓓ 꼬리 ⓔ 털 ⓕ 수염

B 새: ⓐ 꼬리 ⓑ 다리 ⓒ 머리 ⓓ 날개

C 물고기: ⓐ 아가미 ⓑ 지느러미 ⓒ 눈 ⓓ 꼬리

Tip
El zodíaco chino es también utilizado en Corea y contiene 12 animales que representan 12 ciclos anuales. 띠 se utiliza para referirse a un animal del zodíaco. Por ejemplo, podemos referirnos a las personas nacidas entre 1972 y 1984 como 쥐띠 (Signo de la rata).

Ejercicio 1

Escriba la letra correcta en cada casilla.

ⓐ 뱀 ⓑ 개 ⓒ 말 ⓓ 소 ⓔ 닭 ⓕ 용

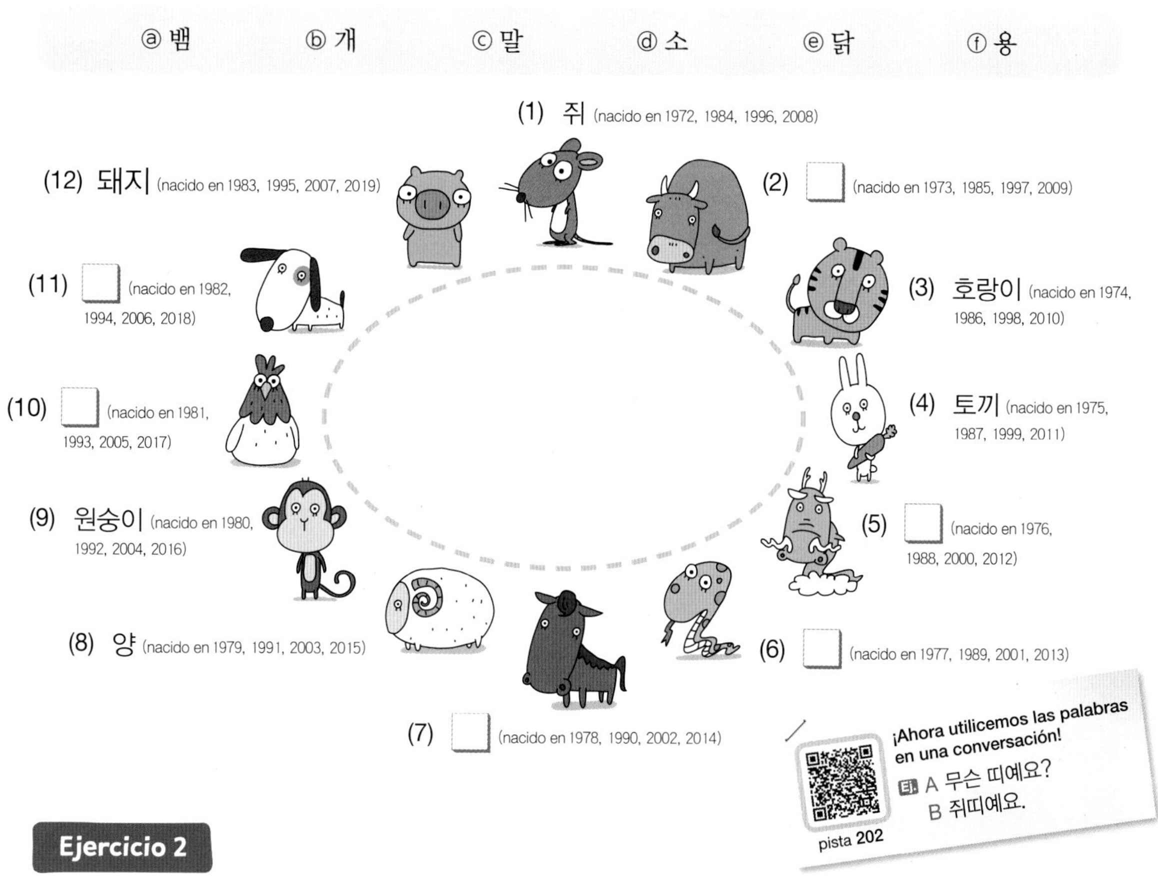

Ejercicio 2

Escriba la respuesta correcta de acuerdo al animal al que se está describiendo.

(1) 귀가 길어요. ⓐ 개 ⓑ 토끼 ⓒ 곰
(2) 목이 길어요. ⓐ 악어 ⓑ 사자 ⓒ 기린
(3) 다리가 없어요. ⓐ 뱀 ⓑ 양 ⓒ 쥐
(4) 코가 길어요. ⓐ 개구리 ⓑ 코끼리 ⓒ 고양이
(5) 나무에 올라가요. ⓐ 원숭이 ⓑ 돼지 ⓒ 거북이
(6) 빨리 달려요. ⓐ 돼지 ⓑ 악어 ⓒ 말
(7) 풀을 먹어요. ⓐ 뱀 ⓑ 소 ⓒ 쥐
(8) 집에서 길러요. ⓐ 고양이 ⓑ 코끼리 ⓒ 호랑이
(9) 하늘을 날아요. ⓐ 뱀 ⓑ 말 ⓒ 새
(10) 다리가 두 개예요. ⓐ 사자 ⓑ 닭 ⓒ 개
(11) 털이 있어요. ⓐ 개구리 ⓑ 뱀 ⓒ 고양이
(12) 물에서 살아요. ⓐ 악어 ⓑ 여우 ⓒ 호랑이

En el campo

Vocabulario

Escuche el audio y escriba la letra correcta en cada casilla.

(1)	(2)	(3)	(4)	(5)	(6)	(7)	(8)	(9)	(10)

(11)	(12)	(13)	(14)	(15)	(16)	(17)	(18)	(19)	(20)

ⓐ 산 montaña	ⓑ 절 templo	ⓒ 밭 campo	ⓓ 언덕 colina	ⓔ 나무 árbol
ⓕ 강 río	ⓖ 길 camino	ⓗ 숲 bosque	ⓘ 호수 lago	ⓙ 바위 roca
ⓚ 꽃 flor	ⓛ 돌 piedra	ⓜ 하늘 cielo	ⓝ 연못 estanque	ⓞ 마을 pueblo / aldea
ⓟ 논 arrozal	ⓠ 풀 césped, pasto	ⓡ 시내 arroyo	ⓢ 폭포 cascada	ⓣ 절벽 acantilado

Ejercicio 1

Marque cada casilla según la imagen con (O) si está correcto o (X) si está incorrecto.

(1) 새가 하늘을 날아가요. ☐

(2) 말이 울고 있어요. ☐

(3) 닭이 먹고 있어요. ☐

(4) 개가 자고 있어요. ☐

(5) 소가 물을 마시고 있어요. ☐

(6) 고양이가 집 위에 앉아 있어요. ☐

Ejercicio 2

Escriba en cada casilla la letra correcta que coincida con las imágenes relacionadas.

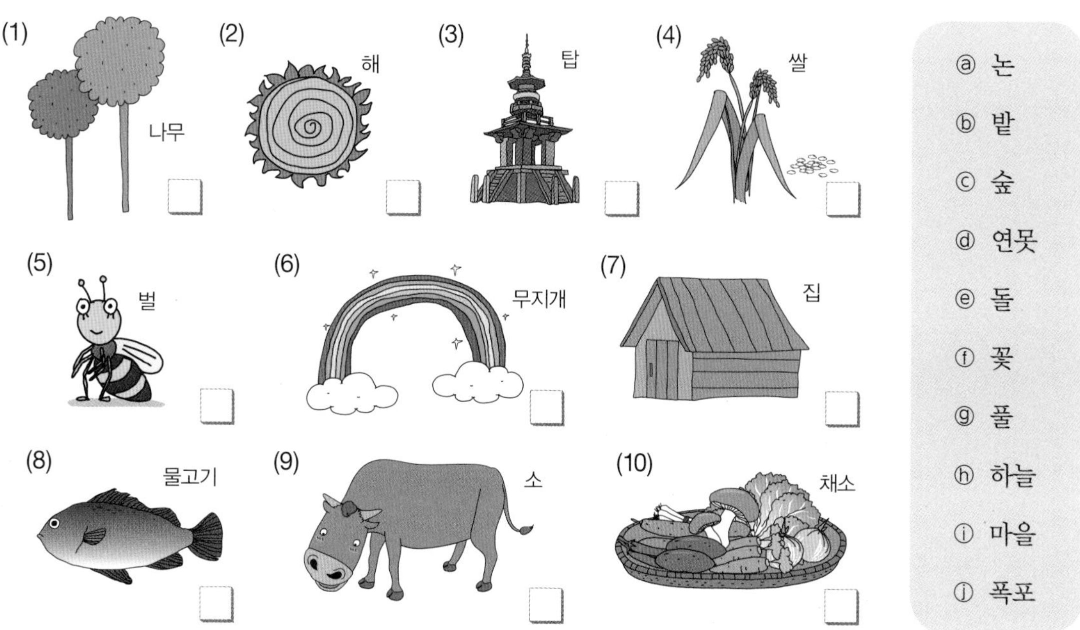

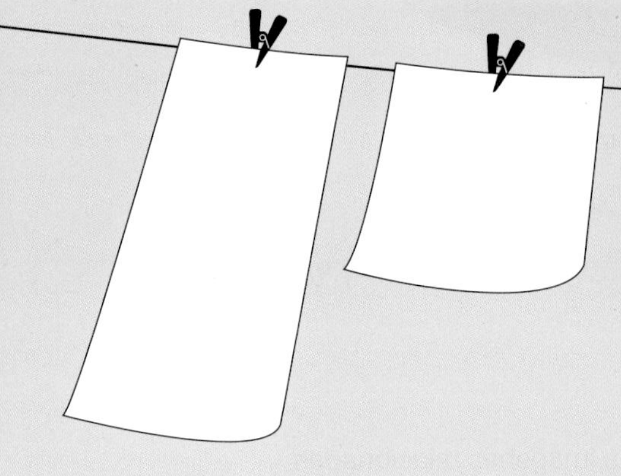

Parte 2

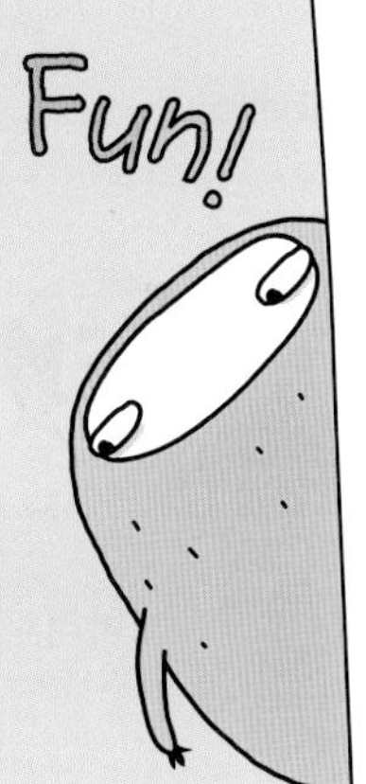

Apariencia

¡Aprendamos!

A Cabello

(1) Corte de cabello

① 
생머리
cabello lacio / liso

② 
파마머리
cabello con permanente

③ 
곱슬머리
cabello rizado

Tip
Al cabello que es ligeramente rizado se le dice 반 곱슬머리. 반 significa “medio/mitad”.

(2) Color de cabello

① 
검은색 머리
cabello negro

② 
갈색 머리
cabello castaño

③ 
금발 머리
cabello rubio

¡Cuidado!
Al describir el cabello:
Ej. 그 사람은 갈색 머리예요. (O)
El cabello de esa persona es castaño.
그 사람은 갈색 머리 있어요. (×)

(3) Corte de cabello

① 
긴 머리
cabello largo

② 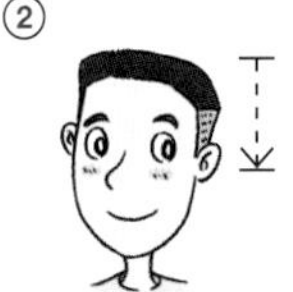
짧은 머리
cabello corto

③ 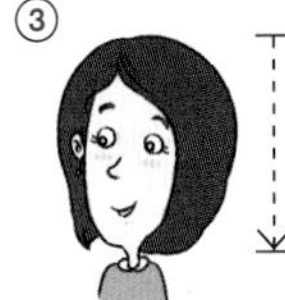
단발머리
cabello corte bob / hongo

④ 
커트 머리
corte medio

⑤ 
어깨까지 오는 머리
cabello hasta los hombros

Tip
Se utiliza 이 정도 mientras se apunta para indicar la longitud hasta la que se quiere un corte de cabello.

(4) Corte de cabello

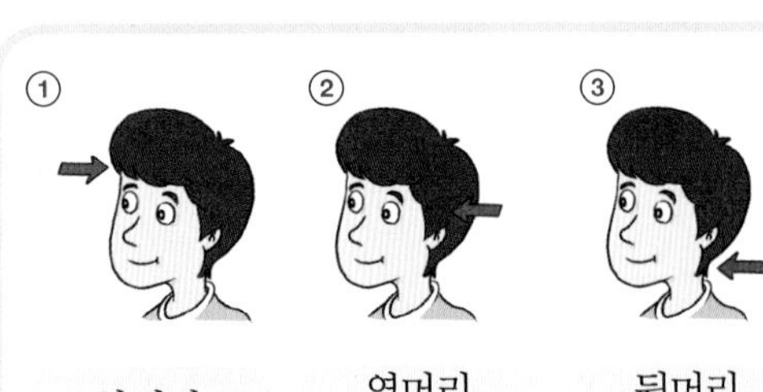

① 앞머리
flequillo

② 옆머리
cabello a los lados

③ 뒷머리
cabello de la nuca

(5) Corte de cabello

① 흰머리
canas

② 대머리
calvo / calva

③ 가발
peluca

Tip
Verbos relacionados con el cabello:
머리를 자르다 cortarse el cabello
머리를 다듬다 recortarse el cabello
염색하다 teñirse el cabello

Tip
El orden de una oración para describir el cabello es: (color) + (longitud) + (estilo)
Ej. 검은색 긴 생머리 cabello negro, largo, liso
갈색 짧은 곱슬머리 cabello castaño, corto, rizado

B Cara

¡Cuidado!

눈이 크다 (○) Sus ojos son grandes.
큰 눈이 있다 (×)

Ej. 친구가 눈이 커요.
Los ojos de mi amigo son grandes

① 둥글다
ser redonda

② 각지다
ser angular

③ 갸름하다
ser ovalada / fina

④ 턱수염이 있다
tener barba

⑤ 콧수염이 있다
tener bigote

⑥ 잘생기다
ser bien parecido / guapo

⑦ 못생기다
feo / mal parecido

Tip

잘 생기다, 못 생기다 y 각지다 se utilizan en su forma de pasado perfecto (calificativo) para expresar circunstancias del presente.

Ej. 1 그 사람은 잘생겼어요. (○)
Esa persona es guapa.
그 사람은 잘생겨요. (×)

Ej. 2 얼굴이 각졌어요. (○)
Su cara es cara fina/ovalada.
얼굴이 각져요. (×)

① 남자 얼굴이 **둥글어요.** El hombre tiene una cara redonda.
② 남자 얼굴이 **각졌어요.** El hombre tiene una cara angular.
③ 남자 얼굴이 **갸름해요.** El hombre tiene una cara fina.
④ 남자가 **턱수염이 있어요.** El hombre tiene barba.
⑤ 남자가 **콧수염이 있어요.** El hombre tiene bigote.
⑥ 남자가 **잘생겼어요.** El hombre es guapo.
⑦ 남자가 **못생겼어요.** El hombre es feo/mal parecido.

Tip

(nombre) 처럼 잘생겼어요.
Es tan guapo como (nombre).

(nombre) 같은 얼굴이 인기가 많아요.
Las caras como la de (nombre) son populares.

C Constitución física

① 뚱뚱하다
gordo

② 보통 체격이다
tener un cuerpo normal

③ 마르다
delgado

④ 체격이 좋다
tener un buen cuerpo

⑤ 날씬하다
ser delgado

① 남자가 **뚱뚱해요.** El hombre es gordo.
② 남자가 **보통 체격이에요.** El hombre tiene un cuerpo normal.
③ 남자가 **말랐어요.** El hombre es delgado.
④ 이 남자가 **체격이 좋아요.** El hombre tiene buen cuerpo.
⑤ 이 여자가 **날씬해요.** La mujer es delgada.

¡Cuidado!

El adjetivo 마르다 se utiliza solo en su forma del tiempo pasado aunque uno esté hablando del presente.

Ej. 그 사람은 말랐어요. (○) Esa persona es delgada.
그 사람은 말라요. (×)

Tip

체격이 좋다 se utiliza normalmente para hombres
날씬하다 se utiliza normalmente para mujeres

D Altura/Estatura

① 형이 **키가 커요.** Mi hermano mayor es alto.
② 저는 **보통 키예요.** Yo soy de estatura normal.
③ 동생이 **키가 작아요.** Mi hermano menor es de baja estatura.

¡Cuidado!

Para personas bajas:

Ej. 저는 키가 작은 사람이에요. (×)
저는 작은 키 사람이에요. (×)
저는 키가 작아요. (O) Yo soy de baja estatura.

E Edad

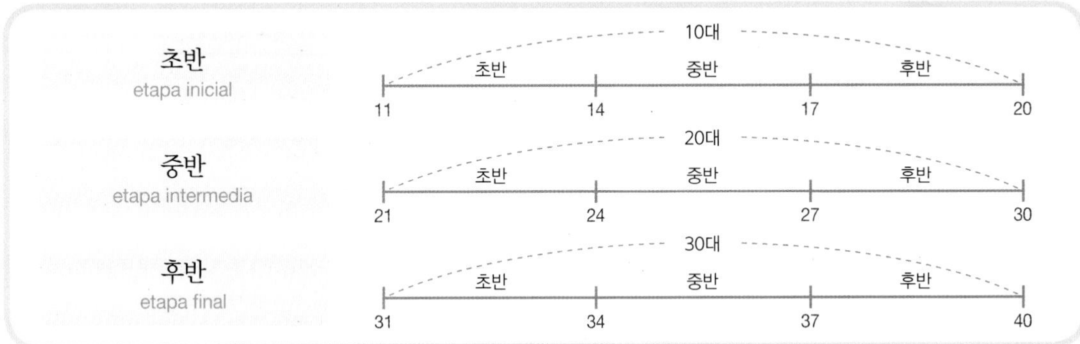

12살 → 아이가 **10대 초반**이에요. Este niño está en la adolescencia.
25살 → 여자가 **20대 중반**이에요. Ella tiene unos veinte años.
38살 → 남자가 **30대 후반**이에요. Él está finalizando su treintena.

Tip

Términos generales para personas de diferentes edades.

1살 → 아기 bebé
7살 → 아이 niño
16살 → 청소년 adolescente
31살 → 젊은이 (젊은 사람) joven
75살 → 노인 (나이가 많은 사람) persona mayor, anciano

나이가 들다 envejecer

F Otros términos

(1)

동양인
asiático

① 피부가 하얀 편이에요. Tiene la piel clara.
② 피부가 까만 편이에요. Tiene la piel oscura.

(2)

서양인
occidental

① 백인 persona blanca
② 흑인 persona negra

(3)

혼혈인
mestizo

① 그 사람은 아버지가 독일인이고 어머니가 한국인이에요. Su papá es alemán y su mamá es coreana.

(4)

교포
se refiere a coreanos que viven o vivieron en el extranjero

① 재미교포 coreano residente en los EE.UU.
② 재일교포 coreano residente en Japón
③ 그 사람은 재미교포라서 영어하고 한국어를 둘 다 잘해요. Esa persona es coreano-estadounidense y por lo tanto puede hablar bien inglés y coreano.

¡Autoevaluación!

1 Observe las imágenes y seleccione la oración correcta.

ⓐ ⓑ ⓒ ⓓ ⓔ ⓕ

(1) 금발 머리이고 코가 높고 날씬해요. □
(2) 단발머리에 키가 작고 좀 말랐어요. □
(3) 머리는 대머리이고 키가 크고 뚱뚱해요. □
(4) 10대 후반쯤 됐고 보통 체격의 남자예요. □
(5) 갈색 짧은 파마머리에 둥근 얼굴이에요. □
(6) 각진 얼굴과 검은색 수염에 눈이 작아요. □

2 Complete las siguientes conversaciones.

(1) A 수지가 키가 커요?
B 아니요, ________. 150cm쯤 돼요.

(2) A 민수가 말랐어요?
B 아니요, ________.
몸무게가 100kg가 넘어요.

(3) A 지영이 머리가 길어요?
B 아니요, ________. 커트 머리예요.

(4) A 현기가 못생겼어요?
B 아니요, ________. 영화배우 같아요.

3 Corrija las declaraciones subrayadas.

(1) 선생님은 <u>큰 눈 있어요</u>.
(2) 제 친구는 많이 <u>말라요</u>.
(3) 아저씨가 키가 <u>높아요</u>.
(4) 저 배우가 정말 <u>잘생겨요</u>.
(5) 저 사람은 <u>초반 20대 있어요</u>.
(6) 이 사람은 <u>검은색 머리 있어요</u>.

4 Empareje las preguntas con las respuestas correctas.

(1) 수염이 있어요? •
(2) 어떻게 생겼어요? •
(3) 키가 얼마나 돼요? •
(4) 체격이 어때요? •
(5) 머리 모양이 어때요? •
(6) 나이가 얼마나 됐어요? •

• ⓐ 좀 말랐어요.
• ⓑ 165cm쯤 돼요.
• ⓒ 얼굴이 갸름하고 눈이 커요.
• ⓓ 30대 후반쯤 됐어요.
• ⓔ 아니요, 수염이 없어요.
• ⓕ 갈색 긴 파마머리예요.

Personalidad

¡Aprendamos!

부지런하다 ↔ 게으르다
trabajador ↔ perezoso

욕심이 많다
codicioso, goloso

활발하다 ↔ 조용하다
animado, alegre ↔ silencioso, tranquilo

마음이 넓다
generoso

죄송해요.
괜찮아.

겸손하다 ↔ 거만하다
humilde, modesto ↔ arrogante, insolente

한국말 정말 잘해요.
아니요. 잘 못해요.
난 뭐든지 잘해.

이기적이다
egoísta

자기만 생각해요.

¡Cuidado!

못되다 se utiliza solo en su forma del tiempo pasado perfecto (calificativo) para referirse a una condición del presente.

Ej. 그 사람은 못됐어요. (◯) Esa persona es malvada.
그 사람은 못돼요. (×)

착하다 ↔ 못되다
amable ↔ malévolo / malo

고집이 세다
terco

인내심이 있다 ↔ 인내심이 없다
tener paciencia ↔ ser impaciente

성실하다
diligente

자신감이 있다 ↔ 자신감이 없다
tener autoconfianza ↔ no tener autoconfianza

솔직하다
franco

¡Autoevaluación!

1 Empareje a cada persona con la persona de personalidad opuesta.

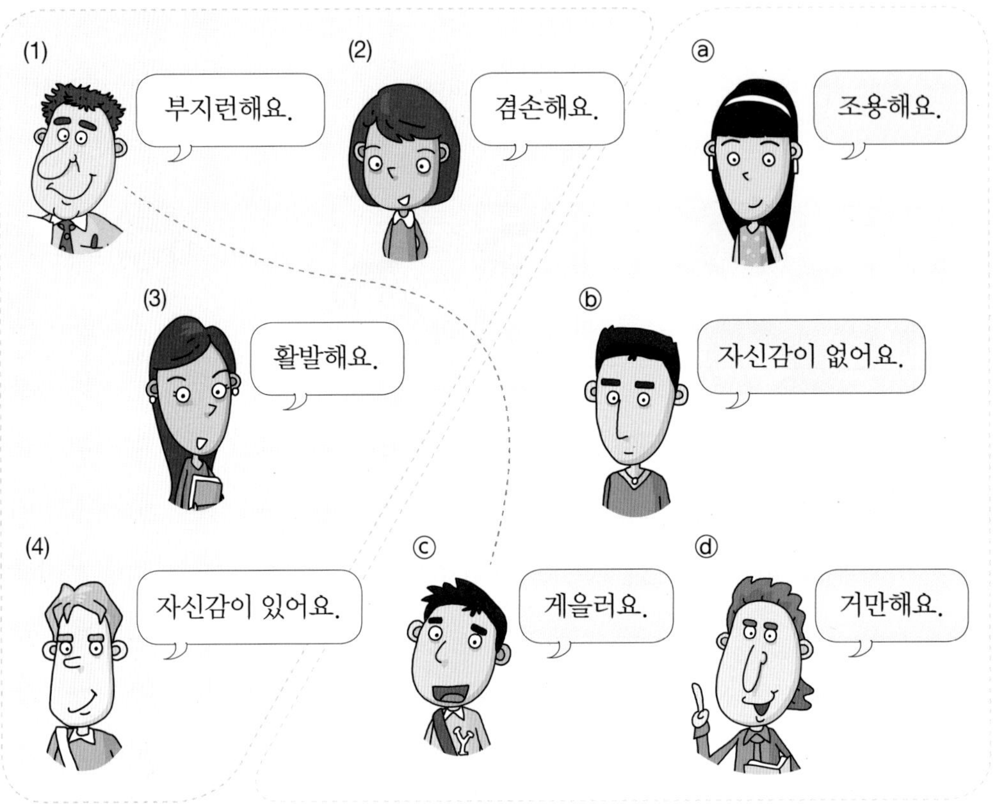

2 Seleccione la respuesta correcta.

(1) (ⓐ 솔직한 / ⓑ 성실한) 사람은 오늘 일을 내일로 미루지 않아요.

(2) (ⓐ 못된 / ⓑ 게으른) 사람은 힘이 없는 사람에게 나쁘게 행동해요.

(3) (ⓐ 겸손한 / ⓑ 조용한) 사람은 혼자 있는 것을 좋아해요.

(4) (ⓐ 착한 / ⓑ 거만한) 사람은 다른 사람을 자주 무시해요.

(5) (ⓐ 활발한 / ⓑ 이기적인) 사람과 같이 있으면 분위기가 밝아요.

(6) (ⓐ 인내심이 있는 / ⓑ 인내심이 없는) 사람은 화가 나도 잘 참아요.

(7) (ⓐ 자신감이 있는 / ⓑ 자신감이 없는) 사람은 사람들 앞에서 말을 잘 안 해요.

(8) (ⓐ 고집이 센 / ⓑ 욕심이 많은) 아이는 자기 음식을 다른 사람과 함께 먹지 않아요.

3 Seleccione las respuestas correctas para completar la conversación.

게으르다 인내심이 없다 활발하다 이기적이다 성실하다 착하다

(1) A 저는 진수처럼 __________ 사람은 처음 봐요.
B 맞아요. 진수는 도움이 필요한 사람을 항상 도와줘요.

(2) A 미나는 정말 __________!
B 맞아요, 미나 씨는 기분 나쁜 일이 있으면 바로 화를 내요.

(3) A 현주 동생은 부지런한데 현주는 성격이 반대예요.
B 맞아요. 현주는 __________서 항상 자기 일을 미루고 안 해요.

(4) A 유리는 지각도 안 하고 결석도 안 해요. 숙제도 매일 해요.
B 그래요. 유리는 정말 __________ 것 같아요.

(5) A 민기는 자기 생각만 해요. 다른 사람을 전혀 생각하지 않아요.
B 네, 정말 __________. 그래서 민기하고 같이 일하고 싶지 않아요.

(6) A 문규는 정말 힘이 많은 것 같아요.
B 그렇죠? 문규는 __________니까 조용한 사람을 만나면 지루해 할 거예요.

4 Conecte las partes correctas para completar las oraciones.

(1) 고집이 센 사람은 • • ⓐ 일하기 싫어해요.
(2) 활발한 사람은 • • ⓑ 거짓말을 할 수 없어요.
(3) 솔직한 사람은 • • ⓒ 집에 혼자 있는 것을 안 좋아해요.
(4) 게으른 사람은 • • ⓓ 다른 사람의 얘기를 듣지 않아요.
(5) 착한 사람은 • • ⓔ 자기 생활에 만족할 수 없어요.
(6) 욕심이 많은 사람은 • • ⓕ 다른 사람의 부탁을 잘 거절하지 못해요.

Sentimientos

¡Aprendamos!

① 부럽다
celoso

② 신기하다
increíble / asombroso

③ 대단하다
tremendo / impresionante

④ 불쌍하다
miserable

⑤ 지루하다
aburrido

⑥ 그립다
echar de menos (algo)

⑦ 아쉽다
apenado

⑧ 싫다
odiar/no gustar (algo)

① 저기 데이트하는 커플이 정말 **부러워요.**
Estoy muy **celoso** de la pareja que tiene una cita allí.

② 말하는 앵무새가 진짜 **신기해요.**
El loro parlante es **increíble/asombroso.**

③ 제 친구는 여러 나라 말을 할 줄 알아요. 친구가 정말 **대단해요.**
Mi amigo puede hablar varios idiomas. Es realmente **impresionante.**

④ 어렵게 살고 있는 아이들이 **불쌍해요.**
Me dan pena los niños que viven vidas **difíciles/miserables.**

⑤ 주말에 일도 숙제도 약속도 없어요. 이런 생활이 **지루해요.**
No tengo trabajo, deberes o ninguna cita este fin de semana. Este tipo de vida es **aburrida.**

⑥ 가족이 멀리 떨어져 살고 있어요. 가족이 **그리워요.**
Vivo lejos de mi familia. **Los extraño.**

⑦ 여행이 정말 재미있는데 이제 집에 돌아가야 해요. **아쉬워요.**
Este viaje es muy divertido, pero tengo que volver a casa ahora. **Es una pena** que tenga que irme.

⑧ 옆에서 너무 시끄럽게 얘기해요. 진짜 **싫어요.**
Están hablando muy alto aquí a mi lado. Realmente **me desagrada.**

Tip

Estos adjetivos expresan las emociones del orador. Sin embargo, en coreano, el hablante desaparece y el objeto de la emoción se convierte en el sujeto de la frase.

Ej. (저는) 그 사람이 부러워요.
(Yo) lo envidio.

¡Cuidado!

- Al hablar de sentimientos subjetivos: 친구가 부러워요.
- Al describir sentimientos de manera objetiva (al observar o percibir algo): 친구를 부러워해요.

¡Autoevaluación!

1 Seleccione la respuesta correcta.

(1) 수업이 재미없어서 계속 잠이 와요.
너무 (ⓐ 신기해요 / ⓑ 지루해요).

(2) 저 사람은 한국어, 영어, 일본어, 중국어, 프랑스어까지 할 줄 알아요.
정말 (ⓐ 대단해요 / ⓑ 불쌍해요).

(3) 부산에 오면 꼭 회를 먹어 보려고 했는데, 시간이 없어서 못 먹었어요.
진짜 (ⓐ 부러워요 / ⓑ 아쉬워요).

(4) 길거리에서 담배를 피우는 사람을 만나고 싶지 않아요.
그런 사람은 정말 (ⓐ 싫어요 / ⓑ 그리워요).

2 Seleccione la opción correcta para completar la oración y escriba la letra apropiada en cada casilla para emparejar la oración relacionada con la imagen.

싫다	그립다	아쉽다	대단하다	불쌍하다	신기하다

(1) ☐ 대학생 때로 다시 돌아가고 싶어요. 그때가 정말 __________.

(2) ☐ 저 사람은 다른 사람의 도움을 받지 않고 혼자 큰 회사를 만들었어요. 정말 __________.

(3) ☐ 저 아이는 항상 우울하고 고민이 많아 보여요. 그런데 도와주는 친구도 없어요.
저 아이가 __________.

(4) ☐ 2살짜리 아기가 벌써 한글을 읽어요. 정말 __________.

(5) ☐ 고향에 돌아가서 옛날 친구를 만나서 재미있게 지냈어요.
이제 고향을 떠나야 해서 __________.

(6) ☐ 저는 노래를 잘 못하는데 한국 친구들이 저한테 자꾸 노래를 시켜요. 정말 __________.

Relaciones interpersonales

¡Aprendamos!

> **Tip**
> Los coreanos tienden a usar términos de relaciones familiares con sus mayores ya que es de mala educación llamar a alguien mayor por su nombre. Sin embargo, está permitido llamar a los menores por su nombre.

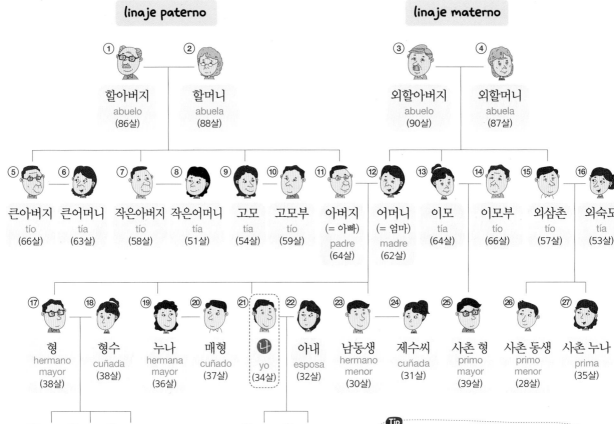

A Árbol genealógico 1

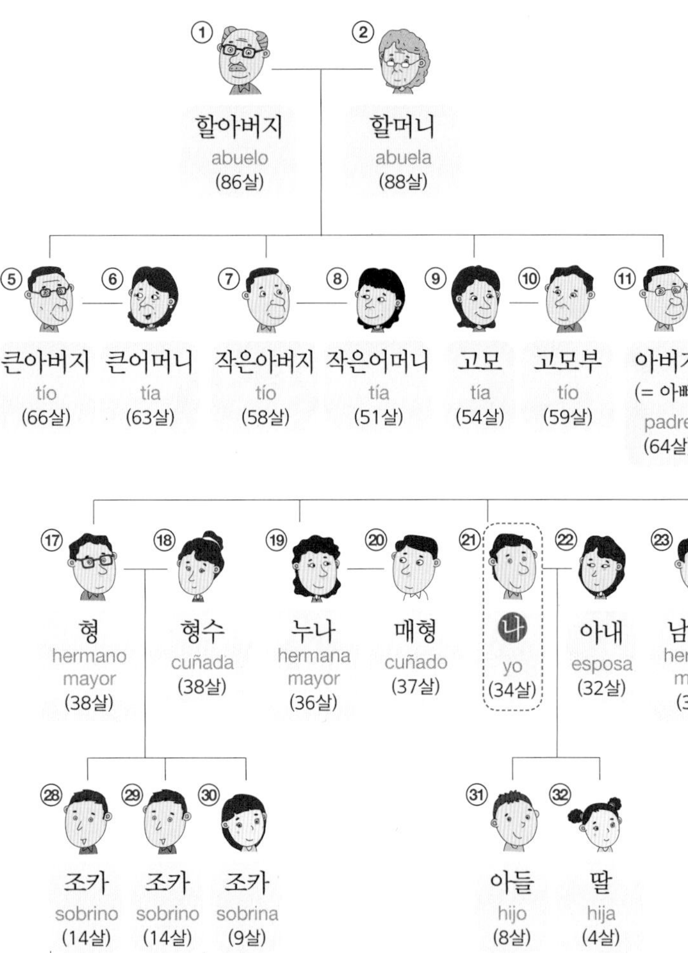
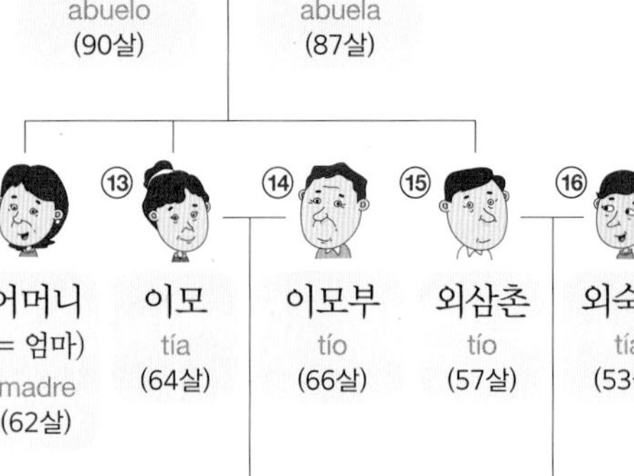

linaje paterno

① 할아버지 abuelo (86살)
② 할머니 abuela (88살)

linaje materno

③ 외할아버지 abuelo (90살)
④ 외할머니 abuela (87살)

⑤ 큰아버지 tío (66살)
⑥ 큰어머니 tía (63살)
⑦ 작은아버지 tío (58살)
⑧ 작은어머니 tía (51살)
⑨ 고모 tía (54살)
⑩ 고모부 tío (59살)
⑪ 아버지 (= 아빠) padre (64살)
⑫ 어머니 (= 엄마) madre (62살)
⑬ 이모 tía (64살)
⑭ 이모부 tío (66살)
⑮ 외삼촌 tío (57살)
⑯ 외숙모 tía (53살)

⑰ 형 hermano mayor (38살)
⑱ 형수 cuñada (38살)
⑲ 누나 hermana mayor (36살)
⑳ 매형 cuñado (37살)
㉑ 나 yo (34살)
㉒ 아내 esposa (32살)
㉓ 남동생 hermano menor (30살)
㉔ 제수씨 cuñada (31살)
㉕ 사촌 형 primo mayor (39살)
㉖ 사촌 동생 primo menor (28살)
㉗ 사촌 누나 prima (35살)

㉘ 조카 sobrino (14살)
㉙ 조카 sobrino (14살)
㉚ 조카 sobrina (9살)

쌍둥이 gemelos/mellizos

㉛ 아들 hijo (8살)
㉜ 딸 hija (4살)

> **Tip**
> 조카 se utiliza para hablar de ambos, sobrinos y sobrinas.

> **Tip**
> 부모님 → 아버지 + 어머니
> 형제 → 형 + 남동생
> 자매 → 언니 + 여동생
> 부부 → 남편 + 아내
> 아이들 → 아들 + 딸

> **Tip**
> ⑤ 큰아버지 hermano mayor del padre
> ⑥ 큰어머니 esposa del hermano mayor del padre
> ⑦ 작은아버지 hermano menor del padre
> ⑧ 작은어머니 esposa del hermano menor del padre
> ⑨ 고모 hermana del padre
> ⑩ 고모부 esposo de la hermana del padre
> ⑬ 이모 hermana de la madre
> ⑭ 이모부 esposo de la hermana de la madre
> ⑮ 외삼촌 hermano de la madre
> ⑯ 외숙모 esposa del hermano de la madre
> ⑱ 형수 esposa del hermano mayor
> ⑳ 매형 esposo de la hermana mayor
> ㉔ 제수 esposa del hermano menor

B Árbol genealógico 2

(1)

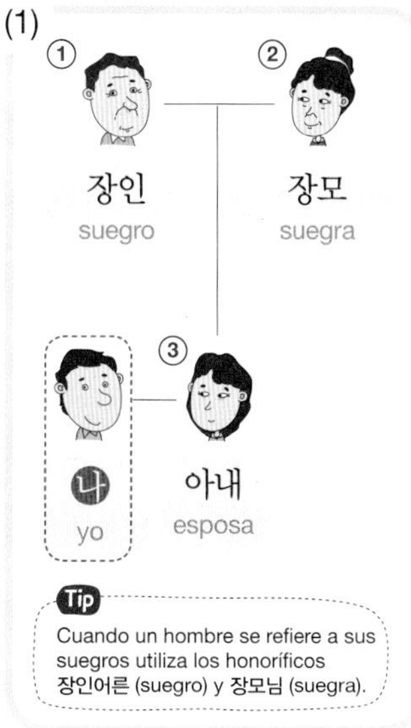

(2)

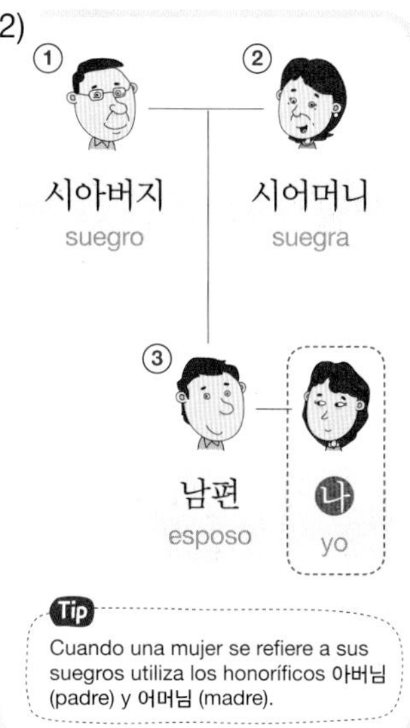

(3)

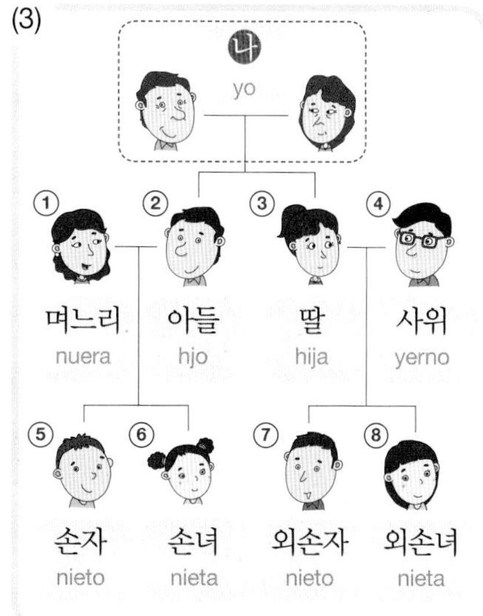

C Colegas del trabajo

Tip

동기 se refiere a colegas o compañeros que ingresaron a la institución (oficina, escuela) en el mismo año que uno mismo.

D Conocidos / Amigos

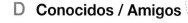

Mejor amigo
제일 친구 (×)
제일 친한 친구 (○)

Tip

반 친구 compañero de clase
방 친구 compañero de cuarto
전 여자 친구 ex novia
전 남자 친구 ex novio

E Hablar con desconocidos

Los coreanos a veces llaman a gente que no son familiares por términos de relación familiar.

① 할아버지 hombres (70 años o más)

② 할머니 mujeres (70 años o más)

③ 아저씨 hombres (mediana edad, casado)

④ 아줌마 mujeres (mediana edad, casada)

Tip

오빠: Usado por las mujeres. Cariñosamente se refiere a un hombre ligeramente mayor, un amigo masculino o como los fans se refieren a las estrellas.

언니: Usado por las mujeres. Cariñosamente se refiere a una mujer ligeramente mayor, una amiga o empleadas un una tienda.

¡Autoevaluación!

1 Clasifique las siguientes palabras.

할아버지	아저씨	딸	아내	엄마	이모	조카
장모	사위	며느리	삼촌	손녀	고모	할머니
아들	동생	형	손자	아빠	남편	누나

(1)

① Hombre	② Mujer	③ No tiene género

(2)

① Mayor o de rango más alto	② Menor o de rango más bajo

2 Empareje cada palabra con su contraparte del sexo opuesto.

(1) 남편 •	• ⓐ 사위
(2) 이모 •	• ⓑ 아내
(3) 아들 •	• ⓒ 장모
(4) 딸 •	• ⓓ 할머니
(5) 장인 •	• ⓔ 이모부
(6) 할아버지 •	• ⓕ 며느리

3 Corrija cada palabra subrayada con una palabra de la caja.

부부	부모님	동료	형제

(1) 아버지와 어머니는 동료예요. ____________

(2) 남편하고 아내는 형제예요. ____________

(3) 형하고 남동생은 부부예요. ____________

(4) 상사하고 부하 직원은 부모님이에요. ____________

4 Seleccione la palabra que no pertenece al conjunto.

(1) ⓐ 아빠 ⓑ 이모부 ⓒ 어머니 ⓓ 시아버지

(2) ⓐ 이모 ⓑ 고모 ⓒ 남편 ⓓ 외숙모

(3) ⓐ 조카 ⓑ 딸 ⓒ 손자 ⓓ 장인

(4) ⓐ 부모님 ⓑ 아이들 ⓒ 형 ⓓ 부부

(5) ⓐ 삼촌 ⓑ 엄마 ⓒ 고모 ⓓ 이모

(6) ⓐ 상사 ⓑ 가족 ⓒ 동료 ⓓ 부하 직원

5 Escriba la respuesta correcta en cada espacio.

(1) 어머니의 여자 자매를 ____________ (이)라고 불러요.

(2) 아버지와 어머니를 합쳐서 ____________ (이)라고 불러요.

(3) 딸의 남편을 ____________ (이)라고 불러요.

(4) 형제나 자매의 아이들을 ____________ (이)라고 불러요.

(5) 남편의 어머니를 ____________ (이)라고 불러요.

(6) 어렸을 때 어머니를 ____________ (이)라고 불러요.

(7) 아들이나 딸의 아들을 ____________ (이)라고 불러요.

(8) 아버지의 형을 ____________ (이)라고 불러요.

(9) 아들의 아내를 ____________ (이)라고 불러요.

(10) 이모나 고모, 삼촌의 자식을 ____________ (이)라고 불러요.

Vida

¡Aprendamos!

El ciclo de vida

Tip
학교에 입학하다 ingresar en la escuela
↔ 학교를 졸업하다 graduarse de la escuela

① 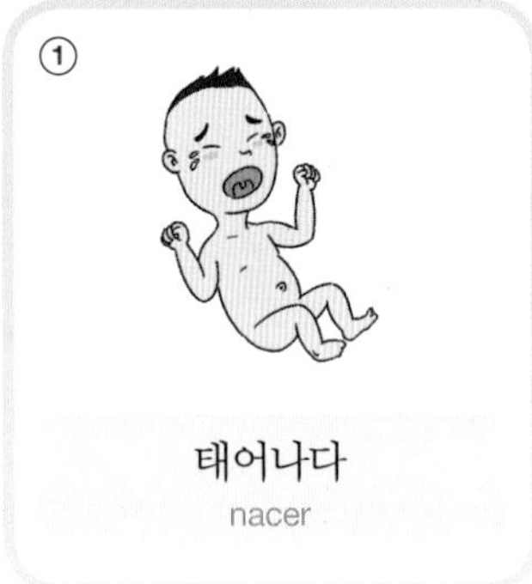

태어나다
nacer

② 

자라다
desarrollarse, crecer

③ 

학교에 다니다
asistir a la escuela

④ 

취직하다
conseguir un trabajo

Tip
회사에 다니다 trabajar en una empresa
출근하다 ir al trabajo ↔ 퇴근하다 ↔ Ir a casa
승진하다 ser ascendido
회사를 옮기다 cambiar de empresa
회사를 그만두다 dejar la empresa
퇴직하다 jubilarse

⑤ 

데이트하다
tener una cita

Tip
을/를 사귀다 salir con alguien
하고 연애하다 relación amorosa con alguien
↔ 하고 헤어지다 romper con alguien

⑥ 

결혼하다
casarse

Tip
결혼식을 하다 celebrar la boda
신혼여행을 가다 ir de luna de miel
이혼하다 divorciarse

⑦ 

아이를 낳다
dar luz a un niño

⑧ 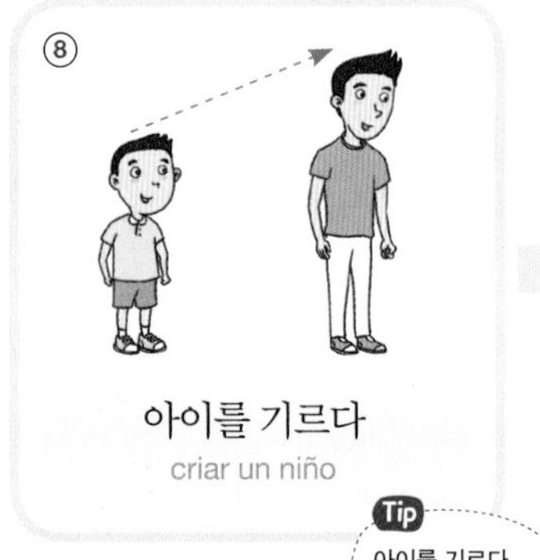

아이를 기르다
criar un niño

Tip
아이를 기르다
criar un niño
(=아이를 키우다)

⑨ 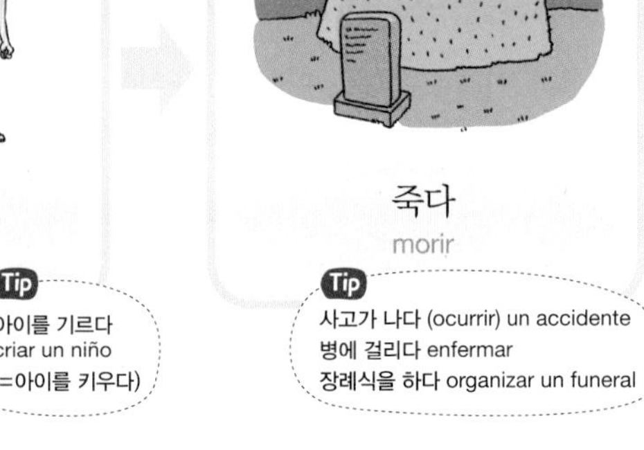

죽다
morir

Tip
사고가 나다 (ocurrir) un accidente
병에 걸리다 enfermar
장례식을 하다 organizar un funeral

¡Autoevaluación!

1 Escriba el antónimo

(1) 출근 ↔ ________　　(2) 취직 ↔ ________

(3) 입학 ↔ ________　　(4) 결혼 ↔ ________

2 Seleccione la respuesta que no pertenece al conjunto.

(1) ⓐ 학교 □ 에 다녀요.
ⓑ 일 □
ⓒ 회사 □
ⓓ 학원 □

(2) ⓐ 이민 □ 을/를 가요.
ⓑ 출장 □
ⓒ 출근 □
ⓓ 유학 □

(3) 아이를 ⓐ 자라요. □
ⓑ 낳아요. □
ⓒ 길러요. □
ⓓ 돌봐요. □

(4) 회사를 ⓐ 옮겨요. □
ⓑ 그만둬요. □
ⓒ 퇴직해요. □
ⓓ 취직해요. □

3 Observe la imagen y seleccione la respuesta correcta.

28살

10년 전에 대학교를 (1) (ⓐ 입학 / ⓑ 졸업)했어요. 그때 제 나이가 (2) (ⓐ 스물 여섯 / ⓑ 스물 여덟) 살이었어요. 2년 동안 준비해서 서른 살 때 (3) (ⓐ 취직 / ⓑ 퇴직)했어요. 그리고 작년에 결혼했어요. (4) (ⓐ 신랑 / ⓑ 신부)가 너무 예뻤어요. 올해 아이를 낳아서 잘 (5) (ⓐ 자라고 / ⓑ 키우고) 싶어요. 회사에서 열심히 일하면 내년에는 (6) (ⓐ 승진 / ⓑ 출근)할 수 있을 거예요.

38살

Lesiones y heridas

¡Aprendamos!

다쳤어요!

> **Tip**
> 을/를 se utiliza antes de 다치다.
> 예 팔을 다쳤어요. (○)
> Me lastimé el brazo.
> 팔이 다쳤어요. (×)

① 다리가 부러졌어요. Me rompí la pierna.
② 발목이 삐었어요. Me torcí el tobillo.
③ 발이 부었어요. Mi pie está inflamado.
④ 손가락이 베였어요. Me corté el dedo.
⑤ 팔이 데었어요. Me quemé la mano.
⑥ 손가락이 찔렸어요. Me pinché el dedo.
⑦ 무릎이 까졌어요. Me rasgué la rodilla.
⑧ 얼굴이 멍들었어요. Tengo un moretón en la cara.

¡Autoevaluación!

1 Observe las imágenes y seleccione las respuestas correctas.

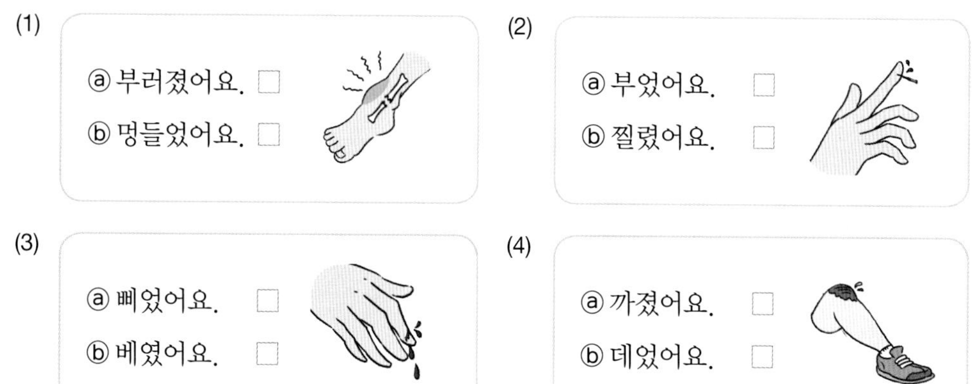

(1)
ⓐ 부러졌어요. □
ⓑ 멍들었어요. □
(2)
ⓐ 부었어요. □
ⓑ 찔렸어요. □
(3)
ⓐ 삐었어요. □
ⓑ 베였어요. □
(4)
ⓐ 까졌어요. □
ⓑ 데었어요. □

2 Complete cada frase con la causa correcta de la lesión y la parte del cuerpo lesionada.

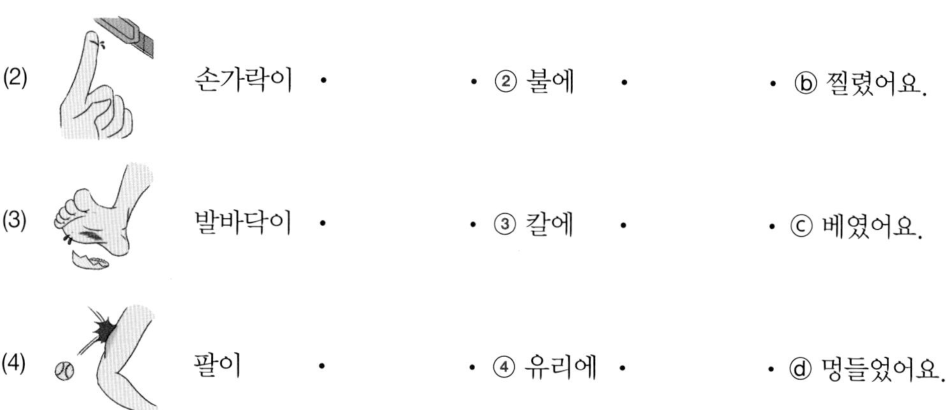

(1) 손이 • • ① 공에 • • ⓐ 데었어요.
(2) 손가락이 • • ② 불에 • • ⓑ 찔렸어요.
(3) 발바닥이 • • ③ 칼에 • • ⓒ 베였어요.
(4) 팔이 • • ④ 유리에 • • ⓓ 멍들었어요.

3 Seleccione la respuesta correcta.

(1) 친구하고 싸울 때 많이 맞아서 눈이 파랗게 (ⓐ 부었어요. / ⓑ 멍들었어요.)

(2) 넘어졌는데 다리가 (ⓐ 베였어요. / ⓑ 부러졌어요.) 병원에서 깁스해야 해요.

(3) 뜨거운 물을 실수로 쏟았어요. 그래서 팔이 (ⓐ 데었어요. / ⓑ 까졌어요.)

(4) 테니스를 하다가 발목이 조금 (ⓐ 삐었어요. / ⓑ 찔렸어요.) 오늘 쉬면 괜찮을 거예요.

Tratamiento médico

¡Aprendamos!

A Método de tratamiento

B Departamentos de medicina y clínicas

① 치과 dentista
② 소아과 pediatría
③ 내과 internista
④ 외과 cirugía
⑤ 산부인과 ginecología-obstetricia
⑥ 피부과 dermatología
⑦ 안과 oftalmología
⑧ 이비인후과 otorrinolaringología
⑨ 정형외과 ortopedia
⑩ 성형외과 cirugía plástica
⑪ 응급실 urgencias / emergencias
⑫ 한의원 clínica de medicina tradicional coreana

¡Autoevaluación!

1 Seleccione la respuesta correcta.

(1) 반창고를 ⓐ 바르다 ☐ ⓑ 붙이다 ☐

(2) 침을 ⓐ 맞다 ☐ ⓑ 하다 ☐

(3) 모기약을 ⓐ 먹다 ☐ ⓑ 뿌리다 ☐

(4) 얼음찜질을 ⓐ 넣다 ☐ ⓑ 하다 ☐

2 Empareje cada síntoma con el tratamiento apropiado

(1) 어깨가 아파요.
(2) 팔이 부러졌어요.
(3) 모기에게 물렸어요.
(4) 감기에 걸렸어요.
(5) 무릎이 까졌어요.
(6) 발목을 삐었어요.

ⓐ 깁스 하세요.
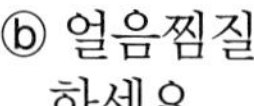
ⓑ 얼음찜질 하세요.
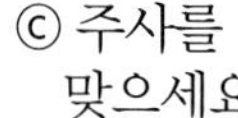
ⓒ 주사를 맞으세요.
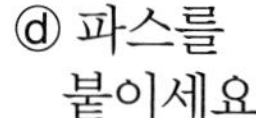
ⓓ 파스를 붙이세요.
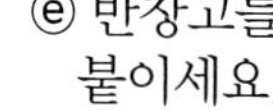
ⓔ 반창고를 붙이세요.
ⓕ 모기약을 바르세요.

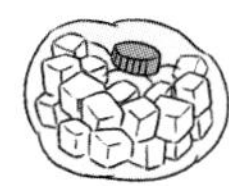

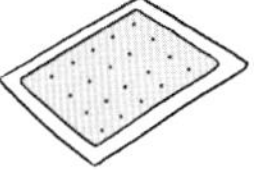
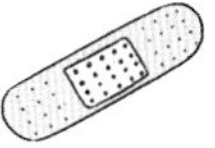
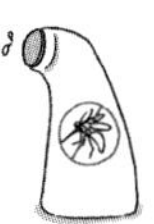

3 Escriba la respuesta correcta en cada casilla.

치과	내과	안과	피부과	소아과	정형외과

(1) 가려워요. 그러면 ______ 에 가 보세요.

(2) 눈이 아파요. 그러면 ______ 에 가 보세요.

(3) 이가 아파요. 그러면 ______ 에 가 보세요.

(4) 아이가 아파요. 그러면 ______ 에 가 보세요.

(5) 감기에 걸렸어요. 그러면 ______ 에 가 보세요.

(6) 다리가 부러졌어요. 그러면 ______ 에 가 보세요.

Problemas en el hogar

문제가 생겼어요!

Tip

Las siguientes expresiones se utilizan cuando es difícil describir exactamente por que algo no funciona.

Está roto / averiado. 고장 났어요.
No funciona. 안 돼요

① 물이 안 나와요. El agua no está corriendo.

② 파이프에서 물이 새요. La tubería tiene una fuga.

③ 변기가 막혔어요. El inodoro está atascado.

④ 의자 다리가 부러졌어요. La pata de la silla está rota.

⑤ 창문이 깨졌어요. La ventana está rota

⑥ 액자가 떨어졌어요. El marco de la foto se cayó.

⑦ 불이 안 켜져요. La luz no se enciende.

⑧ 불이 안 꺼져요. La luz no se apaga.

⑨ 보일러가 얼었어요. La caldera está congelada.

⑩ 문이 안 열려요. No se abre la puerta.

⑪ 문이 안 잠겨요. La puerta no se cierra.

⑫ 벌레가 나와요. Hay insectos.

¡Cuidado!

고장 나다: Se utiliza cuando una máquina o aparato no funciona.

깨지다: (resquebrajarse) Se utiliza cuando un objeto sólido se rompe en múltiples pedazos (ej. vidrio, un plato,...)

부러지다: Se utiliza cuando un objeto sólido se dobla y se rompe en dos (ej. un palo, un lápiz,...)

Tip

Hay dos maneras de decir "reparar":

수리하다: reparar un aparato, máquina, etc.

고치다: 1. reparar un aparato, máquina, etc.
2. curar una enfermedad

Tip

Al preguntar por una cuota.

A 수리비가 얼마나 들었어요?
¿Cuánto fue el costo de la reparación?

B 10만 원 들었어요.
Fueron 100.000 wones.

¡Autoevaluación!

1 Seleccione la partícula correcta.

(1) 의자 다리(ⓐ 가 / ⓑ 를) 부러졌어요.

(2) 뜨거운 물(ⓐ 이 / ⓑ 을) 안 나와요.

(3) 문(ⓐ 을 / ⓑ 이) 고장 나서 안 열려요.

(4) 액자(ⓐ 가 / ⓑ 를) 떨어졌어요.

2 Seleccione el verbo correcto.

(1) 물이 안 ⓐ 켜져요. ☐
ⓑ 나와요. ☐

(2) 변기가 ⓐ 막혔어요. ☐
ⓑ 떨어졌어요. ☐

(3) 불이 안 ⓐ 잠겨요. ☐
ⓑ 꺼져요. ☐

(4) 문이 안 ⓐ 열려요. ☐
ⓑ 얼었어요. ☐

(5) 벌레가 ⓐ 새요. ☐
ⓑ 나와요. ☐

(6) 창문이 ⓐ 깨졌어요. ☐
ⓑ 부러졌어요. ☐

3 Empareje las preguntas con las respuestas correctas.

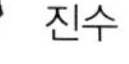
진수

수리 기사

(1) 수리비가 얼마나 들어요? •
(2) 무슨 문제예요? •
(3) 어디세요? •
(4) 전에도 그랬어요? •
(5) 언제부터 그랬어요? •

• ⓐ 아니요, 이번이 처음이에요.
• ⓑ 3일 됐어요.
• ⓒ 변기가 고장 났어요.
• ⓓ 여기는 한국아파트 3동 201호예요.
• ⓔ 5만 원쯤 들어요.

Problemas diarios

¡Aprendamos!

무슨 일이 있어요?

① 길이 막혀요. La calle está congestionada.

② 교통사고가 났어요. Hubo un accidente de tráfico.

③ 시험에서 떨어졌어요. Suspendí el examen.

④ 돈이 다 떨어졌어요. Me quedé sin dinero.

⑤ 약속에 늦었어요. Llegué tarde a mi cita.

⑥ 친구와 싸웠어요. Me peleé con mi amigo.

⑦ 여자 친구하고 헤어졌어요. Rompí con mi novia.

⑧ 노트북이 고장 났어요. Se rompío mi ordenador portátil.

⑨ 지갑을 잃어버렸어요. Perdí mi billetera.

⑩ 비밀번호를 잊어버렸어요. Olvidé mi contraseña.

⑪ 회사에서 해고됐어요. Me despidieron de mi trabajo.

⑫ 할머니께서 돌아가셨어요. Mi abuela falleció.

¡Cuidado!

떨어지다 tiene dos significados diferentes.

1. suspender, fallar
2. agotarse

¡Cuidado!

¡Preste antencion a la pronunciación y la ortografía!

잃어버리다 [이러버리다] perder
잊어버리다 [이저버리다] olvidar

¡Cuidado!

¡Preste antencion a la diferencia en significado!

잃어버리다 perder
도둑을 맞다 ser robado

¡Autoevaluación!

1 Para cada frase seleccione la respuesta que no encaje.

(1)
ⓐ 가족 ☐ 하고 싸웠어요.
ⓑ 모임 ☐
ⓒ 친구 ☐
ⓓ 동료 ☐

(2)
ⓐ 약속 ☐ 에 늦었어요.
ⓑ 수업 ☐
ⓒ 친구 ☐
ⓓ 회의 ☐

(3)
ⓐ 눈 ☐ 이/가 떨어졌어요.
ⓑ 물 ☐
ⓒ 돈 ☐
ⓓ 배터리 ☐

(4)
ⓐ 냉장고 ☐ 이/가 고장 났어요.
ⓑ 어머니 ☐
ⓒ 다리미 ☐
ⓓ 세탁기 ☐

(5)
ⓐ 할아버지 ☐ 께서 돌아가셨어요.
ⓑ 할머니 ☐
ⓒ 아버지 ☐
ⓓ 며느리 ☐

(6)
ⓐ 이름 ☐ 을/를 잃어버렸어요.
ⓑ 가방 ☐
ⓒ 여권 ☐
ⓓ 지갑 ☐

2 Seleccione la frase correcta.

(1) ⓐ 길이 너무 막혀요. ☐ 빨리 병원에 가야 해요.
ⓑ 교통사고가 났어요. ☐

(2) ⓐ 노트북이 고장 났어요. ☐ 노트북을 수리해야 해요.
ⓑ 노트북을 잃어버렸어요. ☐

(3) ⓐ 친구가 약속에 늦었어요. ☐ 그 친구를 위로해야 해요.
ⓑ 친구가 시험에 떨어졌어요. ☐

(4) ⓐ 여자 친구하고 헤어졌어요. ☐ 친구에게 다시 물어봐야 해요.
ⓑ 친구 전화번호를 잊어버렸어요. ☐

(5) ⓐ 친구와 크게 싸웠어요. ☐ 친구에게 사과해야 해요.
ⓑ 친구가 회사에서 해고됐어요. ☐

Conflictos y problemas

¡Aprendamos!

> **Tip**
> ¡Cuidado con los pares opuestos!
> 흰머리가 생겼어요. ↔ 흰머리가 없어졌어요.
> Ej. Me han salido canas. ↔ Mis canas han desaparecido.
> 살이 쪘어요. ↔ 살이 빠졌어요.
> Ej. He subido de peso. ↔ He bajado de peso.

A Problemas corporales

① 
② 
③ 
④ 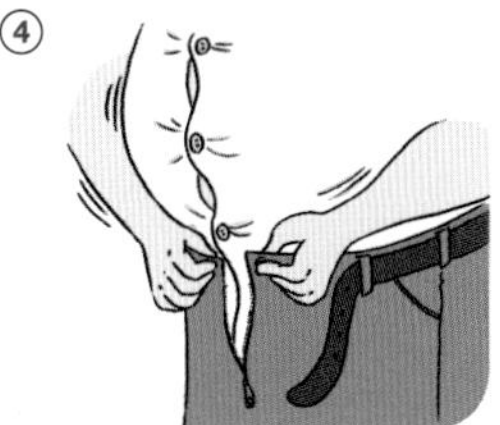

① 머리가 자꾸 빠져요. Se me cae el cabello.
② 흰머리가 많이 생겼어요. Me han salido muchas canas.
③ 주름살이 생겼어요. Me han salido arrugas.
④ 살이 쪘어요. He subido de peso.

> **Tip**
> 길이 막히다 La calle esta congestionada.
> = 차가 밀리다 Hay atasco.
> = 교통이 복잡하다 El tráfico está congestionado.

B Problemas en la vida urbana

① 
② 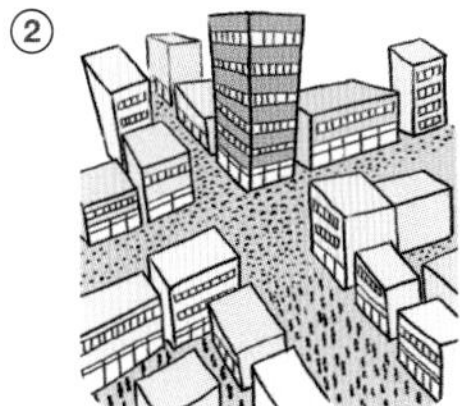
③ 
④ 

① 길이 많이 막혀요. Hay mucho tráfico.
② 사람이 너무 많아요. Hay mucha gente.
③ 공기가 나빠요. El aire está contaminado.
④ 주차장이 너무 부족해요. El estacionamiento está demasiado lleno.

C Problemas en el trabajo

① 

② 

③ 

④ 

① 동료하고 사이가 안 좋아요. La relación con mi compañero de trabajo es mala.
② 월급이 안 올라요. No me darán un aumento.
③ 승진이 안 돼요. No me darán un ascenso.
④ 일이 너무 많아요. Tengo demasiado trabajo.

D Problemas de Salud

① 
② 
③ 
④ 

① 체했어요. Tengo indigestión.
② 어지러워요. Me siento mareado.
③ 가려워요. Tengo un pinchazón.
④ 답답해요. Tengo una sensación sofocante.

E Accidentes y errores

① 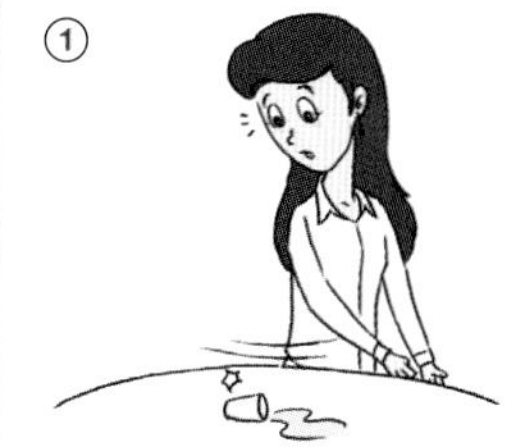
② 
③ 
④ 

① 물을 쏟았어요. He derramado un poco de agua.
② 옷에 커피를 흘렸어요. Derramé café en mi ropa.
③ 발을 밟았어요. He pisado el pie de alguien.
④ 길을 잃어버렸어요. Estoy perdido.

Tip
Se utiliza 실수로 para implicar que algo ocurre "por accidente" o "accidentalmente".
예) 실수로 다른 사람의 발을 밟았어요.
Pisé el pie de alguien por accidente.

F El adverbio 잘못

El adverbio 잘못 se utiliza delante de un verbo para referirse a un descuido.

Tip
실수하다 cometer un error por descuido o falta de atención
잘못하다 equivocarse, errar

잘못 말하다 ① "마크"를 "마이클"이라고 잘못 말했어요.
Me equivoqué al llamar "Michael" a Mark.

잘못 듣다 ② "7"시를 "8"시로 잘못 들었어요.
Escuché mal "a las 8:00" cuando era "a las 7:00".

잘못 보다 ③ "1"시를 "2"시로 잘못 봤어요.
Confundí la 1:00 con las 2:00.

잘못 알다 ④ 이 집이 진수 집인데 민수 집이라고 잘못 알고 있었어요.
Esta es la casa de Jinsu pero pensé que era la de Minsu.

잘못 걸다 ⑤ 전화 잘못 거셨어요.
Se ha equivocado de número.

¡Autoevaluación!

1 Para cada frase seleccione la respuesta que no encaje.

(1)
ⓐ 나이 ☐
ⓑ 고민 ☐
ⓒ 흰머리 ☐
ⓓ 주름살 ☐
이/가 생겼어요.

(2)
ⓐ 교통 ☐
ⓑ 얼굴 ☐
ⓒ 기분 ☐
ⓓ 공기 ☐
이/가 나빠요.

(3)
ⓐ 살 ☐
ⓑ 이 ☐
ⓒ 머리 ☐
ⓓ 건강 ☐
이/가 빠졌어요.

(4)
ⓐ 이름 ☐
ⓑ 소리 ☐
ⓒ 번호 ☐
ⓓ 사진 ☐
을/를 잘못 봤어요.

2 Seleccione las respuestas correctas.

(1) 누가 주름살이 생겨요?
ⓐ 아기 ⓑ 아이 ⓒ 노인

(2) 어디가 공기가 나빠요?
ⓐ 시골 ⓑ 도시 ⓒ 바다

(3) 왜 승진이 안 돼요?
ⓐ 열심히 일해요. ⓑ 일을 잘 못해요. ⓒ 월급이 안 올라요.

(4) 어지러우면 어때요?
ⓐ 밥을 먹고 싶어요. ⓑ 책을 읽을 수 있어요. ⓒ 걸을 수 없어요.

(5) 언제 체해요?
ⓐ 음식을 빨리 먹어요. ⓑ 사람이 많아요. ⓒ 물을 쏟았어요.

(6) 길을 잃어버렸을 때 뭐가 필요해요?
ⓐ 우산 ⓑ 지도 ⓒ 부채

3 Conecte cada diálogo con la situación que lo describe.

(1) 단어를 잘못 썼어요.

(2) 이름을 잘못 불렀어요.

(3) 약속 시간을 잘못 알았어요.

(4) 회의 장소를 잘못 들었어요.

(5) 다른 사람한테 잘못 말했어요.

(6) 다른 사람한테 편지를 잘못 보냈어요.

ⓐ 진수 지민 씨, 안녕하세요?
민지 제 이름은 민지인데요.

ⓑ 민지 진호한테 이번 모임을 전했죠?
진수 네? 민호한테 이번 모임을 말했는데요?

ⓒ 민지 회의 장소는 12층 회의실이에요.
진수 네? 11층 회의실이라고요?

ⓓ 민지 3시 약속인데 왜 아직 안 와요?
진수 3시요? 4시 아니에요?

ⓔ 민지 진수 씨, "학고"가 아니라 "학교"라고 쓰세요.
진수 그래요? 실수했네요.

ⓕ 민지 민기한테 편지를 보냈어요?
진수 네? 저는 수지한테 편지를 보냈는데요?

4 Conecte lo que sigue para completar la frase.

(1) 옷에 커피를 흘리면 •
(2) 밤에 음식을 많이 먹으면 •
(3) 친구의 이름을 잘못 부르면 •
(4) 동료하고 사이가 안 좋으면 •
(5) 길이 너무 막히면 •
(6) 너무 많이 가려우면 •

• ⓐ 약을 발라요.
• ⓑ 지하철을 타면 좋아요.
• ⓒ 살이 많이 찔 거예요.
• ⓓ 옷을 빨래해야 해요.
• ⓔ 회사 분위기가 안 좋아요.
• ⓕ 친구가 기분 나빠해요.

Adverbios opuestos 1

¡Aprendamos!

(1)

잘 ↔ 못
hacer bien — no poder

ⓐ 어제 **잘** 잤어요. Ayer dormí **bien**.
ⓑ 어제 잘 **못** 잤어요. Ayer **no pude** dormir.

(2)

많이 ↔ 조금
mucho — poco

ⓐ 친구가 **많이** 있어요. Tengo **muchos** amigos.
ⓑ 친구가 **조금** 있어요. Tengo **pocos** amigos.

¡Cuidado!
¡Preste atención a la pronunciación!: 많이 [마니]

(3)

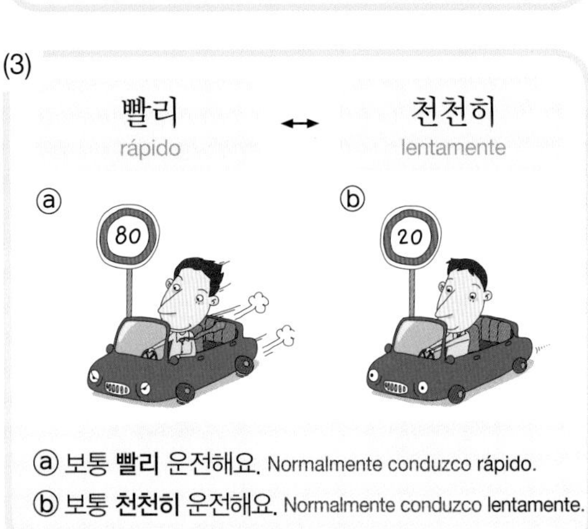

빨리 ↔ 천천히
rápido — lentamente

ⓐ 보통 **빨리** 운전해요. Normalmente conduzco **rápido**.
ⓑ 보통 **천천히** 운전해요. Normalmente conduzco **lentamente**.

(4)

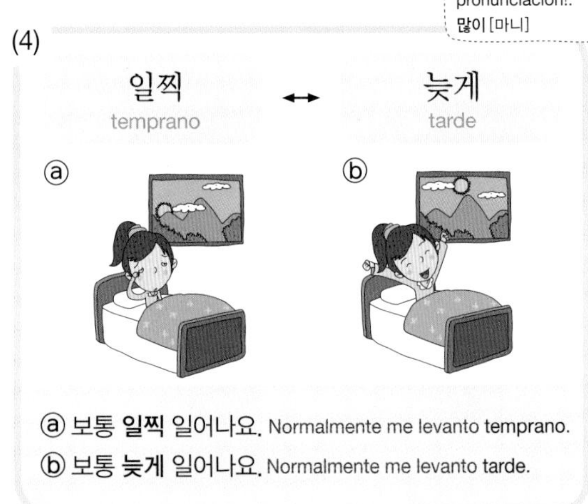

일찍 ↔ 늦게
temprano — tarde

ⓐ 보통 **일찍** 일어나요. Normalmente me levanto **temprano**.
ⓑ 보통 **늦게** 일어나요. Normalmente me levanto **tarde**.

(5)

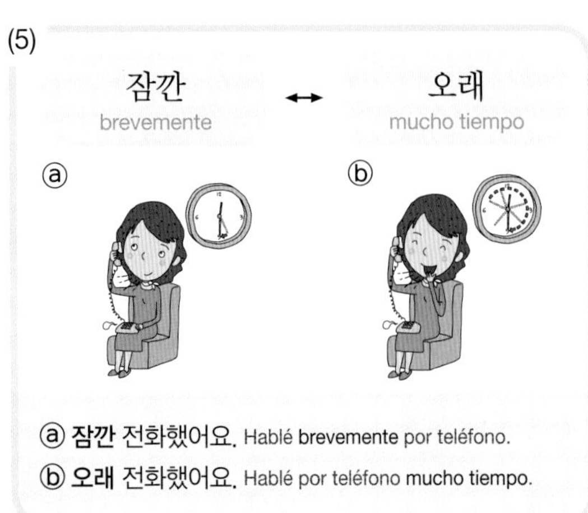

잠깐 ↔ 오래
brevemente — mucho tiempo

ⓐ **잠깐** 전화했어요. Hablé **brevemente** por teléfono.
ⓑ **오래** 전화했어요. Hablé por teléfono **mucho tiempo**.

(6)

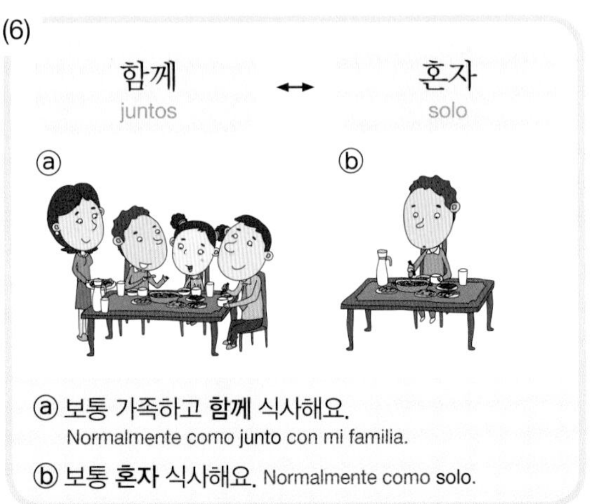

함께 ↔ 혼자
juntos — solo

ⓐ 보통 가족하고 **함께** 식사해요.
Normalmente como **junto** con mi familia.
ⓑ 보통 **혼자** 식사해요. Normalmente como **solo**.

¡Autoevaluación!

1 Empareje cada adverbio con su opuesto.

(1) 빨리 (2) 혼자 (3) 잘 (4) 잠깐 (5) 많이 (6) 늦게

ⓐ 못 ⓑ 함께 ⓒ 천천히 ⓓ 조금 ⓔ 일찍 ⓕ 오래

2 Escriba los adverbios correctos en los espacios en blanco.

빨리 잘 일찍 오래 혼자 많이

(1) 보통 ________ 여행 가요.

(2) 요리를 ________ 못해요.

(3) ________ 컴퓨터를 해서 어깨가 아파요.

(4) 아까 ________ 집을 청소했어요.

(5) ________ 먹어서 배가 불러요.

(6) 보통 약속 시간에 ________ 나가요.

3 Escriba en los espacios en blanco el adverbio que tenga el significado opuesto al adverbio subrayado.

(1) 매일 약속에 <u>늦게</u> 갔지만, 오늘은 ________ 갔어요.

(2) 짐이 무거우니까 <u>많이</u> 들지 마세요. ________ 들고 가세요.

(3) 친구하고 <u>함께</u> 일하는 것보다 ________ 일하는 것이 편해요.

(4) 너무 <u>빨리</u> 말해서 이해 못 했어요. 좀 ________ 말해 주세요.

Adverbios opuestos 2

¡Aprendamos!

(1)

처음에 ↔ 마지막에
al principio — al final

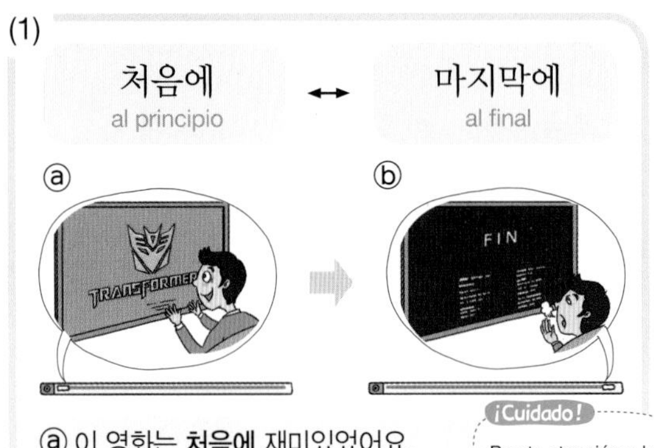

ⓐ 이 영화는 **처음에** 재미있었어요.
La película estuvo interesante **al principio**.

ⓑ 이 영화는 **마지막에** 지루했어요.
La película fue aburrida **al final**.

¡Cuidado!
¡Preste atención a la diferencia!
마지막에: al final, al último
마지막으로: finalmente, por fin

(2)

같이 ↔ 따로
junto — por separado

ⓐ 6,000원 + 5,000원
ⓑ 6,000원 5,000원

ⓐ 식사비를 **같이** 계산해요.
Pagamos la cuenta **juntos**.

ⓑ 식사비를 **따로** 계산해요.
Pagamos la cuenta **por separado**.

¡Cuidado!
¡Preste atención a la pronunciación!
같이 [가치]

(3)

다 ↔ 전혀
todo — nada

ⓐ 일을 **다** 했어요. Hice **todo** el trabajo.

ⓑ 일을 **전혀** 안 했어요.
No hice **absolutamente nada** de trabajo.

(4)

대충 ↔ 자세히
generalmente, brevemente — en detalle

ⓐ 신문을 **대충** 읽어요. Leí el diario **brevemente**.

ⓑ 신문을 **자세히** 읽어요. Leí el diario **en detalle**.

(5)

더 ↔ 덜
más — menos

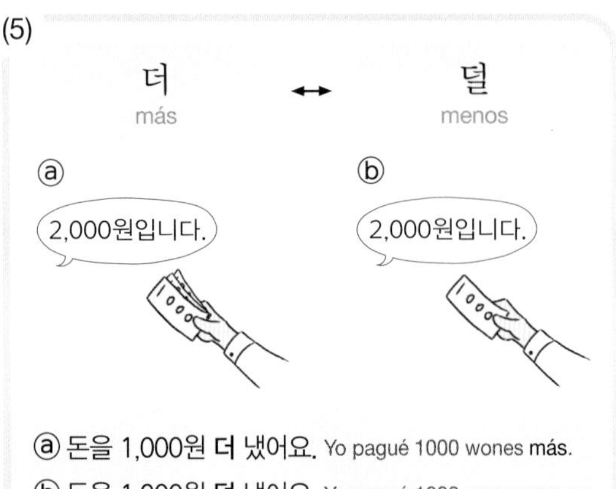

ⓐ 돈을 1,000원 **더** 냈어요. Yo pagué 1000 wones **más**.

ⓑ 돈을 1,000원 **덜** 냈어요. Yo pagué 1000 wones **menos**.

(6)

먼저 ↔ 나중에
primero — después

ⓐ 먼저 가세요.
ⓑ 같이……. / 전 나중에 먹을게요.

ⓐ 여자가 **먼저** 나가요. La mujer sale **primero**.

ⓑ 여자가 **나중에** 먹을 거예요. La mujer va a comer **después**.

¡Autoevaluación!

1 Empareje los adverbios opuestos.

(1) 먼저 (2) 같이 (3) 대충 (4) 다 (5) 더

ⓐ 따로 ⓑ 전혀 ⓒ 덜 ⓓ 자세히 ⓔ 나중에

2 Escriba la letra correcta en cada casilla.

대충 더 다 자세히 먼저 같이

(1) □ 이제 목적지에 거의 ______ 왔어요. 5분 후면 도착할 거예요.

(2) □ 목이 많이 말라요. 물 한 잔 ______ 갖다주세요.

(3) □ 서울에서 부산까지 따로 가고 부산에서 만나서 ______ 여행했어요.

(4) □ 아까 선생님이 짧게 설명해서 잘 모르겠어요. ______ 설명해 주세요.

(5) □ 할아버지께서 ______ 식사하시면 저는 나중에 먹을게요.

(6) □ 이 책을 자세히 못 읽었지만, 오늘 아침에 이 책을 ______ 읽어서 내용은 조금 알아요.

3 Corrija las expresiones subrayadas.

(1) 비빔밥 더 하나 주세요.

(2) 내일이 시험인데 공부를 전혀 해요.

(3) 집에 여자가 처음 들어오고 남자가 나중에 들어왔어요.

Adjetivos opuestos 1

¡Cuidado!
Modificador de sustantivo:
(raíz del adjetivo) + -(으)ㄴ + (sustantivo)
Ej. 크다 + ㄴ → 큰 옷 ropa grande
작다 + 은 → 작은 옷 ropa pequeña

(1)

크다 grande ↔ 작다 pequeño

ⓐ 

ⓑ 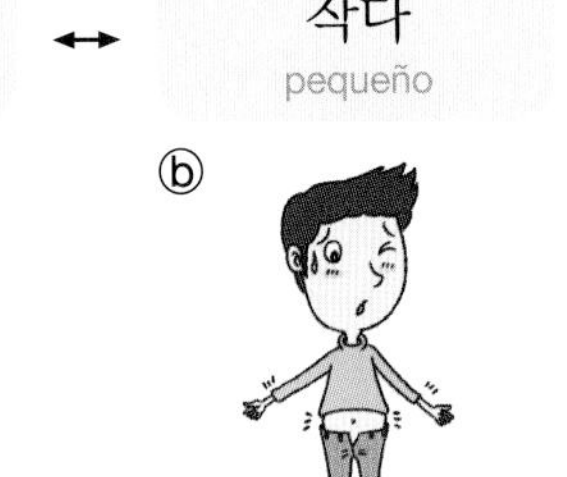

(2)

싸다 barato ↔ 비싸다 caro

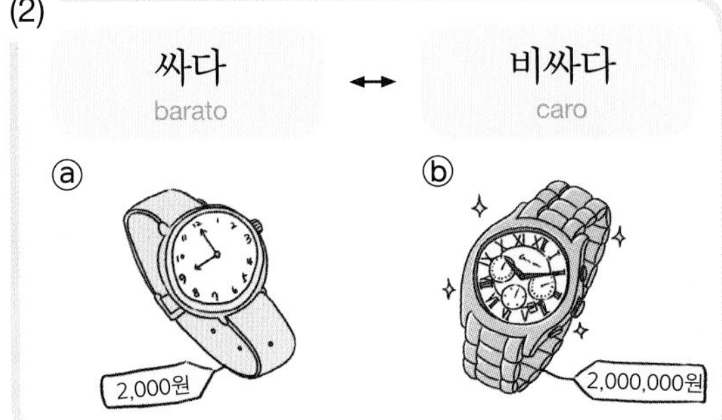

(3)

길다 largo ↔ 짧다 corto

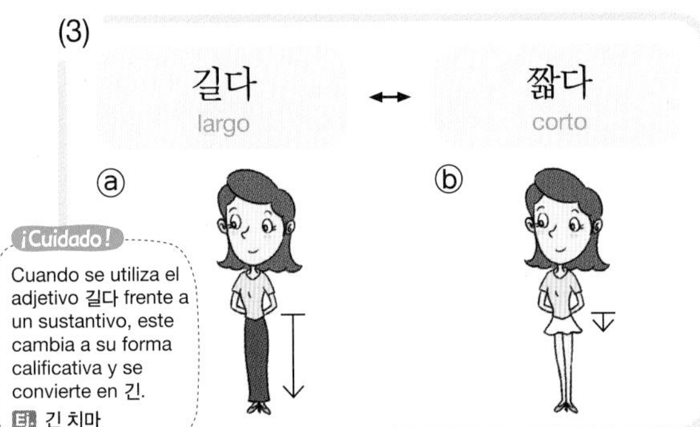

¡Cuidado!
Cuando se utiliza el adjetivo 길다 frente a un sustantivo, este cambia a su forma calificativa y se convierte en 긴.
Ej. 긴 치마

(4)

깨끗하다 limpio ↔ 더럽다 sucio

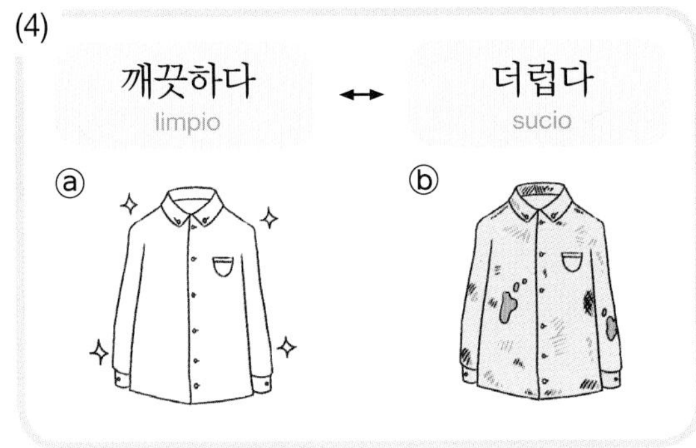

(5)

새롭다 nuevo ↔ 오래되다 viejo

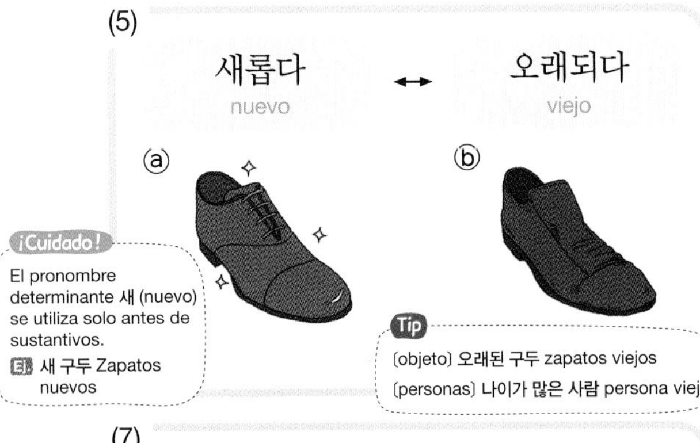

¡Cuidado!
El pronombre determinante 새 (nuevo) se utiliza solo antes de sustantivos.
Ej. 새 구두 Zapatos nuevos

Tip
(objeto) 오래된 구두 zapatos viejos
(personas) 나이가 많은 사람 persona vieja

(6)

편하다 cómodo ↔ 불편하다 incómodo

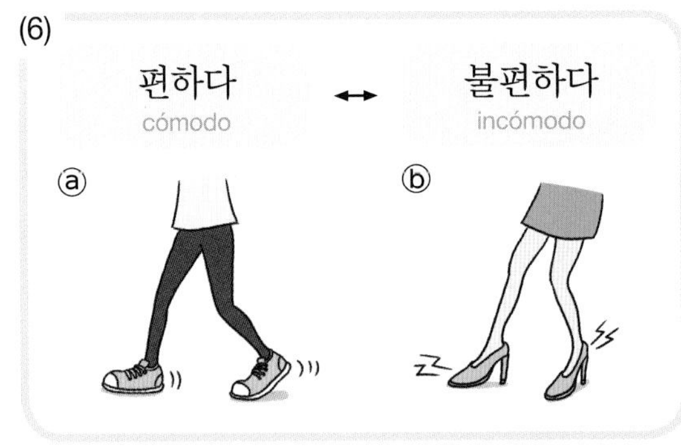

(7)

두껍다 grueso ↔ 얇다 delgado

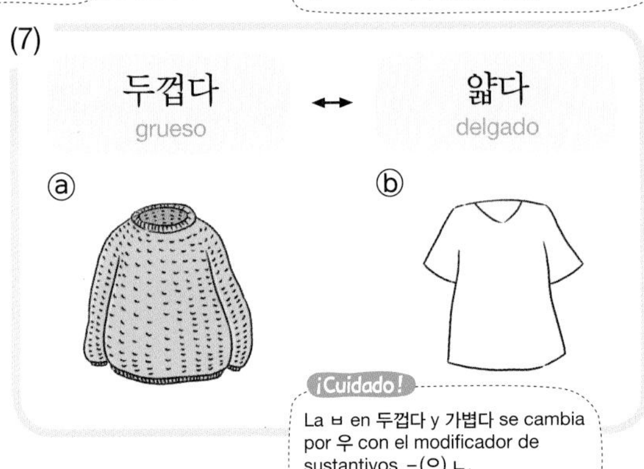

¡Cuidado!
La ㅂ en 두껍다 y 가볍다 se cambia por 우 con el modificador de sustantivos -(으) ㄴ.
Ej. 두꺼운 옷 ropa gruesa

(8)

무겁다 pesado ↔ 가볍다 ligero

¡Autoevaluación!

1 Observe la imagen y seleccione la respuesta correcta.

(1)
ⓐ 얇은 책 ☐
ⓑ 두꺼운 책 ☐

(2)
ⓐ 새로운 가방 ☐
ⓑ 오래된 가방 ☐

(3)
ⓐ 긴 머리 ☐
ⓑ 짧은 머리 ☐

(4)
ⓐ 싼 커피 ☐
ⓑ 비싼 커피 ☐

2 Observe las imágenes y empareje las partes para completar las frases.

(1) 더러운 옷을 • • ⓐ 운전해 본 적이 없어요.

(2) 주머니가 없는 옷에 • • ⓑ 갖고 있지 않아요.

(3) 굽이 높은 구두가 • • ⓒ 세탁기에 넣으세요.

(4) 단추가 많은 옷은 • • ⓓ 지갑을 넣을 수 없어요.

(5) 오래된 모자를 • • ⓔ 건강에 안 좋아요.

(6) 비싼 차를 • • ⓕ 입기 불편해요.

3 Seleccione la respuesta correcta.

> **Tip**
> 옷이 정말 커요. (positivo)
> La ropa está realmente grande.
> 옷이 너무 커요. (negativo)
> La ropa esté demasiado grande.

(1) 이 옷이 너무 (ⓐ 커요. / ⓑ 작아요.) 좀 큰 옷 없어요?
(2) 어제 빨래를 다 했어요. 그래서 오늘은 (ⓐ 깨끗한 / ⓑ 더러운) 바지를 입었어요.
(3) 이 자동차는 (ⓐ 새로운 / ⓑ 오래된) 자동차예요. 20년 전에 샀어요.
(4) 저는 (ⓐ 편한 / ⓑ 불편한) 것을 안 좋아하니까 굽이 높은 구두를 신지 않아요.

Adjetivos opuestos 2

¡Aprendamos!

(1)

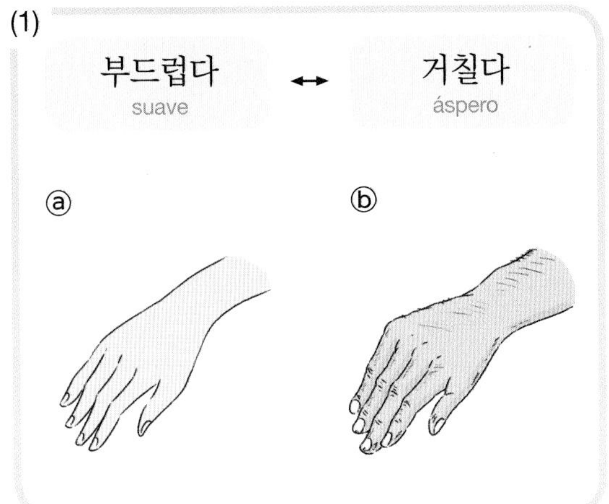

(2)

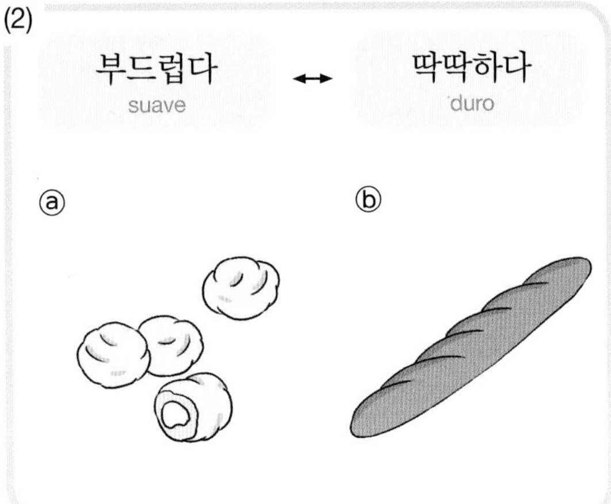

(3)

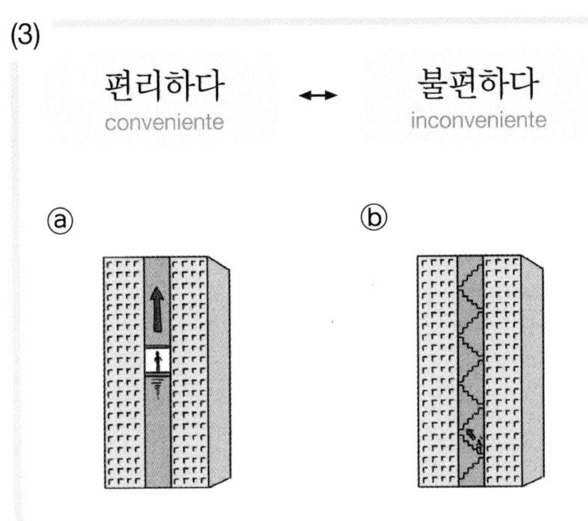

(4)

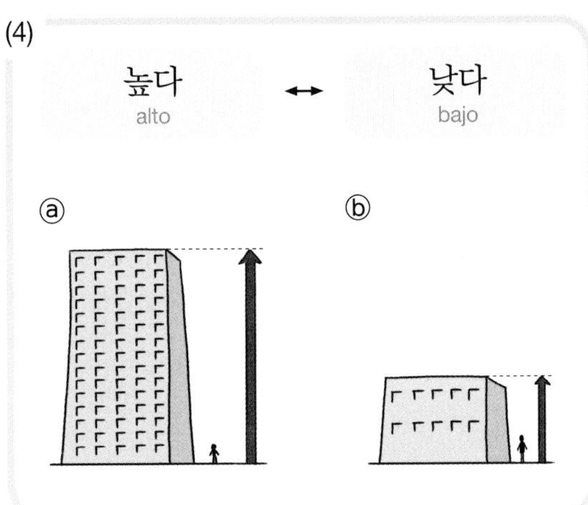

(5)

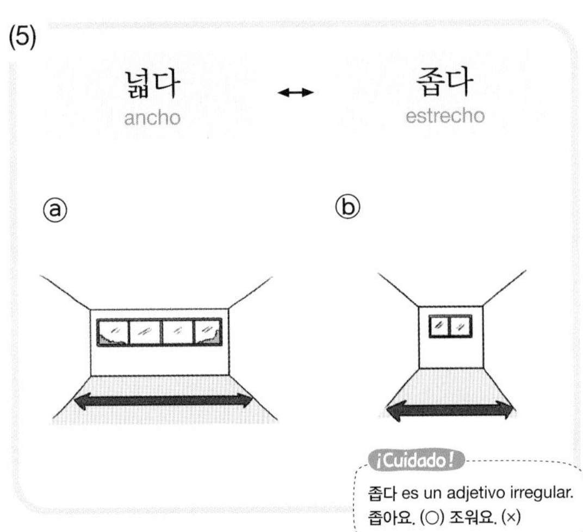

¡Cuidado!

좁다 es un adjetivo irregular.
좁아요. (○) 조워요. (×)

(6)

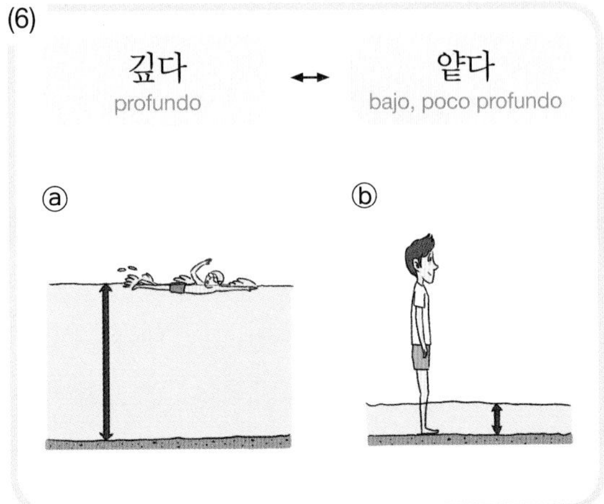

(7)

갈다 ↔ 다르다

similar ↔ diferente

ⓐ ⓑ

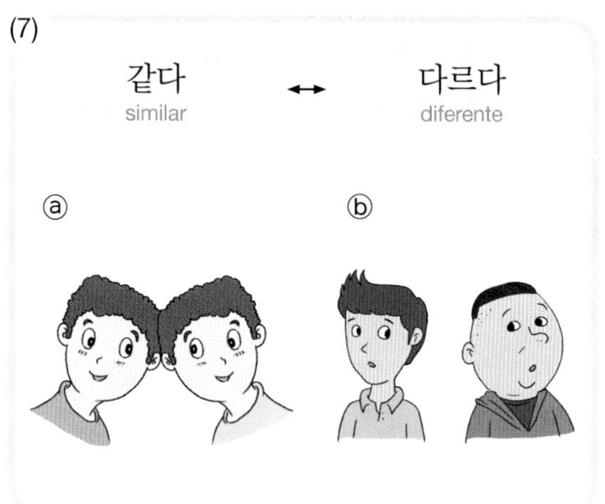

(8)

빠르다 ↔ 느리다

rápido ↔ lento

ⓐ ⓑ

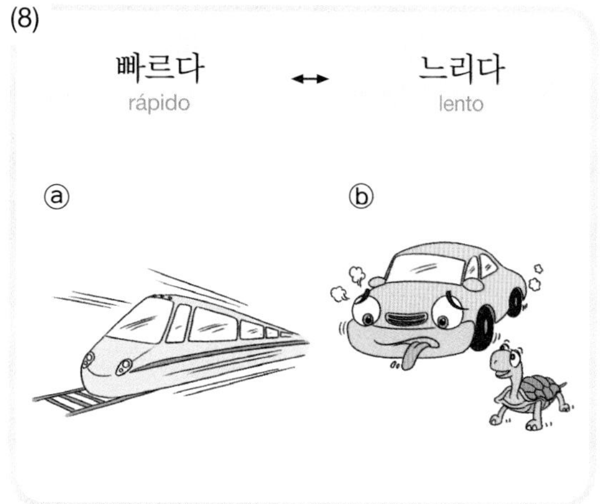

(9)

밝다 ↔ 어둡다

luminoso ↔ oscuro

ⓐ ⓑ

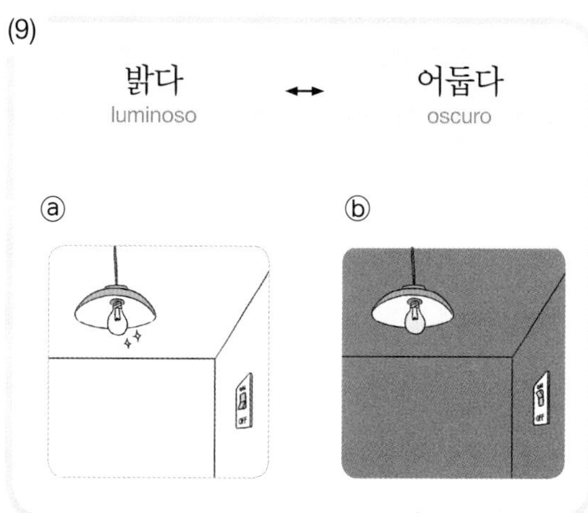

(10)

가깝다 ↔ 멀다

cerca ↔ lejos

ⓐ ⓑ

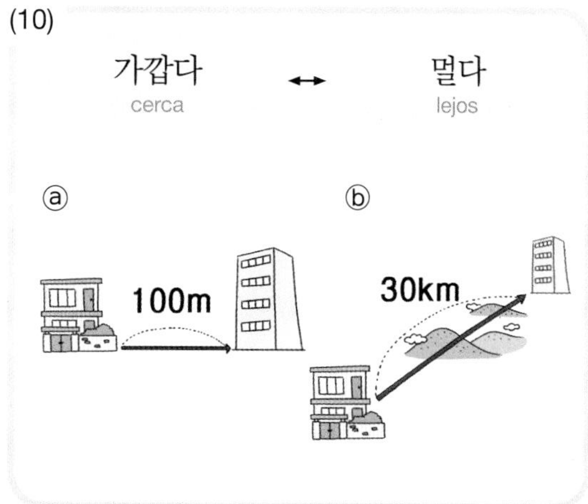

(11)

많다 ↔ 적다

mucho ↔ poco

ⓐ ⓑ

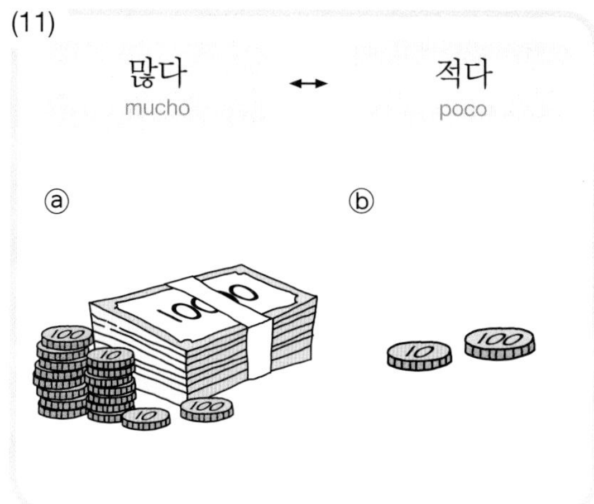

(12)

좋다 ↔ 나쁘다

bien ↔ mal

ⓐ ⓑ

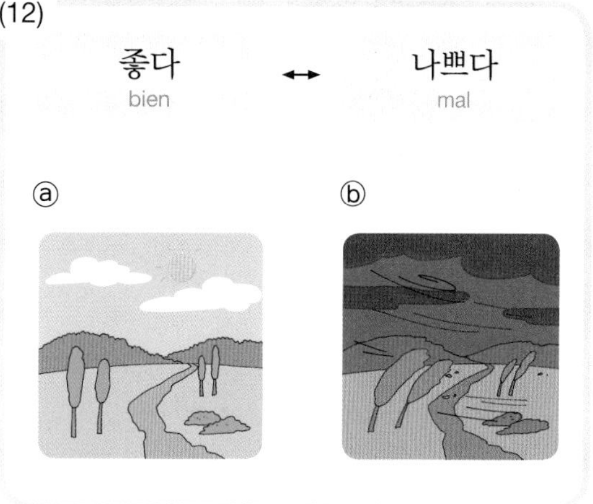

¡Autoevaluación!

1 Complete los diálogos con los adjetivos opuestos.

(1)

A 그 산이 높아요?

B 아니요, 별로 안 높아요.

__________.

(2)

A 버스에 사람들이 적어요?

B 아니요, 사람들이 너무 __________.

(3)

A 교통이 편리해요?

B 아니요, 교통이 정말 __________.

(4)

A 자전거가 느리죠?

B 아니요, 출근 시간이라서 자전거가 __________.

2 Para cada frase seleccione la respuesta que no encaje.

(1)

이/가 부드러워요.

(2)

이/가 밝아요.

(3)

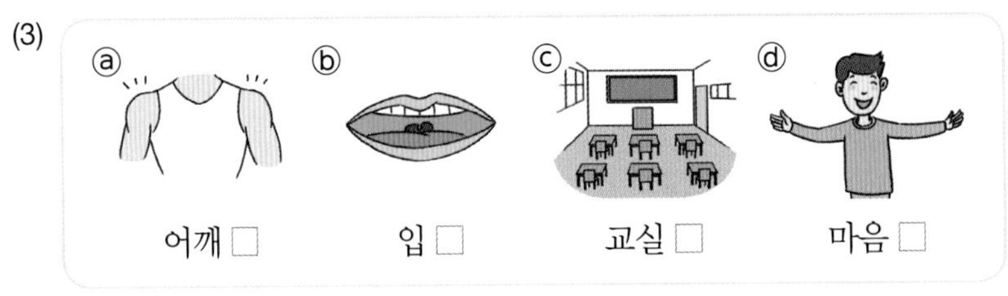

이/가 넓어요.

(4)

이/가 높아요.

3 Seleccione la respuesta correcta.

(1) (ⓐ 깊은 / ⓑ 얕은) 물에서 수영하면 위험해요.

(2) 이 길은 (ⓐ 넓어서 / ⓑ 좁아서) 아침마다 길이 막혀요.

(3) 지하철역이 집에서 가까워서 (ⓐ 편리해요 / ⓑ 불편해요).

(4) 불을 켜야 해요. 지금 방이 너무 (ⓐ 밝아요 / ⓑ 어두워요).

(5) 쌍둥이는 얼굴이 (ⓐ 같아 / ⓑ 달라) 보이지만 성격은 달라요.

(6) 저 사람은 목소리가 (ⓐ 거칠어서 / ⓑ 부드러워서) 듣기 편해요.

(7) 회사가 집에서 (ⓐ 가까우니까 / ⓑ 머니까) 조금 늦게 출발해도 돼요.

(8) 나이 많은 사람은 이가 안 좋으니까 (ⓐ 딱딱한 / ⓑ 부드러운) 음식을 안 좋아해요.

4 Empareje para completar las frases.

(1) 청소기가 자주 고장 나서 •	• ⓐ 무서워요.
(2) 진수 성격이 밝아서 •	• ⓑ 빨리 승진할 거예요.
(3) 친구하고 성격이 달라서 •	• ⓒ 자주 싸워요.
(4) 회사에서 일을 잘하면 •	• ⓓ 이사하려고 해요.
(5) 수영장이 너무 깊어서 •	• ⓔ 아이들이 놀기 위험해요.
(6) 높은 곳에서 올라가면 •	• ⓕ 사용하기 불편해요.
(7) 날씨가 나쁘면 •	• ⓗ 사람들한테 인기가 많아요.
(8) 집에서 회사까지 너무 멀어서 •	• ⓖ 여행을 취소할 거예요.

5 Corrija las expresiones subrayadas.

(1) 이름은 비슷하지만 전화번호가 <u>다라요</u>.

(2) 버스가 너무 <u>느러서</u> 회사에 지각했어요.

(3) 길이 너무 <u>조워서</u> 지나갈 때 불편해요.

(4) 집 근처에 버스 정류장이 있어서 <u>불편 안 해요</u>.

(5) 백화점에 쇼핑하는 사람들이 <u>작아서</u> 오래 기다리지 않았어요.

Verbos opuestos 1

¡Aprendamos!

(1)

주다 ↔ 받다
dar · recibir

ⓐ 민수가 유나에게 선물을 **줘요.**
Minsu **le da** un regalo a Yuna.

ⓑ 유나가 민수에게서 선물을 **받아요.**
Yuna **recibe** un regalo de Minsu.

(2)

전화를 하다 ↔ 전화를 받다
llamar por teléfono · recibir una llamada

ⓐ 유나가 민수한테 **전화를 해요.**
Yuna **llama por teléfono** a Minsu.

ⓑ 민수가 유나한테서 **전화를 받아요.**
Minsu **recibe una llamada** de Yuna.

(3)

가르치다 ↔ 배우다
enseñar · aprender

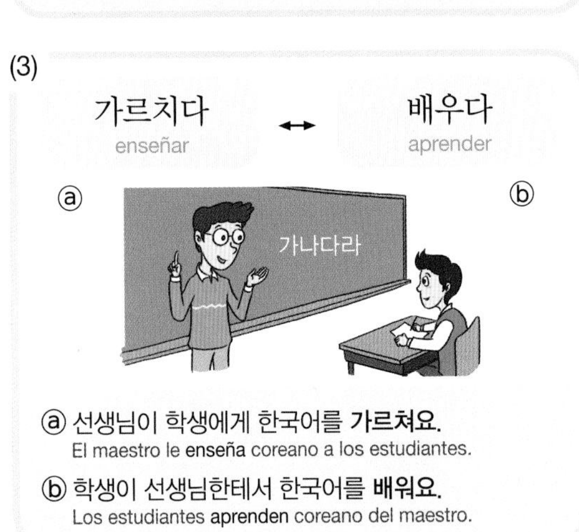

ⓐ 선생님이 학생에게 한국어를 **가르쳐요.**
El maestro le **enseña** coreano a los estudiantes.

ⓑ 학생이 선생님한테서 한국어를 **배워요.**
Los estudiantes **aprenden** coreano del maestro.

(4)

도와주다 ↔ 도움을 받다
ayudar · recibir ayuda

ⓐ 민수가 할머니를 **도와줘요.**
Minsu le **ayuda** a su abuela.

ⓑ 할머니가 민수에게 **도움을 받아요.**
La abuela **recibe ayuda** de Minsu.

> 도움을 주다 = 도와주다 ayudar
> 도움을 받다 recibir ayuda
> 도움이 되다 ser una ayuda

(5)

때리다 ↔ 맞다
golpear · recibir un golpe

ⓐ 민수가 영기를 **때려요.**
Minsu **golpea** a Yonggi.

ⓑ 영기가 민수에게 **맞아요.**
Yonggi **recibe** un golpe de Minsu.

(6)

혼내다 ↔ 혼나다
regañar · ser regañado

ⓐ 엄마가 아이를 **혼내요.**
La mamá **regaña** al niño.

ⓑ 아이가 엄마한테 **혼나요.**
El niño **es regañado** por su mamá.

> **Tip**
> Las partículas cambian su uso y forma de acuerdo al punto de origen de la acción, el contexto y el objetivo:
> (persona)에게서 (estilo literario) = 에게
> Ej. 동료에게서 de un compañero
> (persona)한테서 (coloquial) = 한테
> Ej. 친구한테서 de un amigo
> (objeto)에서
> Ej. 인터넷에서 del internet

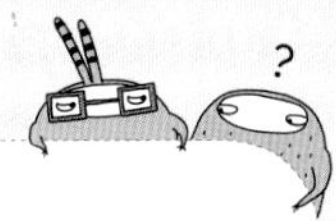

¡Autoevaluación!

1 Para cada verbo, escriba los tres sustantivos que pueden precederlo.

피아노 등 스트레스 얼굴 월급 외국어 선물 태권도 다리

(1) ________ 을/를 맞아요.
____
____

(2) ________ 을/를 배워요.
____
____

(3) ________ 을/를 받아요.
____
____

2 Seleccione la partícula correcta.

(1) 제가 (ⓐ 동생을 / ⓑ 동생에게) 때려서 엄마한테 혼났어요.

(2) 친구한테서 이메일을 받고 (ⓐ 친구한테 / ⓑ 친구한테서) 전화했어요.

(3) 제가 수업을 준비할 때 인터넷에서 (ⓐ 도움이 / ⓑ 도움을) 받아요.

3 Seleccione las respuestas correctas y empareje con las imágenes que correspondan.

(1) ☐ 오랜만에 친구한테서 문자를 (ⓐ 해서 / ⓑ 받아서) 기분이 좋아요.

(2) ☐ 지각해서 상사에게 (ⓐ 혼났으니까 / ⓑ 혼냈으니까) 기분이 안 좋아요.

(3) ☐ 머리에 공을 (ⓐ 때려서 / ⓑ 맞아서) 머리가 아파요.

(4) ☐ 한국어를 (ⓐ 가르칠 / ⓑ 배울) 때 매일 숙제를 해야 했어요.

(5) ☐ 가족이니까 동생이 어려울 때 동생을 (ⓐ 도와줘요. / ⓑ 도움을 받아요.)

(6) ☐ 친구가 고민이 있을 때 친구의 얘기를 (ⓐ 말해야 / ⓑ 들어야) 해요.

Verbos opuestos 2

¡Aprendamos!

(1)

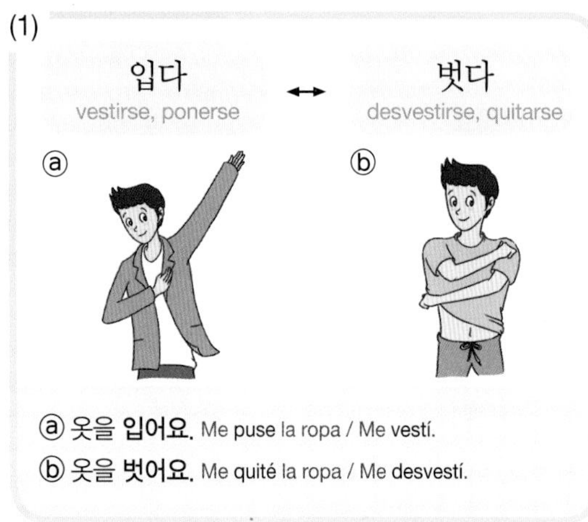

입다 ↔ 벗다

vestirse, ponerse — desvestirse, quitarse

ⓐ 옷을 **입어요.** Me puse la ropa / Me vestí.

ⓑ 옷을 **벗어요.** Me quité la ropa / Me desvestí.

(2)

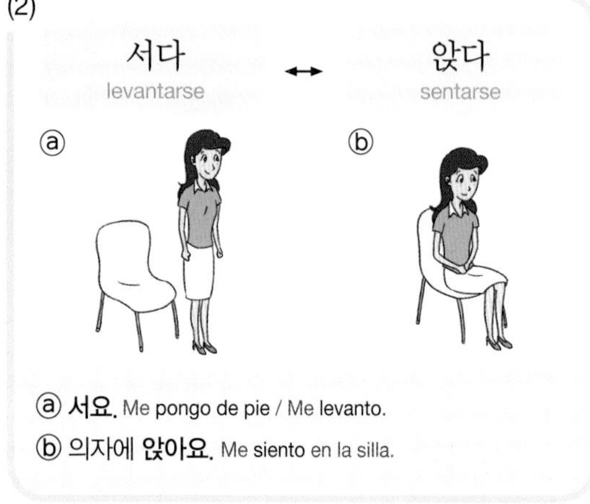

서다 ↔ 앉다

levantarse — sentarse

ⓐ **서요.** Me pongo de pie / Me levanto.

ⓑ 의자에 **앉아요.** Me siento en la silla.

(3)

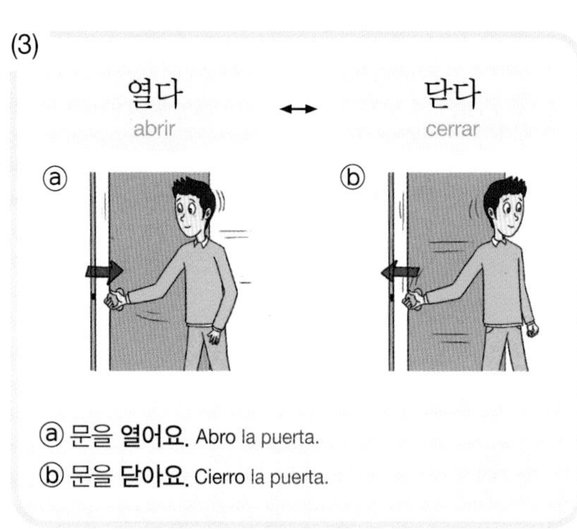

열다 ↔ 닫다

abrir — cerrar

ⓐ 문을 **열어요.** Abro la puerta.

ⓑ 문을 **닫아요.** Cierro la puerta.

(4)

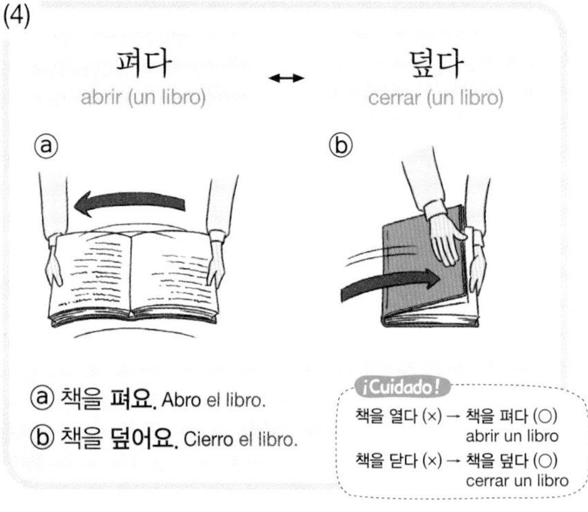

펴다 ↔ 덮다

abrir (un libro) — cerrar (un libro)

ⓐ 책을 **펴요.** Abro el libro.

ⓑ 책을 **덮어요.** Cierro el libro.

¡Cuidado!

책을 열다 (×) → 책을 펴다 (○)
abrir un libro

책을 닫다 (×) → 책을 덮다 (○)
cerrar un libro

(5)

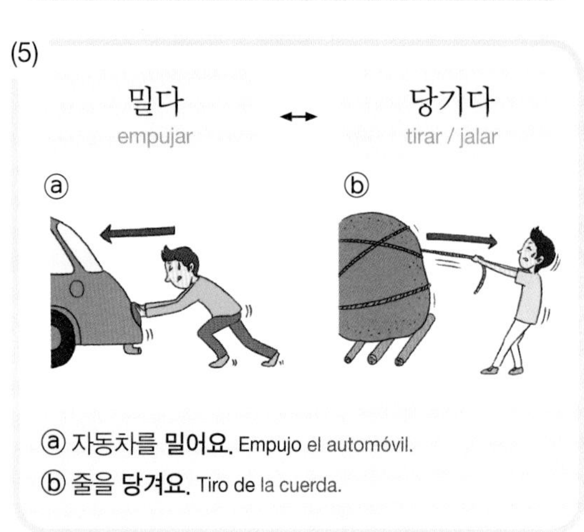

밀다 ↔ 당기다

empujar — tirar / jalar

ⓐ 자동차를 **밀어요.** Empujo el automóvil.

ⓑ 줄을 **당겨요.** Tiro de la cuerda.

(6)

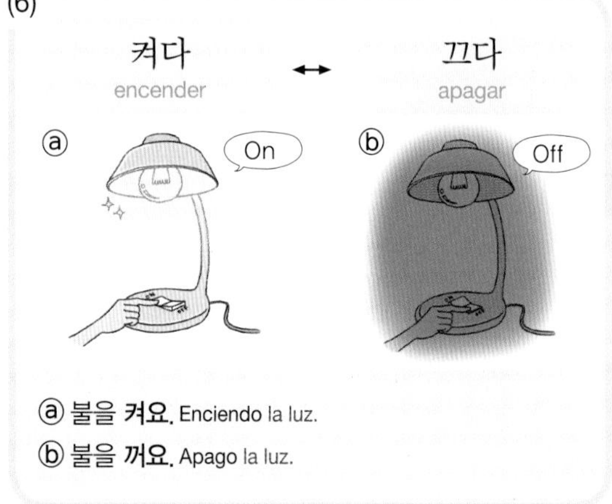

켜다 ↔ 끄다

encender — apagar

ⓐ 불을 **켜요.** Enciendo la luz.

ⓑ 불을 **꺼요.** Apago la luz.

¡Cuidado!

Hay una diferencia entre los opuestos de 넣다.

- 꺼내다(↔넣다) significa sacar con una mano o con una herramienta algo de un espacio vacío.
  Ej. 가방에서 책을 꺼내요. Saco un libro de mi bolsa.
- 빼다(↔넣다) significa quitar una parte de un todo.
  Ej. 이번 모임에서 그 사람을 뺐어요. Sacamos a esa persona de la reunión.

(7)

넣다 meter ↔ 꺼내다 sacar

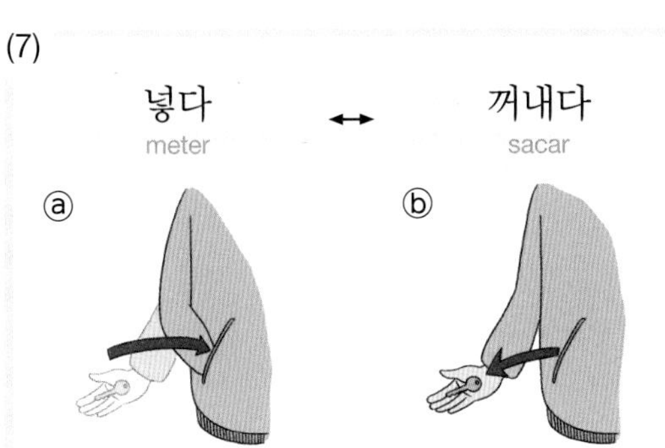

ⓐ 주머니에 열쇠를 **넣어요.** Meto la llave en mi bolsillo.

ⓑ 주머니에서 열쇠를 **꺼내요.** Saco la llave de mi bolsillo.

(8)

넣다 insertar ↔ 빼다 retirar

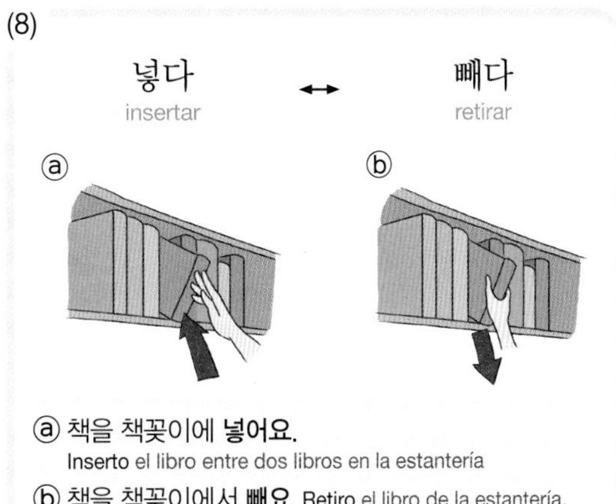

ⓐ 책을 책꽂이에 **넣어요.** Inserto el libro entre dos libros en la estantería

ⓑ 책을 책꽂이에서 **빼요.** Retiro el libro de la estantería.

(9)

들다 sostener ↔ 놓다 soltar, dejar

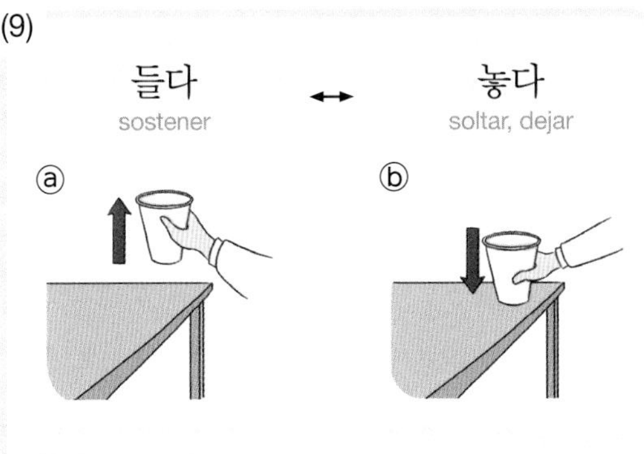

ⓐ 컵을 손에 **들어요.** Sostengo una taza en la mano.

ⓑ 컵을 탁자에 **놓아요.** Dejo la taza en la mesa.

(10)

줍다 recoger ↔ 버리다 tirar

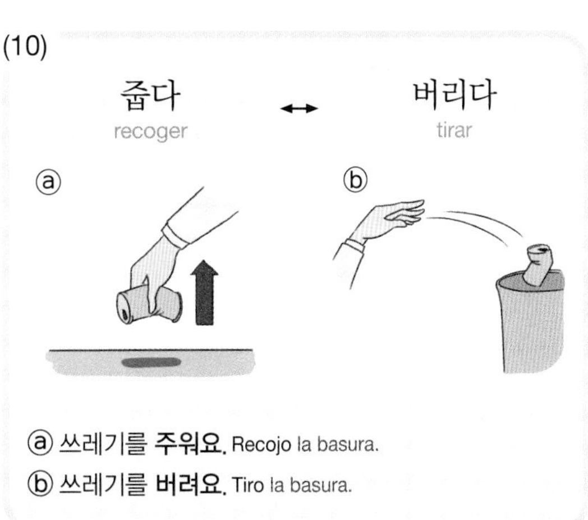

ⓐ 쓰레기를 **주워요.** Recojo la basura.

ⓑ 쓰레기를 **버려요.** Tiro la basura.

(11)

타다 subir (a un bus, tren, coche, etc.) ↔ 내리다 bajar (de un bus, tren, coche, etc.)

ⓐ 버스를 **타요.** Me subo al bus.

ⓑ 버스를 **내려요.** Me bajo del bus.

(12)

싸다 empacar / envolver ↔ 풀다 desempacar / desenvolver

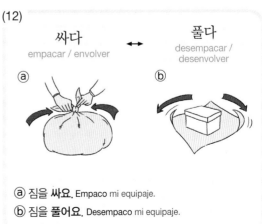

ⓐ 짐을 **싸요.** Empaco mi equipaje.

ⓑ 짐을 **풀어요.** Desempaco mi equipaje.

¡Autoevaluación!

1 Observe las imágenes y seleccione el verbo correcto.

(1)
ⓐ 문을 밀어요.
ⓑ 문을 당겨요.

(2)
ⓐ 쓰레기를 주워요.
ⓑ 쓰레기를 버려요.

(3)
ⓐ 엘리베이터를 타요.
ⓑ 엘리베이터를 내려요.

(4)
ⓐ 옷을 입어요.
ⓑ 옷을 벗어요.

(5)
OFF
ⓐ 텔레비전을 켜요.
ⓑ 텔레비전을 꺼요.

(6)
ⓐ 냉장고에 물을 넣어요.
ⓑ 냉장고에 물을 꺼내요.

2 Para cada frase seleccione la respuesta que no encaje.

(1)
ⓐ 지하철 □ 을/를 타요.
ⓑ 비행기 □
ⓒ 세탁기 □
ⓓ 자전거 □

(2)
ⓐ 상자 □ 에서 꺼내요.
ⓑ 뚜껑 □
ⓒ 서랍 □
ⓓ 주머니 □

(3)
ⓐ 사전 □ 을/를 열어요.
ⓑ 창문 □
ⓒ 상자 □
ⓓ 가방 □

(4)
ⓐ 짐 □ 을/를 들어요.
ⓑ 컵 □
ⓒ 공 □
ⓓ 방 □

3 Seleccione la respuesta correcta.

(1) 공연을 보러 갔는데 자리가 없어서 (ⓐ 서서 / ⓑ 앉아서) 봤어요.

(2) 방이 너무 더우니까 창문을 (ⓐ 열면 / ⓑ 닫으면) 좋겠어요.

(3) 내일 아침 일찍 여행을 떠날 거예요. 빨리 짐을 (ⓐ 싸세요. / ⓑ 푸세요.)

(4) 손에 가방을 (ⓐ 놓고 / ⓑ 들고) 있어요. 미안하지만, 문 좀 열어 주세요.

(5) 이번 주말에 시간이 없어요. 이번 주말 모임에서 저를 (ⓐ 넣어 / ⓑ 빼) 주세요.

(6) 이제 수업을 시작하겠습니다. 책 33쪽을 (ⓐ 펴세요. / ⓑ 덮으세요.)

(7) 친구가 지갑에서 가족 사진을 (ⓐ 넣어서 / ⓑ 꺼내서) 보여 줬어요.

(8) 아까 불을 (ⓐ 켰는데 / ⓑ 껐는데) 왜 불이 켜져 있는지 모르겠어요.

4 Escriba la partícula correcta.

이/가	을/를	에	에서

(1) 일할 때 의자(　　) 앉아서 해요.

(2) 인사할 때 주머니(　　) 손을 빼요.

(3) 회사에 출근할 때 지하철(　　) 타고 가요.

(4) 수업을 들을 때 사전을 책상 위(　　) 놓아요.

(5) 영화를 볼 때에는 핸드폰(　　) 꺼 주세요.

(6) 쓰레기는 쓰레기통(　　) 버립시다.

(7) 겨울 옷이 필요하니까 창고(　　) 옷을 꺼냈어요.

(8) 친구(　　) 하루 종일 줄을 서 있어서 다리가 아플 거예요.

5 Corrija las expresiones subrayadas.

(1) 열쇠를 책상 위에 <u>넣으세요</u>.

(2) 어제 길에서 돈을 <u>추웠어요</u>.

(3) 시험을 시작하기 전에 책을 <u>닫으세요</u>.

Verbos opuestos 3

¡Aprendamos!

(1)

알다 ↔ 모르다
saber, conocer — desconocer

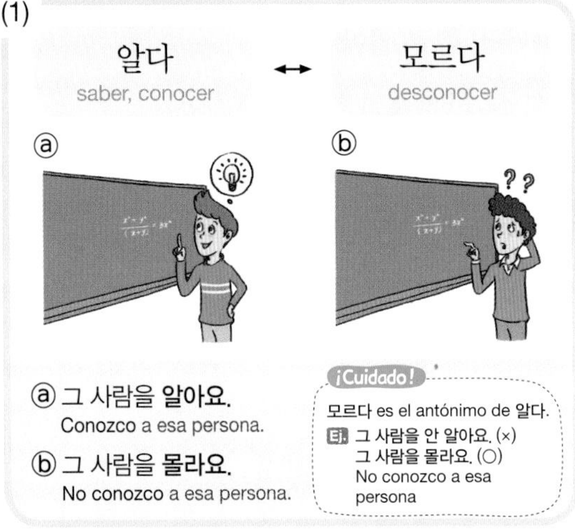

ⓐ 그 사람을 **알아요.** Conozco a esa persona.

ⓑ 그 사람을 **몰라요.** No conozco a esa persona.

¡Cuidado!
모르다 es el antónimo de 알다.
Ej. 그 사람을 안 알아요. (×)
그 사람을 몰라요. (○)
No conozco a esa persona

(2)

이기다 ↔ 지다
ganar — perder

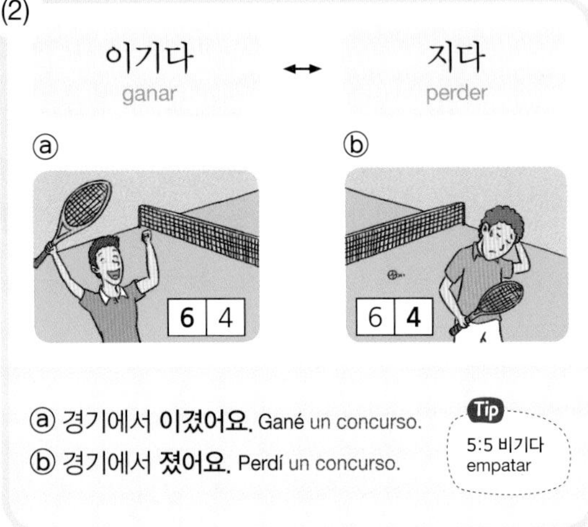

ⓐ 경기에서 **이겼어요.** Gané un concurso.

ⓑ 경기에서 **졌어요.** Perdí un concurso.

Tip
5:5 비기다
empatar

(3)

얼다 ↔ 녹다
congelar — descongelar, derretir

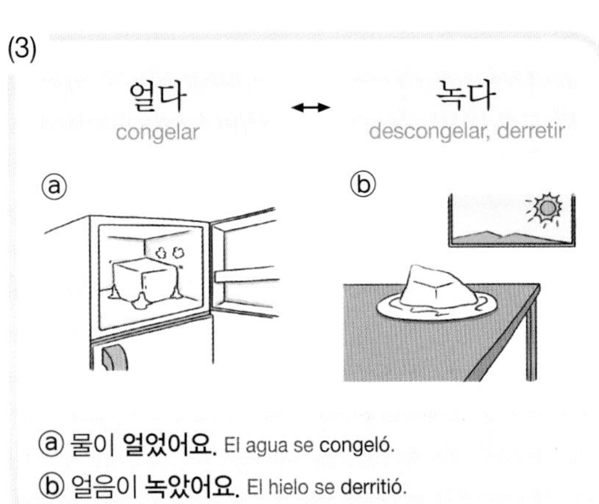

ⓐ 물이 **얼었어요.** El agua se congeló.

ⓑ 얼음이 **녹았어요.** El hielo se derritió.

(4)

오르다 ↔ 내리다
subir — bajar

ⓐ 월급이 **올랐어요.** Mi salario subió.

ⓑ 월급이 **내렸어요.** Mi salario bajó.

(5)

늘다 ↔ 줄다
aumentar — reducir

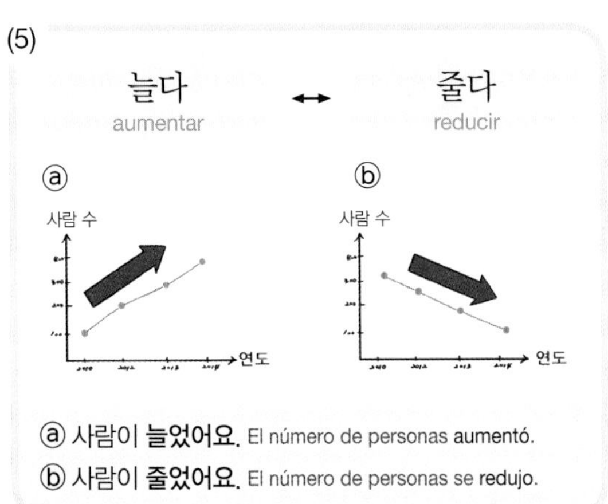

ⓐ 사람이 **늘었어요.** El número de personas aumentó.

ⓑ 사람이 **줄었어요.** El número de personas se redujo.

(6)

소리를 키우다 ↔ 소리를 줄이다
subir el volumen — bajar el volumen

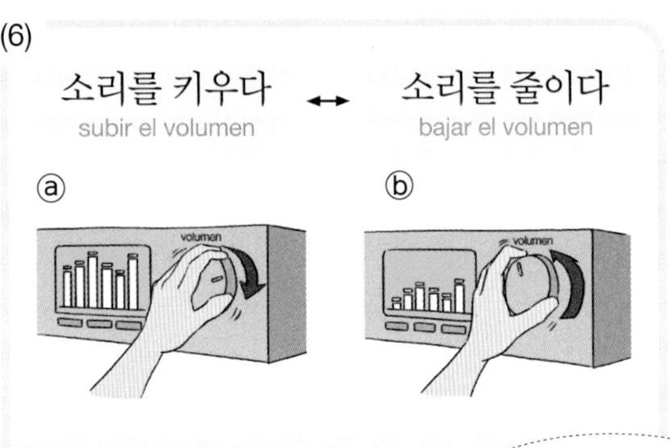

ⓐ 소리를 **키워요.** Subo el volumen.

ⓑ 소리를 **줄여요.** Bajo el volumen.

소리를 키우다 = 소리를 높이다
소리를 줄이다 = 소리를 낮추다

¡Autoevaluación!

1 Observe la imagen y elija la respuesta correcta.

(1)

ⓐ 값이 올랐어요. □

ⓑ 값이 내렸어요. □

(2)

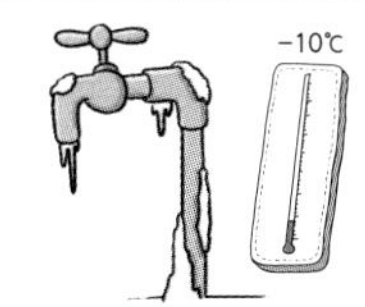

ⓐ 수도가 녹았어요. □

ⓑ 수도가 얼었어요. □

(3)

ⓐ 한국어 실력이 늘었어요. □

ⓑ 한국어 실력이 줄었어요. □

(4)

ⓐ 경기에서 이겼어요. □

ⓑ 경기에서 졌어요. □

2 Empareje la pregunta con la respuesta correcta.

(1) 이 단어를 알아요? •	• ⓐ 아니요, 졌어요.
(2) 이번 경기에서 이겼어요? •	• ⓑ 아니요, 몰라요.
(3) 얼음이 다 얼었어요? •	• ⓒ 아니요, 20명 더 늘었어요.
(4) 지난달보다 이번 달에 학생이 줄었어요? •	• ⓓ 아니요, 다 녹았어요.

3 Corrija las expresiones subrayadas.

(1) 시험을 잘 봐서 점수가 <u>늘었어요</u>.

(2) 저는 선생님의 연락처를 <u>안 알아요</u>.

(3) 너무 시끄러우니까 소리를 <u>내려요</u>.

Capítulo 78

Verbos de acción

¡Aprendamos!

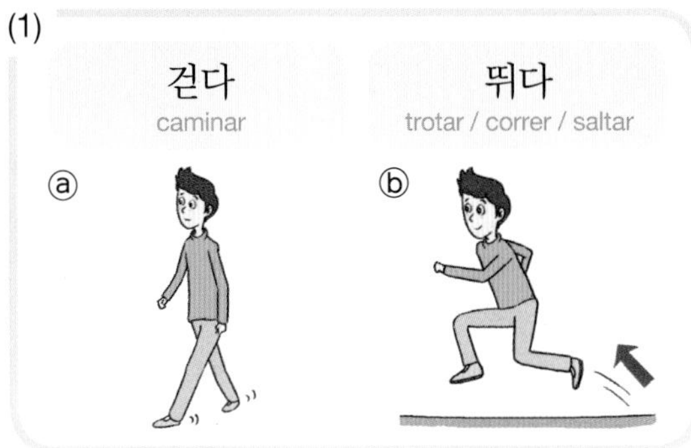
(1)
걷다
caminar
ⓐ
뛰다
trotar / correr / saltar
ⓑ

(2)
달리다
correr
ⓐ
멈추다
parar
ⓑ

(3)
넘다
saltar
ⓐ
건너다
cruzar
ⓑ

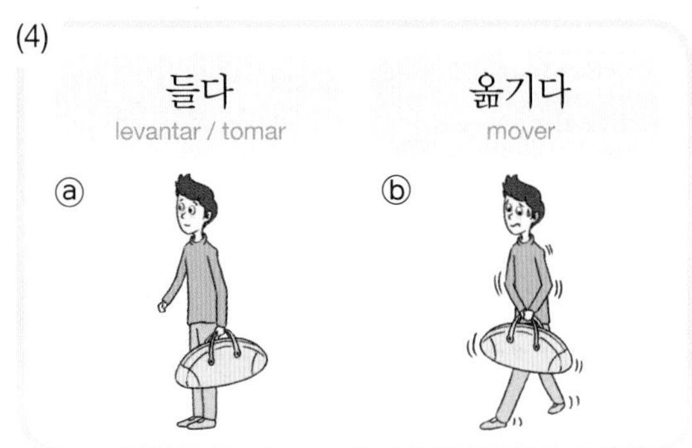
(4)
들다
levantar / tomar
ⓐ
옮기다
mover
ⓑ

(5)
지나다
pasar / transcurrir
ⓐ
구르다
rodar / revolcarse
ⓑ

(6)
떨다
temblar
ⓐ
돌다
girar / circular
ⓑ

(7)
부딪치다
chocar / tropezar
ⓐ
넘어지다
caerse / derrumbarse / resbalarse
ⓑ

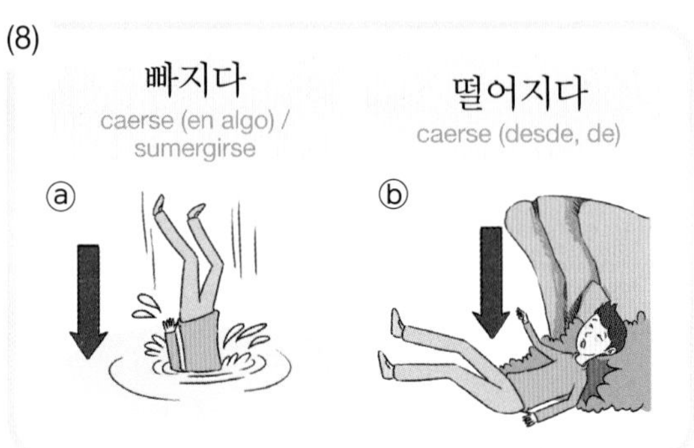
(8)
빠지다
caerse (en algo) / sumergirse
ⓐ
떨어지다
caerse (desde, de)
ⓑ

¡Autoevaluación!

1 Observe las imágenes y seleccione la respuesta correcta.

(1) 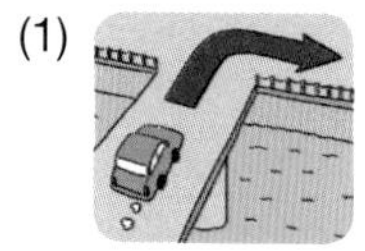 다리를 (ⓐ 건넌 / ⓑ 옮긴) 다음에 오른쪽으로 가세요.

(2)  남자가 우산을 (ⓐ 돌고 / ⓑ 들고) 있어요.

(3)  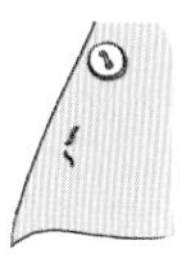 단추가 (ⓐ 넘어져서 / ⓑ 떨어져서) 입을 수 없어요.

(4)  봄이 (ⓐ 지나고 / ⓑ 달리고) 여름이 되었어요.

(5)  수업 시간에 늦어서 (ⓐ 걸어서 / ⓑ 뛰어서) 갔어요.

(6)  그 남자는 그 여자를 보고 사랑에 (ⓐ 빠졌어요. / ⓑ 부딪쳤어요.)

2 Para cada frase seleccione la respuesta que no encaje.

(1) ⓐ  개 □ ⓑ  새 □ ⓒ  뱀 □ 이/가 걸어요.

(2) ⓐ  사람 □ ⓑ  가방 □ ⓒ  자동차 □ 이/가 멈춰요.

(3) ⓐ 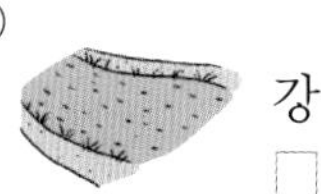 강 □ ⓑ 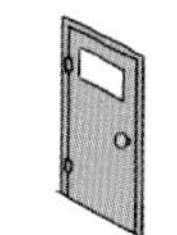 문 □ ⓒ 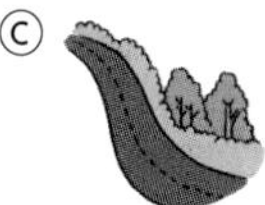 길 □ 을/를 건너요.

(4) ⓐ 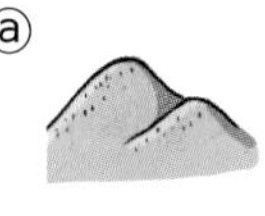 언덕 □ ⓑ  사랑 □ ⓒ  물 □ 에 빠졌어요.

(5) ⓐ  나무 □ ⓑ  바다 □ ⓒ  하늘 □ 에서 떨어졌어요.

(6) ⓐ  옷 □ ⓑ  자전거 □ ⓒ  벽 □ 에 부딪쳤어요.

Capítulo 79

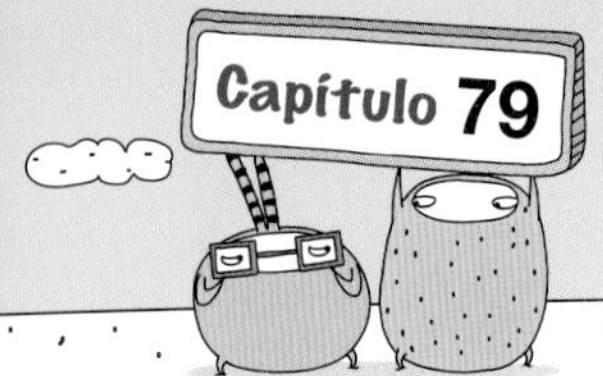

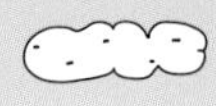

Verbos relacionados con el cuerpo

¡Aprendamos!

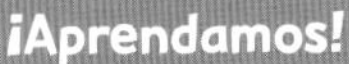

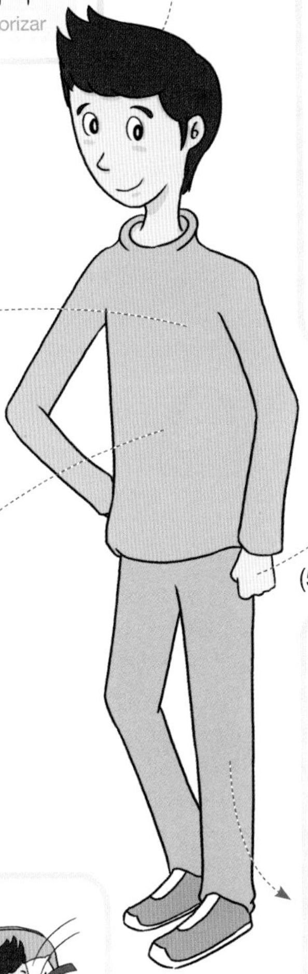

(1) 머리

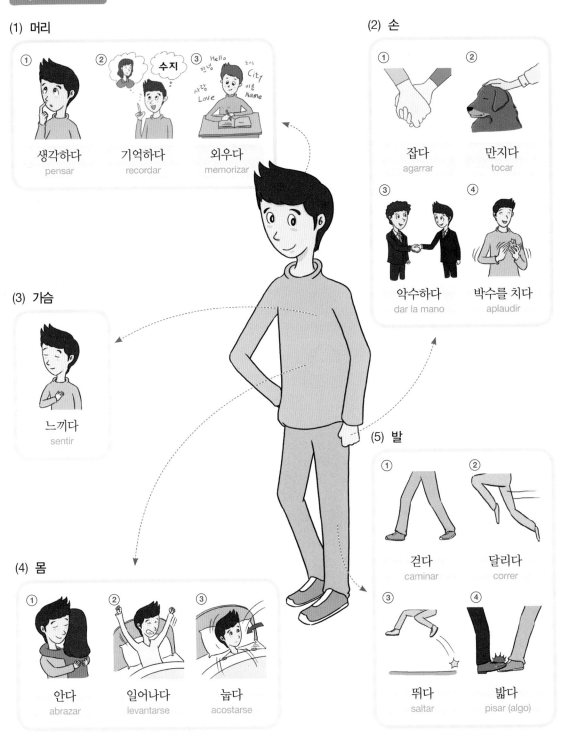

①
생각하다
pensar

②

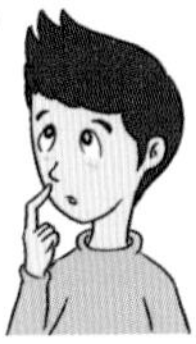

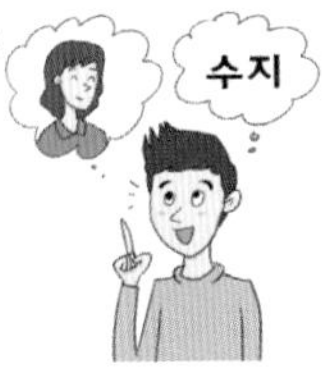

기억하다
recordar

③

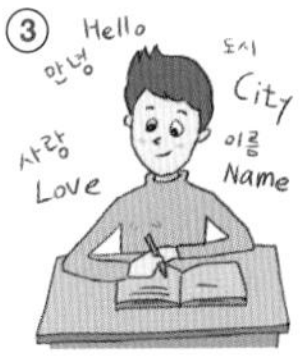

외우다
memorizar

(2) 손

①
잡다
agarrar

②
만지다
tocar

③
악수하다
dar la mano

④
박수를 치다
aplaudir

(3) 가슴

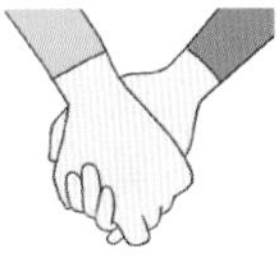

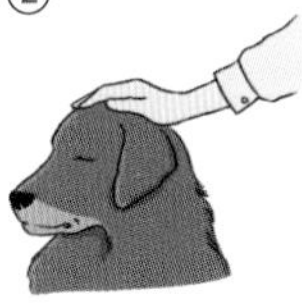

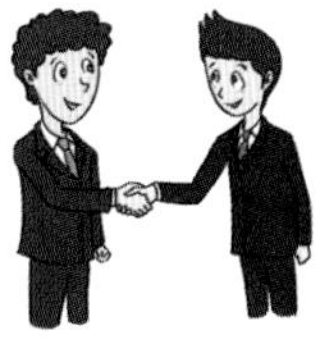

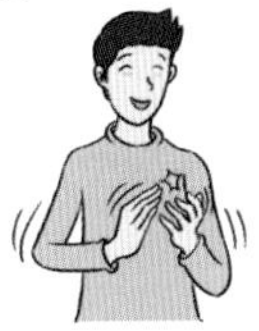

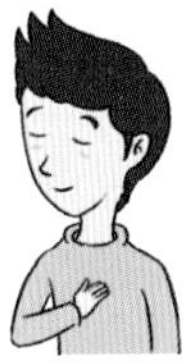

느끼다
sentir

(4) 몸

①
안다
abrazar

②
일어나다
levantarse

③
눕다
acostarse

(5) 발

①
걷다
caminar

②
달리다
correr

③
뛰다
saltar

④
밟다
pisar (algo)

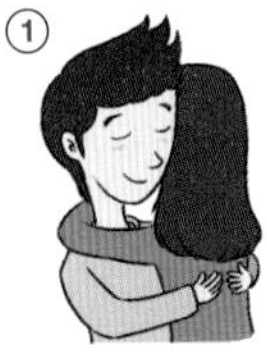

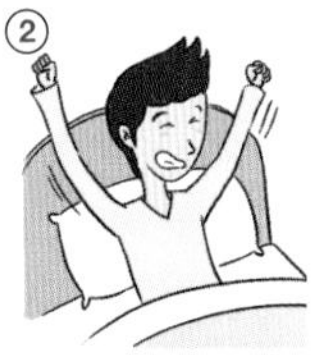

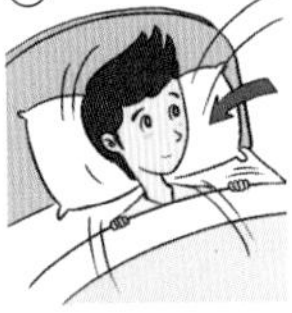

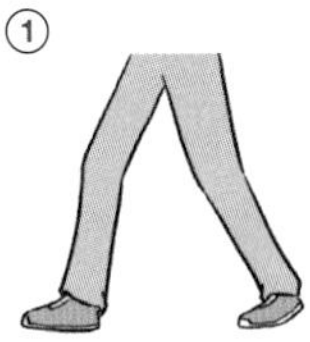

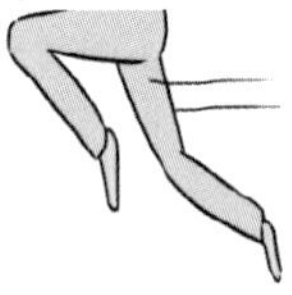

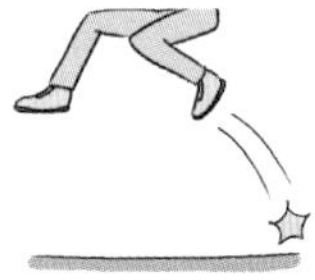

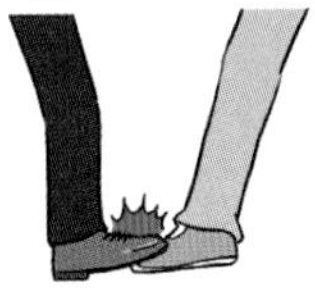

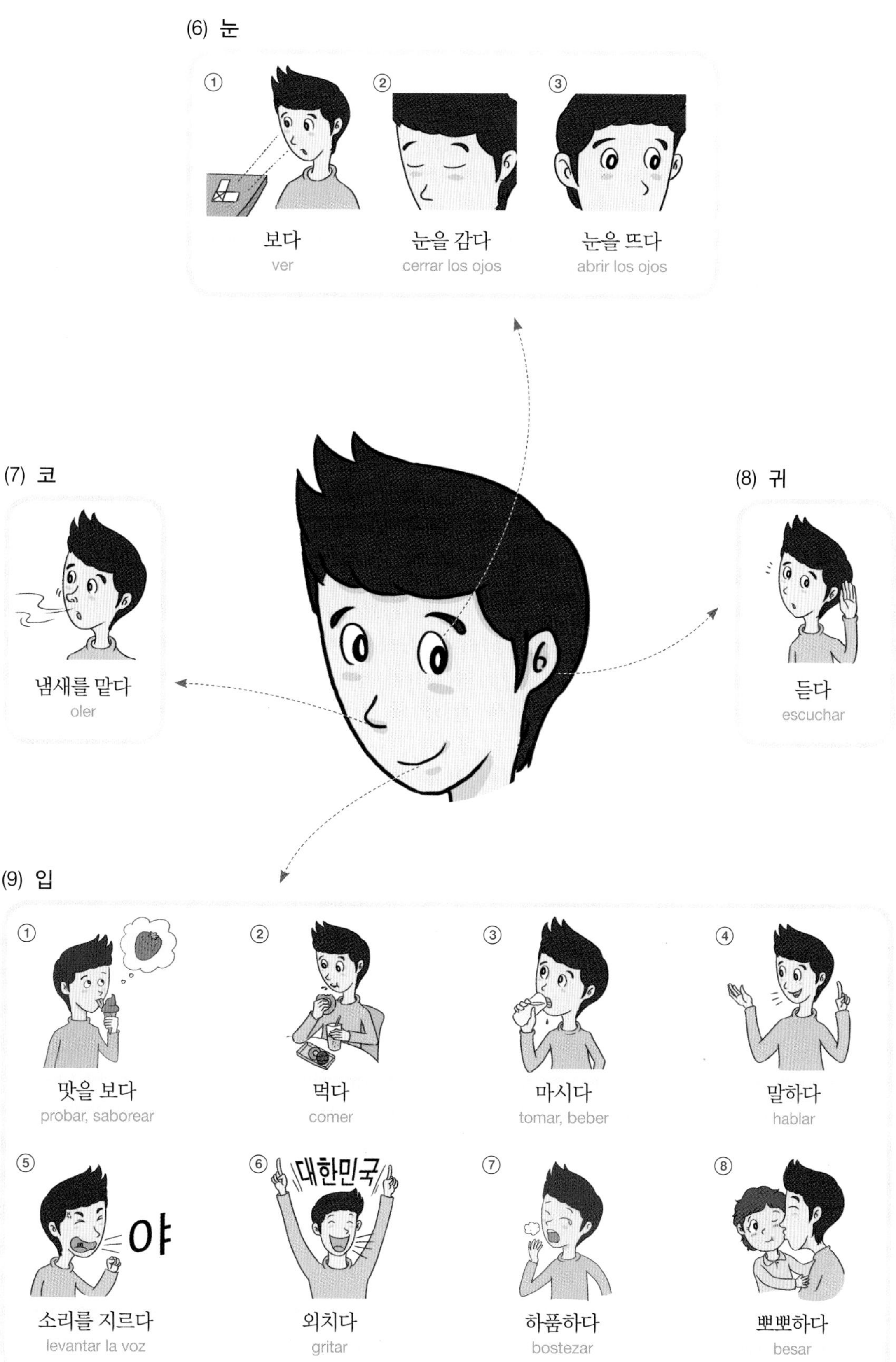
(6) 눈
① 보다
ver
② 눈을 감다
cerrar los ojos
③ 눈을 뜨다
abrir los ojos
(7) 코
냄새를 맡다
oler
(8) 귀
듣다
escuchar
(9) 입
① 맛을 보다
probar, saborear
② 먹다
comer
③ 마시다
tomar, beber
④ 말하다
hablar
⑤ 야
소리를 지르다
levantar la voz
⑥ 대한민국
외치다
gritar
⑦ 하품하다
bostezar
⑧ 뽀뽀하다
besar

¡Autoevaluación!

1 Seleccione la palabra que no pertenezca al grupo.

(1)
ⓐ 먹다 □
ⓑ 잡다 □
ⓒ 하품하다 □
ⓓ 맛을 보다 □

(2)
ⓐ 밟다 □
ⓑ 만지다 □
ⓒ 악수하다 □
ⓓ 박수를 치다 □

(3)
ⓐ 보다 □
ⓑ 뜨다 □
ⓒ 감다 □
ⓓ 맡다 □

(4)
ⓐ 안다 □
ⓑ 눕다 □
ⓒ 느끼다 □
ⓓ 일어나다 □

(5)
ⓐ 말하다 □
ⓑ 외치다 □
ⓒ 소리를 듣다 □
ⓓ 소리를 지르다 □

(6)
ⓐ 외우다 □
ⓑ 뽀뽀하다 □
ⓒ 생각하다 □
ⓓ 기억하다 □

2 Seleccione la respuesta correcta.

(1) 자려고 침대에 (ⓐ 일어나요. / ⓑ 누워요.)
(2) 동생이 내 옷을 (ⓐ 잡아서 / ⓑ 만져서) 옷이 찢어졌어요.
(3) 사업하는 사람들은 인사할 때 보통 (ⓐ 하품해요. / ⓑ 악수해요.)
(4) 비밀번호를 잊어버리지 않게 머리 속으로 (ⓐ 외워요. / ⓑ 외쳐요.)
(5) 우리 3년 전에 학교에서 만났어요. 그때를 (ⓐ 뽀뽀해요? / ⓑ 기억해요?)
(6) 공연이 끝나고 모든 사람들이 일어나서 (ⓐ 냄새를 맡아요. / ⓑ 박수를 쳐요.)
(7) 눈을 (ⓐ 떴지만 / ⓑ 감았지만) 아직 잠이 들지 않았어요.
(8) 어머니가 만들어 준 음식에서 어머니의 사랑을 (ⓐ 느껴요. / ⓑ 안아요.)

3 Observe la imagen y seleccione la respuesta correcta.

(1) (ⓐ 민수 / ⓑ 현우)가 박수를 치고 있어요.

(2) (ⓐ 수민 / ⓑ 지선)은 아이를 안고 있어요.

(3) (ⓐ 준석 / ⓑ 정훈)이 소리를 지르고 있어요.

(4) 준기는 (ⓐ 일어나 / ⓑ 누워) 있어요.

(5) 준석과 소연은 (ⓐ 악수하고 / ⓑ 손을 잡고) 걷고 있어요.

(6) 수하는 헤드폰을 끼고 눈을 (ⓐ 뜨고 / ⓑ 감고) 있어요.

4 Observe la imagen y seleccione la respuesta correcta.

(1) A 수하가 뭐 하고 있어요?
B 음악을 (ⓐ 듣고 / ⓑ 하고) 있어요.

(2) A 정훈이 누구에게 소리를 지르고 있어요?
B (ⓐ 현우 / ⓑ 수하)에게 소리를 지르고 있어요.

(3) A 준기가 어디에 누워 있어요?
B 나무 (ⓐ 위 / ⓑ 밑)에 누워 있어요.

(4) A 민수가 어디에서 공연하고 있어요?
B 사람들 (ⓐ 앞 / ⓑ 뒤)에서 공연하고 있어요.

Pares de verbos comunes

¡Aprendamos!

A Los verbos 하다 y 받다

받다 normalmente expresa el mismo significado que un verbo pasivo.

① 질문하다 hacer una pregunta
② 질문(을) 받다 recibir una pregunta
③ 지시하다 ordenar, indicar
④ 지시(를) 받다 recibir órdenes, recibir instrucciones
⑤ 부탁하다 pedir un favor, rogar
⑥ 부탁(을) 받다 recibir el pedido de un favor
⑦ 추천하다 recomendar
⑧ 추천(을) 받다 recibir una recomendación
⑨ 방해하다 estorbar, obstruir
⑩ 방해(를) 받다 ser impedido de hacer algo
⑪ 칭찬하다 felicitar, elogiar
⑫ 칭찬(을) 받다 ser felicitado, ser elogiado

질문하다 = 물어보다

① 남자가 여자에게 이름을 **질문했어요.** El hombre **le preguntó** a la mujer su nombre.

② 여자가 남자에게서 이름을 **질문받았어요.** El nombre de la mujer **fue preguntado** por el hombre.

③ 선생님이 학생에게 책을 펴라고 **지시했어요.** El maestro **ordenó** a la estudiante abrir su libro.

④ 학생이 선생님한테서 책을 펴라고 **지시받았어요.** La estudiante **fue instruida** por el profesor para abrir su libro.

⑤ 여자가 남자에게 사전을 빌려 달라고 **부탁했어요.** La mujer **le pidió por favor** al hombre que le prestara su diccionario.

⑥ 남자가 여자에게 사전을 빌려 달라고 **부탁받았어요.** La mujer **pidió** prestado el diccionario del hombre.

⑦ 여자가 남자에게 제주도에 가 보라고 **추천했어요.** La mujer le **recomendó** al hombre que fuera a Jeju.

⑧ 남자가 여자에게서 제주도에 가 보라고 **추천받았어요.** El hombre **recibió una recomendación** para ir a Jeju de la mujer.

⑨ 남자가 여자가 공부하는 것을 **방해했어요.** El hombre **evitó** que la mujer estudiara.

⑩ 여자가 남자 때문에 공부를 **방해받았어요.** El estudio de la mujer **fue obstaculizado** por el hombre.

⑪ 여자가 남자가 한국어를 잘한다고 **칭찬했어요.** La mujer **elogió** el coreano del hombre.

⑫ 남자가 여자한테서 한국어를 잘한다고 **칭찬받았어요.** El hombre **fue elogiado** por su coreano por la mujer.

B Verbos comúnmente usados juntos

(1)

ⓐ 남자가 시험 보기 전에 시험 때문에 **걱정했어요.**
El hombre **estaba preocupado** por la prueba antes de hacerla.

ⓑ 여자가 잘할 거라고 남자를 **격려했어요.**
La mujer **animó** al hombre diciendo que lo haría bien.

ⓒ 남자가 시험이 끝난 다음에 시험 결과를 **걱정했어요.**
Después de terminar la prueba, el hombre **estaba preocupado** por sus resultados.

ⓓ 여자가 괜찮다고 남자를 **위로했어요.**
La mujer **consoló** al hombre diciendo que estaría bien.

(2)

설명하다 explicar
이해하다 entender
이해 못 하다 no entender

ⓐ ⓑ ⓒ

이 문법은……
알겠어요.
모르겠어요.

ⓐ 선생님이 여학생에게 문법을 **설명했어요.**
El maestro le **explicó** la gramática a la estudiante.

ⓑ 여학생이 문법 설명을 **이해했어요.**
La estudiante **entendió** la gramática.

ⓒ 남학생이 문법 설명을 **이해 못 했어요.**
El estudiante **no pudo entender** la gramática.

(3)

ⓐ 음식이 늦게 나와서 손님이 직원에게 **불평했어요.**
El cliente **se quejó** con el camarero porque la comida salió tarde.

ⓑ 직원이 손님에게 미안하다고 **사과했어요.**
El camarero **se disculpó** con el cliente.

ⓒ 남자가 늦게 와서 여자가 **불평했어요.**
La mujer **se quejó** porque el hombre llegó tarde.

ⓓ 남자가 길이 많이 막힌다고 **변명했어요.**
El hombre **dio una excusa** y dijo que había mucho tráfico.

(4)

ⓐ 남자가 여자에게 식사를 **제안했어요.**
El hombre **le sugirió** a la mujer que comieran.

ⓑ 여자가 남자의 제안을 **받아들였어요.**
La mujer **aceptó** la sugerencia del hombre.

ⓒ 남자가 여자에게 식사를 **제안했어요.**
El hombre **le sugirió** a la mujer que comieran.

ⓓ 여자가 남자의 제안을 **거절했어요.**
La mujer **rechazó** la sugerencia del hombre.

¡Autoevaluación!

1 Seleccione la expresión correcta.

(1) 변명하다
ⓐ 왜 매일 약속에 늦게 와요? ☐
ⓑ 미안해요. 시계가 고장 나서 늦었어요. ☐

(2) 거절하다
ⓐ 같이 영화 보러 갈까요? ☐
ⓑ 미안해요. 시간이 없어요. ☐

(3) 부탁하다
ⓐ 천천히 말해 주세요. ☐
ⓑ 네, 알겠어요. ☐

(4) 칭찬하다
ⓐ 옷이 선생님한테 잘 어울려요. ☐
ⓑ 고마워요. ☐

(5) 추천하다
ⓐ 여기에서 어떤 음식이 맛있어요? ☐
ⓑ 불고기가 유명하니까 그거 드세요. ☐

(6) 불평하다
ⓐ 또 고장 났어요. ☐
ⓑ 고쳐 드릴게요. ☐

2 Empareje cada frase con la palabra que la describe.

(1) 한국어 발음이 정말 좋네요. • • ⓐ 추천하다

(2) 화장실을 같이 쓰니까 너무 불편해요. • • ⓑ 지시하다

(3) 오늘 수업 후에 뭐 할 거예요? • • ⓒ 불평하다

(4) 오늘 저 좀 도와 주세요. • • ⓓ 질문하다

(5) 회의가 끝나고 제 사무실로 오세요. • • ⓔ 칭찬하다

(6) 가족하고 여행하려면 제주도가 좋을 거예요. • • ⓕ 부탁하다

3 Seleccione la respuesta correcta.

(1)

민수　잘 모르겠어요. 숙제를 좀 도와주시겠어요?

수지　네, 도와드릴게요.

▶ 민수가 수지한테 숙제를 도와 달라고 (ⓐ 지시했어요. / ⓑ 부탁했어요.)

(2)

소영　오늘 같이 점심 먹을까요?

민규　네, 그래요.

▶ 소영이 민규에게 점심을 제안하니까 민규가 소영의 제안을 (ⓐ 받아들였어요. / ⓑ 거절했어요.)

(3)

수지　비빔밥이 유명하니까 꼭 먹어 보세요.

민수　그래요? 꼭 먹어 볼게요.

▶ 민수가 수지한테 (ⓐ 추천한 / ⓑ 추천 받은) 음식은 비빔밥이에요.

(4)

유빈　어디에 살아요?

진호　강남에 살아요.

▶ 진호는 유빈에게 어디에 사는지 (ⓐ 질문했어요. / ⓑ 질문 받았어요.)

(5)

미희　도서관이니까 좀 조용히 해 주시겠어요?

현기　네, 죄송합니다.

▶ 현기가 시끄럽게 해서 미희한테 (ⓐ 사과했어요. / ⓑ 추천했어요.)

(6)

문수　저 때문에 지나 씨가 너무 화가 났어요. 어떡하죠?

미진　시간이 지나면 괜찮아질 거예요.

▶ 문수가 많이 (ⓐ 거절하니까 / ⓑ 걱정하니까) 미진이 문수를 위로했어요.

4 Empareje las partes para completar las frases.

(1) 새로 산 물건이 고장 나면 •	• ⓐ 미안하다고 사과할 거예요.
(2) 친구의 말을 이해 못 하면 •	• ⓑ 잘할 거라고 격려할 거예요.
(3) 친구가 시험 때문에 걱정하면 •	• ⓒ 왜 할 수 없는지 이유를 말할 거예요.
(4) 약속에 늦어서 친구가 화가 나면 •	• ⓓ 친구에게 다시 질문할 거예요.
(5) 친구가 미용실에 갔다 오면 •	• ⓔ 가게에 가서 불평할 거예요.
(6) 친구의 제안을 거절하려면 •	• ⓕ 머리 모양이 예쁘다고 칭찬할 거예요.

Parte 3

Verbos

Expresiones

Gramática

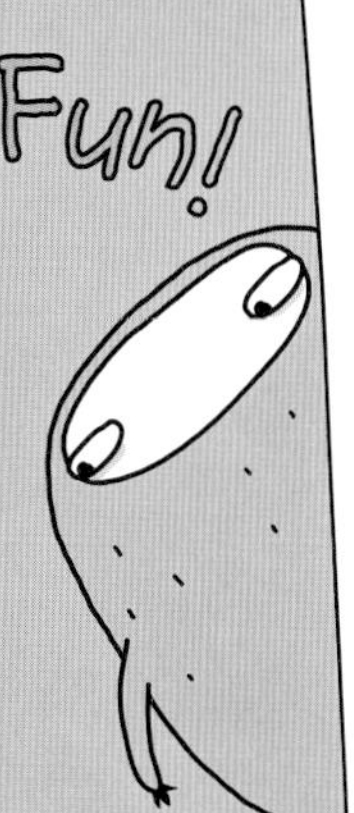

Capítulo 81 Los verbos 가다 y 오다

¡Aprendamos!

A

(1)

들어가다 — entrar

나오다 — salir

ⓐ 오늘 피곤해서 일찍 집에 **들어갔어요.**
Hoy **entré (regresé)** a casa temprano porque estaba cansada.

ⓑ 집에서 빨리 **나오세요.**
Salga de su casa rápidamente.

(2)

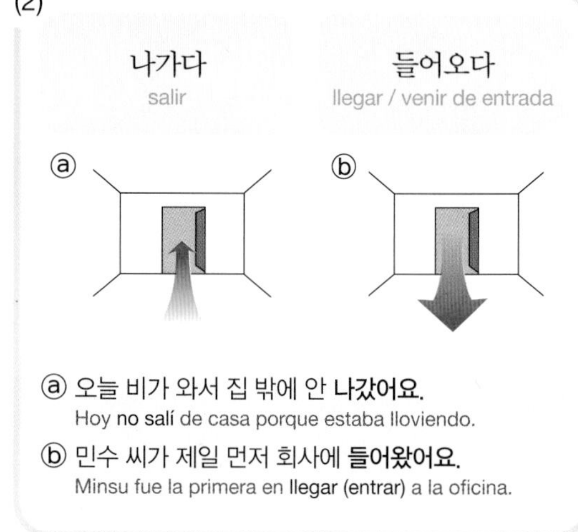

나가다 — salir

들어오다 — llegar / venir de entrada

ⓐ 오늘 비가 와서 집 밖에 안 **나갔어요.**
Hoy **no salí** de casa porque estaba lloviendo.

ⓑ 민수 씨가 제일 먼저 회사에 **들어왔어요.**
Minsu fue la primera en **llegar (entrar)** a la oficina.

(3)

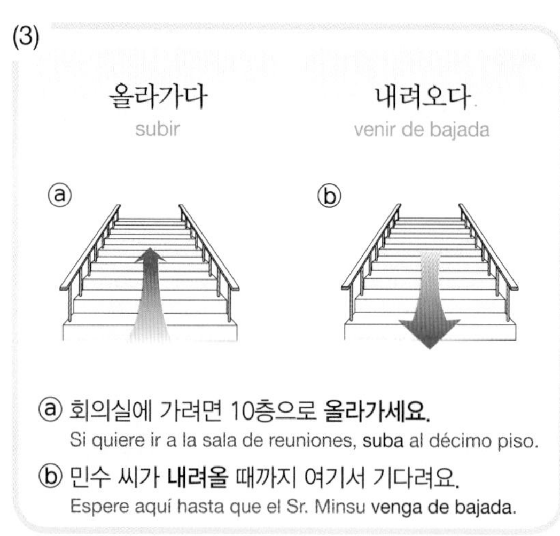

올라가다 — subir

내려오다 — venir de bajada

ⓐ 회의실에 가려면 10층으로 **올라가세요.**
Si quiere ir a la sala de reuniones, **suba** al décimo piso.

ⓑ 민수 씨가 **내려올** 때까지 여기서 기다려요.
Espere aquí hasta que el Sr. Minsu **venga de bajada.**

(4)

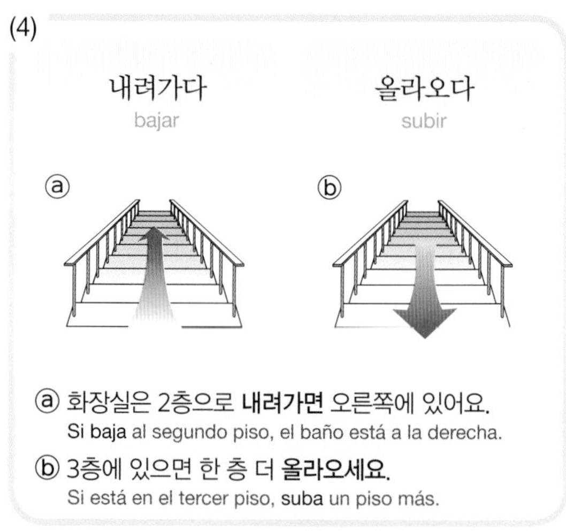

내려가다 — bajar

올라오다 — subir

ⓐ 화장실은 2층으로 **내려가면** 오른쪽에 있어요.
Si **baja** al segundo piso, el baño está a la derecha.

ⓑ 3층에 있으면 한 층 더 **올라오세요.**
Si está en el tercer piso, **suba** un piso más.

¡Cuestionario! Observe la imagen y escriba el nombre correcto en cada casilla.

(1) ( )이/가 계단을 올라오고 있어요.

(2) ( )이/가 계단을 내려오고 있어요.

(3) ( )이/가 계단을 내려가고 있어요.

(4) ( )이/가 계단을 올라가고 있어요.

(5) ( )이/가 건물에 들어가고 있어요.

(6) ( )이/가 건물에서 나오고 있어요.

B

(1)

돌아가다
volver, regresar

돌아오다
venir de regreso

ⓐ

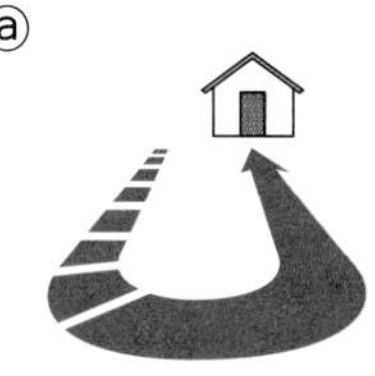

ⓑ

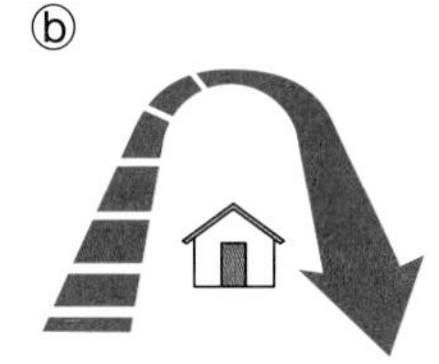

ⓐ 한국에서 1년 동안 일한 다음에 고향에 **돌아갔어요.**
Después de trabajar en Corea durante un año, **volví** a mi ciudad natal.

ⓑ 친구가 외국에 여행 갔다가 아직 안 **돌아왔어요.**
Mi amigo se fue de vacaciones a otro país pero aún no **ha vuelto**.

(2)

왔다 갔다 하다
ir y venir constantemente

왜 문 앞에서 **왔다 갔다 해요**?
¿Por qué **andas de un lado para otro** frente a la puerta?

¡Cuidado!
Para expresar un movimiento repetitivo de izquierda a derecha.
왔다 갔다 하다 (○)
갔다 왔다 하다 (×)

(3)

갔다 오다
ir y regresar

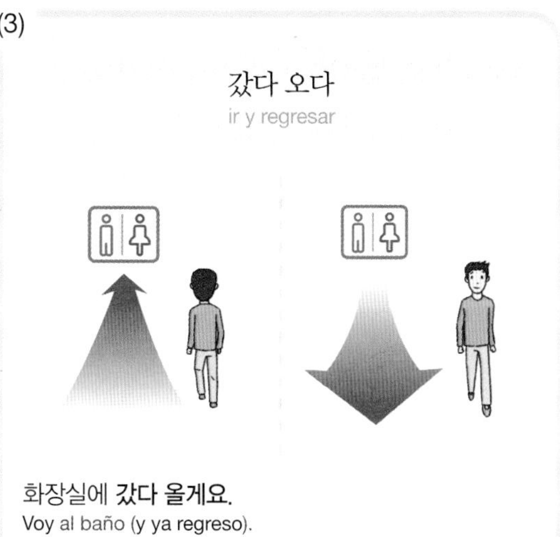

화장실에 **갔다 올게요.**
Voy al baño (y ya regreso).

(4)

왔다 가다
venir e irse

미국 친구가 한국에 **왔다 갔어요.**
Mi amigo estadounidense **vino a Corea (y se fue)**.

¡Cuidado!
Hay una diferencia sutil.
• 돌아가다: Expresa un retorno al lugar de donde vino uno originalmente.
• 왔다 가다: Indica una visita - la atención se centra en el hecho de que alguien vino (y se fue).

 Seleccione la respuesta correcta.

(1) A 민기가 집에 있어요?
B 아니요, 여행에서 아직 안 ⓐ 돌아갔어요. ⓑ 돌아왔어요.

(2) A 손님이 지금도 있어요?
B 조금 전에 ⓐ 왔다 갔어요. ⓑ 갔다 왔어요.

(3) A 지갑을 집에 놓고 왔어요.
B 여기에서 기다릴게요.
집에 빨리 ⓐ 왔다 가세요. ⓑ 갔다 오세요.

(4) A 아침에 아파 보였는데 약을 먹었어요?
B 너무 아파서 아까 병원에 ⓐ 왔다 갔어요. ⓑ 갔다 왔어요.

(5) A 외국에서 온 친구가 아직 한국에 있어요?
B 아니요, 어제 자기 나라로 ⓐ 돌아갔어요. ⓑ 돌아왔어요.

(6) A 왜 경찰이 저 건물 앞에서 ⓐ 갔다 왔다 해요? ⓑ 왔다 갔다 해요?
B 저기가 대사관이라서 경찰이 있어요.

C

(1)

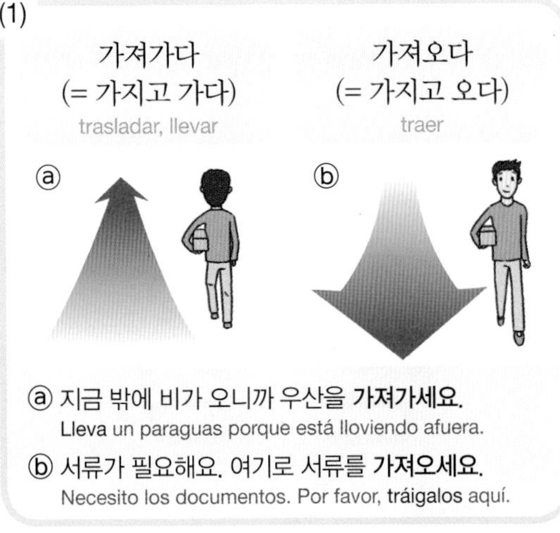

가져가다 (= 가지고 가다) trasladar, llevar

가져오다 (= 가지고 오다) traer

ⓐ 지금 밖에 비가 오니까 우산을 **가져가세요.**
Lleva un paraguas porque está lloviendo afuera.

ⓑ 서류가 필요해요. 여기로 서류를 **가져오세요.**
Necesito los documentos. Por favor, **tráigalos** aquí.

(2)

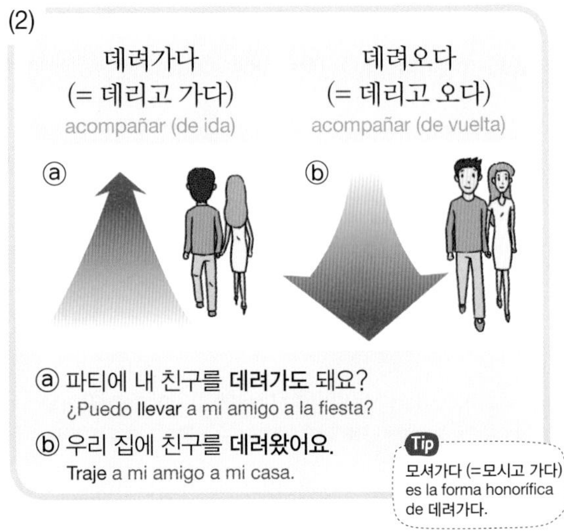

데려가다 (= 데리고 가다) acompañar (de ida)

데려오다 (= 데리고 오다) acompañar (de vuelta)

ⓐ 파티에 내 친구를 **데려가도** 돼요?
¿Puedo **llevar** a mi amigo a la fiesta?

ⓑ 우리 집에 친구를 **데려왔어요.**
Traje a mi amigo a mi casa.

Tip
모셔가다 (=모시고 가다) es la forma honorífica de 데려가다.

(3)

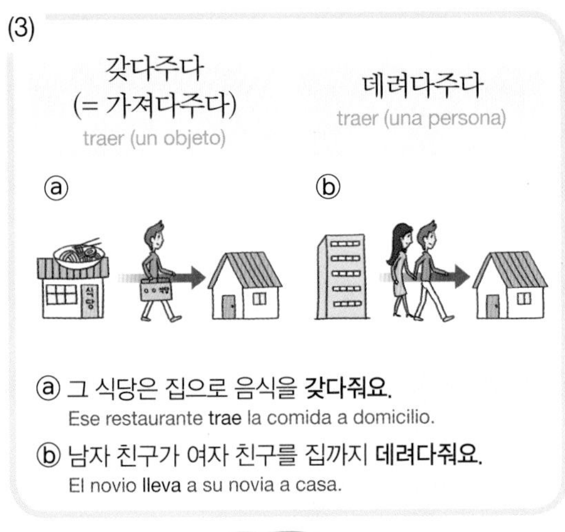

갖다주다 (= 가져다주다) traer (un objeto)

데려다주다 traer (una persona)

ⓐ 그 식당은 집으로 음식을 **갖다줘요.**
Ese restaurante **trae** la comida a domicilio.

ⓑ 남자 친구가 여자 친구를 집까지 **데려다줘요.**
El novio **lleva** a su novia a casa.

(4)

빌려주다 prestar, alquilar

돌려주다 devolver

ⓐ 친구한테 제 책을 **빌려줬어요.**
Le **presté** mi libro a un amigo.

ⓑ 친구한테서 빌린 책을 **돌려줬어요.**
Le **devolví** a mi amigo el libro prestado.

¡Cuidado!
갖다주다 y 데려다 주다 expresan la idea de enviar un objeto o una persona a un lugar específico. Por lo tanto, se utilizan frecuentemente cuando se entrega un objeto o cuando se escolta a una persona a un lugar.

¡Cuestionario! Seleccione la respuesta que no pertenece.

(1) 학교에 갈 때 가방에 (ⓐ 공책 / ⓑ 연필 / ⓒ 선생님 / ⓓ 사전)을/를 가져가요.

(2) 집들이 때 (ⓐ 휴지 / ⓑ 친구 / ⓒ 비누 / ⓓ 선물)을/를 집에 가져가요.

(3) 내일 요리할 테니까 (ⓐ 그릇 / ⓑ 앞치마 / ⓒ 수건 / ⓓ 요리사)을/를 집에 가져오세요.

(4) 생일 파티에 (ⓐ 동료 / ⓑ동생 / ⓒ 후배 / ⓓ 아버지)을/를 집에 데려가요.

(5) 식당에서 "(ⓐ 물 / ⓑ 물수건 / ⓒ 주인 / ⓓ 계산서)을/를 갖다주세요."라고 말해요.

(6) 자동차로 (ⓐ 여자 친구 / ⓑ 아이 / ⓒ 아들 / ⓓ 할머니)을/를 집에 데려다줬어요.

(7) 친구에게 (ⓐ 동생 / ⓑ 돈 / ⓒ 집 / ⓓ 자동차)을/를 빌려줬어요.

(8) (ⓐ 책 / ⓑ 약속 / ⓒ 옷 / ⓓ 서류)을/를 내일 돌려줄 테니까 오늘 빌려주세요.

D

(1)

지나가다
pasar, atravesar

지나오다
pasar, atravesar

ⓐ 친구하고 얘기하고 있을 때 버스가 우리 앞을 **지나갔어요.**
Mientras hablaba con mi amigo, un autobús **pasó delante** de nosotros.

ⓑ 우리가 내려야 할 정류장을 **지나온 것** 같아요.
Creo que nos **hemos pasado** nuestra parada.

(2)

건너가다
cruzar (alejándose del orador)

건너오다
cruzar (hacia el orador)

ⓐ 기찻길을 **건너갈 때** 위험하니까 조심하세요.
Tenga cuidado al **cruzar** las vías del tren ya que es peligroso.

ⓑ 저기 다리를 **건너오는** 사람이 제 친구예요.
La persona que **viene cruzando** ese puente es mi amigo.

(3)

따라가다
seguir a alguien

따라오다
ser seguido

ⓐ 제가 길을 몰라서 친구 뒤를 **따라갔어요.**
Seguí a mi amigo porque no conocía el camino.

ⓑ 어젯밤에 누가 저를 계속 **따라와서** 무서웠어요.
Anoche me asusté porque alguien **me seguía**.

(4)

쫓아가다
perseguir

쫓아오다
ser perseguido

ⓐ 경찰이 도둑을 **쫓아가서** 결국 잡았어요.
El policía **persiguió** al ladrón y finalmente lo atrapó.

ⓑ 식당 주인이 **쫓아와서** 저한테 우산을 줬어요.
El dueño del restaurante **me persiguió** para darme mi paraguas.

Seleccione la respuesta correcta.

(1)

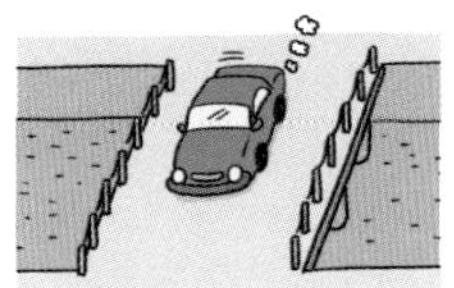

다리를 (ⓐ 건너가는 / ⓑ 건너오는) 자동차가 우리 차예요.

(2)

(ⓐ 지나간 / ⓑ 지나온) 시간을 생각할 때 즐거워요.

(3)

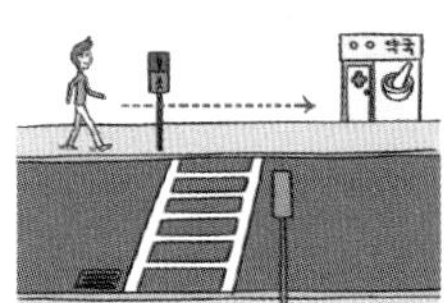

횡단보도를 (ⓐ 지나가면 / ⓑ 건너가면) 약국이 보여요.

(4)

지금 강아지가 저를 (ⓐ 따라오고 / ⓑ 쫓아오고) 있어요.

E

(1)

다니다
asistir, frecuentar, trabajar

돌아다니다
recorrer

ⓐ

ⓑ

ⓐ 지금은 한국 회사에 **다니고** 있어요.
Actualmente **estoy trabajando** en una empresa coreana.

ⓑ 마음에 드는 선물을 찾기 위해서 시내 여기저기를 **돌아다녔어요.**
Recorrí todo el centro de la ciudad para encontrar un buen regalo.

(2)

가지고 다니다
llevar

데리고 다니다
ir acompañando

ⓐ

ⓑ

ⓐ 매일 회사에 가방을 **가지고 다녀요.**
Todos los días **llevo** un bolso al trabajo.

ⓑ 아이를 **데리고 다녀요.**
Voy **llevando / acompañando** al niño de la casa a la escuela.

(3)

찾아다니다
ir en busca

따라다니다
seguir, rondar

ⓐ

ⓑ

ⓐ 경찰이 어떤 남자를 **찾아다녀요.**
El policía **ha ido en búsqueda** de un sujeto.

ⓑ 개가 하루 종일 내 뒤를 **따라다녀요.**
El perro me **ha estado siguiendo** todo el día.

(4)

들르다
pasar, detenerse

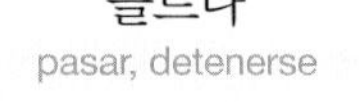

집에 가는 길에 은행에 **들러서** 돈을 찾았어요.
Pasé por el banco para sacar dinero de camino a casa.

Tip
다니다 puede ser precedido por diferentes verbos para formar compuestos como 돌아다니다 (caminar alrededor), 뛰어다니다 (correr alrededor), 날아다니다 (volar alrededor).

¡Cuestionario! Seleccione las respuestas correctas y escríbalas en las casillas.

다니다	돌아다니다	가지고 다니다	데리고 다니다

(1) A 외국어를 공부할 때 어떻게 했어요?
B 저는 매일 가방에 사전을 __________ 면서 읽었어요.

(2) A 무슨 일 하세요?
B 무역 회사에 __________ 고 있어요.

(3) A 피곤해 보여요. 무슨 일 있어요?
B 부모님 선물을 사려고 하루 종일 가게를 __________.

(4) A 동생에게 옷을 사 줬어요?
B 아침부터 저녁까지 동생을 __________ 지만 동생은 아무것도 사지 않았어요.

F

(1)

다녀가다
hacer una pasada, pasar por

다녀오다
ir y venir

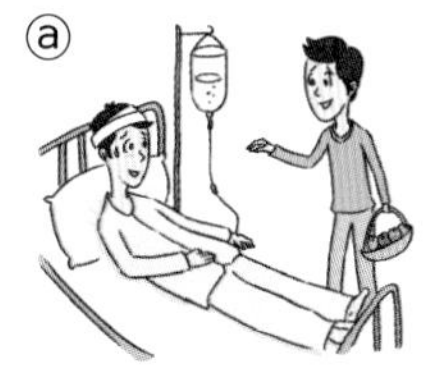

ⓐ 병원에 입원해 있을 때 친구들이 병원에 **다녀갔어요.**
Cuando me hospitalizaron, mis amigos **pasaron** por el hospital.

ⓑ 한국 사람들은 매일 집에 들어올 때 어른께 "**다녀왔습니다**"라고 인사해요.
Todos los días cuando los coreanos regresan a casa, le dicen a los adultos: "**Ya regresé.**"

(2)

마중 나가다
ir a ver

배웅하다
ir a despedir

ⓐ 외국에 살고 있는 친구가 한국에 놀러 와서 제가 공항에 **마중 나갔어요.**
Fui al aeropuerto **a recibir** a mi amigo que estaba visitando Corea desde otro país.

ⓑ 친구가 한국을 떠나서 공항에 가서 **배웅했어요.**
Fui al aeropuerto **a despedir** a mi amigo, que salía de Corea.

¡Cuestionario! Corrija las palabras subrayadas.

(1) 요즘 학원에 돌아다니고 있어요.

→

(2) 요즘 장마라서 매일 우산을 데리고 다녀요.

→

(3) 좋은 가방을 사려고 하루 종일 명동에 있는 가게를 가지고 다녔어요.

→

(4) 소중한 지갑을 잃어버려서 주말 내내 지갑을 돌아다녔어요.

→

(5) 친구가 오전에 우리 집에 다녀왔어요. 지금은 없어요.

→

(6) 콘서트마다 좋아하는 가수를 데리고 다녔지만 가수를 멀리서 보기만 했어요.

→

(7) 친구 부모님이 한국에 오셔서 친구가 기차역으로 부모님을 배웅했지만, 기차역에서 만나지 못했어요.

→

(8) 한국에서는 퇴근하고 집에 들어올 때 "다녀갔습니다."라고 인사해요.

→

Capítulo 82 El verbo 나다

¡Aprendamos!

El verbo 나다 generalmente expresa la "aparición" de algo. Se utiliza en las siguientes situaciones.

A La emisión de luz, olor, etc.

① 반지가 반짝반짝 **빛이 나요.**
El anillo **es brillante.**

② 옆방에서 시끄러운 **소리가 나요.**
Un fuerte sonido viene de la habitación de al lado.

③ 음식에서 이상한 **냄새가 나요.**
La comida **huele** rara.

④ 이 주스는 사과 **맛이 나요.**
El jugo **tiene sabor a** manzana.

Tip
La partícula 이/가 se usa con 나다. Sin embargo, normalmente se omite en conversaciones.
Ej. 빛이 나다 = 빛나다
냄새가 나다 = 냄새나다

B Apariencia en la superficie del cuerpo

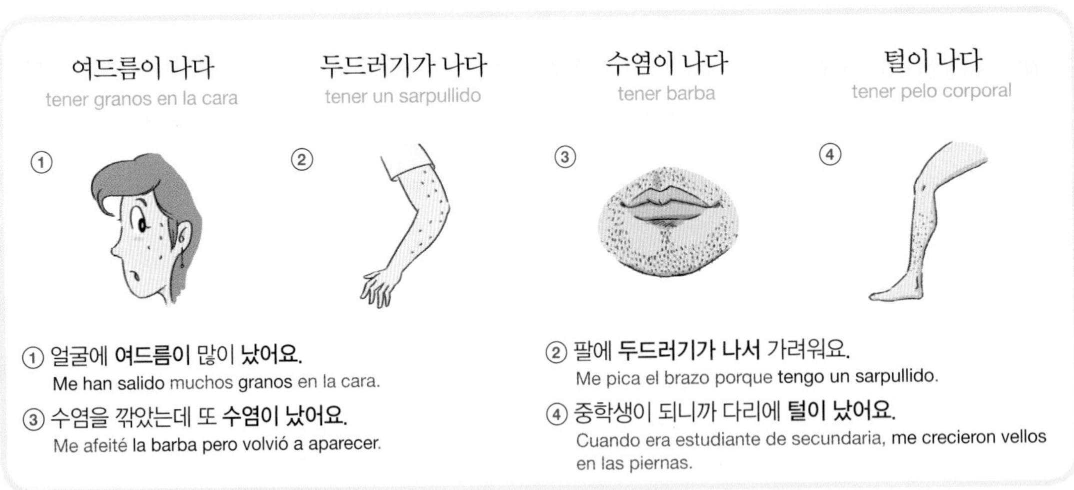

① 얼굴에 **여드름이** 많이 **났어요.**
Me han salido muchos **granos** en la cara.

② 팔에 **두드러기가 나서** 가려워요.
Me pica el brazo porque **tengo un sarpullido.**

③ 수염을 깎았는데 또 **수염이 났어요.**
Me afeité **la barba pero volvió a aparecer.**

④ 중학생이 되니까 다리에 **털이 났어요.**
Cuando era estudiante de secundaria, **me crecieron vellos** en las piernas.

¡Cuestionario! Seleccione las respuestas correctas.

(1) 빵에서 이상한 (ⓐ 냄새 / ⓑ 소리)가 나서 먹을 수 없어요.

(2) 이 알람 시계는 정말 큰 (ⓐ 냄새 / ⓑ 소리)가 나요.

(3) 아버지 다리에 (ⓐ 털 / ⓑ 수염)이 났어요.

(4) 음식을 잘못 먹으면 등에 (ⓐ 여드름 / ⓑ 두드러기)가 나요.

C Emociones

> **Tip**
> Comparemos 나다 con 내다:
> 화가 나다 describe un estado de ánimo.
> 화를 내다 expresa una acción que alguien hace porque está enojado. Por ejemplo, gritarle a alguien puede estar comprendido en 화를 내다.

화가 나다	짜증이 나다	싫증이 나다	겁이 나다
enojarse	enfadarse, irritarse	estar cansado de algo / alguien	temer

① 

② 

③ 

④ 

① 오늘도 지각해서 부장님이 **화가 났어요.**
El jefe de departamento **se enfadó** porque hoy también llegué tarde otra vez.

② 늦게 나오는 친구 때문에 **짜증이 났어요.**
Estaba molesto porque mi amigo salió tarde.

③ 매일 샌드위치를 먹으니까 **싫증이 났어요.**
Me harté de los sándwiches porque los comía todos los días.

④ 뱀이 바로 눈 앞에 있어서 **겁이 났어요.**
Sentí miedo porque una serpiente apareció justo delante de mis ojos.

D Alteración o problemas con el estado o forma de objetos

고장이 나다	구멍이 나다	상처가 나다	자국이 나다
romper	agujerear	herirse	mancharse, dejar marca

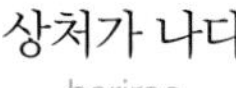

① 

② 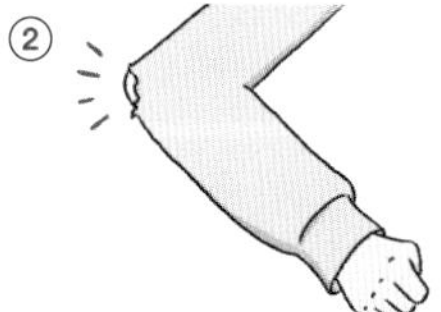

③ 

④ 

① 컴퓨터가 **고장 났어요.**
Mi ordenador **se rompió**.

② 옷에 **구멍이 났어요.**
Un **agujero apareció** en mi ropa.

③ 팔에 **상처가 났어요.**
Tengo una herida en el brazo.

④ 길에 타이어 **자국이 났어요.**
Las marcas de los neumáticos **aparecieron** en la calle.

Conecte lo que sigua para completar las frases.

(1) 옷에 구멍이 나면 •

(2) 너무 많이 화가 나면 •

(3) 손에 상처가 나면 •

(4) 물건이 고장 나면 •

• ⓐ 반창고로 치료하세요.

• ⓑ 여행을 떠나세요.

• ⓒ 서비스 센터에 맡기세요.

• ⓓ 실과 바늘로 바느질하세요.

E La ocurrencia de un incidente

사고가 나다	불이 나다	전쟁이 나다
haber un accidente	(desatarse) un incendio	estallar una guerra

① 사거리에서 교통**사고가 났어요.**
Hubo un accidente en la intersección.

② 1시간 전에 건물에 **불이 났어요.**
Hace una hora **comenzó un incendio** en el edificio.

③ 중동에서 **전쟁이 났어요.**
Una guerra estalló en el Medio Oriente.

Tip
Se utiliza 큰일 났어요! para llamar la atención en una situación de emergencia.

F La alteración del estado o la forma de la naturaleza

지진이 나다	홍수가 나다	가뭄이 나다
(ocurrir) un terremoto	haber una inundación	(ocurrir) una sequía

① 어제 섬에서 **지진이 났어요.**
Hubo un terremoto ayer en la isla.

② 비가 너무 많이 와서 **홍수가 났어요.**
Ayer **hubo una inundación** debido a las fuertes lluvias.

③ 오랫동안 비가 안 와서 **가뭄이 났어요.**
Hubo una sequía porque no llovió durante mucho tiempo.

¡Cuestionario! Seleccione la respuesta correcta.

(1) 담배를 끄지 않고 버려서 (ⓐ 불 / ⓑ 전쟁)이 났어요.
(2) 운전할 때 전화를 하면 (ⓐ 전쟁이 / ⓑ 사고가) 날 수 있어요.
(3) 지진이 나면 건물이 (ⓐ 세워질/ ⓑ 무너질) 수 있어요.
(4) (ⓐ 가뭄이 / ⓑ 홍수가) 나서 물이 많이 부족해요.
(5) (ⓐ가뭄이 / ⓑ홍수가) 나면 물이 허리까지 올라올 수 있어요.
(6) 1950년에 한국에서 (ⓐ 지진 / ⓑ 전쟁)이 나서 많은 사람들이 죽었어요.

G Enfermedades y malestares

병이 나다	멀미가 나다	배탈이 나다	현기증이 나다
enfermarse	sentir mareo	tener mal del estomago	tener vértigo

① ② 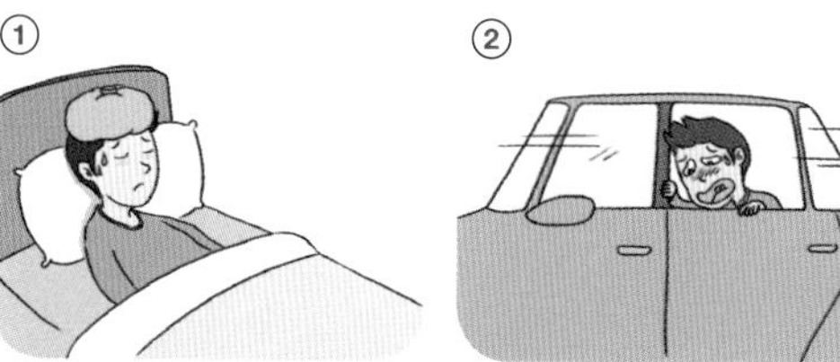

③ 

④ 

① 쉬지 않고 일하다가 **병이 났어요.**
Me **enfermé** mientras trabajaba porque no descansaba.

② 자동차로 올 때 **멀미가 났어요.**
Me **mareé** en el coche.

③ **배탈이 났으니까** 약을 먹어야겠어요.
Debería tomar algunos medicamentos **porque tengo indigestión.**

④ 더운 날씨에 오래 서 있어서 **현기증이 났어요.**
Me dio vértigo al estar de pie y hacer calor durante mucho tiempo.

H Recuerdos y pensamientos

기억나다	생각나다
recordar	pensar, ocurrir

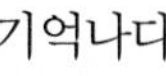

① 

② 

① 갑자기 그 사람 이름이 **기억났어요.**
De repente **me acordé** del nombre de esa persona.

② 저 사람을 어디에서 만났는지 **생각났어요.**
Recordé donde conocí a esa persona.

Tip
El significado es diferente:
- 이/가 생각나다 cuando un pensamiento ocurre por sí solo (recordar)
- 을/를 생각하다 pensar

¡Cuestionario! Conecte lo que sigue para completar las frases.

(1) 어릴 때 친구를 만나면 •	• ⓐ 자기 이름도 기억 나지 않을 수 있어요.
(2) 배를 타고 바다에 가면 •	• ⓑ 현기증이 날 수도 있어요.
(3) 갑자기 당황하면 •	• ⓒ 친구 이름이 생각날 거예요.
(4) 아이스크림을 많이 먹으면 •	• ⓓ 배탈이 날 수도 있어요.
(5) 더울 때 오랫동안 밖에 서 있으면 •	• ⓔ 병이 날 거예요.
(6) 무리해서 계속 일하면 •	• ⓕ 멀미가 날 수도 있어요.

El verbo 하다

¡Aprendamos!

El verbo 하다 significa hacer.

A (tarea) + 하다

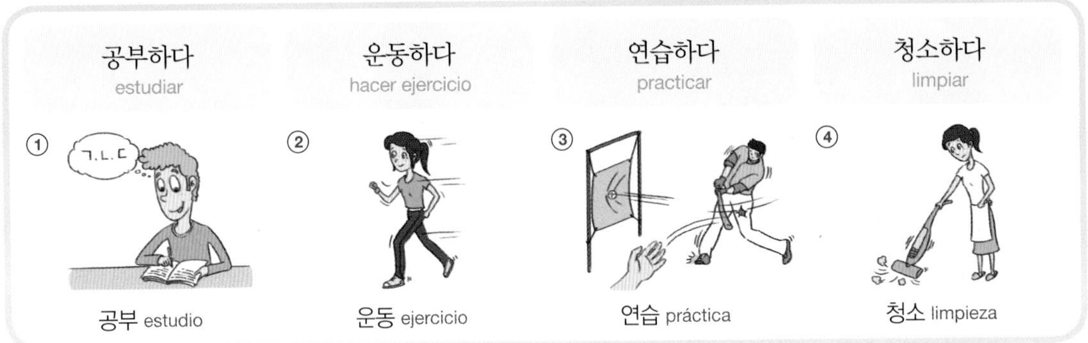

¡Cuestionario! Seleccione las respuestas correctas y escríbalas en las casillas.

연습하다   공부하다   청소하다   운동하다

(1) 내일 시험이 있어서 ________.

(2) 살이 많이 쪄서 ________.

(3) 야구 선수가 되고 싶어서 ________.

(4) 방이 너무 더러워서 ________.

B 하다 como pronombre

(1) **Al utilizar adjetivos o partículas como (는 o 만) antes del verbo 하다, este puede ser utilizado de la siguiente manera:**

① 동생이 제 말을 안 듣지만 귀엽기는 **해요.**
Aunque mi hermano menor no me hace caso, **es lindo.**

② 친구가 아무 말도 하지 않고 울기만 **했어요.**
Mi amigo no dijo ni una palabra, **solo lloró.**

③ 너무 긴장돼서 문 앞에서 왔다 갔다 **해요.**
Estaba muy nerviosa, por ello **caminaba de un lado a otro frente a la puerta.**

④ 주말에 집에서 책을 읽거나 텔레비전을 보거나 **해요.**
Los fines de semana **leo un libro o veo la televisión en casa.**

(2) **El verbo 하다 se utiliza en lugar de ciertos verbos o adjetivos en un contexto determinado.**

① 이제부터 매일 운동하기로 **했어요.** (=결심했어요)
He decidido hacer ejercicio todos los días a partir de ahora.

② 한국어를 잘했으면 **해요.** (=좋겠어요)
Me gustaría poder hablar bien el coreano.

C Cuando se describe una ocupación o la gestión de un negocio

(1) Describir una ocupación

① 정치 política	→	정치하다 participar en la política
② 문학 literatura	→	문학(을) 하다 trabajar en literatura
③ 영화 película	→	영화(를) 하다 hacer una película

(2) Describir la gestión de un negocio

① 가게 tienda	→	가게(를) 하다 administrar una tienda
② 세탁소 lavandería	→	세탁소(를) 하다 administrar una lavandería
③ 식당 restaurante	→	식당(을) 하다 administrar un restaurante

¡Cuestionario! Empareje cada ocupación con el verbo correcto.

(1) 사업가 • (2) 영화감독 • (3) 정치가 • (4) 식당 주인 •

• ⓐ 식당(을) 하다 • ⓑ 사업하다 • ⓒ 정치하다 • ⓓ 영화(를) 하다

D Expresar el uso de accesorios

귀걸이를 하다 llevar aretes	목걸이를 하다 llevar collar	넥타이를 하다 llevar corbata	목도리를 하다 llevar una bufanda	
①   귀걸이 aretes	② 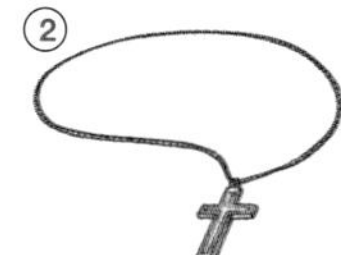 목걸이 collar	③  넥타이 corbata	④ 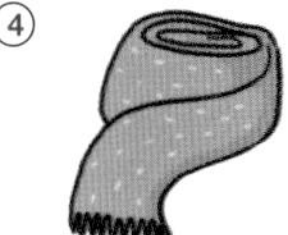 목도리 bufanda	+ 을/를 했다 llevar

Tip
Al utilizar 하다 para significar "llevar accesorios" el verbo debe ser utilizado en su forma de pasado.
Ej. 귀걸이를 했어요. (O)
= 귀걸이를 하고 있어요. Llevo aretes.
귀걸이를 해요. (X)

¡Cuestionario! Corrija las partes subrayadas.

(1)  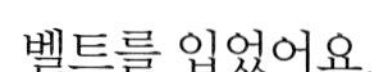 벨트를 입었어요.

(2)  안경을 했어요.

(3)  우산을 했어요.

(4)  목도리를 꼈어요.

(5)  팔찌를 썼어요.

(6)  넥타이를 신었어요.

E Expresar precios

〔precio〕 + 하다

(1) Preguntar por el precio

A 이 가방이 얼마나 **해요**? (=이 가방이 얼마예요?) ¿Cuánto cuesta esta bolsa?

B 30만 원쯤 **해요**. (=30만 원이에요.) Cuesta alrededor de 300,000 wones.

(2) Preguntar por una cuota

A 이번 여행에 돈이 얼마나 **들었어요**? ¿Cuánto costó este viaje?

B 30만 원쯤 **들었어요**. Costó alrededor de 300,000 wones.

Seleccione la respuesta correcta.

(1) 생일 파티에 돈이 얼마나 (ⓐ 했어요? / ⓑ 들었어요?)
(2) 이 자동차가 얼마나 (ⓐ 해요? / ⓑ 들어요?)
(3) 비자를 만들 때 돈이 얼마나 (ⓐ 해요? / ⓑ 들어요?)
(4) 커피 한 잔이 얼마나 (ⓐ 해요? / ⓑ 들어요?)

F 잘하다 vs. 못하다

(1)

잘하다
hacer bien

내 친구는 외국어를 **잘해요**.
Mi amigo **habla bien** los idiomas extranjeros.

(2)

못하다
ser incapaz de algo

저는 술을 **못해요**.
No **puedo** beber alcohol.

Tip
La partícula 을/를 se utiliza con 잘하다 y 못하다.
Ej. 외국어를 잘하다 (O) Es bueno hablando idiomas extranjeros.
외국어가 잘하다 (X)

Marque cada casilla O si las siguientes oraciones son correctas o X si son incorrectas.

새라: 어렸을 때부터 요리했어요. 요리가 재미있고 저한테 별로 어렵지 않아요. 그런데 집에 물건이 고장 나면 어떻게 해야 할지 잘 모르겠어요. 노래도 잘 못 부르니까 노래방에 가기 싫어요.

진수: 저는 요리에 관심이 있지만 제가 만든 음식은 별로 맛이 없어요. 하지만 저는 컴퓨터나 가구 어떤 것도 쉽게 고쳐요. 가끔 노래방에 가지만 노래는 잘 못 불러요.

(1) 진수와 사라는 둘 다 요리를 잘해요. ☐
(2) 진수는 요리를 잘하지만 수리를 잘 못해요. ☐
(3) 새라는 요리를 잘하지만 수리를 잘 못해요. ☐
(4) 진수와 새라는 둘 다 노래를 잘 못해요. ☐

G Al citar indirectamente, utilice –고 하다

–고 하다 para menciones indirectas (citar lo que dijo un tercero).

–고 하다

A 선생님이 **뭐라고 했어요**?
¿Qué dijo la maestra?

B 다시 **전화한다고 했어요**.
(= 말했어요.)
Dijo que va a llamar de nuevo.

Tip
La forma de –고 하다 difiere dependiendo de qué tipo de frase se cita.
Declarativo 〔Declaración〕 –다고 하다
Imperativo 〔Comando〕 –(으)라고 하다
Propositiva 〔Sugerencia〕 –자고 하다
Interrogativo 〔Pregunta〕 –냐고 하다

¡Cuestionario! Escriba lo que dicen las personas en los espacios subrayados.

리에: 오늘 시간이 없어요?

제인: 지난주에 친구를 만났어요.

새라: 오늘 같이 점심 먹읍시다.

진수: 보통 저녁에 운동해요.

(1) 리에는 오늘 시간이 ______________.
(2) 제인은 지난주에 친구를 ______________.
(3) 새라는 오늘 같이 ______________.
(4) 진수는 보통 저녁에 ______________.

H –게 하다: Expresando el significado causal de un verbo

Cuando se hace que alguien realice una acción, –게 하다 se adjunta a ese verbo.

(1)

(persona)을/를 (verbo)게 하다

hacer (verbo) a (alguien)

아이가 엄마를 **화나게 했어요.**

El niño **hizo enojar** a su madre.

(2)

(persona)에게 (verbo)게 하다

hacer que (alguien) haga (verbo)

선생님이 학생들에게 책을 **읽게 했어요.**

El profesor **hizo que** el estudiante **leyera** un libro.

Conecte lo que sigue para completar las frases.

(1) 친구가 계속 수업에 늦게 와서 •
(2) 직원이 오늘 너무 피곤해 보여서 •
(3) 아들 방이 너무 더러워서 •
(4) 매일 게임만 하고 공부를 안 해서 •

• ⓐ 엄마가 게임을 못 하게 했어요.
• ⓑ 엄마가 아들에게 방을 정리하게 했어요.
• ⓒ 사장님이 직원을 하루 쉬게 했어요.
• ⓓ 선생님을 화나게 했어요.

I –아/어하다: Expresar un sentimiento inferido de una acción

Cuando –아/어하다 se adjunta a la raíz de un adjetivo, se convierte en un verbo.

무섭다 aterrador (adjetivo)

호랑이가 **무서워요.** (자신의 감정을 직접적으로 표현할 때)

Tengo miedo del tigre.

(Describe el propio estado psicológico)

무서워하다 tener miedo (verbo)

저 남자가 호랑이를 **무서워해요.**

(자신이나 다른 사람의 감정을 행동으로 나타내어 동사처럼 서술할 때)

Ese hombre **tiene miedo** del tigre.

(Describe el estado psicológico que se infiere de una acción)

¡Cuestionario! Seleccione las respuestas correctas.

(1) 회사 생활이 너무 (ⓐ 괴로워요. / ⓑ 괴로워해요.)
(2) 그 사람은 자기 실수를 너무 (ⓐ 부끄러워요. / ⓑ 부끄러워해요.)
(3) 가족을 (ⓐ 그리워도 / ⓑ 그리워해도) 만날 수 없어요.
(4) 저를 도와준 사람들에게 항상 (ⓐ 고맙고 / ⓑ 고마워하고) 있어요.

Tip

–아/어하다 debe ser usado cuando se describe el estado de uno objetivamente como se describe un estado inferido de una acción.

• 슬프다 triste:
  Ej. 영화가 슬퍼요. La película es triste.
• 슬퍼하다 entristecido:
  Ej. 사람들이 그분의 죽음을 슬퍼했어요. El pueblo se entristeció por la muerte de esa persona.

El verbo 되다

¡Aprendamos!

El verbo 되다 generalmente significa "llegar a ser". Se utiliza en las siguientes situaciones.

A 〔Sustantivo〕 + 이/가 되다: "Llegar a ser" (una ocupación o estatus)

A 나중에 어떤 사람이 **되고** 싶어요?
¿Qué quieres ser en el futuro?

B 가수가 **되고** 싶어요.
Quiero ser cantante.

¡Cuidado!
Se utilizan las partículas 이/가 con el verbo 되다 antes de la situación resultante.
예 선생님이 됐어요. (O)
Me convertí en maestro
선생님에 됐어요. (X)

¡Cuestionario! Seleccione las respuestas correctas y escríbalas en las casillas.

배우　　작가　　의사　　경찰

(1) 저는 나중에 자기 책을 쓰고 싶어요. ________ 이/가 되고 싶어요.
(2) 저는 도둑 같은 나쁜 사람을 잡고 싶어요. ________ 이/가 되고 싶어요.
(3) 저는 아픈 사람을 고쳐 주고 싶어요. ________ 이/가 되고 싶어요.
(4) 저는 영화나 드라마에서 연기하고 싶어요. ________ 이/가 되고 싶어요.

B Al expresar un cambio

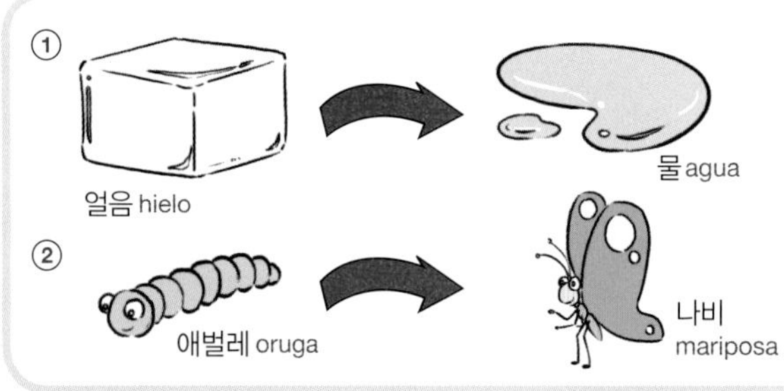

① 얼음이 물이 **되었어요.**
El hielo se convirtió en agua.
= 얼음이 물로 **되었어요.**
El agua se convirtió en hielo.

② 애벌레가 나비가 **되었어요.**
La oruga se convirtió en mariposa.

¡Cuidado!
La partícula (으)로 se utiliza cuando 되다 expresa una transformación / transición de una situación a otra.

¡Cuestionario! Corrija las palabras subrayadas.

(1) 병아리가 •　　　　• ⓐ 개가 돼요.
(2) 강아지가 •　　　　• ⓑ 닭이 돼요.
(3) 남자 아이가 •　　　　• ⓒ 소녀가 돼요.
(4) 여자 아이가 •　　　　• ⓓ 소년이 돼요.

C Al llegar a un determinado momento o estado

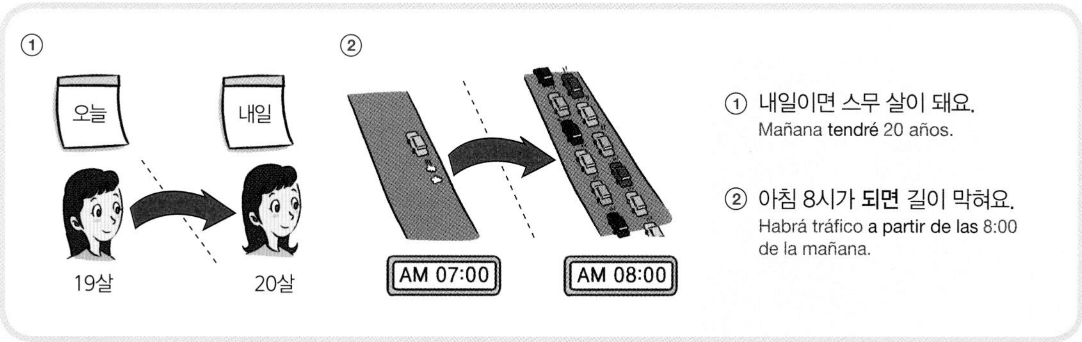

① 내일이면 스무 살이 돼요.
Mañana **tendré** 20 años.

② 아침 8시가 **되면** 길이 막혀요.
Habrá tráfico **a partir de las** 8:00 de la mañana.

 Corrija las partes subrayadas.

(1) 매년 12월이 되면 환영회를 해요.
(2) 한국에서 60살이 되면 환송회를 해요.
(3) 이사하게 되면 송년회를 해요.
(4) 친구가 떠나게 되면 집들이를 해요.
(5) 한국에서 1살이 되면 환갑잔치를 해요.
(6) 새로운 사람이 오게 되면 돌잔치를 해요.

D Cuando se expresa el estado de realización de un objeto o evento

① 빵이 다 **됐습니다.** El pan **está listo.**

② 밥이 준비 **됐어요.** La comida **está lista.**

El adverbio 다 (all) se utiliza para expresar la finalización.

¡Cuestionario! Seleccione las opciones correctas y complete las conversaciones.

다 | 하나도 | 거의 | 반

(1) A 숙제 끝났어요?
B 네, ________ 다 됐어요. 5분만 더 하면 돼요.

(2) A 파티 준비가 끝났어요?
B 그럼요, 벌써 ________ 됐어요.

(3) A 음식이 다 됐어요?
B 아니요, 지금 ________ 쯤 됐어요. 50% 더 돼야 돼요.

(4) A 지금 밥을 먹을 수 있어요?
B 아니요, 밥이 ________ 안 됐어요. 지금 시작해야 해요.

E Al expresar de qué está hecho algo

(1)

나무로 **된** 집은 겨울에 추워요.
Las casas **hechas de** madera son frías en invierno.

(2)

유리로 **된** 물건은 깨지기 쉬워요.
Es fácil que las cosas **hechas de** vidrio se rompan.

Seleccione las respuestas correctas.

(1) 면으로 된 양말은 (ⓐ 입기 / ⓑ 신기) 좋아요.
(2) 실크로 된 블라우스는 (ⓐ 화장하기 / ⓑ 세탁하기) 불편해요.
(3) 종이로 된 신분증은 (ⓐ 찢어지기 / ⓑ 깨지기) 쉬워요.
(4) 유리로 된 장난감은 (ⓐ 찢어지기 / ⓑ 깨지기) 쉬워요.

Tip
La partícula (으)로 se utiliza después del sustantivo material.

F Al expresar si una máquina funciona o no

(1)

어제 세탁기를 수리해서 이제 **잘 돼요**.
Ayer reparé la lavadora, así que ahora **funciona bien**.

(2)

컴퓨터가 **안 돼요**. 또 고장 났어요.
El ordenador **no funciona**. **Se ha averiado** de nuevo.

Seleccione las respuestas correctas y escríbalas en las casillas.

자판기	전화기	면도기	세탁기

(1) ________ 이/가 안 돼요. 빨래를 세탁소에 맡겨야 돼요.
(2) ________ 이/가 안 돼요. 상대방 소리가 안 들려요.
(3) ________ 이/가 안 돼요. 오늘은 수염을 깎을 수 없어요.
(4) ________ 이/가 안 돼요. 돈을 넣어도 음료수가 안 나와요.

G 잘되다 vs. 안되다

(1)

사업이 **잘돼요.**
El negocio va bien.

(2)

공부가 잘 **안돼요.**
Mis estudios no van bien.

Seleccione las respuestas correctas.

(1) 공사가 잘되면 ⓐ 문제가 생길 거예요.
ⓑ 문제가 없을 거예요.

(2) 수술이 잘되면 ⓐ 빨리 나을 거예요.
ⓑ 다시 아플 거예요.

(3) 공부가 잘 안되면 ⓐ 잠깐 쉬는 게 좋아요.
ⓑ 공부하는 게 좋아요.

(4) 일이 잘 안되면 ⓐ 큰돈을 벌 수 있어요.
ⓑ 큰돈을 잃을 수 있어요.

H Cuando se expresan los sentimientos: 〔걱정, 긴장, 후회, 안심〕 + 되다

① 시험 준비를 못 해서 **걱정돼요.**
Estoy preocupada porque no fui capaz de prepararme para el examen.

② 시험이 쉬워서 **안심돼요.**
Me siento aliviado porque el examen fue fácil.

③ 면접할 때 너무 **긴장돼요.**
Me pongo muy nervioso durante las entrevistas.

④ 친구하고 싸운 것이 **후회돼요.**
Me arrepiento de haberme peleado con mi amigo.

¡Cuestionario! Conecte lo que sigue para completar las frases.

(1) 아이가 늦게까지 집에 안 들어올 때 • • ⓐ 긴장돼요.
(2) 사람들 앞에서 외국어로 말할 때 • • ⓑ 안심돼요.
(3) 해야 할 일을 안 해서 문제가 될 때 • • ⓒ 걱정돼요.
(4) 어두운 곳이라도 친구와 함께 있을 때 • • ⓓ 후회돼요.

Los verbos 생기다, 풀다, 걸리다

Capítulo 85

¡Aprendamos!

El verbo 생기다

> **Tip**
> 생기다 se refiere, por lo general, a un evento que ya ha ocurrido y se utiliza en el pretérito perfecto compuesto.
> Ej. 남자 친구가 생겼어요. (○)
> Tengo un nuevo novio.
> 남자 친구가 생겨요. (×)

생기다 (surgir), posee varios significados de acuerdo al contexto, principalmente: 나타나다 (aparecer, manifestarse) o 발생하다 (ocurrir, acontecer).

A Cuando surge o se consigue algo previamente inexistente

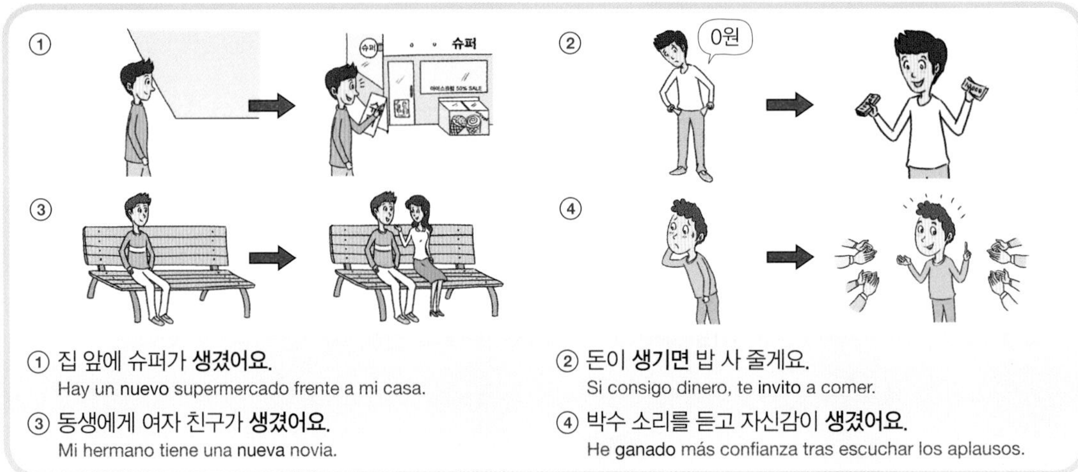

① 집 앞에 슈퍼가 **생겼어요.**
Hay un **nuevo** supermercado frente a mi casa.

② 돈이 **생기면** 밥 사 줄게요.
Si consigo dinero, te **invito** a comer.

③ 동생에게 여자 친구가 **생겼어요.**
Mi hermano tiene una **nueva** novia.

④ 박수 소리를 듣고 자신감이 **생겼어요.**
He **ganado** más confianza tras escuchar los aplausos.

B Cuando algo sucede de manera inesperada o repentina

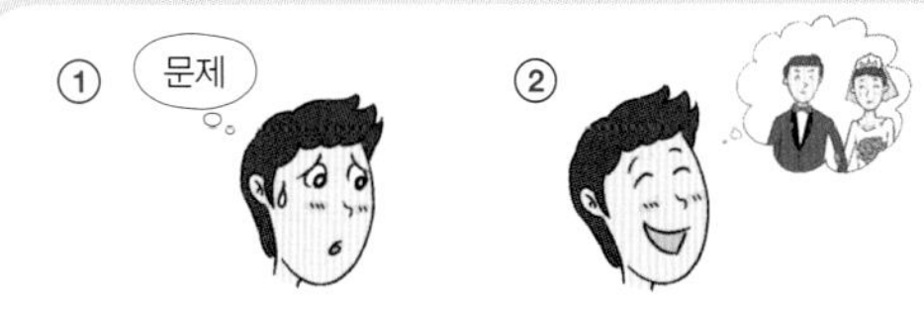

① 문제가 **생겨서** 걱정돼요.
Estoy **preocupado** por un problema que me ha ocurrido...

② 형에게 좋은 일이 **생겼어요.**
Algo bueno le **pasó** a mi hermano.

¡Cuestionario! Empareje lo siguiente para completar las oraciones.

(1) 선물로 돈이 생겼어요. • • ⓐ 그래서 내일 만날 수 없어요.

(2) 내일 약속이 생겼어요. • • ⓑ 그래서 사고 싶은 운동화를 샀어요.

(3) 집에 문제가 생겼어요. • • ⓒ 그래서 거기에 밥 먹으러 자주 가요.

(4) 집 근처에 식당이 생겼어요. • • ⓓ 그래서 가족하고 해결 방법을 찾고 있어요.

C Al expresar la apariencia de una persona o cosa

(1)

① 

① 여학생이 예쁘게 **생겼어요.**
La **estudiante** es bonita.

② 여자가 귀엽게 **생겼어요.** La mujer se ve linda.

(2)

① 

② 

① 영화배우가 멋있게 **생겼어요.**
El actor de cine **es** guapo.

② 남자가 착하게 **생겼어요.** El hombre se ve **amable**.

(3)

① 

② 

① 진호는 미국 사람처럼 **생겼어요.**
Jinho **parece** estadounidense.

② 여자가 배우처럼 **생겼어요.**
Ella **parece** una actriz.

(4)

① 

② 

① 저 사람은 운동선수처럼 **생겼어요.**
Aquella persona **parece** un atleta.

② 여자가 모델처럼 **생겼어요.**
Ella **parece** una modelo.

¡Cuestionario! 1 Conecte las oraciones relacionadas.

(1) 공주처럼 • • ⓐ 귀엽게 생겼어요.
(2) 왕자처럼 • • ⓑ 예쁘게 생겼어요.
(3) 아이처럼 • • ⓒ 무섭게 생겼어요.
(4) 호랑이처럼 • • ⓓ 멋있게 생겼어요.

Observe la imagen y elija la respuesta correcta.

(1)

내 친구는 (ⓐ 사업가 / ⓑ 예술가)처럼 생겼어요.

(2)

우리 개는 (ⓐ 고양이 / ⓑ 거북이)처럼 생겼어요.

(3)

저 아이들은 형제처럼 (ⓐ 똑같이 / ⓑ 다르게) 생겼어요.

(4)

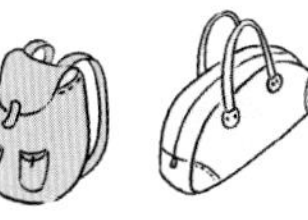

같은 회사 제품이지만 (ⓐ 똑같이 / ⓑ 다르게) 생겼어요.

El verbo 풀다

El verbo 풀다 posee varios significados de acuerdo al contexto, principalmente: "deshacer" / "desenvolver" / "solucionar". Se utiliza en las siguientes situaciones:

A Desatar un objeto atado o envuelto

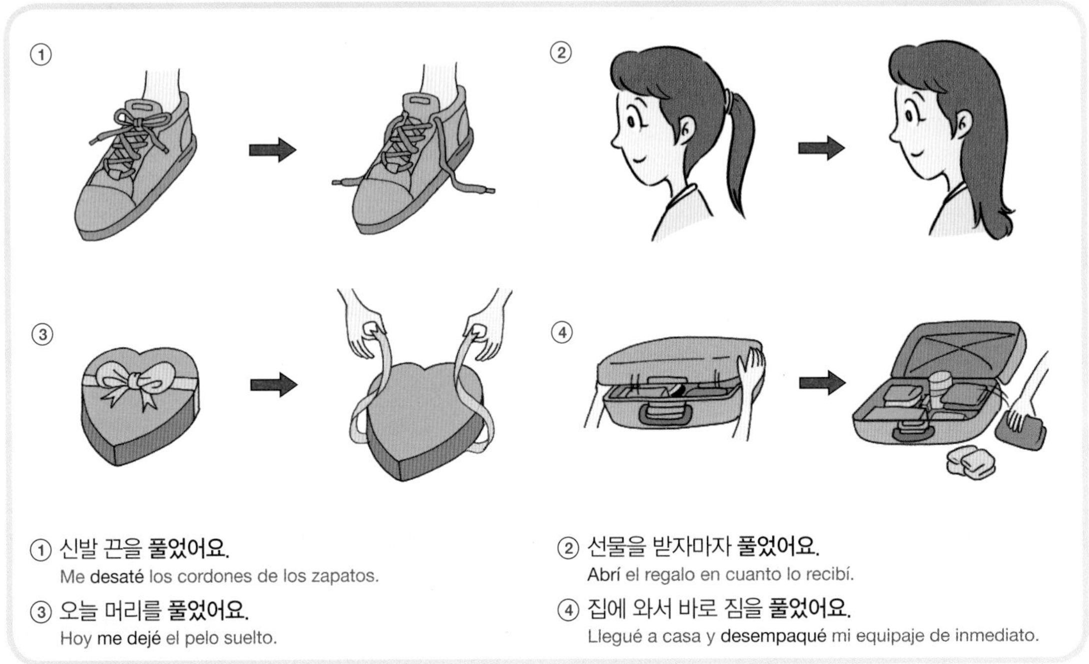

① 신발 끈을 **풀었어요.**
Me **desaté** los cordones de los zapatos.

② 선물을 받자마자 **풀었어요.**
Abrí el regalo en cuanto lo recibí.

③ 오늘 머리를 **풀었어요.**
Hoy **me dejé** el pelo suelto.

④ 집에 와서 바로 짐을 **풀었어요.**
Llegué a casa y **desempaqué** mi equipaje de inmediato.

¡Cuestionario! 1 Empareje cada verbo con su antónimo.

(1) 짐을 풀다 •
(2) 머리를 풀다 •
(3) 선물을 풀다 •
(4) 벨트를 풀다 •
(5) 끈을 풀다 •
(6) 시계를 풀다 •

• ⓐ 싸다
• ⓑ 묶다
• ⓒ 차다

Tip
싸다 empacar, envolver
묶다 atar
차다 poner, colocar

¡Cuestionario! 2 Seleccione las respuestas correctas.

(1) 어제 가방을 (ⓐ 쌀 / ⓑ 묶을) 때 모자를 넣었는데, 가방을 풀 때 모자가 없어요.
(2) 끈으로 머리를 (ⓐ 싸면 / ⓑ 묶으면) 아이 같은데, 머리를 풀면 어른 같아요.
(3) 발이 아파요. 신발 끈을 풀고 다시 (ⓐ 싸야 / ⓑ 묶어야) 할 것 같아요.
(4) 선물을 (ⓐ 쌀 / ⓑ 묶을) 때 30분 걸렸는데, 선물을 풀 때에는 1분도 안 걸렸어요.
(5) 소포를 (ⓐ 싼 / ⓑ 묶은) 다음에 소포를 받는 이름과 주소, 연락처를 써야 해요.
(6) 배가 너무 불러서 벨트를 풀었어요. 이따가 회의 시작 전에 다시 벨트를 (ⓐ 싸야 / ⓑ 차야) 해요.

B Disminuir o solucionar algo difícil o negativo

(1) Resolver una situación difícil

① 시험 문제를 **풀고 있어요.**
Estoy **respondiendo** a la pregunta del examen.

② 인터넷을 통해 궁금증을 **풀었어요.**
Sacié mi curiosidad a través del Internet.

(2) Cuando desaparece un sentimiento negativo como cansancio, estrés, etc.

① 음식으로 스트레스를 **풀어요.**
Alivio mi estrés comiendo.

② 운동으로 피로를 **풀었어요.**
Alivié mi fatiga haciendo ejercicio.

(3) Cuando se calma un sentimiento

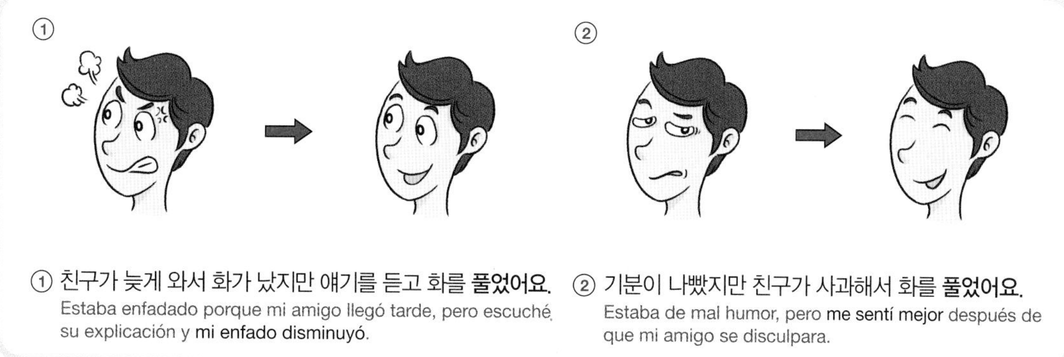

① 친구가 늦게 와서 화가 났지만 얘기를 듣고 화를 **풀었어요.**
Estaba enfadado porque mi amigo llegó tarde, pero escuché su explicación y **mi enfado disminuyó.**

② 기분이 나빴지만 친구가 사과해서 화를 **풀었어요.**
Estaba de mal humor, pero **me sentí mejor** después de que mi amigo se disculpara.

¡Cuestionario! Conecte lo que sigue para completar las frases.

(1) 기분을 풀기 위해 •
(2) 오해를 풀기 위해 •
(3) 피로를 풀기 위해 •
(4) 문제를 풀기 위해 •

• ⓐ 문제에 대해 많이 생각했어요.
• ⓑ 신나게 춤을 췄어요.
• ⓒ 그 사람과 오랫동안 대화했어요.
• ⓓ 하루 종일 푹 쉬었어요.

El verbo 걸리다

El verbo 걸리다 posee varios significados de acuerdo al contexto, principalmente: “estar colgado (en)”. Es la forma pasiva del verbo 걸다 (colgar). También puede significar durar, contraer (una enfermedad), etc.

A Para expresar el tiempo necesario para completar una tarea

① 청소하는 데 3시간 정도 **걸렸어요.**
Tardé tres horas en hacer la limpieza.

② 집에서 회사까지 1시간 정도 **걸려요.**
Tardo una hora en ir al trabajo desde mi casa.

¡Cuestionario! Marque cada casilla con una O si es correcta o una X si es incorrecta según la tabla.

(1) 자동차가 시간이 제일 조금 걸려요. ☐
(2) 자전거가 시간이 제일 많이 걸려요. ☐
(3) 버스가 지하철보다 10분 빨라요. ☐
(4) 자전거가 지하철보다 20분 느려요. ☐
(5) 자동차와 오토바이는 10분 차이가 나요. ☐

자동차	15분
오토바이	20분
자전거	45분
지하철	25분
버스	35분
도보	1시간 20분

B Cuando uno se enferma / contrae una enfermedad

① 지난주에 감기에 **걸려서** 회사에 못 갔어요.
No pude ir a trabajar la semana **pasada** porque contraje un resfriado.

② 담배를 많이 피우면 암에 **걸릴** 수 있어요.
Si fumas mucho **puedes** sufrir cáncer.

¡Cuestionario! Conecte lo que sigue para completar la frase.

(1) 겨울에 옷을 얇게 입으면 •
(2) 스트레스를 많이 받으면 •
(3) 담배를 많이 피우면 •
(4) 소화에 문제가 생기면 •

• ⓐ 변비에 걸려요.
• ⓑ 감기에 걸려요.
• ⓒ 폐암에 걸려요.
• ⓓ 우울증에 걸려요.

C Con el significado de "colgar" algo en una superficie o percha

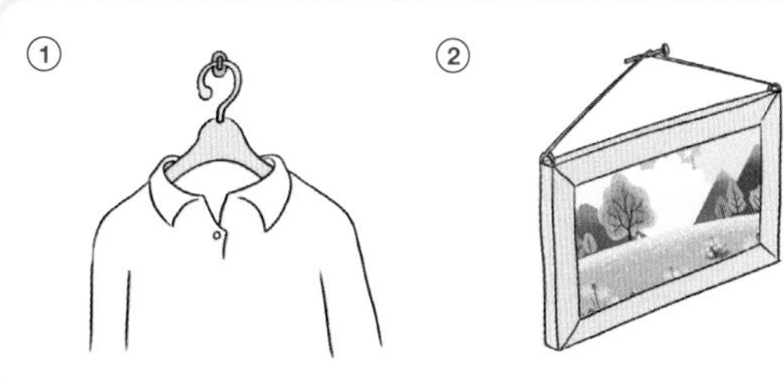

① 옷이 옷걸이에 **걸려** 있어요.
La ropa **está** colgada en la percha.

② 벽에 그림이 **걸려** 있어요.
El cuadro **está** colgado en la pared.

D Con el significado de "ser descubierto"

① 시험을 볼 때 책을 보다가 선생님한테 **걸렸어요.**
El profesor me **descubrió** mirando mi libro mientras hacía el examen.

② 너무 빨리 운전하다가 경찰에게 **걸렸어요.**
Fui detenido por el policía por **conducir** demasiado rápido.

E Con el significado de "quedar atrapado en (un objeto)"

① 못에 **걸려서** 옷이 찢어졌어요.
Mi ropa se **rasgó** por quedarse enganchada en un clavo.

② 돌에 **걸려서** 길에서 넘어졌어요.
Mi pie se **atascó** en una roca en el camino y me tropecé.

Observe la imagen y elija la respuesta correcta.

(1)

(2)

(3)

(4)

벽에 시계가 걸려 있어서 •

거짓말이 친구에게 걸려서 •

간판에 걸려서 •

경찰에게 걸려서 •

• ⓐ 친구가 화를 냈어요.

• ⓑ 경찰서에 갔어요.

• ⓒ 길에서 넘어졌어요.

• ⓓ 쉽게 시간을 확인할 수 있어요.

Capítulo 86 La acción y el resultado de la acción

¡Aprendamos!

A Cuando el sujeto expresa sus acciones - cuando expresa las consecuencias de sus acciones

(1)

속이다 engañar → 속다 ser engañado

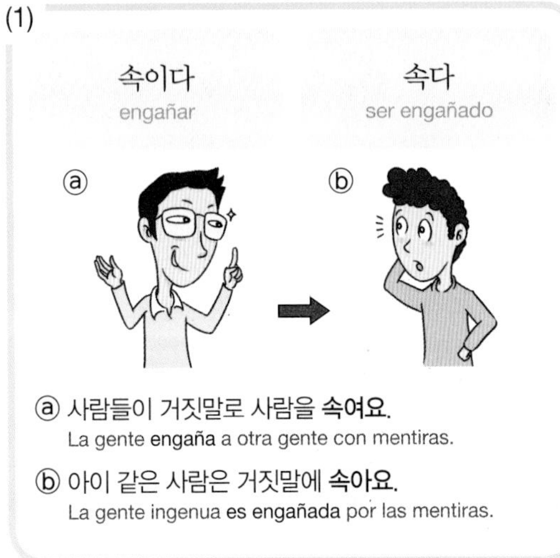

ⓐ 사람들이 거짓말로 사람을 **속여요**.
La gente **engaña** a otra gente con mentiras.

ⓑ 아이 같은 사람은 거짓말에 **속아요**.
La gente ingenua **es engañada** por las mentiras.

(2)

알리다 informar, avisar → 알다 saber

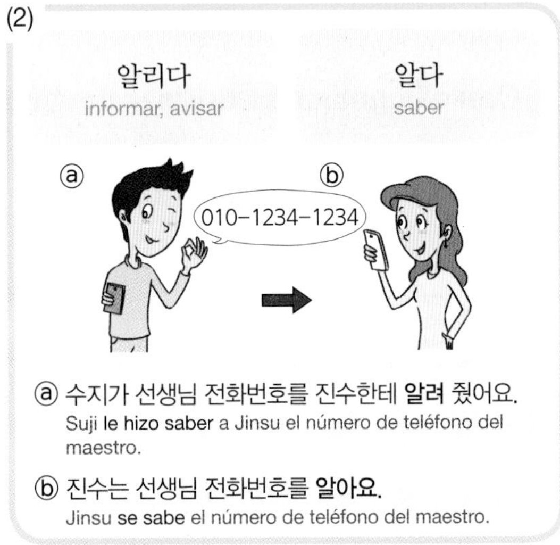

ⓐ 수지가 선생님 전화번호를 진수한테 **알려** 줬어요.
Suji **le hizo saber** a Jinsu el número de teléfono del maestro.

ⓑ 진수는 선생님 전화번호를 **알아요**.
Jinsu **se sabe** el número de teléfono del maestro.

(3)

남기다 quedarse, sobrarse → 남다 quedar, sobrar

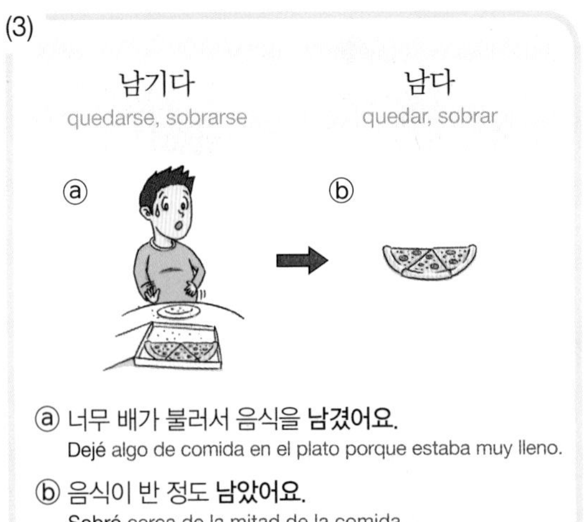

ⓐ 너무 배가 불러서 음식을 **남겼어요**.
Dejé algo de comida en el plato porque estaba muy lleno.

ⓑ 음식이 반 정도 **남았어요**.
Sobró cerca de la mitad de la comida.

(4)

맡기다 encargar, confiar → 맡다 asumir, encargarse

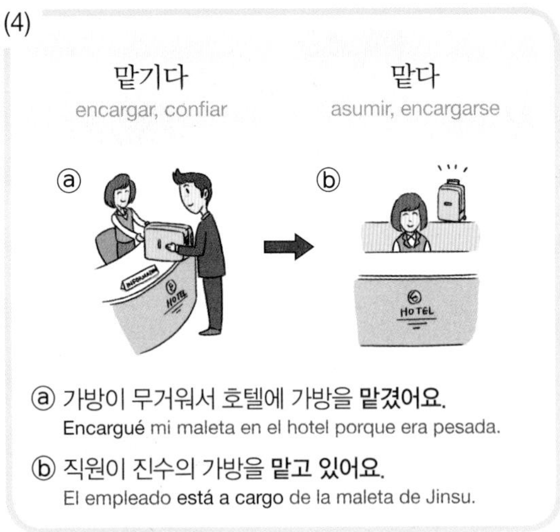

ⓐ 가방이 무거워서 호텔에 가방을 **맡겼어요**.
Encargué mi maleta en el hotel porque era pesada.

ⓑ 직원이 진수의 가방을 **맡고 있어요**.
El empleado **está a cargo** de la maleta de Jinsu.

¡Cuestionario! 1 Conecte lo que sigue para completar las frases.

(1) 사람을 잘 믿어서 •	• ⓐ 택시를 세웠어요.
(2) 배불러서 •	• ⓑ 약속을 바꿨어요.
(3) 빨리 가려고 •	• ⓒ 음식을 남겼어요.
(4) 잃어버리지 않으려고 •	• ⓓ 친구가 잘 속아요.
(5) 나중에 여행 가려고 •	• ⓔ 돈을 모으고 있어요.
(6) 갑자기 일이 생겨서 •	• ⓕ 열쇠를 책상 서랍 안에 넣었어요.

(5)

세우다
parar, erigir

서다
parar

ⓐ 브레이크를 밟아서 차를 **세웠어요.**
Presioné el freno y **paré** el coche.

ⓑ 차가 횡단보도 앞에서 **섰어요.**
El coche **se paró** delante del paso de peatones.

(6)

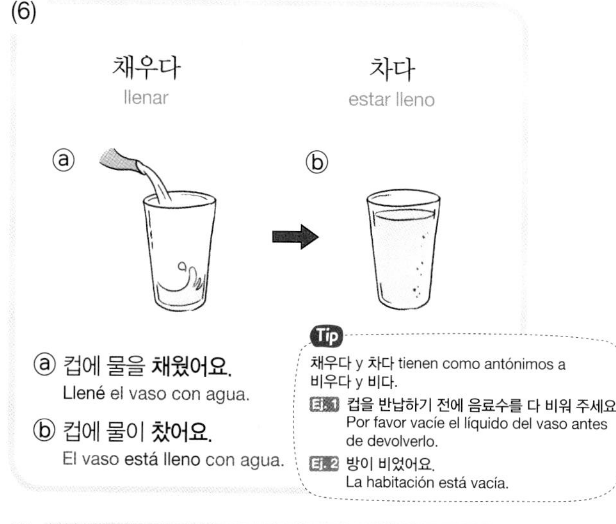

채우다
llenar

차다
estar lleno

ⓐ 컵에 물을 **채웠어요.**
Llené el vaso con agua.

ⓑ 컵에 물이 **찼어요.**
El vaso **está lleno** con agua.

Tip
채우다 y 차다 tienen como antónimos a 비우다 y 비다.
Ej. 1 컵을 반납하기 전에 음료수를 다 비워 주세요.
Por favor vacíe el líquido del vaso antes de devolverlo.
Ej. 2 방이 비었어요.
La habitación está vacía.

(7)

모으다
juntar, ahorrar

모이다
juntarse

ⓐ 여행 가려고 돈을 **모으고** 있어요.
Estoy **ahorrando** dinero para poder viajar.

ⓑ 돈이 50만 원 **모였어요.**
Ahorré 500,000 wones.

(8)

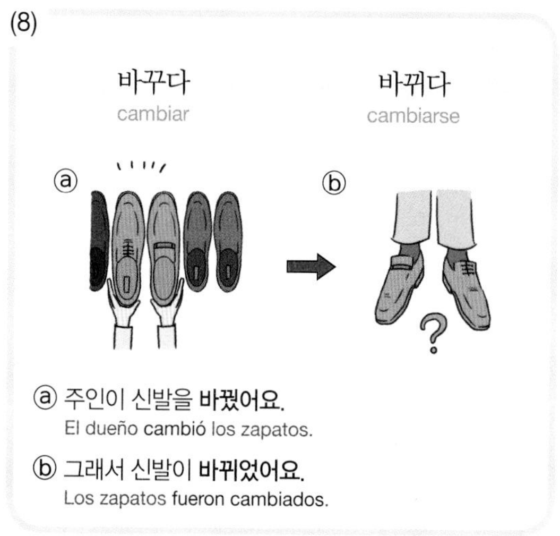

바꾸다
cambiar

바뀌다
cambiarse

ⓐ 주인이 신발을 **바꿨어요.**
El dueño **cambió** los zapatos.

ⓑ 그래서 신발이 **바뀌었어요.**
Los zapatos **fueron cambiados.**

¡Cuestionario! 2 Seleccione la respuesta correcta.

(1) 배가 불러서 음식을 (ⓐ 남을 / ⓑ 남길) 줄 알았는데 음식이 하나도 안 (ⓐ 남았어요. / ⓑ 남겼어요.)

(2) 친구한테 일을 (ⓐ 맡았으니까 / ⓑ 맡겼으니까) 앞으로 친구가 제 일을 (ⓐ 맡을 / ⓑ 맡길) 거예요.

(3) 사람들이 거짓말로 나를 (ⓐ 속아도 / ⓑ 속여도) 나는 절대로 (ⓐ 속지 / ⓑ 속이지) 않을 거예요.

(4) 부모님이 내 결정을 (ⓐ 바뀌려고 / ⓑ 바꾸려고) 해도 내 결정은 (ⓐ 바뀌지 / ⓑ 바꾸지) 않았어요.

(5) 길에서 차를 (ⓐ 서려고 / ⓑ 세우려고) 했지만 차가 (ⓐ 서지 / ⓑ 세우지) 않았어요.

(6) 200ml 이상 물이 (ⓐ 차지 / ⓑ 채우지) 않게 그릇에 천천히 물을 (ⓐ 차세요. / ⓑ 채우세요.)

(7) 같이 여행 가려고 사람을 (ⓐ 모았지만 / ⓑ 모였지만) 사람이 2명만 (ⓐ 모았어요. / ⓑ 모였어요.)

(8) 저 사람한테 제 이름을 (ⓐ 알아 / ⓑ 알려) 줬으니까 이제 저 사람도 제 이름을 (ⓐ 알 / ⓑ 알릴) 거예요.

Tip
Cuando se describe una acción causada por un agente, la partícula 을/를 se utiliza con un verbo transitivo. Cuando se describe el resultado de una acción, la partícula 이/가 se utiliza con un verbo intransitivo.

B El patrón 뜨리다 – 어지다

(1)

깨뜨리다	깨지다
romperse, quebrarse (transitivo)	quebrar, romper (intransitivo)

ⓐ → ⓑ

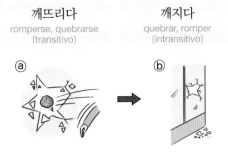

ⓐ 아이가 창문에 공을 던져서 창문을 **깨뜨렸어요.**
El niño lanzó una pelota a la ventana y **se rompió.**

ⓑ 창문이 **깨져서** 창문을 수리해야 해요.
Tenemos que arreglar la ventana porque **está rota.**

(2)

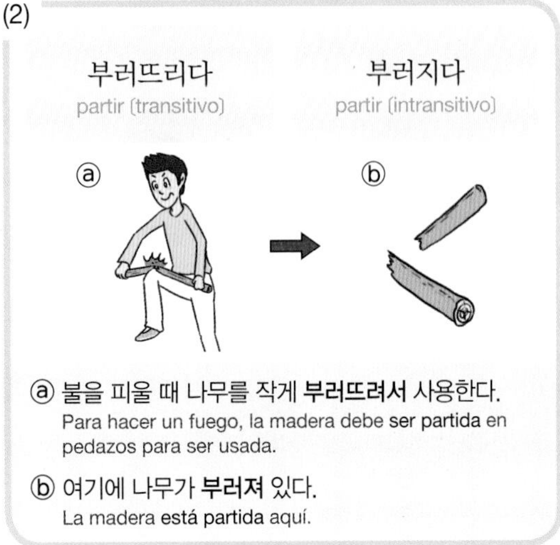

부러뜨리다	부러지다
partir (transitivo)	partir (intransitivo)

ⓐ 불을 피울 때 나무를 작게 **부러뜨려서** 사용한다.
Para hacer un fuego, la madera debe **ser partida** en pedazos para ser usada.

ⓑ 여기에 나무가 **부러져** 있다.
La madera **está partida** aquí.

(3)

떨어뜨리다	떨어지다
caerse (transitivo)	caer (intransitivo)

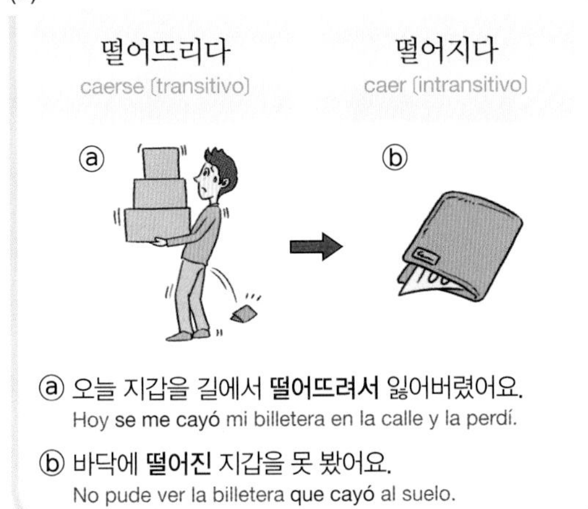

ⓐ 오늘 지갑을 길에서 **떨어뜨려서** 잃어버렸어요.
Hoy **se me cayó** mi billetera en la calle y la perdí.

ⓑ 바닥에 **떨어진** 지갑을 못 봤어요.
No pude ver la billetera **que cayó** al suelo.

(4)

빠뜨리다	빠지다
echar, tirar (transitivo)	caer (intransitivo)

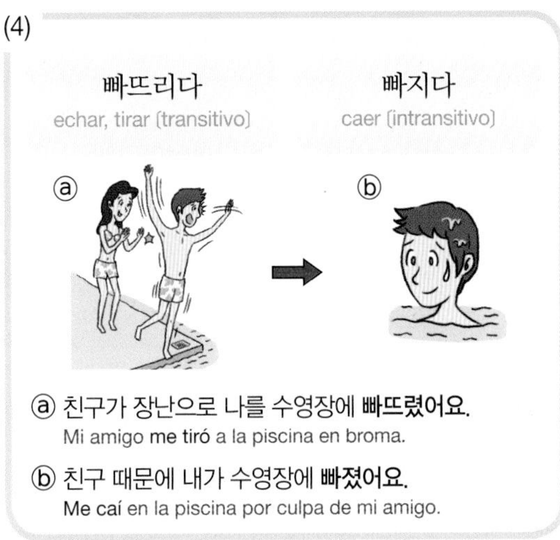

ⓐ 친구가 장난으로 나를 수영장에 **빠뜨렸어요.**
Mi amigo **me tiró** a la piscina en broma.

ⓑ 친구 때문에 내가 수영장에 **빠졌어요.**
Me **caí** en la piscina por culpa de mi amigo.

Observe las imágenes y complete las frases de acuerdo con las imágenes.

(1)

카메라 렌즈가 ________ 서 안 보여요.

(2)

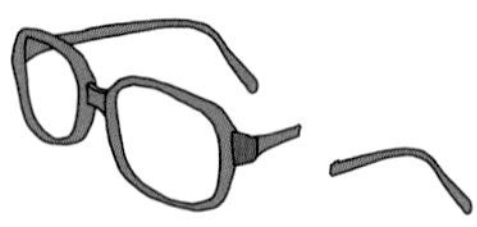

실수로 안경다리를 ________ 서 쓸 수 없어요.

(3)

아이가 물에 ________. 도와주세요.

(4)

핸드폰을 ________ 서 핸드폰이 고장 났어요.

C El patrón 내다 – 나다

Para expresar si una acción se realiza con intención.

(1)

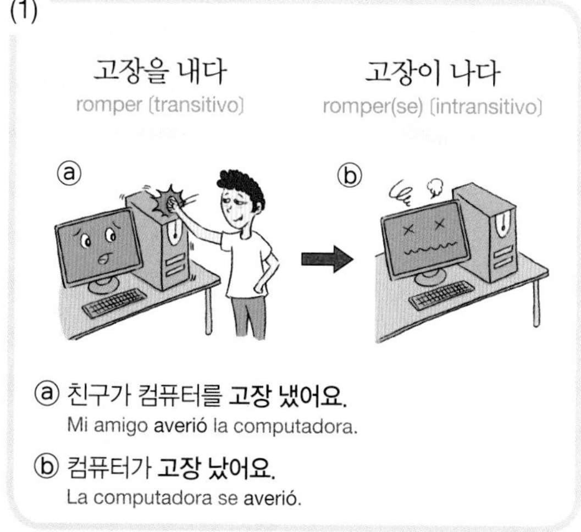

고장을 내다
romper (transitivo)

고장이 나다
romper(se) (intransitivo)

ⓐ 친구가 컴퓨터를 **고장 냈어요.**
Mi amigo **averió** la computadora.

ⓑ 컴퓨터가 **고장 났어요.**
La computadora **se averió**.

(2)

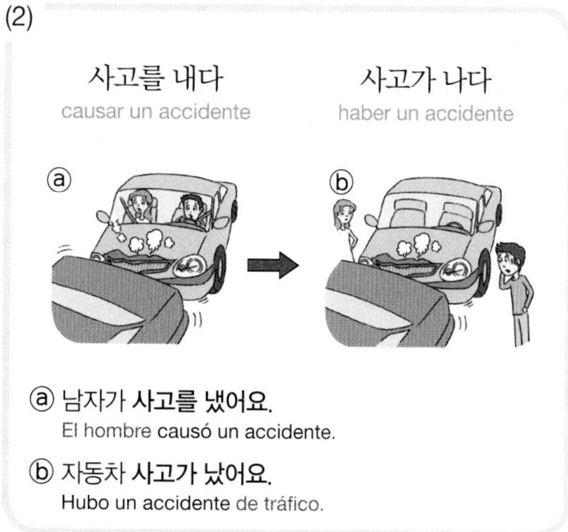

사고를 내다
causar un accidente

사고가 나다
haber un accidente

ⓐ 남자가 **사고를 냈어요.**
El hombre **causó un accidente**.

ⓑ 자동차 **사고가 났어요.**
Hubo un accidente de tráfico.

(3)

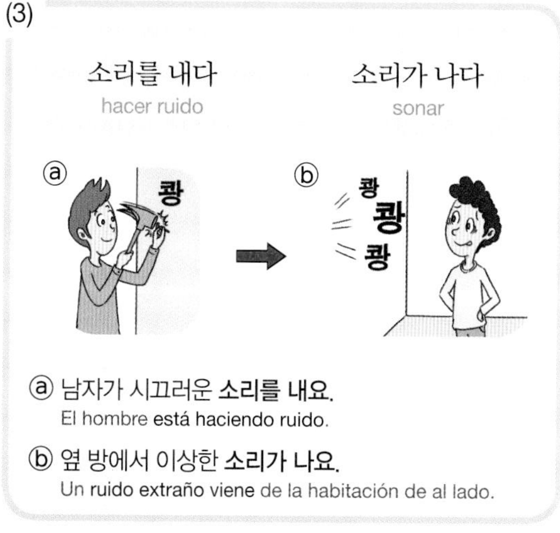

소리를 내다
hacer ruido

소리가 나다
sonar

ⓐ 남자가 시끄러운 **소리를 내요.**
El hombre **está haciendo ruido**.

ⓑ 옆 방에서 이상한 **소리가 나요.**
Un ruido extraño viene de la habitación de al lado.

(4)

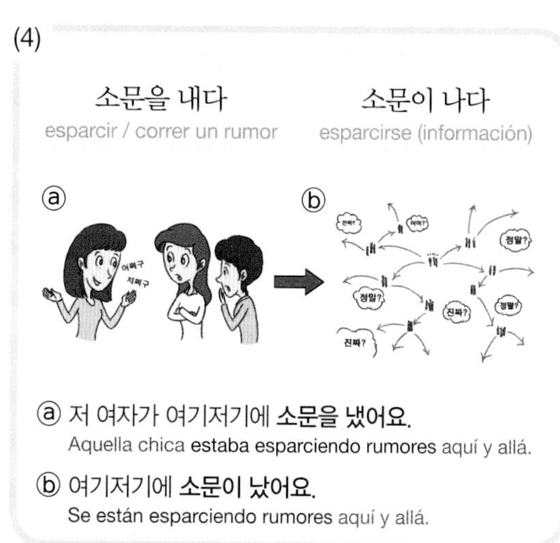

소문을 내다
esparcir / correr un rumor

소문이 나다
esparcirse (información)

ⓐ 저 여자가 여기저기에 **소문을 냈어요.**
Aquella chica **estaba esparciendo rumores** aquí y allá.

ⓑ 여기저기에 **소문이 났어요.**
Se están esparciendo rumores aquí y allá.

¡Cuestionario! Escoja la opción correcta.

(1) 아무도 없는 집에서 이상한 소리가 (ⓐ 나서 / ⓑ 내서) 무서워요.

(2) 제 동생이 스피커를 고장 (ⓐ 나서 / ⓑ 내서) 수리해야 해요.

(3) 이 가게의 빵이 맛있다고 소문이 (ⓐ 나서 / ⓑ 내서) 그 가게에 가 봤어요.

(4) 택시가 자동차하고 부딪쳤어요. 누가 사고를 (ⓐ 났어요? / ⓑ 냈어요?)

(5) 핸드폰이 고장 (ⓐ 나면 / ⓑ 내면) 서비스 센터에 가져오세요.

(6) 교통 사고가 (ⓐ 난 / ⓑ 낸) 곳이 어디예요? 지금 가 볼게요.

(7) 밤늦게 시끄럽게 소리를 (ⓐ 나면 / ⓑ 내면) 안 돼요.

(8) 이 얘기는 비밀이니까 소문을 (ⓐ 나지 / ⓑ 내지) 마세요.

D Etc.

(1)

많이 먹다 — comer mucho

살이 찌다 — subir de peso

많이 먹어서 살이 3kg **쪘어요.**
Subí 3kg de peso porque comí mucho.

(2)

살을 빼다 — bajar de peso (intencionalmente)

살이 빠지다 — bajar de peso (sin intención)

운동해서 **살을 빼니까 살이** 2kg **빠졌어요.**
Hice ejercicio para bajar de peso y perdí 2 kg.

(3)

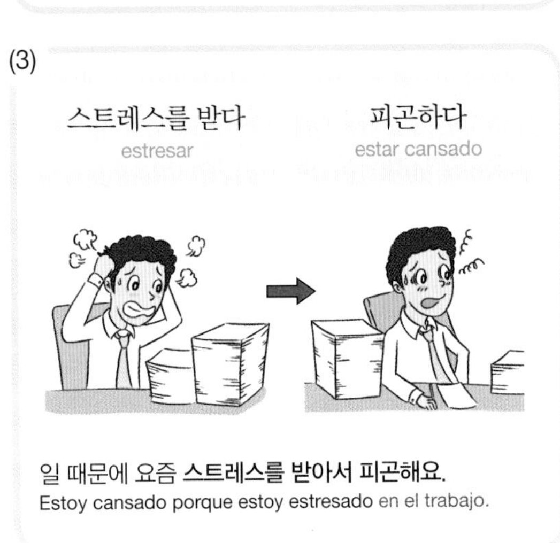

스트레스를 받다 — estresar

피곤하다 — estar cansado

일 때문에 요즘 **스트레스를 받아서 피곤해요.**
Estoy cansado porque estoy estresado en el trabajo.

(4)

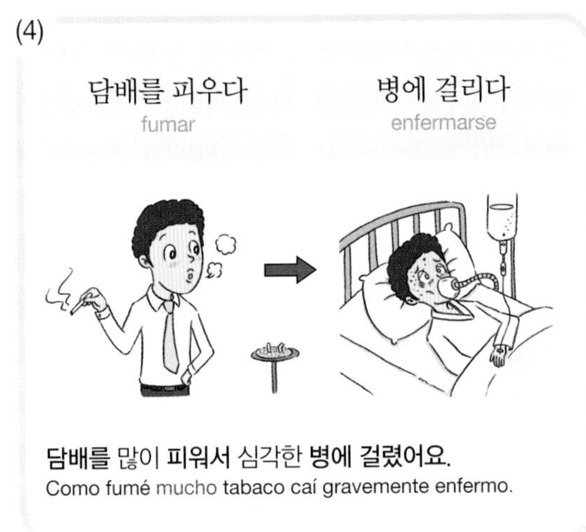

담배를 피우다 — fumar

병에 걸리다 — enfermarse

담배를 많이 **피워서** 심각한 **병에 걸렸어요.**
Como fumé mucho tabaco caí gravemente enfermo.

(5)

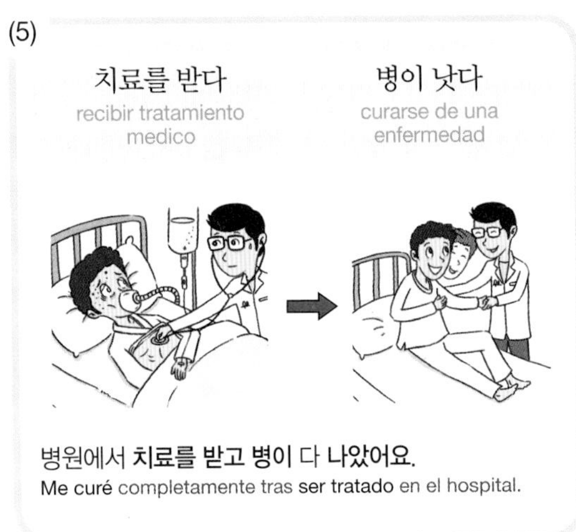

치료를 받다 — recibir tratamiento medico

병이 낫다 — curarse de una enfermedad

병원에서 **치료를 받고 병이** 다 **나았어요.**
Me curé completamente tras ser tratado en el hospital.

(6)

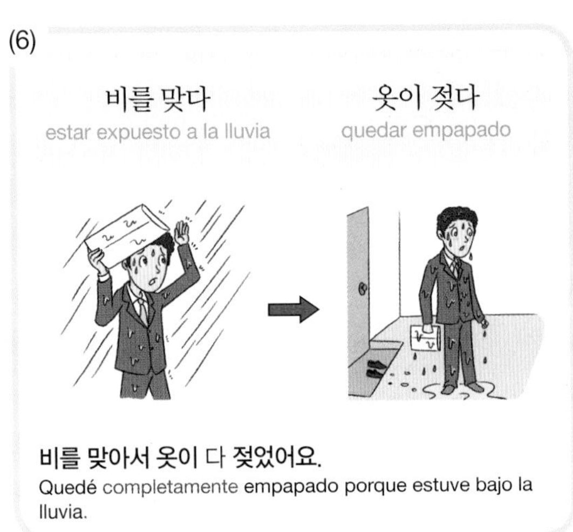

비를 맞다 — estar expuesto a la lluvia

옷이 젖다 — quedar empapado

비를 맞아서 옷이 다 **젖었어요.**
Quedé completamente empapado porque estuve bajo la lluvia.

(7)

커피를 마시다
tomar café

잠이 안 오다
no poder dormir

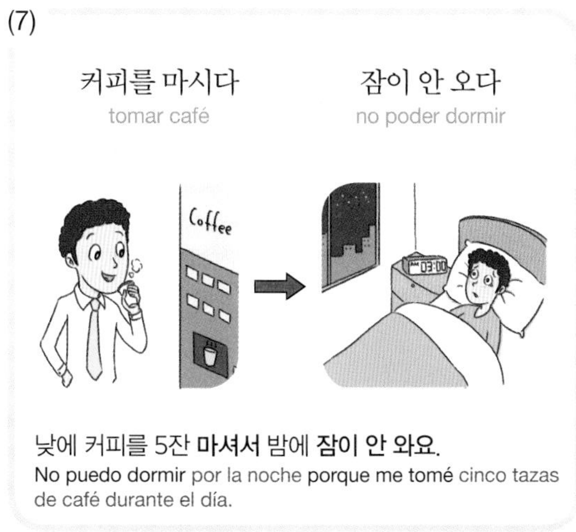

낮에 커피를 5잔 **마셔서** 밤에 **잠이 안 와요.**
No puedo dormir por la noche **porque me tomé** cinco tazas de café durante el día.

(8)

술을 마시다
beber alcohol

술에 취하다
emborracharse

술을 많이 **마셔서 술에 취했어요.**
Bebí mucho alcohol **y me emborraché.**

(9)

급하게 먹다
comer con prisa

체하다
estar mal del estómago

밥을 **급하게 먹어서 체했어요.**
Me **duele el estómago** porque **comí muy rápido.**

(10)

공을 맞다
ser golpeado por una pelota

멍이 들다
tener un moretón

눈에 **공을 맞아서 멍이 들었어요.**
Tengo un moretón porque me golpeó una pelota en el ojo.

¡Cuestionario! Seleccione la respuesta correcta.

(1) 열심히 다이어트 했는데 (ⓐ 살을 안 뺐어요. / ⓑ 살이 안 빠져요.)

(2) 체하지 않게 (ⓐ 천천히 밥을 드세요. / ⓑ 빨리 밥을 드세요.)

(3) 비가 많이 와서 우산을 썼지만 (ⓐ 비를 맞았어요. / ⓑ 비를 안 맞았어요.)

(4) 밤에 (ⓐ 잠을 안 자서 / ⓑ 잠이 안 와서) 3시까지 책을 읽었어요.

(5) (ⓐ 치료를 받으면 / ⓑ 스트레스를 받으면) 병이 나을 거예요.

(6) 살이 (ⓐ 쪄서 / ⓑ 빠져서) 작년에 산 옷이 전부 작아요.

Capítulo 87 Verbos relacionados con dinero

¡Aprendamos!

A Compra y venta de artículos

¡Cuidado!
Preste atención a la diferencia entre 짜리 y 어치.
예) 1,000원짜리 빵을 5,000원어치 샀어요.
Compré 5000 wones de pan, a 1000 wones cada pieza.

(1)

팔다
vender

사다
comprar

ⓐ 빵집에서 아침 7시부터 빵을 **팔아요.**
La panaderia **vende** pan a partir de las 7 de la mañana.

ⓑ 저는 빵을 5,000원어치 **샀어요.**
Compré 5000 wones de pan.

(2)

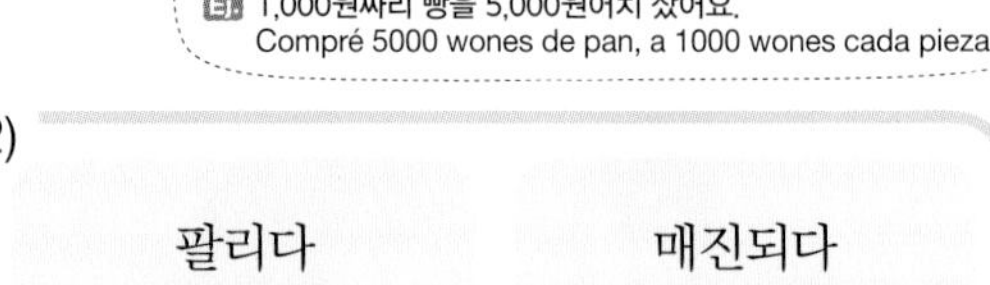

팔리다
ser vendido

매진되다
agotarse

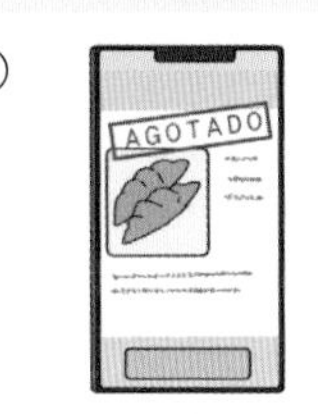

ⓐ 빵이 하나도 없어요. 다 **팔렸어요.**
No hay ni un pan. **Se vendieron** todos.

ⓑ 그 영화가 인기가 많아서 표가 **매진됐어요.**
Debido a que la película es tan popular, todas las entradas **se han agotado.**

(3)

할인하다
Descontar / hacer un descuento

값을 깎다
regatear

ⓐ 이 옷이 10만 원인데 **할인해서** 8만 원이에요.
Esta prenda cuesta 100 mil won, pero **con descuento** serían 80 mil won.

ⓑ 옷을 살 때 20,000원 **깎았어요.**
Logré **regatear** 20 mil won cuando compré esta prenda.

(4)

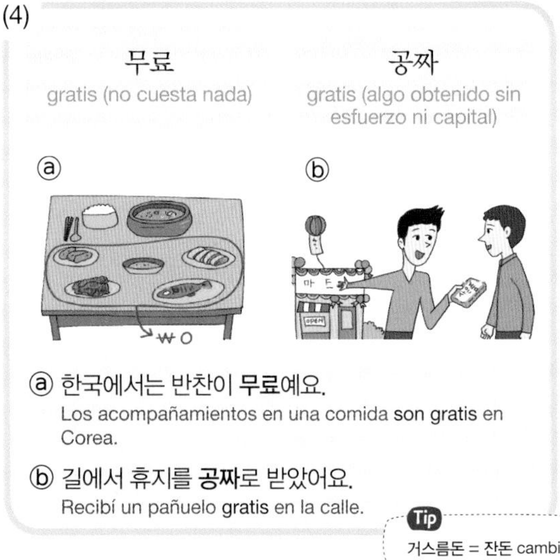

무료
gratis (no cuesta nada)

공짜
gratis (algo obtenido sin esfuerzo ni capital)

ⓐ 한국에서는 반찬이 **무료**예요.
Los acompañamientos en una comida **son gratis** en Corea.

ⓑ 길에서 휴지를 **공짜**로 받았어요.
Recibí un pañuelo **gratis** en la calle.

Tip
거스름돈 = 잔돈 cambio

¡Cuestionario! Seleccione la respuesta correcta.

(1) 가게 주인이 물건을 (ⓐ 사고 / ⓑ 팔고), 손님이 물건을 (ⓐ 사요. / ⓑ 팔아요.)

(2) 시장에서 과일을 만 원(ⓐ 어치 / ⓑ 짜리) 샀어요.

(3) 두부를 못 샀어요. 왜냐하면 두부가 다 (ⓐ 팔았어요. / ⓑ 팔렸어요.)

(4) 콘서트 표를 못 샀어요. 왜냐하면 표가 다 (ⓐ 팔았어요. / ⓑ 매진됐어요.)

(5) 지금 가게에서 에어컨을 10% (ⓐ 팔아서 / ⓑ 할인해서) 백만 원이에요.

(6) 삼겹살을 먹을 때 채소는 돈을 안 내도 돼요. 채소가 (ⓐ 무료예요. / ⓑ 안 팔려요.)

B Salario

Tip
월급: salario mensual
연봉: total del salario recibido en un año

(1)

돈을 벌다
ganar dinero

저는 20살 때부터 **돈을 벌**기 시작했어요.
Empecé a **ganar dinero** cuando tenía 20 años.

(2)

월급을 받다
recibir salario

회사에서 매달 25일에 **월급을 받아요.**
Recibo mi salario de la compañía el 25 de cada mes.

(3)

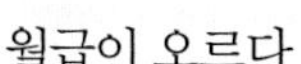

월급이 오르다
aumentar el salario.

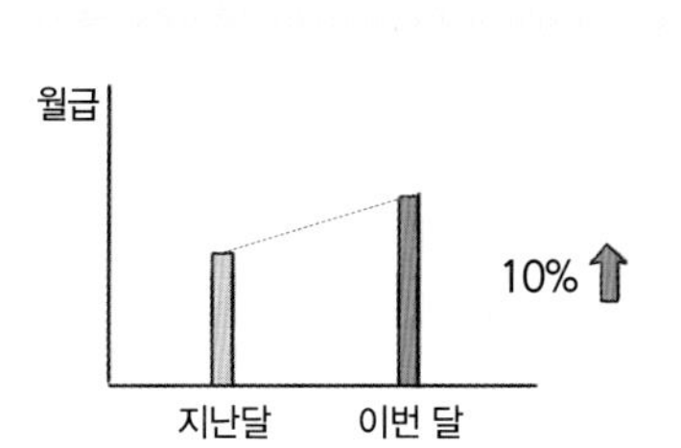

이번 달에 승진해서 **월급이** 10% **올랐어요.**
Me ascendieron este mes y **obtuve un aumento** del 10% en mi salario.

(4)

월급이 내리다
bajar el salario

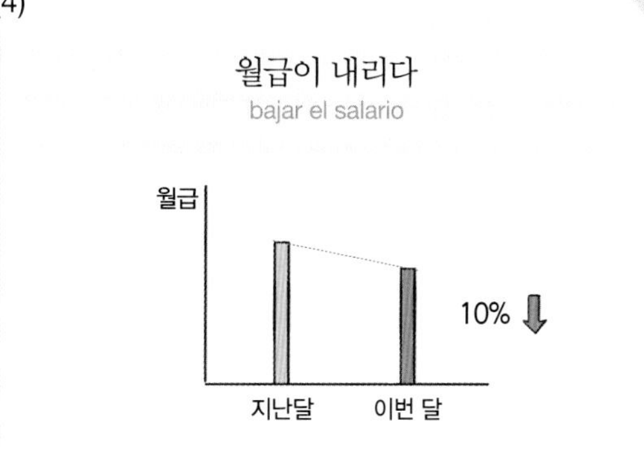

회사가 어려워서 **월급이** 10% **내렸어요.**
Mi salario bajó un 10% porque la compañía estaba en problemas.

① A 한 달에 얼마나 벌어요?
¿Cuánto ganas en un mes?
B 500만 원 벌어요.
Gano 5,000,000 de wones cada mes.

② A 한 달에 월급을 얼마나 받아요?
¿Cuánto te pagan al mes?
B 500만 원 받아요.
Me pagan 5,000,000 de wones al mes.

③ A 월급이 얼마나 올랐어요?
¿Cuánto subió tu salario?
B 10% 올랐어요.
Mi salario subió en un 10%.

④ A 보너스를 얼마나 받아요?
¿Cuánto te dan de bono?
B 100% 받아요.
Recibo 100% de bono.

¡Cuestionario! Conecte lo que sigue para completar las frases.

(1) 아르바이트를 해서 한 달에 • 　　• ⓐ 받았어요.
(2) 이번에 일을 잘해서 보너스를 • 　　• ⓑ 조금 올랐어요.
(3) 승진해서 이번 달부터 월급이 • 　　• ⓒ 줘요.
(4) 우리 회사는 월말에 월급을 • 　　• ⓓ 100만 원 벌어요.

C Verbos relacionados con dinero

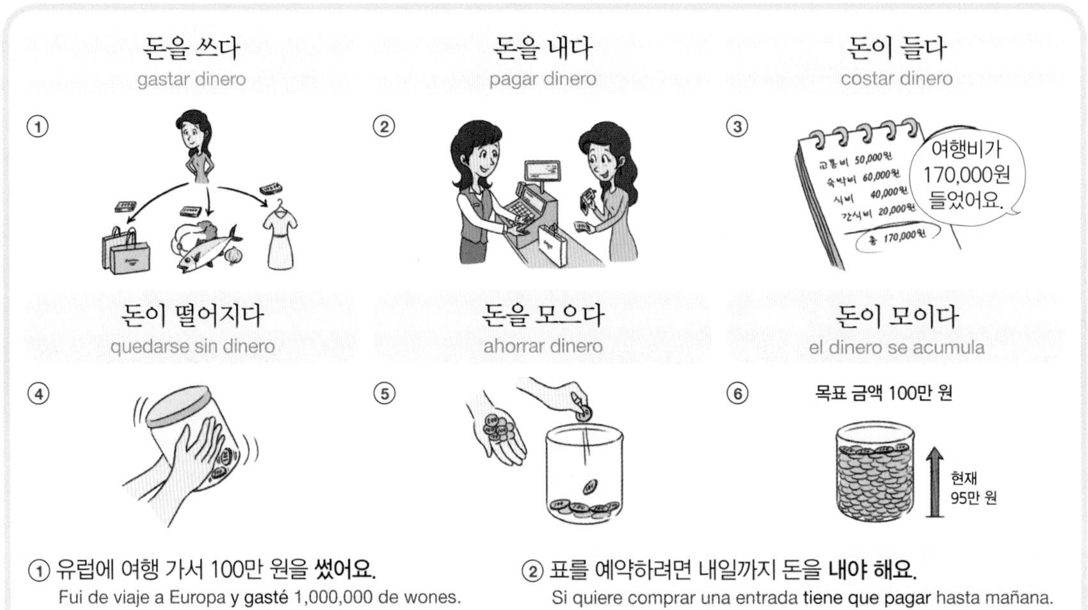

① 유럽에 여행 가서 100만 원을 **썼어요.**
Fui de viaje a Europa y **gasté** 1,000,000 de wones.

③ 여행비가 100만 원 **들었어요.**
Mis gastos de viaje **costaron** 1,000,000 de wones.

⑤ 여행 가려고 작년부터 돈을 **모으기** 시작했어요.
Empecé a **ahorrar** dinero el año pasado para poder viajar.

② 표를 예약하려면 내일까지 돈을 **내야 해요.**
Si quiere comprar una entrada **tiene que pagar** hasta mañana.

④ 돈이 **떨어지면** 아르바이트를 시작하려고 해요.
Si me **quedo** sin dinero pienso en empezar un trabajo a tiempo parcial.

⑥ 돈이 다 **모이면** 여행을 떠날 거예요.
Cuando se **acumule** suficiente dinero, me iré de viaje.

Tip
돈이 들다 costar
돈을 들이다 gastar

D Sustantivos relacionados con dinero

___비	sufijo que añade el significado de 'costo' o 'dinero'	___료	sufijo que añade el significado de 'tarifa', 'precio'	___세	sufijo que añade el significado de 'impuesto'
교통비	costo del transporte	입장료	precio de entrada	소득세	impuesto sobre ingresos
택시비	costo del taxi	사용료	precio de uso	재산세	impuesto sobre la propiedad inmobiliaria
식사비	costo de la alimentación	수업료	tasa de matrícula	주민세	impuesto de residencia
숙박비	costo del hospedaje	대여료	precio de alquiler	소비세	impuesto al consumidor

¡Cuestionario! Encuentra las opciones correctas y escríbalas a continuación.

내다 　 쓰다 　 들다 　 떨어지다 　 모으다 　 모이다

(1) 100만 원이 있었어요. 그런데 이번 달에 60만 원을 ____________. 그래서 40만 원이 남았어요.

(2) 지난번에 친구가 밥을 사 줬어요. 그래서 이번에는 같이 제가 식사비를 ____________ 려고 해요.

(3) 50만 원이 ____________ 면 그 돈으로 노트북을 사려고 해요.

(4) 지난주에 제주도에 여행 가서 돈을 다 썼어요. 그래서 지금 돈이 다 ____________.

(5) 제가 다음 주에 이사하려고 해요. 보통 한국에서 이사할 때 돈이 얼마나 ____________?

(6) 세계 여행을 가고 싶어서 돈을 ____________ 고 있어요. 이제 100만 원 돈이 모였어요.

E Prestar y devolver dinero

빌려주다 ↔ 빌리다
prestar, alquilar / pedir prestado, recibir

돌려주다
devolver

갚다
reembolsar

교환하다
intercambiar

환전하다
cambiar divisas

① 남자가 여자에게 노트북을 **빌려줬어요.**
El hombre le **prestó** su computadora a la mujer.

② 여자가 남자에게 노트북을 **빌렸어요.**
La mujer **recibión** prestada la computadora del hombre.

③ 일주일 후에 여자가 남자에게 노트북을 **돌려줬어요.**
La mujer le **devolvió** la computadora al hombre una semana después

④ 일주일 후에 여자가 남자에게 돈을 **갚았어요.**
La mujer **le devolvió** el dinero al hombre tras una semana.

⑤ 남자하고 여자가 책을 **교환했어요.**
El hombre y la mujer **intercambiaron** libros.

⑥ 남자가 미국 돈을 한국 돈으로 **환전했어요.**
El hombre **cambió** su dinero americano por el coreano.

Tip
Cuando se expresa un cambio de A a B, se utiliza la partícula (으)로 después de B.
Ej. 1 미국 돈을 한국 돈으로 환전했어요.
Cambié mi dinero americano por el coreano.
Ej. 2 지하철 2호선에서 3호선으로 갈아탔어요.
Me transferí de la línea 2 del metro a la línea 3.
Ej. 3 서울에서 부산으로 이사했어요.
Me mudé de Seúl a Busan.

Seleccione la respuesta correcta.

(1) 오늘 지갑을 집에 놓고 와서 친구한테 만 원을 (ⓐ 빌렸어요. / ⓑ 빌려줬어요.)
(2) 동생한테서 빌린 카메라를 오늘 동생한테 (ⓐ 갚았어요. / ⓑ 돌려줬어요.)
(3) 친구가 노트북이 필요하다고 해서 제 노트북을 (ⓐ 빌렸어요. / ⓑ 빌려줬어요.)
(4) 열심히 돈을 벌어서 은행에서 빌린 돈을 빨리 (ⓐ 갚으려고 / ⓑ 돌려주려고) 해요.
(5) 빨간색 신발이 마음에 안 들어요. 그래서 빨간색 신발을 파란색 신발로 (ⓐ 교환했어요. / ⓑ 환전했어요.)
(6) 오늘 은행에서 한국 돈을 일본 돈으로 (ⓐ 돌려줬어요. / ⓑ 환전했어요.)

F La cuenta

계산하다
Pagar / Saldar una cuenta

(1) Cuando se le pregunta cómo se desea pagar
A 어떻게 계산하시겠어요? ¿Cómo quiere pagar?
B 현금으로 계산할게요. Quiero pagar en efectivo.
카드로 계산할게요. Quiero pagar con tarjeta.

(2) Al usar la tarjeta de crédito
A 어떻게 해 드릴까요? ¿Cómo le gustaría pagar con esta tarjeta?
B 일시불로 해 주세요. Pagaré la suma total.
할부로 해 주세요. Pagaré a plazos.

¡Cuestionario! Conecte lo que sigue para completar la conversación.

(1) 어떻게 계산하시겠어요? •		• ⓐ 네, 전부 25,000원입니다.
(2) 계산할게요. •		• ⓑ 일시불로 해 주세요.
(3) 카드로 어떻게 해 드릴까요? •		• ⓒ 현금으로 할게요.
(4) 여기 카드 돼요? •		• ⓓ 죄송합니다. 카드가 안 됩니다.

Verbos por categoría

¡Aprendamos!

A Hacer planes

> **Tip**
> Preste atención a lo que conecta los dos verbos.
> -기로 결정하다
> -기로 결심하다

바라다	고민하다	믿다	결정하다 (=정하다)
esperar, desear	dudar / preocuparse	confiar, creer	decidir, elegir

① 

② 

③ 

④ 

① 케빈은 한국 사람처럼 한국어를 잘하기를 **바랐어요.**
Kevin **anhelaba** hablar coreano como un coreano.

② 케빈은 공부하고 일 중에서 무엇을 할지 **고민했어요.**
Kevin **tenía problemas para decidir** si estudiar o trabajar.

③ 케빈은 한국인 친구의 말을 **믿었어요.**
Kevin **creyó** a sus amigos coreanos.

④ 결국 케빈은 공부를 하기로 **결정했어요.** (=**정했어요.**)
Kevin finalmente **decidió** estudiar.

시작하다	미루다	결심하다	계획을 세우다
empezar, comenzar	posponer	determinar, decir	establecer un plan

⑤ 

⑥ 

⑦ 

⑧ 

⑤ 책으로 공부하기 **시작했어요.**
Comenzó sus estudios con un libro.

⑥ 하지만 케빈은 자꾸 공부를 **미뤘어요.**
Sin embargo, Kevin siguió **postergando** sus estudios.

⑦ 케빈은 내일부터 다시 공부하기로 **결심했어요.**
Kevin **se decidió** a estudiar de nuevo a partir de mañana.

⑧ 케빈은 어떻게 공부할지 **계획을 세웠어요.**
Kevin **hizo planes** sobre cómo estudiaría.

> **Tip**
> Preste atención a lo que conecta los dos verbos.
> -기(를) 바라다
> -기 시작하다

¡Cuestionario! Seleccione las respuestas correctas y escríbalas en las casillas.

믿다	바라다	세우다	미루다	정하다	고민하다

(1) 하기 싫어도 오늘 일을 내일로 ________ 지 마세요.
(2) 요즘 여러 가지 문제 때문에 ________ 고 있어요.
(3) 방학 때 어디로 여행 갈지 아직 못 ________.
(4) 일을 시작하기 전에 자세히 계획을 ________ 는 편이에요.
(5) 제 친구가 거짓말을 자주 해서 그 친구의 말을 ________ 수 없어요.
(6) 부모님께서 항상 건강하시길 ________ 고 있어요.

B Experencias

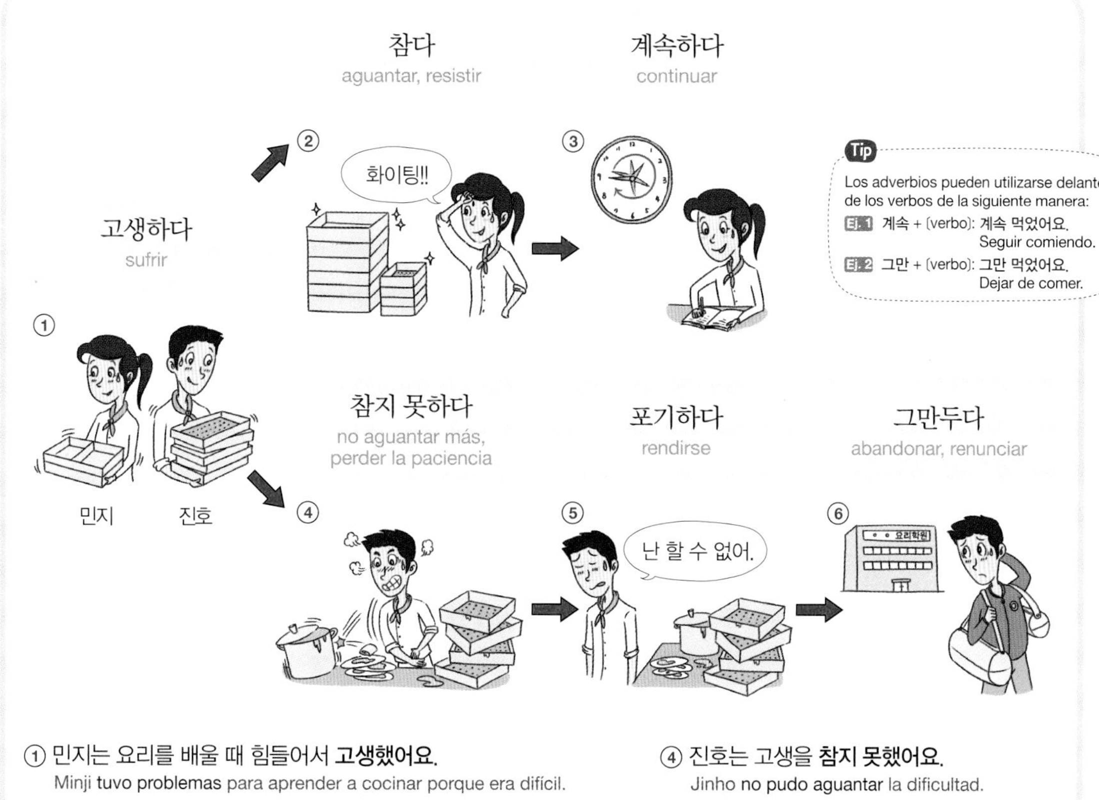

Tip
Los adverbios pueden utilizarse delante de los verbos de la siguiente manera:
Ej. 1 계속 + (verbo): 계속 먹었어요. Seguir comiendo.
Ej. 2 그만 + (verbo): 그만 먹었어요. Dejar de comer.

① 민지는 요리를 배울 때 힘들어서 **고생했어요.**
Minji **tuvo problemas** para aprender a cocinar porque era difícil.

② 민지는 아무리 힘들어도 **참았어요.**
No importa lo difícil que fuera, Minji **lo soportó.**

③ 민지는 요리 배우는 것이 어렵지만 **계속할** 거예요.
A Minji le resulta difícil aprender a cocinar, pero **seguirá haciéndolo.**

④ 진호는 고생을 **참지 못했어요.**
Jinho **no pudo aguantar** la dificultad.

⑤ 진호는 요리 배우는 것을 **포기했어요.**
Jinho **se rindió** con lo de aprender a cocinar.

⑥ 진호는 요리 배우는 것을 **그만뒀어요.**
Jinho **abandonó** el aprendizaje de la cocina.

Seleccione las respuestas correctas y escríbalas en las casillas.

고생하다	참다	포기하다	계속하다	그만두다

(1) A 김진수 씨가 왜 안 보여요?
B 김진수 씨가 어제 회사를 ________. 다른 사람이 새로 올 거예요.

(2) A 여행이 어땠어요?
B 배탈이 나서 ________. 진짜 힘들었어요.

(3) A 주사 맞기 싫어요.
B 아파도 조금만 ________세요. 주사를 맞아야 해요.

(4) A 태권도를 배우고 있는데 너무 어려워요.
B ________지 말고 끝까지 계속하세요. 제가 도와 드릴게요.

(5) A 운동을 해도 효과가 없어요.
B 3개월 이상 ________면 효과가 있을 거예요.

C Promesa / compromiso

① 준수는 담배를 끊기로 아내와 **약속했어요.** Junsu **le prometió** a su esposa que va a dejar de fumar.
② 준수는 아내와의 **약속을 지켰어요.** Junsu **cumplió su promesa** con su esposa.
③ 준수는 아내와의 **약속을 어겼어요.** Junsu **rompió su promesa** con su esposa.

D Hacer un compromiso

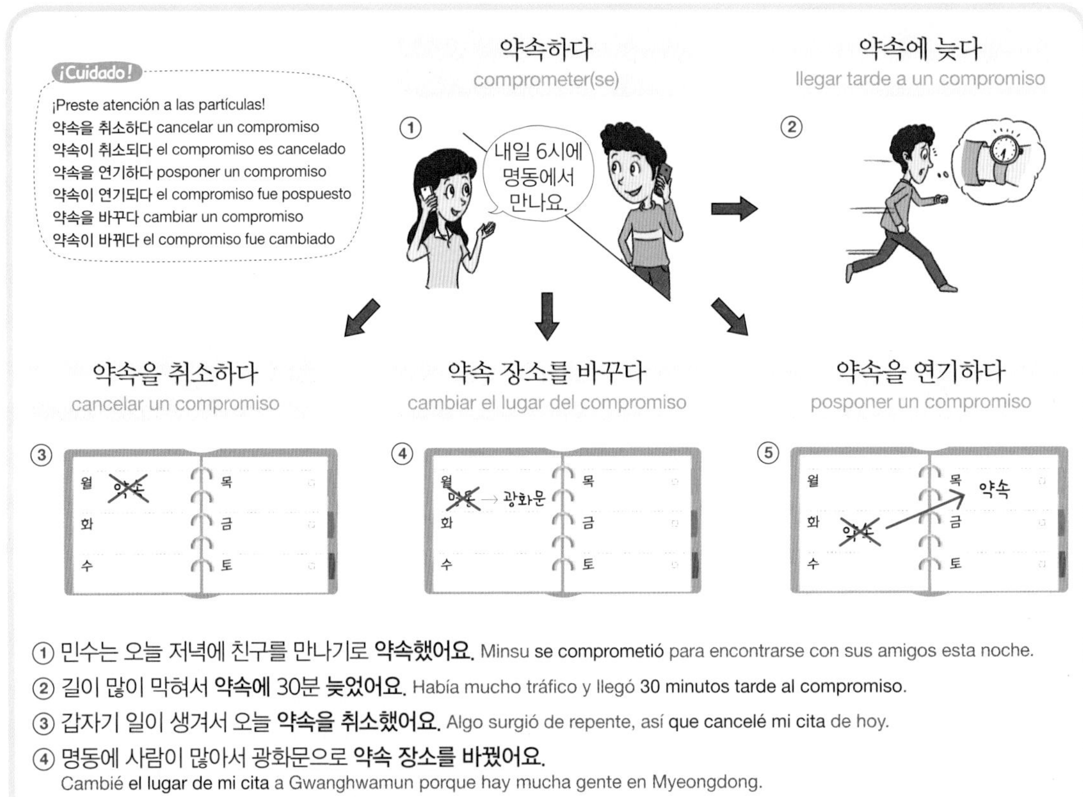

¡Cuidado!
¡Preste atención a las partículas!
약속을 취소하다 cancelar un compromiso
약속이 취소되다 el compromiso es cancelado
약속을 연기하다 posponer un compromiso
약속이 연기되다 el compromiso fue pospuesto
약속을 바꾸다 cambiar un compromiso
약속이 바뀌다 el compromiso fue cambiado

① 민수는 오늘 저녁에 친구를 만나기로 **약속했어요.** Minsu **se comprometió** para encontrarse con sus amigos esta noche.
② 길이 많이 막혀서 **약속에** 30분 **늦었어요.** Había mucho tráfico y llegó **30 minutos tarde al compromiso.**
③ 갑자기 일이 생겨서 오늘 **약속을 취소했어요.** Algo surgió de repente, así **que cancelé mi cita** de hoy.
④ 명동에 사람이 많아서 광화문으로 **약속 장소를 바꿨어요.**
Cambié **el lugar de mi cita** a Gwanghwamun porque hay mucha gente en Myeongdong.
⑤ 일 때문에 약속을 화요일에서 목요일로 **연기했어요.** He **pospuesto mi compromiso** del martes al jueves por motivos de trabajo.

¡Cuestionario! Seleccione la respuesta correcta.

(1) 진수는 약속하면 꼭 (ⓐ 지키니까 / ⓑ 어기니까) 친구들이 진수를 좋아해요.
(2) 민수가 갑자기 약속을 (ⓐ 바뀌어서 / ⓑ 바꿔서) 문제가 생겼어요.
(3) 2시 약속인데 2시 30분에 도착했어요. 약속 시간에 (ⓐ 늦었어요. / ⓑ 연기됐어요.)
(4) 비가 많이 와서 오늘 약속이 (ⓐ 취소했어요. / ⓑ 취소됐어요.)

E Dormir

눕다
acostarse

①

① 자려고 침대에 **누웠어요.**
Me **acosté** en mi cama para dormir.

잠이 안 오다
no poder dormir

②

② 하지만 저녁에 마신 커피 때문에 **잠이 안 왔어요.**
Sin embargo, **no pude dormir** por el café que tomé en la cena.

잠이 오다
tener sueño

③

③ 재미없는 책을 읽으니까 **잠이 왔어요.**
Me dio sueño porque estaba leyendo un libro aburrido.

졸리다
sentirse soñoliento

④

④ **졸려서** 하품했어요.
Bostecé porque **tenía sueño.**

졸다
adormecerse / entrar sueño

⑤

⑤ 책을 읽으면서 **졸았어요.**
Me adormecí mientras leía un libro.

잠이 들다
dormirse

⑥

⑥ 책상 위에서 **잠이 들었어요.**
Me quedé dormido en el escritorio.

자다
dormir

⑦

꿈을 꾸다
soñar

⑧

잠을 깨다
despertar

⑨

일어나다
levantarse

⑩

⑦ 책상 위에서 밤새 **잤어요.**
Dormí en el escritorio toda la noche.

⑧ 자는 동안 이상한 **꿈을 꾸었어요.**
Mientras dormía **tuve un sueño** extraño.

⑨ **잠을 깨** 보니까 책상 위였어요.
Me desperté y me di cuenta de que estaba dormido en el escritorio.

⑩ **일어나서** 다시 침대로 갔어요.
Me levanté y fui a la cama.

¡Cuestionario! Conecte lo que iría a continuación para completar las frases.

(1) 잠을 깼지만 •
(2) 잠을 자는 동안에 •
(3) 잠이 안 올 때에는 •
(4) 수업에서 졸지 않으려면 •
(5) 텔레비전을 보다가 •

• ⓐ 커피를 마시면 좋아요.
• ⓑ 소파에서 잠이 들었어요.
• ⓒ 그냥 침대에 누워 있었어요.
• ⓓ 따뜻한 물로 목욕하면 좋아요.
• ⓔ 꿈 속에서 돌아가신 할머니를 만났어요.

F Enfermedades

(1)

진찰하다
revisar, diagnosticar

진찰을 받다
consultar a un médico

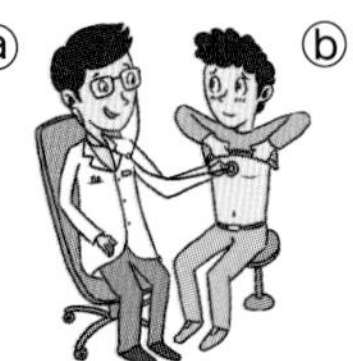

ⓐ 의사가 환자를 **진찰해요.**
El doctor **revisa** al paciente.

ⓑ 환자가 의사의 **진찰을 받아요.**
El paciente **tiene una consulta** con el médico.

(2)

치료하다
tratar, curar

치료를 받다
recibir tratamiento

ⓐ 의사가 환자의 상처를 **치료해요.**
El doctor **trató** la herida del paciente.

ⓑ 환자가 상처를 **치료 받아요.**
La herida del paciente **fue tratada**

(3)

입원하다
hospitalizarse

수술하다
operar

ⓐ 사고가 나서 한 달 동안 병원에 **입원했어요.**
Tuve un accidente y **estuve hospitalizado** durante un mes.

ⓑ 암 때문에 다음 달에 **수술해야** 해요.
Tengo **una cirugía** el mes que viene a causa de mi cáncer.

(4)

주사를 놓다
inyectar

주사를 맞다
recibir una inyección

ⓐ 간호사가 환자에게 **주사를 놓아요.**
La enfermera **le pone una inyección** al paciente.

ⓑ 환자가 어깨에 **주사를 맞아요.**
El paciente **recibe una inyección** en el hombro.

(5)

병에 걸리다
enfermarse

병이 낫다
mejorar, recuperar

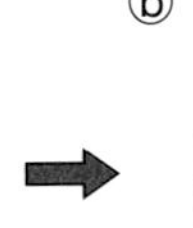

ⓐ 제가 불규칙한 생활 때문에 **병에 걸렸어요.**
Me enfermé por mi vida errática.

ⓑ 치료 받은 후에 **병이 다 나았어요.**
Me recuperé completamente de mi enfermedad después de recibir el tratamiento.

¡Cuestionario! Empareje con el verbo correcto.

(1) 환자가 진찰을 •		• ⓐ 했어요
(2) 환자가 주사를 •		• ⓑ 맞았어요
(3) 환자가 입원을 •		• ⓒ 나았어요
(4) 환자가 병에 •		• ⓓ 받았어요
(5) 환자가 병이 •		• ⓔ 걸렸어요

G Automóvil

(1)

타다
tomar (un coche), subirse

ⓐ  ⓑ

태우다
llevar a alguien en un coche

ⓐ 여자가 남자의 자동차에 **타요.**
La mujer **se sube** en el coche del hombre.

ⓑ 남자가 여자를 자동차에 **태워요.**
El hombre **deja subir** a la mujer en su coche.

데려다주다
llevar a alguien en un vehículo

ⓒ   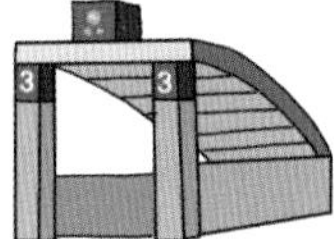

ⓒ 남자가 여자를 지하철역에 **데려다줘요.**
El hombre **lleva** a la mujer a la estación de metro.

(2)

내리다
bajarse

ⓐ  ⓑ 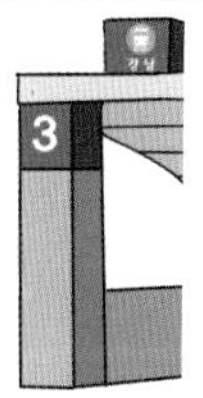

내려 주다
dejar bajar

ⓐ 여자가 남자의 자동차에서 **내려요.**
La mujer **se baja** del coche del hombre.

ⓑ 남자가 여자를 지하철역 앞에 **내려 줘요.**
El hombre **deja que la mujer se baje** en frente de la estación de metro.

갈아타다
transbordar, trasladar

ⓒ 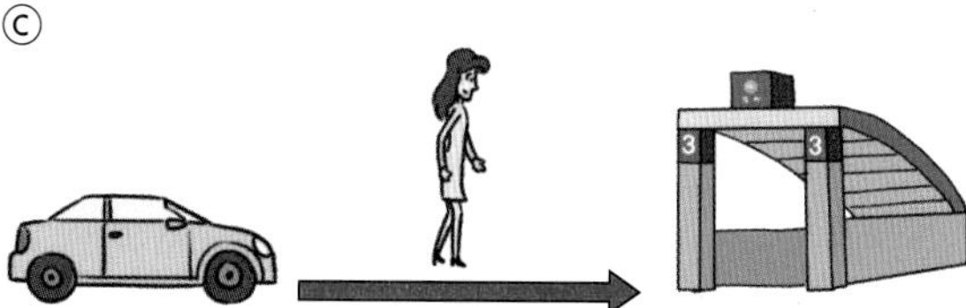

ⓒ 여자가 자동차에서 지하철로 **갈아타요.**
La mujer **se traslada** del coche al metro.

Tip
¡Preste atención al significado!
갈아타다 cambiar, trasladar de transporte
갈아 입다 cambiar de ropa
갈아 신다 cambiar de zapatos

¡Cuestionario! Seleccione las respuestas correctas y escríbalas en las casillas.

타다	태우다	내리다	갈아타다

(1) 지하철역까지 차로 ________ 주세요.

(2) 지하철 2호선에서 4호선으로 ________.

(3) 버스를 ________ 때 교통 카드를 사용하세요.

(4) 저는 약국 앞에서 ________ 주세요. 걸어갈게요.

H 알다 + Verbo

알아보다
averiguar, investigar

ⓐ 여행에 대한 정보는 인터넷으로 **알아보세요.**
Por favor, **busque información** sobre el viaje en Internet.

알아듣다
entender, comprender

ⓑ 한국 드라마를 보면 50% 정도 **알아들어요.**
Cuando veo series coreanas, **puedo entender** alrededor del 50%.

알다

알아두다
tener en cuenta

ⓒ 이 음식은 건강에 좋으니까 꼭 **알아두세요.**
Por favor **tome en cuenta** que estos alimentos son buenos para su salud.

알아차리다
enterarse, notar, darse cuenta

ⓓ 영화의 마지막까지 범인이 누군지 **알아차리지 못했어요.**
No me di cuenta de quién era el criminal hasta el final de la película.

Corrija las partes subrayadas.

(1) A 지금도 영화 표를 살 수 있을까요?
B 잠깐만요, 제가 <u>알아둘게요</u>.

(2) A 이 단어가 중요해요?
B 그럼요, 시험에 나올 테니까 꼭 <u>알아차리세요</u>.

(3) A 한국 영화를 볼 때 자막이 필요해요?
B 네, 자막이 없으면 <u>알아보기</u> 어려워서 이해할 수 없네요.

(4) A 거짓말한 것을 친구가 알고 있죠?
B 아니요, 그런데 이번에는 친구가 <u>알아듣지</u> 못했어요.

I Verbos con significados similares

쓰다
usar, utilizar

사용하다
usar, utilizar

이용하다
usar, utilizar

① 핸드폰이 없으면 제 전화를 **쓰세요.**
Si no tiene teléfono móvil **use** el mío.

② 한국에서는 어른에게 존댓말을 **사용해요.**
Los coreanos **utilizan** una forma de hablar cortés con los ancianos.

③ 회사에 갈 때 보통 지하철을 **이용해요.**
Normalmente **uso** el metro cuando voy a trabajar.

Tip
이용하다: Usar algo con un propósito benéfico. Normalmente se usa con instalaciones.
쓰다: utilizar un ingrediente, material, herramienta o método
사용하다: utilizar algo para un propósito o función determinada

J Combinar verbos con 사다 y 하다

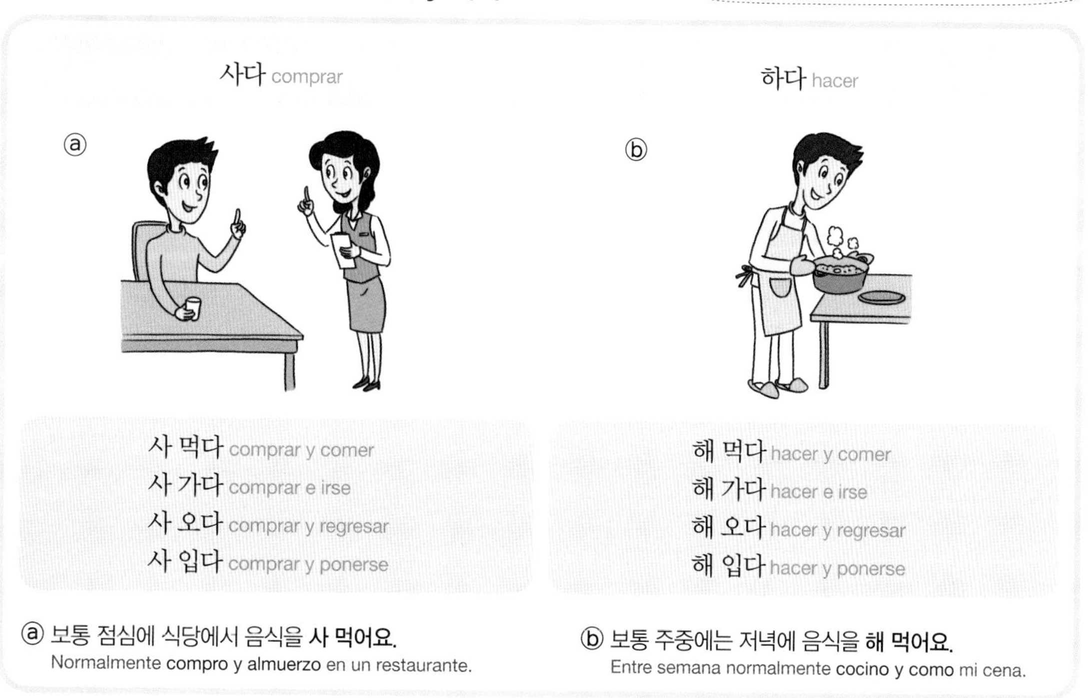

사다 comprar

사 먹다 comprar y comer
사 가다 comprar e irse
사 오다 comprar y regresar
사 입다 comprar y ponerse

하다 hacer

해 먹다 hacer y comer
해 가다 hacer e irse
해 오다 hacer y regresar
해 입다 hacer y ponerse

ⓐ 보통 점심에 식당에서 음식을 **사 먹어요.**
Normalmente **compro y almuerzo** en un restaurante.

ⓑ 보통 주중에는 저녁에 음식을 **해 먹어요.**
Entre semana normalmente **cocino y como** mi cena.

¡Cuestionario! Seleccione la respuesta correcta.

(1) 한국어를 (ⓐ 사용 / ⓑ 이용)해서 말할 때 많이 신경 써야 해요.

(2) 내 친구는 요리를 못해서 밖에서 음식을 (ⓐ 사 먹어요. / ⓑ 해 먹어요.)

(3) 요즘은 건강을 위해서 계단을 (ⓐ 쓰는 / ⓑ 이용하는) 사람이 많아요.

(4) 저는 옷을 잘 만드니까 제 옷을 직접 (ⓐ 사 입어요. / ⓑ 해 입어요.)

Expresiones de emoción

¡Aprendamos!

A Ejemplos con 되다

걱정되다	안심되다	긴장되다	안정되다
estar preocupado	estar aliviado	estar nervioso	estar calmado
①	②	③	④

기대되다	후회되다	부담되다	흥분되다
esperanzarse, ilusionarse	arrepentirse	pesar, hacerse cargo	emocionarse
⑤	⑥	⑦	⑧

① 밖에 나간 아이가 밤이 돼도 집에 안 들어와서 **걱정돼요.**
Estoy preocupada porque mi hijo salió y aún no ha vuelto aunque ya es de noche.

② 아이가 어른과 같이 나갔다고 하니까 **안심돼요.**
Me siento aliviada porque me dijeron que mi hijo se fue con un adulto.

③ 처음 외국에 갔을 때 외국인과 말이 잘 안 통해서 **긴장됐어요.**
Cuando fui por primera vez al extranjero, **estaba nervioso** porque tenía problemas para comunicarme con la gente.

④ 연습을 많이 안 해서 긴장했지만 옆에 친구가 있어서 **안정됐어요.**
Estaba nervioso porque no practiqué mucho, pero **me tranquilicé** porque mi amigo estaba a mi lado.

⑤ 다니고 싶었던 학교에 합격했어요. 대학 생활이 정말 **기대돼요.**
Me aceptaron en la escuela a la que quería ir, **tengo muchas ganas** de ir a la universidad.

⑥ 어제 친한 친구하고 작은 일로 싸웠는데 지금 너무 **후회돼요.**
Ayer, me peleé con mi amigo por algo pequeño, y ahora **me arrepiento.**

⑦ 저는 항상 돈이 부족한 학생이니까 비싼 해외 여행은 **부담돼요.**
Hacer un viaje caro al extranjero **es una carga** para mí porque siempre he sido un estudiante con poco dinero.

⑧ 축구 경기를 할 때 **흥분돼서** 의자에 앉아서 볼 수 없어요.
Cuando hay un partido de fútbol, no puedo quedarme sentado en mi asiento y mirar **porque me emociono.**

¡Cuestionario! Empareje con el verbo correcto.

(1) 내일 시험이 있는데 준비를 못 했어요. •	• ⓐ 긴장돼요.
(2) 내일 오랜만에 제주도 여행을 떠나요. •	• ⓑ 걱정돼요.
(3) 저에 대한 부모님의 기대가 너무 커요. •	• ⓒ 후회돼요.
(4) 시험공부를 했지만 시험 볼 때 가슴이 뛰어요. •	• ⓓ 안심돼요.
(5) 어렸을 때 공부를 열심히 했어야 했어요. •	• ⓔ 기대돼요.
(6) 감기가 다 나았어요. 이제 걱정 안 해도 돼요. •	• ⓕ 부담돼요.

B Verbos que expresan emociones

① **사랑하는** 사람과 함께 지내고 싶어요. Quiero pasar tiempo con la persona **que amo**.

② 이 옷이 제 **마음에 들어요**. **Me gusta** esta ropa.

③ 저는 맵지 않은 음식을 **좋아해요**. **Me gusta** la comida que no es picante.

④ 저는 닭고기가 들어간 음식을 **싫어해요**. **No me gusta** la comida con pollo.

⑤ 승진 발표에서 제가 떨어져서 **실망했어요**. **Estoy decepcionado** porque fallé en mi presentación para el ascenso.

⑥ 저는 이번 시험의 성적에 **만족해요**. **Estoy satisfecho** con mi puntuación en esta prueba.

⑦ 식당에서 음식을 먹은 후 계산할 때 지갑이 없어서 **당황했어요**.
Cuando iba a pagar mi cuenta en el restaurante después de comer, **me avergoncé** porque no tenía mi billetera.

⑧ 너무 사이가 좋은 남녀를 **질투하는** 사람이 있어요. Hay gente que **envidia** a los que tienen buenas relaciones.

Tip

좋아하다 no se utiliza con objetos o personas que uno encuentra por primera vez.
1. 마음에 들다: cuando a uno le gusta algo a primera vista
2. 좋아하다: cuando a uno le gusta algo después de encontrarlo varias veces
3. 정말 좋아하다: cuando a uno le gusta mucho algo

¡Cuidado!

당황하다 en el sentido de ser sorprendido y por lo tanto no saber qué hacer es diferente de 놀라다 (ser sorprendido, asustado).

Ej. 밖에서 갑자기 큰 소리가 나서 깜짝 놀랐어요.
Me asusté porque de repente hubo un sonido fuerte afuera.

Seleccione las respuestas correctas y escríbalas en las casillas.

만족하다 당황하다 사랑하다 실망하다 마음에 들다 질투하다

(1) 한국어 수업이 너무 재미있어요. 지금 수업에 ________ 고 있어요.

(2) 선생님이 항상 한 학생만 좋아해서 다른 학생들이 그 학생을 ________.

(3) 저 구두가 ________ 지만 돈이 부족해서 못 샀어요.

(4) ________ 는 사람과 결혼해서 영원히 함께 살고 싶어요.

(5) 한국 사람이 나이를 자꾸 물어봐서 처음에는 ________ 지만 지금은 익숙해졌어요.

(6) 맛있는 식당이라서 기대하고 갔는데 실제로 맛이 좋지 않아서 ________.

C Emociones positivas

¡Cuidado!
기쁘다: Ser feliz debido a un acontecimiento fortuito, como hacer bien un exámen u obtener un ascenso.
행복하다: Describe ser feliz durante un período de tiempo contínuo.

행복하다
feliz

①

기쁘다
alegre

②

즐겁다
divertido

③

반갑다
complacido

④

Tip
Al conocer una persona por primera vez:
기쁘다 (X) → 반갑다 (O)
Ej. 만나서 반갑습니다.
Mucho gusto conocerlo.

① 좋아하는 사람과 함께 시간을 보내게 돼서 정말 **행복해요.**
Estoy muy feliz porque puedo pasar tiempo con alguien que me gusta.

② 이번 시험에 합격해서 너무 **기뻐요.**
Estoy alegre porque me fue bien en esta prueba.

③ 사람들과 얘기하면서 **즐거운** 시간을 보냈어요.
Me divertí hablando con la gente.

④ 오랜만에 진수 씨를 만나서 정말 **반가웠어요.**
Fue un placer verte después de tanto tiempo, Jinsu.

¡Cuestionario! 1 Seleccione la respuesta que no pertenece al conjunto.

(1) 우리 집은 (ⓐ 기쁜 / ⓑ 행복한 / ⓒ 즐거운) 집이에요.

(2) (ⓐ 기쁘게 / ⓑ 반갑게 / ⓒ 행복하게) 악수했어요.

(3) (ⓐ 반가운 / ⓑ 행복한 / ⓒ 즐거운) 시간을 보냈어요.

(4) 좋은 동료와 (ⓐ 즐겁게 / ⓑ 행복하게 / ⓒ 반갑게) 일하고 있어요.

¡Cuestionario! 2 Seleccione la respuesta correcta.

(1) 승진 소식을 듣고 (ⓐ 기뻐서 / ⓑ 반가워서) 소리를 질렀어요.

(2) 어떤 일이든지 (ⓐ 반갑게 / ⓑ 즐겁게) 하면 덜 힘든 것 같아요.

(3) 친구와 놀이공원에 가서 (ⓐ 즐겁게 / ⓑ 기쁘게) 놀았어요.

(4) 오랫동안 가고 싶었던 여행을 하는 동안 (ⓐ 반가웠어요. / ⓑ 행복했어요.)

D Emociones negativas

지루하다
aburrido

①

답답하다
sofocante, frustrante

②

싫증나다
estar cansado de alguien/algo

③

귀찮다
fastidioso, molesto

④

① 남자의 얘기를 듣는 게 너무 **지루해요.**
Estoy **aburrida** escuchándolo hablar.

③ 좋아하는 음식도 매일 먹으면 **싫증나요.**
Incluso comiendo la comida que a uno le gusta, uno **se cansaría** si la come todos los días.

② 아무리 설명해도 친구가 내 말을 이해하지 못해요. 정말 **답답해요.**
No importa cuantas veces lo explico, mi amigo no entiende. **Estoy frustrado.**

④ 공부할 때 동생이 계속 질문해서 **귀찮아요.**
Me molesto cuando estudio porque mi hermanito no para de hacerme preguntas.

Tip

- [화/싫증/짜증 등]이/가 나다: Son verbos pero describen estados de ánimo como adjetivos
- [화/싫증/짜증 등]을/를 내다: Describen estados de ánimo inferidos de las acciones. Por ejemplo 화를 낸다 puede abarcar gritos, lanzamiento de un objeto o el enrojecimiento de la cara.
  Ej. 화가 났지만 화를 내지 않았어요.
  Me enojé pero no lo demostré.

¡Cuidado!

¡Preste atención hay una pequeña diferencia en el significado!
- 심심하다: estar aburrido cuando no hay nada que hacer
  Ej. 평일에는 바쁘지만 주말에는 약속이 없어서 심심해요.
  Durante la semana estaba ocupado, pero durante los fines de semana estoy aburrido porque no hay nada que hacer.
- 지루하다: estar aburrido porque una situación sigue igual por mucho tiempo
  Ej. 그 영화가 너무 지루해서 계속 하품만 했어요.
  Seguí bostezando porque la película era muy aburrida.

¡Cuestionario! Seleccione la respuesta correcta

(1) 선생님의 얘기가 너무 길어서 (ⓐ 지루해요. / ⓑ 귀찮아요.)

(2) 매일 똑같은 옷을 입어야 하니 (ⓐ 귀찮아요. / ⓑ 싫증나요.)

(3) 좁은 집에서 사는 것이 (ⓐ 지루해요. / ⓑ 답답해요.)

(4) 매일 청소하기 (ⓐ 귀찮아서 / ⓑ 답답해서) 일주일에 한 번 청소해요.

E Emociones similares

(1)

창피하다
avergonzado (cuando uno queda mal frente a otros)

부끄럽다
avergonzado, (avergonzarse de uno mismo por hacer algo en contra de su voluntad/conciencia) / tímido

① 

② 

① 많은 사람들 앞에서 넘어졌을 때 정말 **창피했어요.**
Estaba tan **avergonzada** cuando me caí frente a tanta gente.

② 거짓말을 한 내 자신이 **부끄러워요.**
Me **avergüenzo** de mí mismo por mentir.

(2)

불쌍하다
lamentable, infortunado

안타깝다
pobre, lamentable

① 

② 

① 혼자 동생들을 돌보는 아이가 **불쌍해요.**
Es una pena que un niño tenga que cuidar a sus hermanos solo.

② 불쌍한 아이 옆에 도와줄 사람이 없는 상황이 **안타까웠어요.**
Me dio pena la **pobre** niña que no tiene a nadie que la ayude.

(3)

아쉽다
lastimoso (describe un sentimiento de querer hacer más pero no poder hacerlo)

아깝다
desperdicio (describe una sensación de pérdida de dinero, tiempo o algo con valor)

① 

② 

① 먹고 싶었던 음식이 다 떨어져서 먹을 수 없어요. **아쉬워요.**
Como la comida que quería comer se agotó, no puedo comerla. **Que lástima.**

② 어제 산 비싼 핸드폰을 오늘 잃어버렸어요. 돈이 **아까워요.**
He perdido el teléfono celular caro que compré ayer. Que **desperdicio** de dinero.

¡Cuestionario! Seleccione la respuesta correcta.

(1) 한국어로 말할 때 많이 실수해서 (ⓐ 창피해요. / ⓑ 아까워요.)

(2) (ⓐ 불쌍한 / ⓑ 아쉬운) 사람을 보면 누구나 도와주고 싶을 거예요.

(3) 전쟁에서 너무 많은 사람이 죽는 것을 보니 (ⓐ 아쉬웠어요. / ⓑ 안타까웠어요.)

(4) 친한 친구와 같이 여행을 못 가서 (ⓐ 아쉬워요. / ⓑ 부끄러워요.)

F Etc.

신나다
estar entusiasmado / emocionado

①

어색하다
ser incómodo

②

섭섭하다
triste

③

짜증나다
irritado, enfadarse

④

속상하다
angustiado

⑤

괴롭다
afligido, sufrido

⑥

① 야구 경기에서 우리 팀이 5:3으로 이겨서 정말 **신나요.**
Es muy **emocionante** que nuestro equipo haya ganado este juego de béisbol 5 a 3.

② 처음 만난 사람과 앉아 있을 때 분위기가 **어색해서** 불편해요.
Me siento **incómodo** al estar sentado con alguien que he conocido por primera vez.

③ 오랫동안 같이 공부한 친구와 헤어질 때 **섭섭했어요.**
Me **sentí triste** cuando tuvimos que separarnos con mis amigos con los que había estudiado durante mucho tiempo.

④ 도서관에서 어떤 사람이 계속 전화해서 **짜증났어요.**
Estaba molesta en la biblioteca porque alguien seguía hablando por teléfono.

⑤ 결승선 바로 앞에서 아이가 넘어져서 **속상했어요.**
Estaba angustiada porque mi hijo se cayó justo antes de la línea de meta.

⑥ 아침마다 사람들로 꽉 찬 버스 때문에 **괴로워요.**
Estoy estresado porque el autobús está lleno de gente todas las mañanas.

¡Cuestionario! Empareje las frases con las emociones correctas.

(1) 친구가 내 생일을 잊어버렸을 때 •
(2) 파티에서 빠른 음악과 춤이 나올 때 •
(3) 잘 모르는 사람과 얘기할 때 •
(4) 싫어하는 상사 밑에서 일할 때 •

• ⓐ 신나요.
• ⓑ 어색해요.
• ⓒ 괴로워요.
• ⓓ 섭섭해요.

Expresiones para compras

¡Aprendamos!

A Color

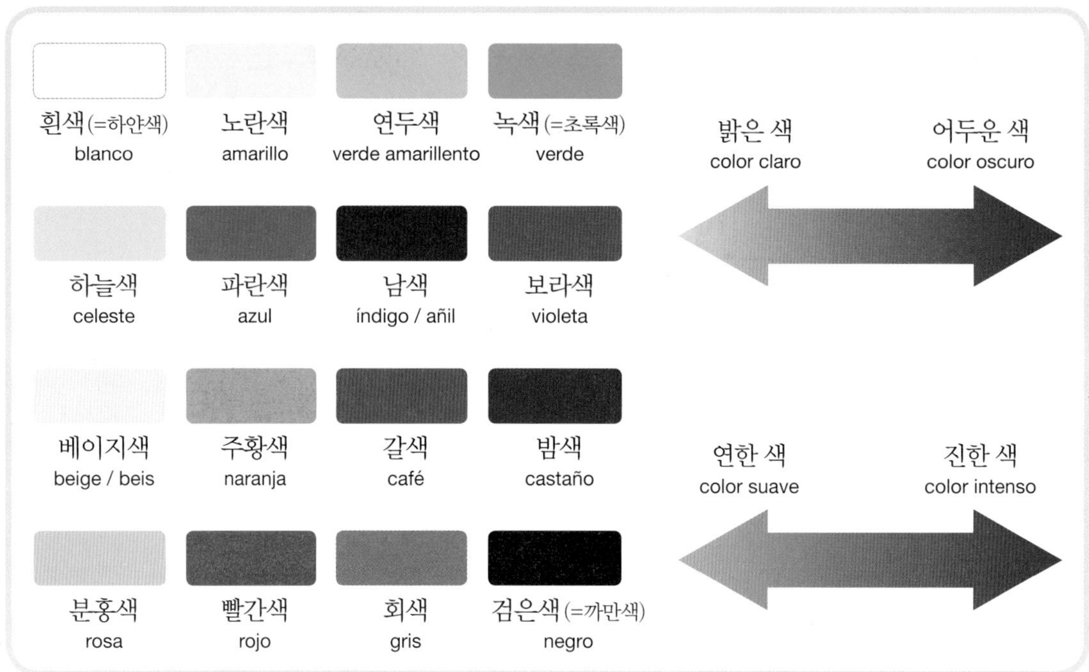

¡Cuestionario! 1 Empareje cada imagen con el color correcto.

(1) 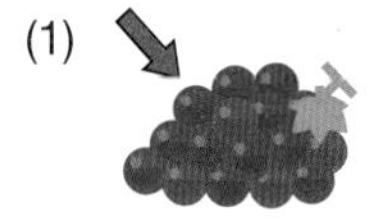
(2) 
(3) 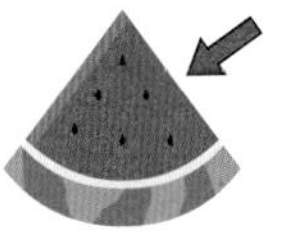
(4) 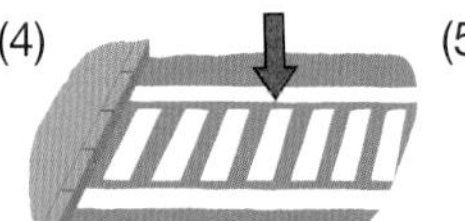
(5)

ⓐ 녹색　　ⓑ 흰색　　ⓒ 빨간색　　ⓓ 보라색　　ⓔ 노란색

¡Cuestionario! 2 Observe las imágenes y selecciona la opción correcta.

(1) 
A 무슨 색 모자를 썼어요?
B (ⓐ 녹색 / ⓑ 회색) 모자를 썼어요.

(2)
A 무슨 색 바지를 샀어요?
B (ⓐ 파란색 / ⓑ 노란색) 바지를 샀어요.

(3) 
A 무슨 색 구두를 신었어요?
B (ⓐ 빨간색 / ⓑ 까만색) 구두를 신었어요.

(4)
A 무슨 색 가방을 사고 싶어요?
B (ⓐ 흰색 / ⓑ 갈색) 가방을 사고 싶어요.

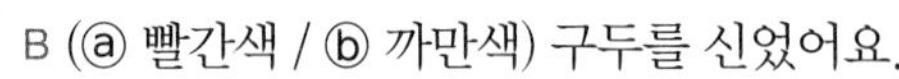

B Describiendo objetos: ______ 거

(1) Color

(2) Tamaño y forma

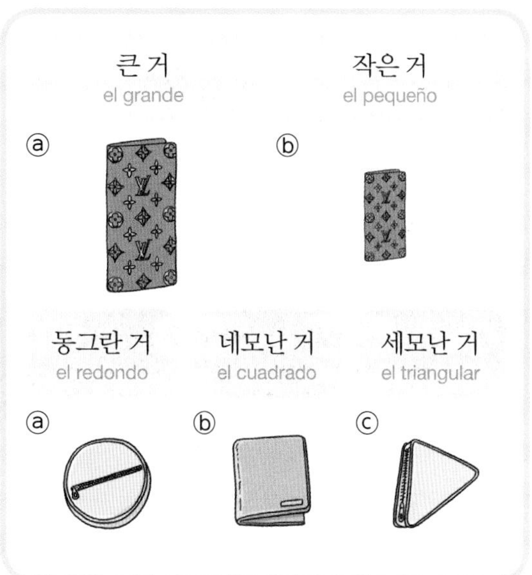

(3) Marcas y orígenes de productos

(4) Uso

¡Cuestionario! Seleccione la respuesta correcta.

(1) 너무 작아요. 더 (ⓐ 큰 거 / ⓑ 작은 거) 보여 주세요.

(2) 이 가방은 10년 전에 샀지만 깨끗해서 (ⓐ 새 거 / ⓑ 오래된 거) 같아요.

(3) 이 디자인이 저한테 잘 안 어울려요. (ⓐ 같은 거 / ⓑ 다른 거) 없어요?

(4) 네모난 모양의 열쇠고리가 마음에 안 들어요. (ⓐ 네모난 거 / ⓑ 동그란 거) 없어요?

C Pros y contras de los productos

(1)

디자인이 좋다
tener un buen diseño
ⓐ
디자인이 안 좋다 (=나쁘다)
tener un mal diseño
ⓑ

(2)

품질이 좋다
ser de buena calidad
ⓐ
품질이 안 좋다 (=나쁘다)
ser de mala calidad
ⓑ

(3)

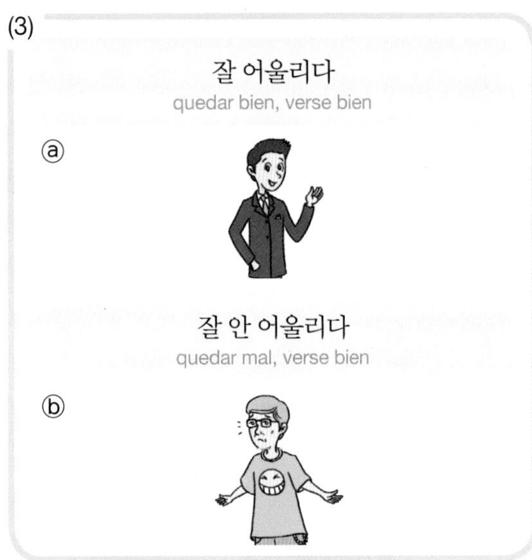

(4)

Seleccione la respuesta correcta.

(1)

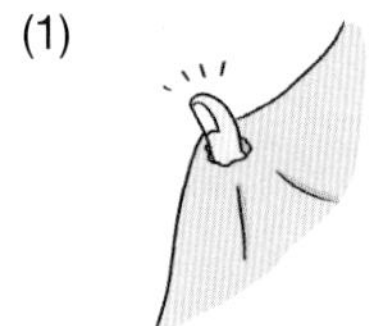

옷의 (ⓐ 품질 / ⓑ 디자인) 이 안 좋아서 옷에 구멍이 났어요.

(2)

이 자동차는 옛날 (ⓐ 품질 / ⓑ 디자인) 이라서 인기가 없어요.

(3)

옷이 너무 커요. 저한테 (ⓐ 맞는 / ⓑ 안 맞는) 옷으로 바꾸고 싶어요.

(4)

저 옷은 저한테 잘 (ⓐ 어울려서 / ⓑ 안 어울려서) 사지 않을 거예요.

D Problemas

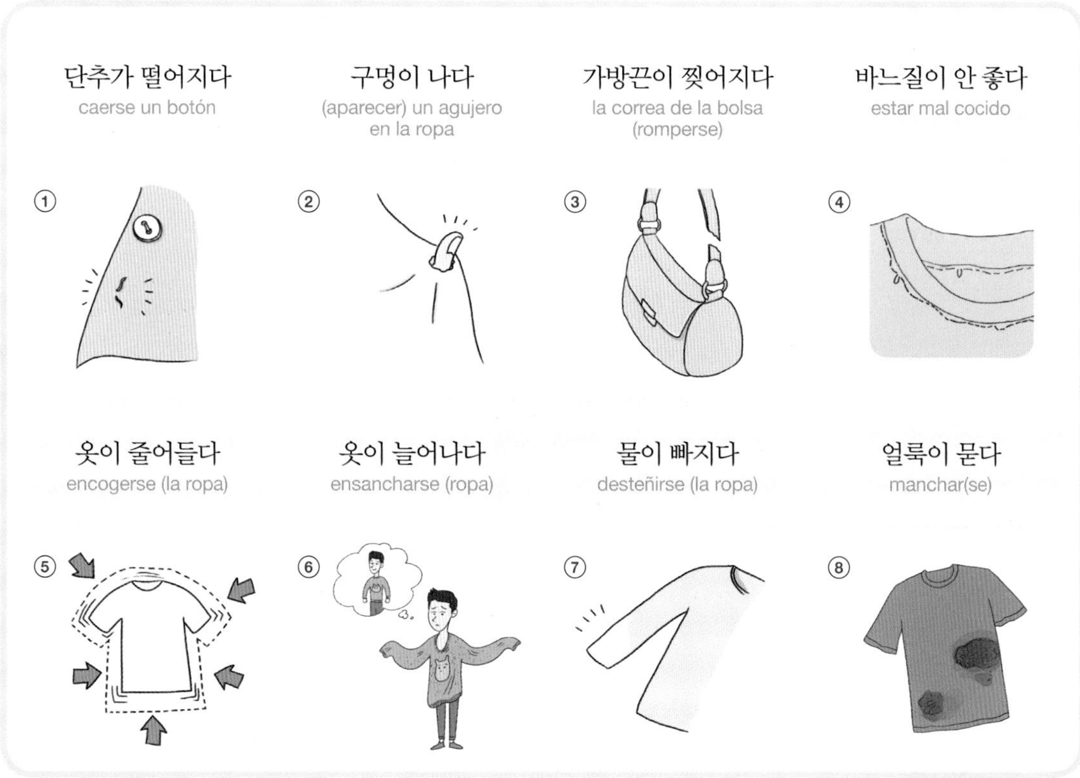

¡Cuestionario! Seleccione la respuesta correcta.

(1) 세탁한 후에 옷이 (ⓐ 줄어들었어요. / ⓑ 늘어났어요.) 그래서 저한테 옷이 작아요.

(2) 단추가 (ⓐ 떨어졌어요. / ⓑ 찢어졌어요.) 그래서 새 단추를 달아야 해요.

(3) 신발에 얼룩이 묻어서 다른 신발로 (ⓐ 교환하고 / ⓑ 환불하고) 싶어요.

(4) 인터넷으로 주문한 운동화가 마음에 안 들어서 운동화를 (ⓐ 배송하고 / ⓑ 반품하고) 싶어요.

Expresiones para ropa

A Como decir llevar, poner, traer

(1) El verbo "llevar" es diferente, dependiendo de lo que se lleve puesto.

① 쓰다
para artículos que se ponen en la cabeza o cara (gorro, gafas, mascarilla,...)

② 입다
para artículos que se ponen en el torso o la parte inferior del cuerpo (pantalones, falda, camisa, camiseta, etc.)

③ 신다
para artículos que se ponen en los pies (zapatos de vestir, zapatillas de deporte, calcetines, medias,...)

④ 끼다
para los artículos que caben en un espacio pequeño (anillos, guantes, lentes de contacto,...)

⑤ 하다
para accesorios y otras cosas extras (collar, aretes, bufanda, pañuelo, chal, corbata,...)

⑥ 차다
para artículos que se envuelven alrededor de una zona del cuerpo (relojes, cinturones, pulseras,...)

¡Cuidado!
La negación de –고 있다 es –고 있지 않다, por lo tanto 바지를 입고 없어요 no debe ser usado como negación.
Ej. 바지를 입고 있지 않아요. (○) No lleva pantalones.
바지를 입고 없어요. (×)

(2) Las negaciones se expresan de la siguiente manera

① 여자는 치마를 **입고 있어요.**
La mujer **lleva puesta** una falda.

② 여자는 바지를 **입고 있지 않아요.** (= 안 입고 있어요.)
La mujer **no lleva puesto** pantalones.

③ **아무도** 안경을 쓰고 있지 않아요.
Nadie está usando gafas.

④ 남자는 **아무것도** 신고 있지 **않아요.**
El hombre **no lleva** calzado.

En cada conjunto, seleccione el artículo que utiliza un verbo diferente.

(1) ⓐ 바지 / ⓑ 잠옷 / ⓒ 치마 / ⓓ 양말

(2) ⓐ 모자 / ⓑ 안경 / ⓒ 마스크 / ⓓ 콘택트렌즈

(3) ⓐ 목걸이 / ⓑ 목도리 / ⓒ 반지 / ⓓ 귀걸이

(4) ⓐ 시계 / ⓑ 장갑 / ⓒ 벨트 / ⓓ 팔찌

Observe la imagen superior y seleccione las respuestas correctas.

(1) 여자는 모자를 (ⓐ 쓰고 있어요. / ⓑ 쓰고 있지 않아요.)

(2) 여자는 장갑을 (ⓐ 끼고 있어요. / ⓑ 끼고 있지 않아요.)

(3) 여자는 가방을 (ⓐ 들고 있어요. / ⓑ 들고 있지 않아요.)

(4) 여자는 운동화를 (ⓐ 신고 있어요. / ⓑ 신고 있지 않아요.)

B Diferentes verbos para el mismo artículo

(1) 넥타이

하다
llevar (se refiere a la corbata como un simple accesorio)

① 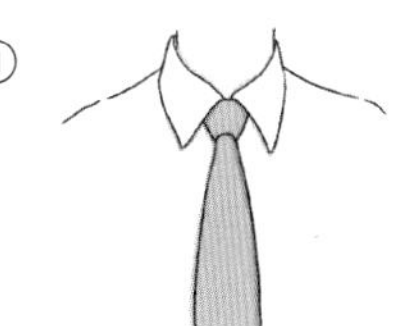

매다
atar (enfatiza la acción de atar la corbata)

② 

(2) 안경

쓰다
llevar (se refiere a las gafas como algo que se lleva en el rostro)

① 

끼다
ponerse (enfatiza la acción de ponerse las gafas sobre las orejas)

② 

(3) 우산

쓰다
utilizar (se refiera al uso del paraguas sobre la cabeza de uno)

① 

들다
llevar en la mano (enfatiza la acción de cargar o sostener el paraguas)

② 

(3) 가방

메다
cargar (se refiere a la acción de cargar la mochila sobre los hombros)

① 

들다
llevar en la mano (enfatiza la acción de llevar la bolsa en la mano)

② 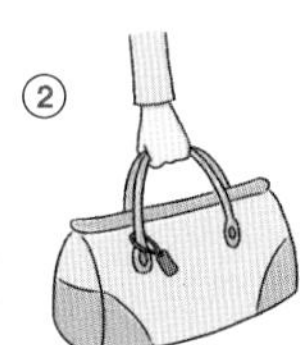

끌다
tirar de (una maleta) (enfatiza la acción de arrastrar una maleta, si esta tiene ruedas)

③ 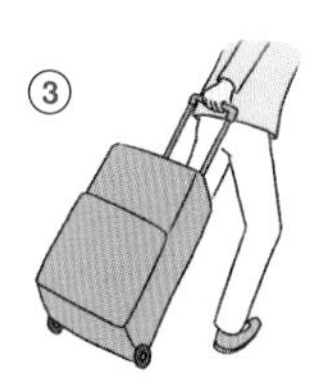

¡Cuestionario! Observe la imagen y seleccione las respuestas correctas.

(1) 남자가 왼손으로 여행 가방을 (ⓐ 들고 / ⓑ 끌고) 있어요.

(2) 남자가 어깨에 가방을 (ⓐ 메고 / ⓑ 끌고) 있어요.

(3) 남자가 우산을 (ⓐ 들고 / ⓑ 쓰고) 있어요.

(4) 남자가 넥타이를 (ⓐ 매고 있어요. / ⓑ 매고 있지 않아요.)

(5) 남자가 모자를 머리에 (ⓐ 쓰고 있어요. / ⓑ 쓰고 있지 않아요.)

(6) 남자가 선글라스를 손에 (ⓐ 들고 있어요. / ⓑ 들고 있지 않아요.)

C Tipos de ropa

(1) Por la longitud de la ropa

> **Tip**
> 반 en 반바지 y 반팔 significa "mitad".

① 반바지
pantalones cortos

② 긴 바지
pantalones largos

③ 반팔 셔츠 (=반소매 셔츠)
camisa de manga corta

④ 긴팔 셔츠 (=긴소매 셔츠)
camisa de manga larga

⑤ 민소매 셔츠
camisa sin mangas

(2) Nombres de ropa

> **Tip**
> 옷 y 복 se refieren a todo tipo de ropa, pero 옷 es una palabra coreana nativa y 복 es una palabra sino-coreana.

Si el sustantivo compuesto es Sino-Coreano, se utiliza 복.

① 수영복
traje de baño

② 운동복
ropa deportiva

③ 한복
Hanbok (ropa tradicional coreana)

④ 양복
traje formal (para hombres)

⑤ 교복
uniforme escolar

⑥ 제복
uniforme

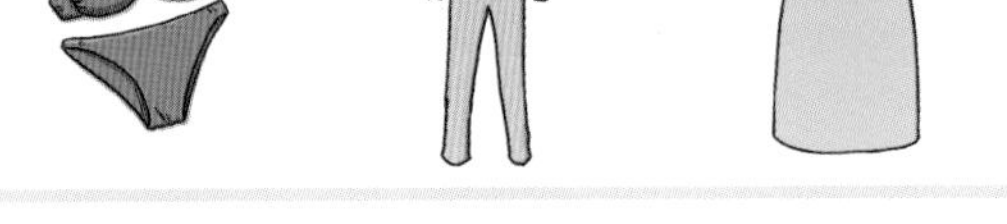

Si el sustantivo compuesto es nativamente coreano, se utiliza 옷.

① 잠옷
pijama

② 비옷
impermeable

③ 속옷
ropa interior

¡Cuestionario! Seleccione la respuesta correcta y escríbala en la casilla.

양복 잠옷 속옷 교복 비옷 운동복 반팔 옷 수영복

(1) 잘 때 ______________ 을/를 입어요.
(2) 수영할 때 ______________ 을/를 입어요.
(3) 운동할 때 ______________ 을/를 입어요.
(4) 비가 올 때 ______________ 을/를 입어요.
(5) 보통 더울 때 ______________ 을/를 입어요.
(6) 보통 옷 안에 ______________ 을/를 입어요.
(7) 회사에서 남자가 ______________ 을/를 입어요.
(8) 학교에서 학생이 ______________ 을/를 입어요.

D Verbos para "quitarse la ropa"

(1) 벗다

(2) 풀다

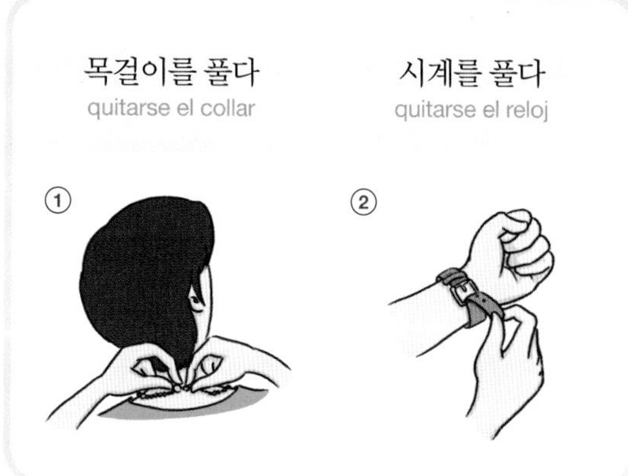

(3) 빼다

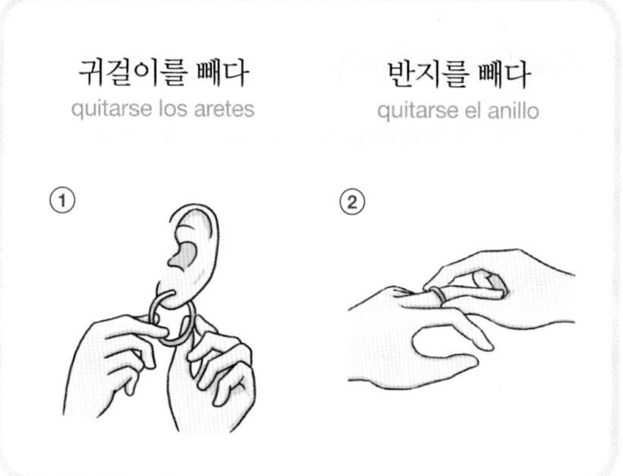

¡Cuestionario! Seleccione y escriba dos antónimos para los verbos que podrían ser utilizados con los siguientes artículos.

신다 차다 빼다 입다 풀다 하다 쓰다 벗다 끼다

(1) 치마 : ______ ↔ ______	(2) 시계 : ______ ↔ ______
(3) 구두 : ______ ↔ ______	(4) 장갑 : ______ ↔ ______
(5) 모자 : ______ ↔ ______	(6) 귀걸이 : ______ ↔ ______
(7) 목걸이 : ______ ↔ ______	(8) 목도리 : ______ ↔ ______
(9) 반지 : ______ ↔ ______	(10) 안경 : ______ ↔ ______
(11) 팔찌 : ______ ↔ ______	(12) 양말 : ______ ↔ ______

E Formas y diseños

(1) Forma

① 별 모양의 열쇠고리 llavero en forma de estrella
② 하트 모양의 목걸이 collar en forma de corazón
③ 달 모양의 반지 anillo en forma de luna

(2) Diseño

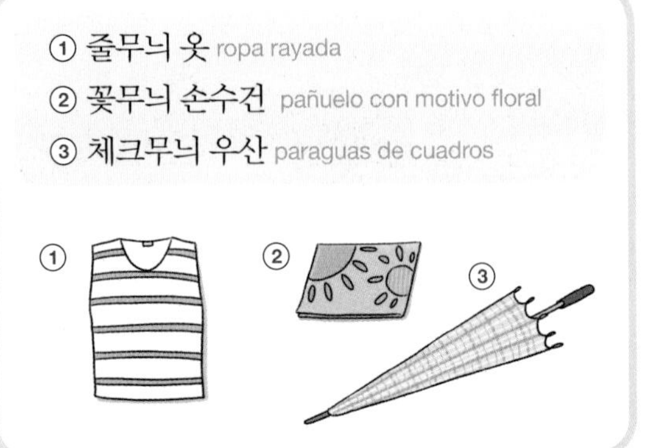

① 줄무늬 옷 ropa rayada
② 꽃무늬 손수건 pañuelo con motivo floral
③ 체크무늬 우산 paraguas de cuadros

Observe las imágenes y escoja la respuesta correcta.

조카 선물을 샀어요. (1) (ⓐ 줄무늬 / ⓑ 체크무늬) 치마와
(2) (ⓐ 줄무늬 / ⓑ 체크무늬) 가방을 샀어요.
그리고 (3) (ⓐ 별 / ⓑ 달) 모양의 머리핀도 샀어요.

F Materiales

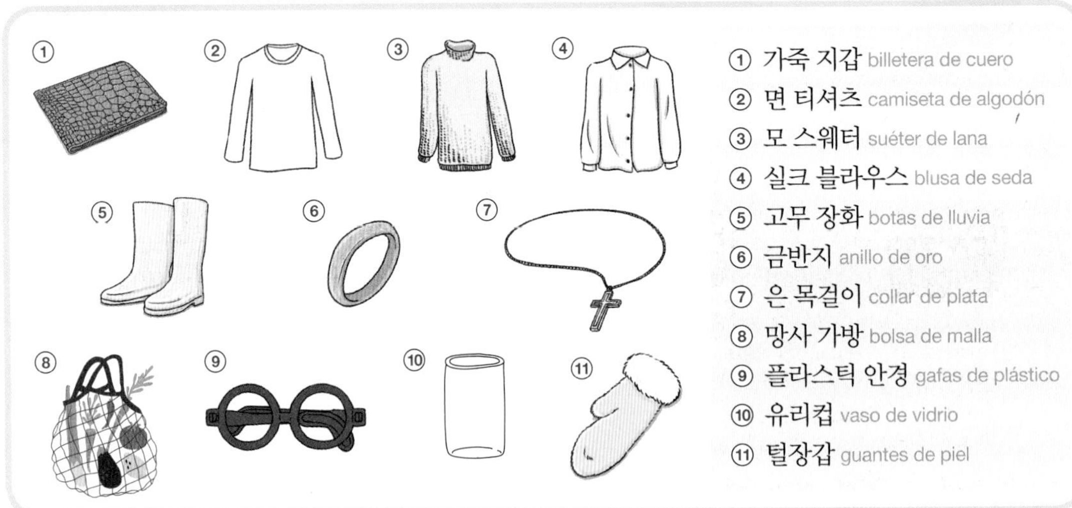

① 가죽 지갑 billetera de cuero
② 면 티셔츠 camiseta de algodón
③ 모 스웨터 suéter de lana
④ 실크 블라우스 blusa de seda
⑤ 고무 장화 botas de lluvia
⑥ 금반지 anillo de oro
⑦ 은 목걸이 collar de plata
⑧ 망사 가방 bolsa de malla
⑨ 플라스틱 안경 gafas de plástico
⑩ 유리컵 vaso de vidrio
⑪ 털장갑 guantes de piel

Tip
Se utiliza (으)로 para expresar de qué material está hecho algo.

Observe las imágenes y escoja la respuesta correcta.

(1) 지갑이 ______ (으)로 만들어졌어요.
(2) 컵이 ______ (으)로 만들어졌어요.
(3) 반지가 ______ (으)로 만들어졌어요.
(4) 스웨터가 ______ (으)로 만들어졌어요.
(5) 목걸이가 ______ (으)로 만들어졌어요.
(6) 장화가 ______ (으)로 만들어졌어요.
(7) 장갑이 ______ (으)로 만들어졌어요.
(8) 티셔츠가 ______ (으)로 만들어졌어요.

G Artículos con piezas adicionales

주머니가 달린 바지
pantalones con bolsillos

①

지퍼가 달린 필통
estuche de lápices con cremallera

② 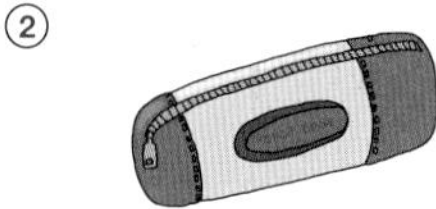

리본이 달린 구두
zapatos con lazo

③

바퀴가 달린 가방
maleta con ruedas

④ 

손잡이가 달린 가방
maletín

⑤ 

끈이 달린 가방
bolsa con una correa

⑥ 

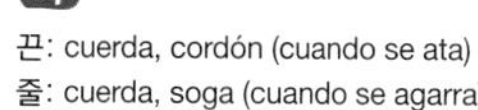

Tip
끈: cuerda, cordón (cuando se ata)
줄: cuerda, soga (cuando se agarra)

¡Cuestionario! Observe las imágenes y escoja la respuesta correcta.

(1) 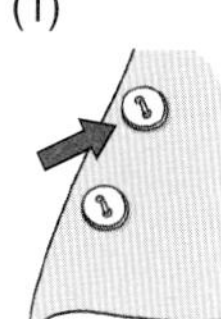

______ 이/가 달린 옷을 샀어요.

(2) 

______ 이/가 달린 카메라가 들고 다니기 편해요.

(3) 

______ 이/가 달린 화장품을 사고 싶어요.

H Cuando se usan dos o más piezas de ropa

① 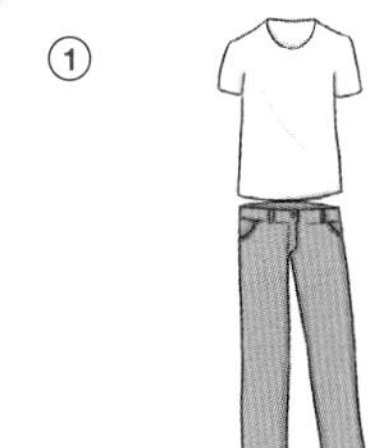

②  

① 청바지**에** 셔츠를 입고 있어요.
Llevo vaqueros y una camisa.

② 선글라스**에** 수영복을 입고 있어요.
Llevo gafas de sol y un traje de baño.

Observe las imágenes y escoja la respuesta correcta.

(1)  

(ⓐ 털 / ⓑ 면) 티셔츠에 체크무늬 치마를 입고 있어요.

(2) 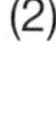 

녹색 바지에 (ⓐ 유리 / ⓑ 가죽) 구두를 신고 있어요.

(3)  

하트 모양의 (ⓐ 금 / ⓑ 은) 목걸이에 달 모양의 귀걸이를 하고 있어요.

Expresiones de tiempo

A Adverbios de tiempo

(1) 전에 vs. 아까 y 이따가 vs. 나중에

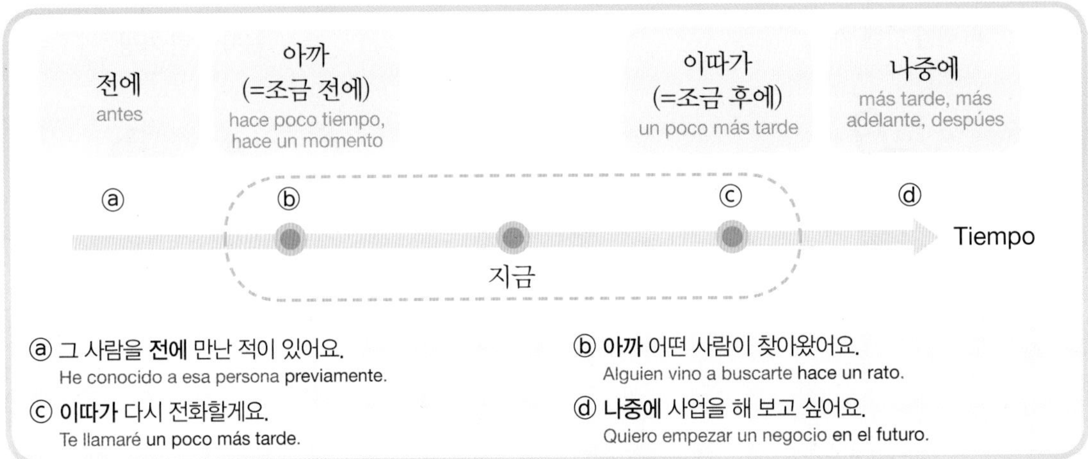

ⓐ 그 사람을 **전에** 만난 적이 있어요.
He conocido a esa persona **previamente**.

ⓑ **아까** 어떤 사람이 찾아왔어요.
Alguien vino a buscarte **hace un rato**.

ⓒ **이따가** 다시 전화할게요.
Te llamaré **un poco más tarde**.

ⓓ **나중에** 사업을 해 보고 싶어요.
Quiero empezar un negocio **en el futuro**.

(2) 지금 vs. 이제

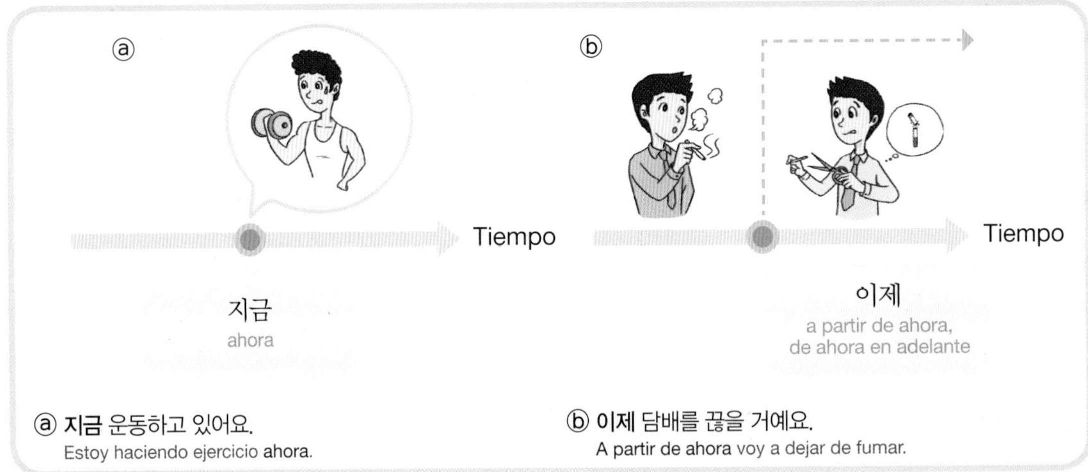

ⓐ **지금** 운동하고 있어요.
Estoy haciendo ejercicio **ahora**.

ⓑ **이제** 담배를 끊을 거예요.
A partir de ahora voy a dejar de fumar.

¡Cuestionario! 1 Seleccione la respuesta correcta.

(1) (ⓐ 지금 / ⓑ 이제) 샤워하고 있어서 전화를 받을 수 없어요.

(2) (ⓐ 아까 / ⓑ 전에) 부산에 가 본 적이 있지만 잘 기억 안 나요.

(3) 30분 후에 다시 올게요. (ⓐ 이따가 / ⓑ 나중에) 여기에서 만나요.

(4) 전에 돈을 너무 많이 썼어요. (ⓐ 지금 / ⓑ 이제) 돈을 아껴 써야 해요.

(5) (ⓐ 이따가 / ⓑ 나중에) 여행 가려고 지금 돈을 모으고 있어요.

(6) (ⓐ 아까 / ⓑ 전에) 어떤 사람이 찾아왔어요. 1시간 후에 다시 올 거예요.

(3) **방금 vs. 금방**

ⓐ **방금** 전에 도착했어요.
Acabo de llegar **hace un instante**.

ⓑ **금방** 갔다 올게요. 잠깐만 기다려 주세요.
Regreso **en un momento**. Espérame por favor.

(4) **곧 vs. 잠깐**

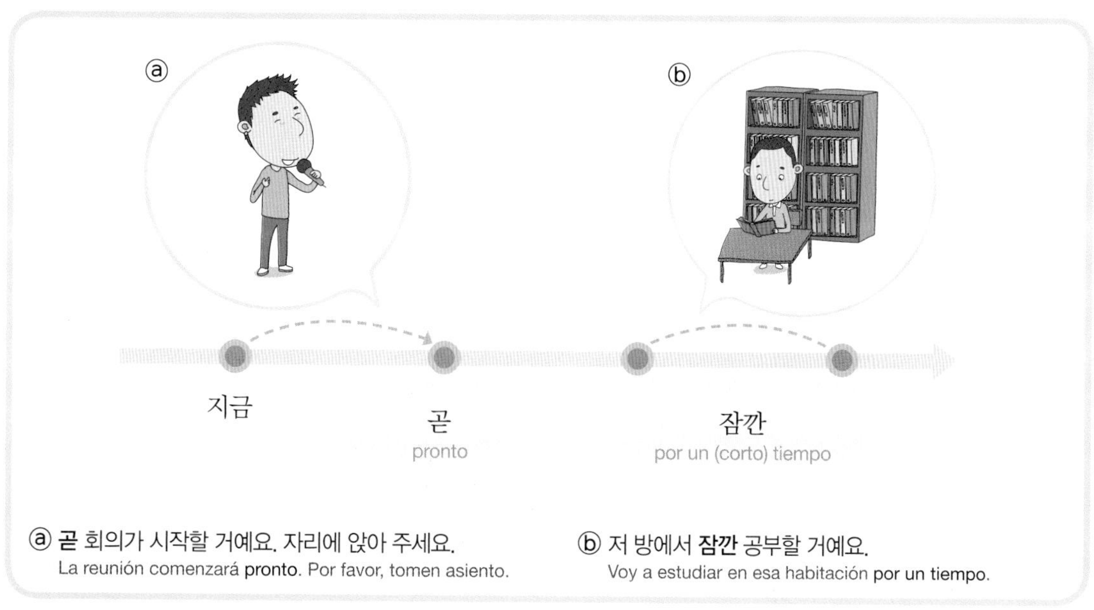

ⓐ **곧** 회의가 시작할 거예요. 자리에 앉아 주세요.
La reunión comenzará **pronto**. Por favor, tomen asiento.

ⓑ 저 방에서 **잠깐** 공부할 거예요.
Voy a estudiar en esa habitación **por un tiempo**.

¡Cuestionario! 2 Seleccione las respuestas correctas.

(1) 직원이 (ⓐ 방금 / ⓑ 금방) 올 거예요.

(2) 그 책을 (ⓐ 곧 / ⓑ 잠깐) 읽어서 무슨 내용인지 잘 모르겠어요.

(3) 저도 (ⓐ 방금 / ⓑ 금방) 전에 도착해서 오래 기다리지 않았어요.

(4) (ⓐ 곧 / ⓑ 잠깐) 겨울이 되니까 두꺼운 옷을 준비하세요.

(5) 보일러를 켜니까 방 안이 (ⓐ 방금 / ⓑ 금방) 따뜻해졌어요.

(6) (ⓐ 방금 / ⓑ 곧) 만든 음식이니까 식기 전에 드세요.

(5) 동안 vs. 만에

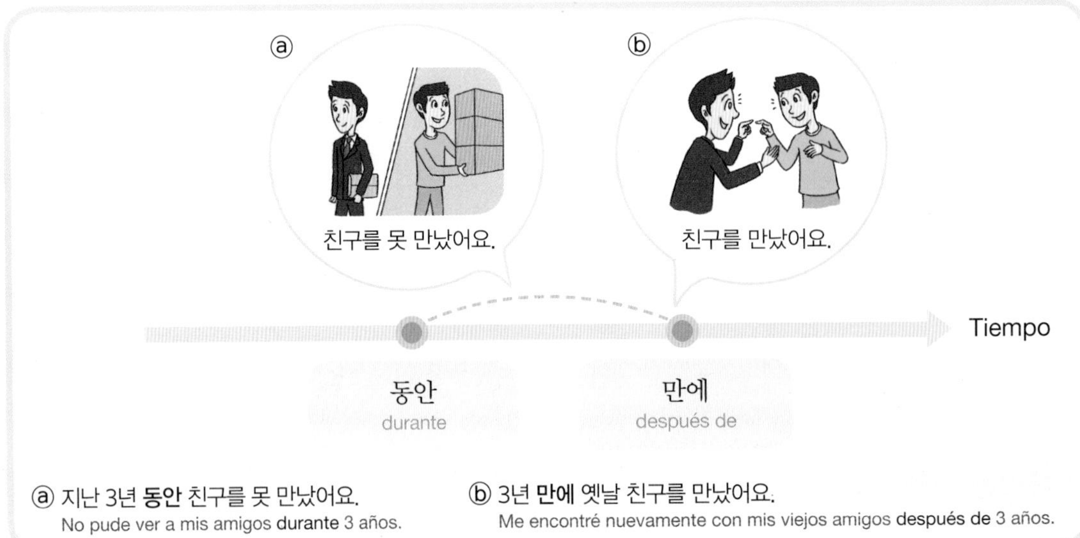

ⓐ
ⓑ
친구를 못 만났어요.
친구를 만났어요.
Tiempo
동안
durante
만에
después de
ⓐ 지난 3년 **동안** 친구를 못 만났어요.
No pude ver a mis amigos **durante** 3 años.
ⓑ 3년 **만에** 옛날 친구를 만났어요.
Me encontré nuevamente con mis viejos amigos **después de** 3 años.

¡Cuestionario! 3 Seleccione las respuestas correctas.

(1) (ⓐ 오랫동안 / ⓑ 오랜만에) 못 만난 친구를 오늘 만나기로 했어요.

(2) 교통사고로 (ⓐ 한 달 동안 / ⓑ 한 달 만에) 병원에 입원했어요.

(3) (ⓐ 5년 동안 / ⓑ 5년 만에) 고향에 돌아가니까 기대돼요.

(4) (ⓐ 3시간 동안 / ⓑ 3시간 만에) 회의를 계속해서 좀 피곤해요.

(6) 동안 vs. 부터

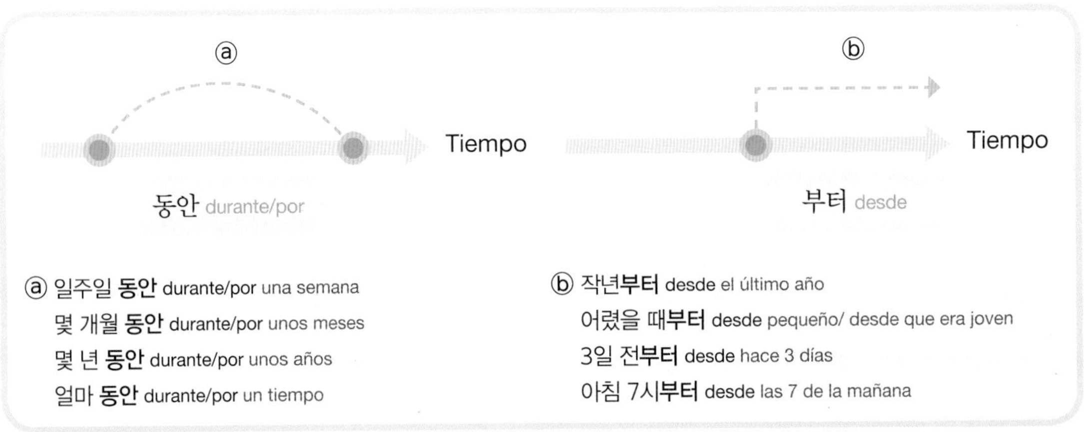

ⓐ
ⓑ
Tiempo
Tiempo
동안 durante/por
부터 desde
ⓐ 일주일 **동안** durante/por una semana
몇 개월 **동안** durante/por unos meses
몇 년 **동안** durante/por unos años
얼마 **동안** durante/por un tiempo
ⓑ 작년**부터** desde el último año
어렸을 때**부터** desde pequeño/ desde que era joven
3일 전**부터** desde hace 3 días
아침 7시**부터** desde las 7 de la mañana

¡Cuestionario! 4 Seleccione las respuestas correctas.

(1) (ⓐ 3일 동안 / ⓑ 3일 전부터) 시험을 준비했어요.

(2) (ⓐ 일주일 동안 / ⓑ 일주일 전부터) 세일이 시작했어요.

(3) (ⓐ 며칠 동안 / ⓑ 며칠 전부터) 고향에 돌아갈 거예요.

(4) (ⓐ 어렸을 때 동안 / ⓑ 어렸을 때부터) 태권도를 배웠어요.

B Antes y después

(1) 전에

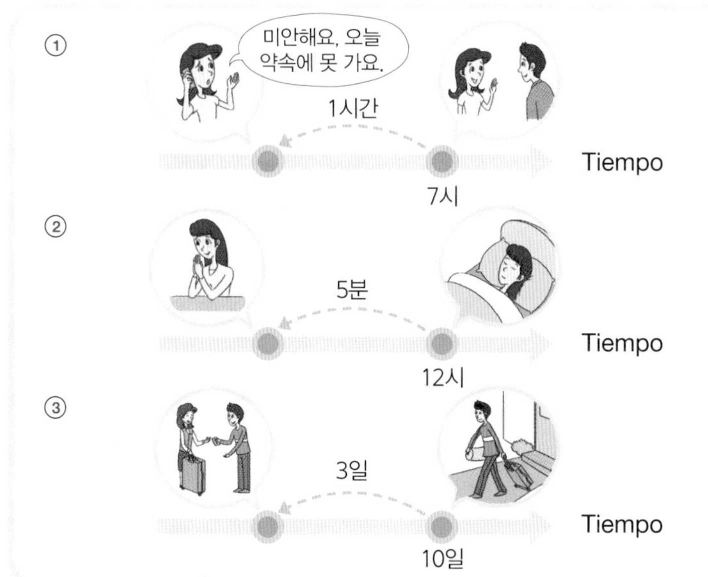

① 만나기 1시간 **전에** 약속을 취소했어요.
Cancelé mi cita una hora **antes de** la reunión.

② 자기 바로 **전에** 기도해요.
Rezo justo **antes de** dormir.

③ 여행 떠나기 3일 **전**에 여행 가방을 샀어요.
Compré una maleta 3 días **antes** de mi viaje.

Tip
Los adverbios pueden utilizarse de la siguiente manera:
바로 전에 inmediatamente antes
얼마 전에 hace un tiempo
한참 전에 hace un momento
오래 전에 hace mucho tiempo

(2) 후에

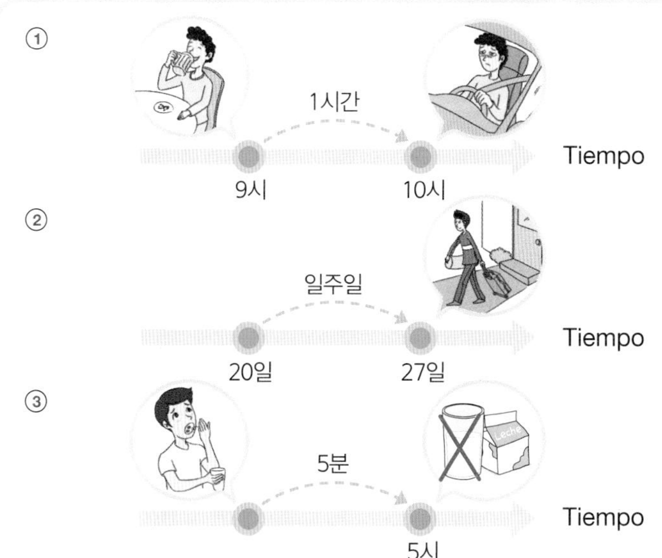

① 술을 마신 1시간 **후에**도 운전하면 안 돼요.
No se debe conducir ni siquiera una hora **después de** haber bebido.

② 여행에서 돌아온 **일주일 후에** 다시 여행을 떠나요!
¡Te vas de viaje nuevamente tan solo **una semana después** de haberte ido de viaje!

③ 약을 먹은 **직후에** 우유를 마시지 마세요.
No tome leche **inmediatamente después** de tomar su medicamento.

Tip
- 바로 전에 = 직전에 inmediatamente antes
- 바로 후에 = 직후에 inmediatamente después

¡Cuestionario! Seleccione las respuestas correctas.

(1) 오늘 길이 많이 막혀서 (ⓐ 늦게 30분 / ⓑ 30분 늦게) 도착했어요.

(2) 회사에서 승진한 (ⓐ 직후에 / ⓑ 직전에) 제가 한턱냈어요.

(3) 서울에 오기 (ⓐ 5시 전에 / ⓑ 바로 전에) 비행기 표를 샀어요.

(4) 영화가 시작하고 (ⓐ 30분 전에 / ⓑ 30분 후에) 영화관에 도착했어요.

¡Cuidado!
¡Preste atención con el orden!
- 아침 일찍 temprano en la mañana
- 밤늦게 tarde en la noche
- 1시간 일찍 una hora antes temprano
- 30분 늦게 30 minutos tarde

C Tiempo

(1)

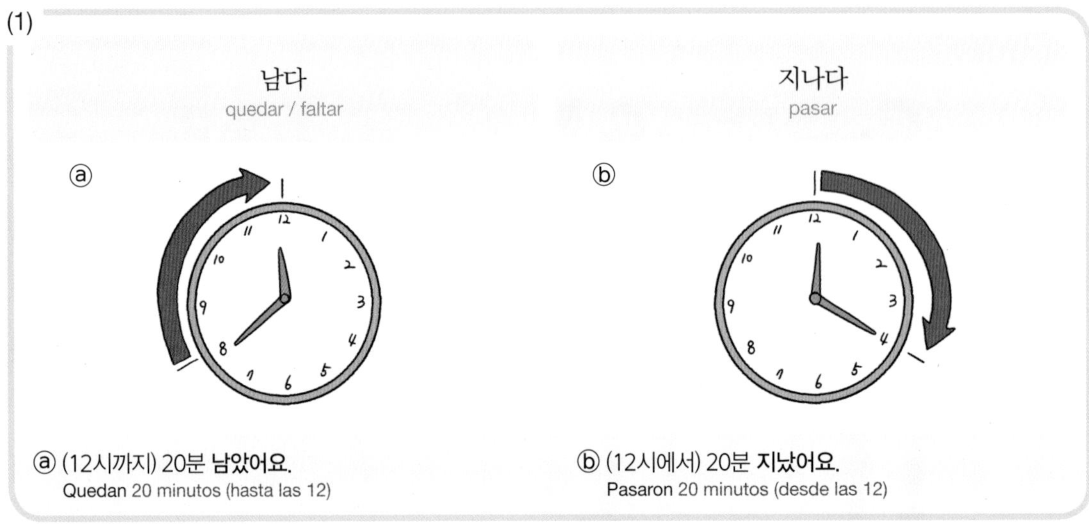

quedar / faltar

ⓐ (12시까지) 20분 남았어요.
Quedan 20 minutos (hasta las 12)
ⓑ (12시에서) 20분 지났어요.
Pasaron 20 minutos (desde las 12)

(2)

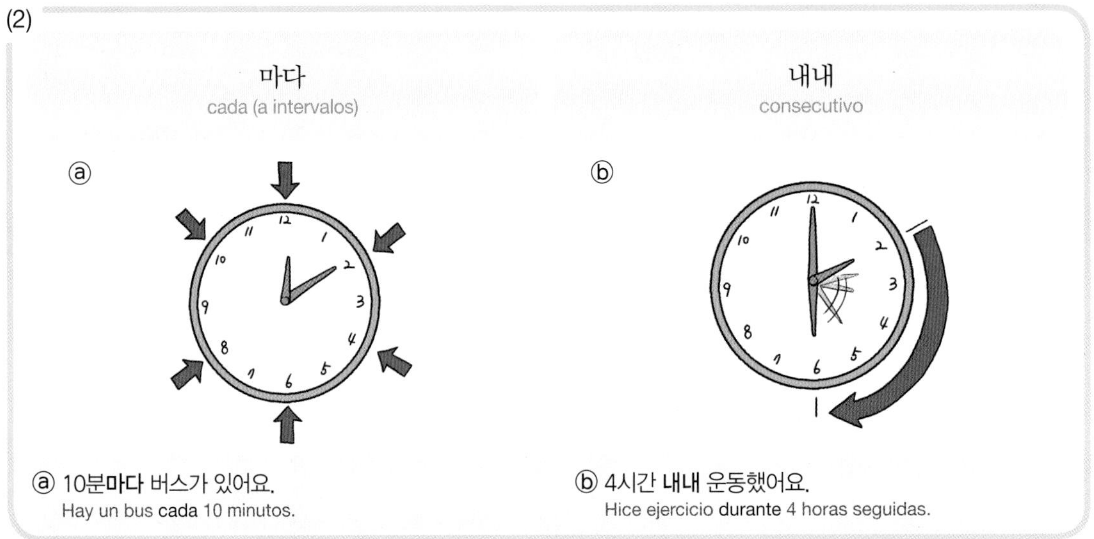

마다
cada (a intervalos)
ⓐ
내내
consecutivo
ⓑ
ⓐ 10분마다 버스가 있어요.
Hay un bus cada 10 minutos.
ⓑ 4시간 내내 운동했어요.
Hice ejercicio durante 4 horas seguidas.

¡Cuestionario! Seleccione las respuestas correctas.

(1) 회의가 1시간 ⓐ 지났는데 음식이 아직도 준비 안 됐어요.
ⓑ 지냈는데

(2) 친구를 ⓐ 2시간 내내 기다렸지만 아직도 안 와요.
ⓑ 2시간마다

(3) 수업이 끝나려면 1시간이나 ⓐ 남았는데 너무 졸려요.
ⓑ 지났는데

(4) 친구가 평일에 시간이 없어서 ⓐ 주말 내내 저녁에 잠깐 친구를 만나요.
ⓑ 주말마다

D Pasando el tiempo

보내다
pasar tiempo

지내다
pasar tiempo (viviendo, haciendo actividades, etc.)
similar a 생활하다 (vivir)

ⓐ

주말 잘 보내세요.

ⓑ

ⓐ 주말 잘 **보내세요.**
Pasa bien el fin de semana.

ⓑ 작년에는 한국에서 잘 **지냈는데** 올해는 좀 힘들어요.
Me lo pasé bien el año pasado en Corea, pero este año es un poco difícil.

Tip
지내다 también significa "mantener una relación".
Ej. 1 나는 우리 반 친구들과 잘 지내고 있어요.
Me estoy llevando bien con mis compañeros de clase.
Ej. 2 사장님은 우리하고 가족처럼 지내고 있어요.
El director general nos trata como familia.

¡Cuestionario! 1 Seleccione las respuestas correctas.

(1) 한국 생활이 좋아요. 요즘 잘 (ⓐ 보내고 / ⓑ 지내고) 있어요.

(2) 우리 어머니는 저하고 친구처럼 (ⓐ 보내요. / ⓑ 지내요.)

(3) 휴가를 가서 조용한 시간을 (ⓐ 보냈어요. / ⓑ 지냈어요.)

(4) 전에는 직장 생활을 잘 못 (ⓐ 보냈지만 / ⓑ 지냈지만) 지금은 잘 지내요.

(5) 이번 추석은 가족과 함께 (ⓐ 보내려고 / ⓑ 지내려고) 해요.

(6) 회사 동료와 문제 없이 잘 (ⓐ 보내고 / ⓑ 지내고) 있어요.

¡Cuestionario! 2 Complete las conversaciones.

(1) A 주말 잘 ____________?
B 네, 친구하고 재미있게 보냈어요.

(2) A 동생하고 어떻게 ____________?
B 사이좋게 지내요.

(3) A 그동안 잘 ____________?
B 네, 덕분에 잘 지냈어요.

(4) A 휴가 때 보통 어떻게 시간을 ____________?
B 여행 가거나 집에서 쉬어요.

¡Cuestionario! 3 Empareje los objetos relacionados.

(1) 한국 생활이 좋아요. 요즘 잘 (ⓐ 보내고 / ⓑ 지내고) 있어요.

(2) 우리 어머니는 저하고 친구처럼 (ⓐ 보내요. / ⓑ 지내요.)

(3) 휴가를 가서 조용한 시간을 (ⓐ 보냈어요. / ⓑ 지냈어요.)

(4) 전에는 직장 생활을 잘 못 (ⓐ 보냈지만 / ⓑ 지냈지만) 지금은 잘 지내요.

(5) 이번 추석은 가족과 함께 휴일을 (ⓐ 보내려고 / ⓑ 지내려고) 해요.

(6) 회사 동료와 문제 없이 잘 (ⓐ 보내고 / ⓑ 지내고) 있어요.

Capítulo 93 Cantidades

¡Aprendamos!

A Puntuaciones

(1) Puntajes

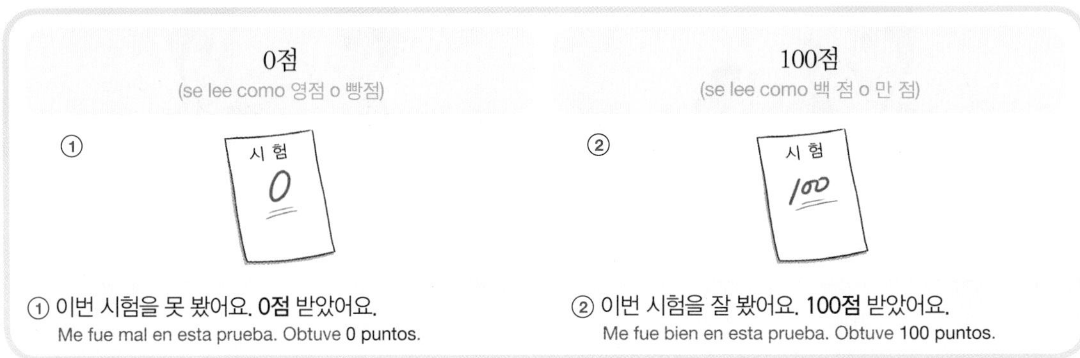

0점
(se lee como 영점 o 빵점)

100점
(se lee como 백 점 o 만 점)

① 이번 시험을 못 봤어요. **0점** 받았어요.
Me fue mal en esta prueba. Obtuve **0** puntos.

② 이번 시험을 잘 봤어요. **100점** 받았어요.
Me fue bien en esta prueba. Obtuve **100** puntos.

(2) Decimales

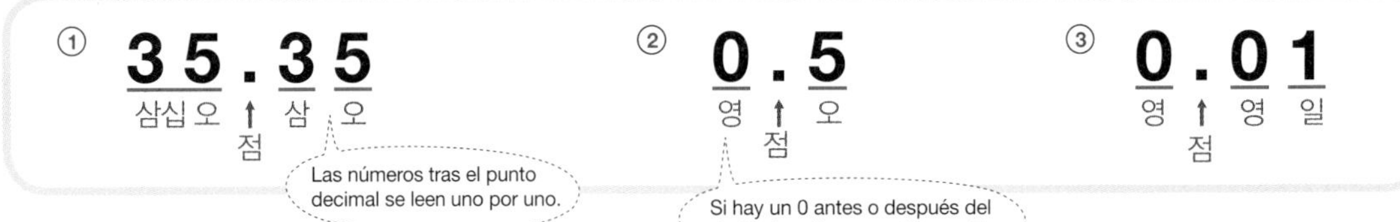

① **35.35**
삼십 오 ↑ 삼 오
점

② **0.5**
영 ↑ 오
점

③ **0.01**
영 ↑ 영 일
점

Las números tras el punto decimal se leen uno por uno.

Si hay un 0 antes o después del decimal, se lee como 영 y no 공.

(3) Resultados en un partido

3:1(삼 대 일)

1:1(일 대 일)

0:2(영 대 이)

① 축구 경기에서 우리 팀이 **3:1**로 이겼어요.
Nuestro equipo ganó el partido de fútbol **3 a 1**.

② 한국하고 일본이 축구 경기에서 **1:1**로 비겼어요.
Corea y Japón empataron **1 a 1** en el partido de fútbol.

③ 테니스 경기에서 제가 **0:2**로 졌어요.
Perdí el partido de tenis **0 a 2**.

Tip La partícula (으)로 va a continuación de la puntuación del partido.

¡Cuestionario! Corrija las expresiones subrayadas

(1) 3 : 0

어제 야구 경기에서 <u>삼 대 공</u>으로 이겼어요.

(2)

시험에서 <u>공 점 오</u> 점 부족해서 떨어졌어요.

(3) 210점

스케이트 경기에서 <u>이백일십</u> 점 받았어요.

(4) 2 : 2

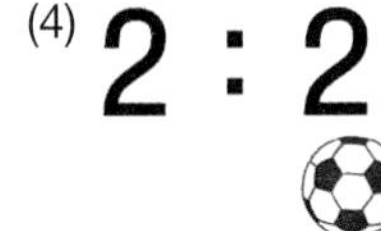

축구 경기에서 <u>두 대 두</u>로 비겼어요.

B Proporción

(1) Fracciones

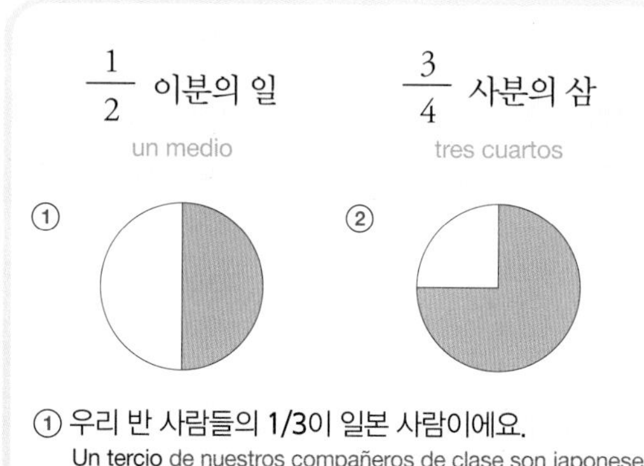

① 우리 반 사람들의 **1/3**이 일본 사람이에요.
Un tercio de nuestros compañeros de clase son japoneses.

② 옆 반 사람들의 **20%**가 미국 사람이에요.
El 20% de la clase de al lado es estadounidense.

Tip
% se lee como 퍼센트 o 프로.

(2) 전체 (Todo) vs. 부분 (Parte)

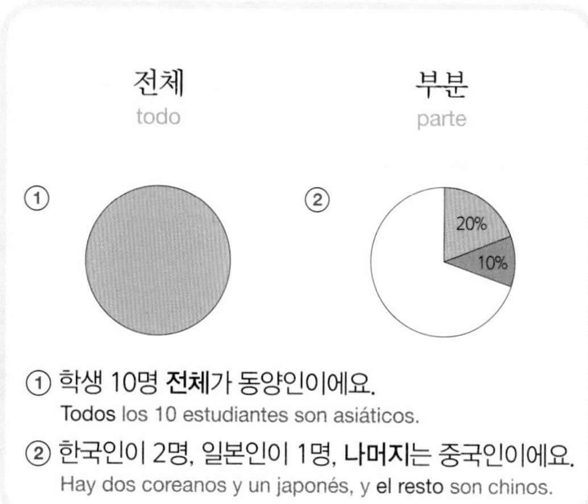

① 학생 10명 **전체**가 동양인이에요.
Todos los 10 estudiantes son asiáticos.

② 한국인이 2명, 일본인이 1명, **나머지**는 중국인이에요.
Hay dos coreanos y un japonés, y **el resto** son chinos.

(3) 전부 vs. 대부분 vs. 절반 vs. 일부

전부
todos

대부분
en gran parte, la mayoría

절반
la mitad

일부
una parte

① 학생 **전부**가 영어를 말할 수 있어요.
Todos los estudiantes pueden hablar inglés.

모든 학생들이 영어를 말할 수 있어요.
Todos los estudiantes pueden hablar inglés.

② 학생의 **대부분**이 미국 사람이에요.
La mayoría de los estudiantes son estadounidenses.

대부분의 학생들이 미국 사람이에요.
La mayoría de los estudiantes son estadounidenses.

③ 학생의 **절반**은 여자예요.
La mitad de los estudiantes son mujeres.

절반의 학생들은 여자예요.
La mitad de los estudiantes son mujeres.

④ 학생의 **일부**가 호주 사람이에요.
Una parte de los estudiantes son australianos.

몇몇 학생들이 호주 사람이에요.
Algunos de los estudiantes son australianos.

¡Cuidado!
- 모두 (=전부): se escribe antes del verbo.
  Ej. 사람들이 모두 왔어요. Todos vinieron.
- 모든: se escribe antes del sustantivo
  Ej. 모든 사람들이 왔어요. Toda la gente vino.

Seleccione las respuestas correctas de acuerdo con los porcentajes dados.

(1) 100% → 회사 사람들 (ⓐ 전체 / ⓑ 부분)이/가 한국인이에요.

(2) 80% → (ⓐ 모든 / ⓑ 대부분) 학생들이 한자를 알아요.

(3) 10% → 학생들의 (ⓐ 일부 / ⓑ 절반)만 아르바이트를 해요.

(4) 25% → 네 사람이 피자 하나를 (ⓐ 일분의 사 / ⓑ 사분의 일)씩 먹었어요.

(5) 20% → 제 친구의 (ⓐ 일분의 오 / ⓑ 오분의 일)이 결혼 안 했어요.

> **Tip**
> Las pulgadas sólo se usan para la ropa. Las millas, yardas y pies no se usan.
> 1 pulgada = 2.54 centimetros
> 1 yarda = 0.91 metros
> 1 milla = 1.6 kilometros
> 1 pie = 0.3048 metros

C Longitud y distancia

1km = 1,000m | 1m 미터 = 100cm | 1cm 센티(미터) = 10mm 밀리(미터)

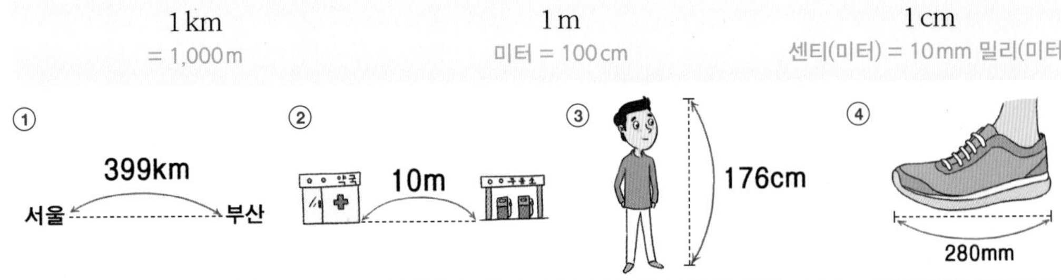

① 서울에서 부산까지 399km예요.
Son 399 kilómetros de Seúl a Busan.

② 주유소가 약국에서 10m 떨어져 있어요.
La gasolinera se encuentra a 10 metros de la farmacia.

③ 이 남자의 키는 176cm예요.
La altura del hombre es de 176 centímetros.

④ 이 운동화는 280mm예요.
Estas zapatillas tienen 280 milímetros de largo.

> **Tip**
> En el lenguaje de uso diario se ultilizan como abreviaciones 키로, 센치, 미리, pese a no ser consideradas parte del lenguaje estándar.
> km (킬로미터) → 킬로, 키로
> kg (킬로그램) → 킬로, 키로
> cm (센티미터) → 센티, 센치
> mm (밀리미터) → 밀리, 미리
> ml (밀리리터) → 밀리, 미리

D Peso

1t 톤 = 1,000kg | 1kg 킬로(그램) = 1,000g | 1g 그램 = 1,000mg 밀리그램

① 우리 아파트에서 일주일에 1톤의 쓰레기가 나와요.
Se produce una tonelada de basura a la semana en nuestro apartamento.

② 운동해서 3kg 뺐어요.
Bajé 3 kilogramos haciendo ejercicio.

③ 한국에서는 고기 600g씩 포장해서 팔아요.
En Corea, la carne se separa y se vende en paquetes de 600 gramos.

> **Tip**
> En el lenguaje de uso diario, km (kilómetro) y kg (kilogramo) se leen como 킬로 y se distinguen por el contexto.

> **Tip**
> En coreano no se utiliza onza, libra y galon.
> 1 onza = 28.3 g
> 1 libra = 453 g

E Volumen

1ℓ
1리터 = 1,000밀리(리터)

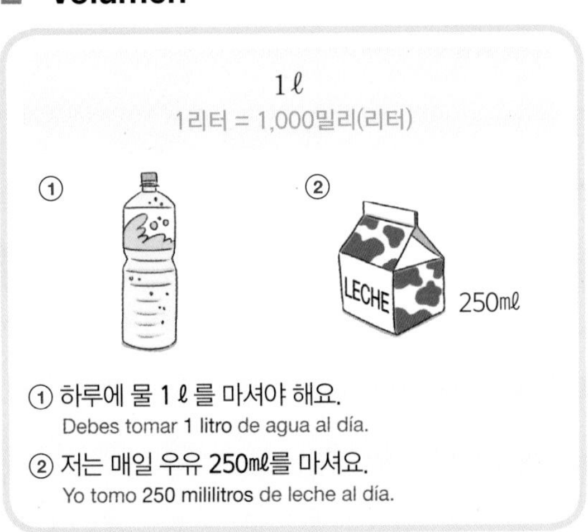

① 하루에 물 1ℓ를 마셔야 해요.
Debes tomar 1 litro de agua al día.

② 저는 매일 우유 250mℓ를 마셔요.
Yo tomo 250 mililitros de leche al día.

F Ancho

1km²
(제곱 킬로미터)

저는 1km² 정도의 밭을 갖고 있어요.
Tengo aproximadamente 1km² de terreno.

> **Tip**
> En el lenguaje de uso diario ml se lee normalmente como 미리.

Seleccione la respuesta incorrecta.

(1) ⓐ 10km → 십 킬로
ⓑ 150ml → 백오십 리터
ⓒ 80kg → 팔십 킬로
ⓓ 90m² → 구십 제곱미터

(2) ⓐ 15mm → 십오 밀리
ⓑ 150ml → 백오십 밀리
ⓒ 300g → 삼백 밀리
ⓓ 30cm → 삼십 센티

Observe la imagen y seleccione las respuestas correctas.

(1)

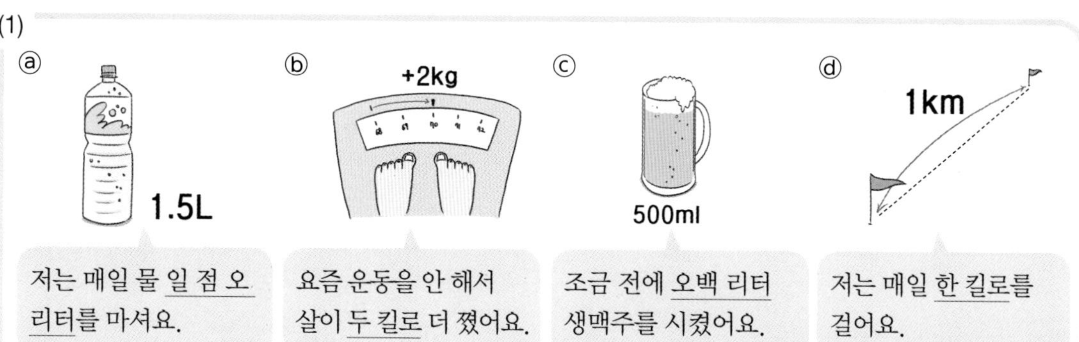

ⓐ
1.5L
저는 매일 물 일 점 오 리터를 마셔요.
ⓑ
+2kg
요즘 운동을 안 해서 살이 두 킬로 더 쪘어요.
ⓒ
500ml
조금 전에 오백 리터 생맥주를 시켰어요.
ⓓ
1km
저는 매일 한 킬로를 걸어요.

(2)

ⓐ
165 cm
제 키는 백육십오 미터 예요.
ⓑ
LECHE
200ml
매일 우유를 이백 밀리 씩 먹으면 먹어요.
ⓒ
2.5kg
2.5kg
소포 무게가 두 점 오 킬로 나왔습니다.
ⓓ
10 cm
바지가 길어서 열 센티 정도 잘라야 돼요.

Empareje los objetos relacionados.

(1) 몸무게가 몇 킬로예요? •	• ⓐ 183cm예요.
(2) 키가 몇 센티예요? •	• ⓑ 1,000mℓ예요.
(3) 집에서 회사까지 몇 킬로예요? •	• ⓒ 78kg예요.
(4) 우유가 몇 리터예요? •	• ⓓ 10km쯤 돼요.
(5) 발이 몇 밀리예요? •	• ⓔ 255mm예요.

Capítulo 94

Expresiones de lugar

¡Aprendamos!

A Describir la ubicación en una fotografía

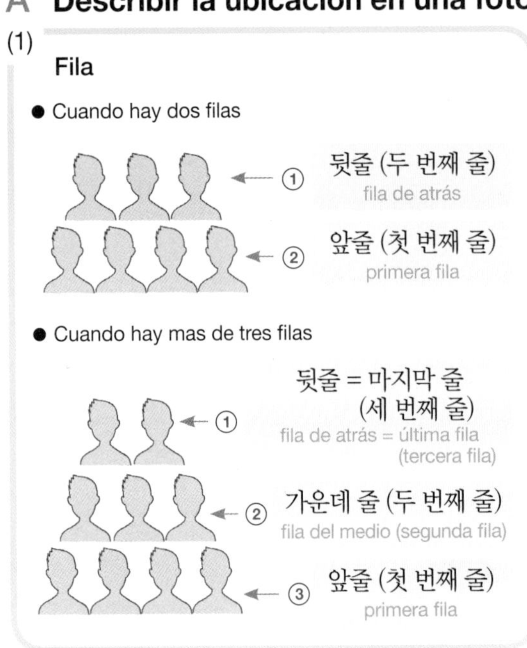
(1)
Fila
● Cuando hay dos filas
① 뒷줄 (두 번째 줄)
fila de atrás
② 앞줄 (첫 번째 줄)
primera fila
● Cuando hay mas de tres filas
① 뒷줄 = 마지막 줄
(세 번째 줄)
fila de atrás = última fila
(tercera fila)
② 가운데 줄 (두 번째 줄)
fila del medio (segunda fila)
③ 앞줄 (첫 번째 줄)
primera fila

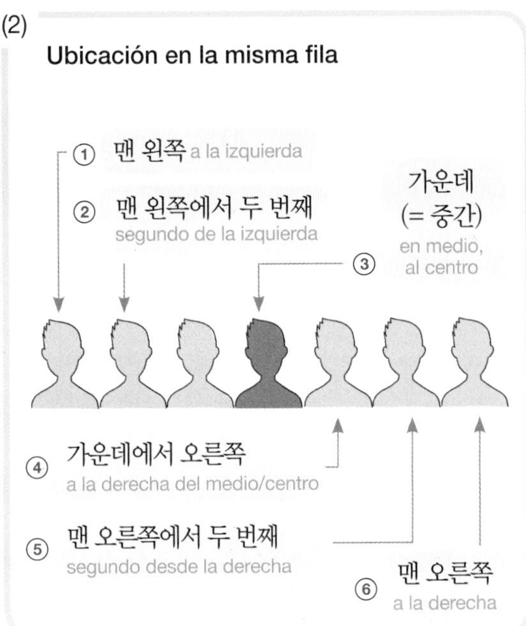
(2)
Ubicación en la misma fila
① 맨 왼쪽 a la izquierda
② 맨 왼쪽에서 두 번째
segundo de la izquierda
③ 가운데
(= 중간)
en medio,
al centro
④ 가운데에서 오른쪽
a la derecha del medio/centro
⑤ 맨 오른쪽에서 두 번째
segundo desde la derecha
⑥ 맨 오른쪽
a la derecha

(3)
Describiendo un lugar específico
① 진수의 뒤의 뒤 dos asientos detrás de Jinsu
② 진수의 뒤 detrás de Jinsu
③ 진수의 옆 al lado de Jinsu
진수
④ 진수의 옆의 옆 a dos asientos de Jinsu
⑤ 진수의 앞 frente a Jinsu
⑥ 진수의 앞의 앞 dos asientos enfrente de Jinsu

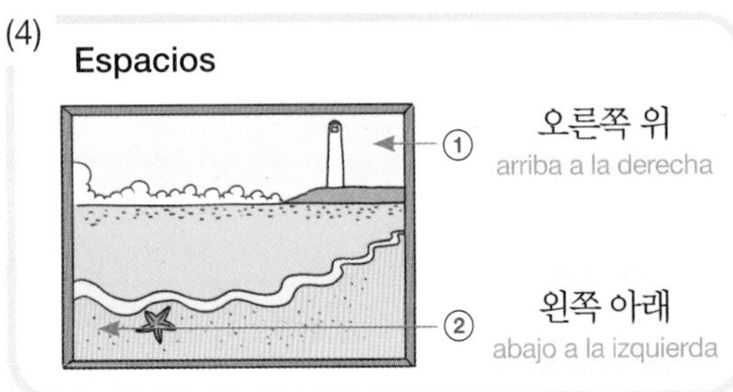
(4)
Espacios
① 오른쪽 위
arriba a la derecha
② 왼쪽 아래
abajo a la izquierda

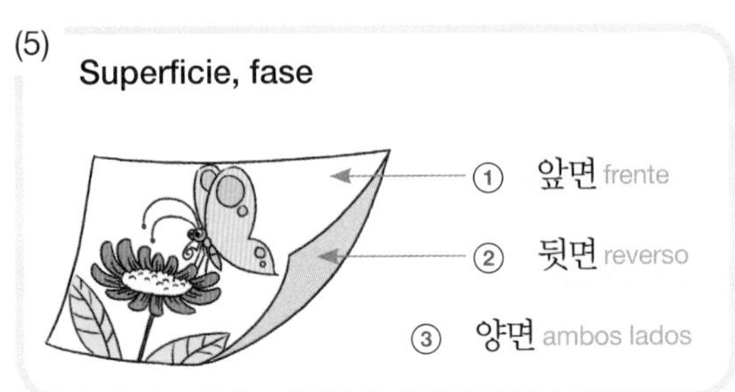
(5)
Superficie, fase
① 앞면 frente
② 뒷면 reverso
③ 양면 ambos lados

¡Cuestionario! 1 Lea el texto y escriba los nombres correctos de los miembros de la familia en la foto.

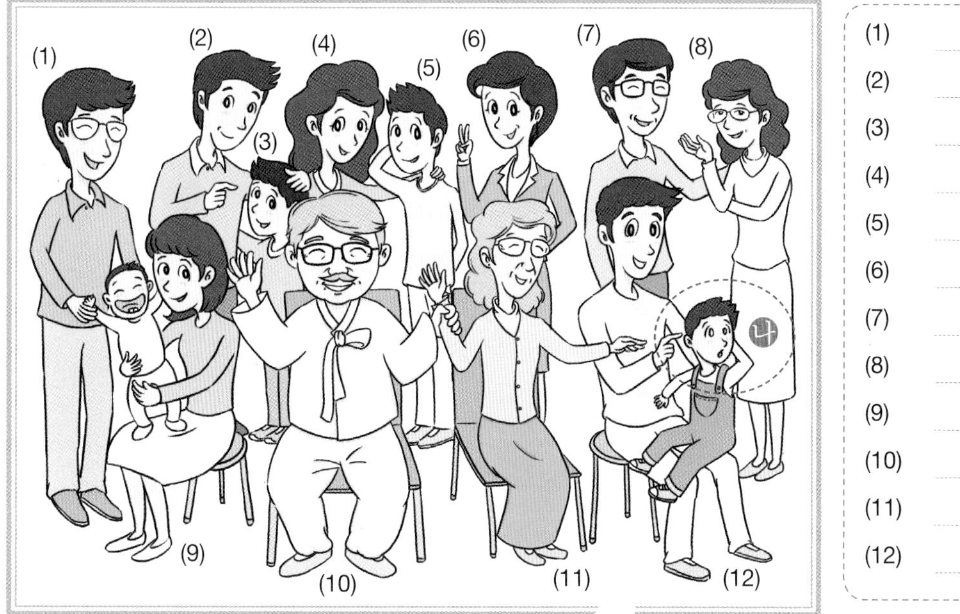

(1) ________
(2) ________
(3) ________
(4) ________
(5) ________
(6) ________
(7) ________
(8) ________
(9) ________
(10) ________
(11) ________
(12) ________

저는 사진의 맨 오른쪽에 앉아 있는 막내 삼촌의 무릎에 앉아 있어요. 막내 삼촌 바로 뒤에는 큰아버지가 서 있어요. 뒷줄의 오른쪽에서 두 번째 사람이에요. 뒷줄의 맨 오른쪽에 큰어머니가 서 있어요. 큰아버지 바로 옆에 있어요. 막내 삼촌 옆에는 할머니가 앉아 있어요. 그 옆에는 할아버지도 앉아 있어요.

할아버지와 할머니 사이에 큰형이 서 있어요. 큰형의 오른쪽에 있는 여자가 고모예요. 고모는 큰형과 큰아버지 사이에 서 있어요. 어머니는 할아버지 바로 뒤에 서 있어요. 어머니 옆에는 아버지가 있어요. 아버지와 어머니 사이에 작은형이 서 있어요.

뒷줄에서 맨 왼쪽에 있는 사람이 작은아버지예요. 아버지 옆에 서 있어요. 작은아버지와 아버지 사이에 작은어머니가 앉아 있어요. 사촌 동생을 안고 있어요.

¡Cuestionario! 2 Observe la imagen superior y complete la conversación.

(1) A 어떤 분이 ________ 예요?
B 뒷줄의 맨 왼쪽에서 두 번째 서 있는 분이에요.

(2) A ________ 가 어디에 있어요?
B 뒷줄의 맨 오른쪽에서 세 번째 서 있어요.

(3) A 할머니와 할아버지 사이에 서 있는 사람이 누구예요?
B ________ 예요/이에요.

(4) A 앞줄의 맨 왼쪽에 아기를 안고 있는 사람이 누구예요?
B ________ 예요/이에요.

B 주위 vs. 주변 vs. 근처

(1)

주위
alrededor, entorno

① 달이 지구 **주위**를 돌고 있어요.
La luna gira **alrededor** de la tierra.

② **주위**를 둘러보세요.
Mira a tu **alrededor**.

③ 사람들이 가수 **주위**를 둘러쌌어요.
La gente **rodeó** al cantante.

(2)

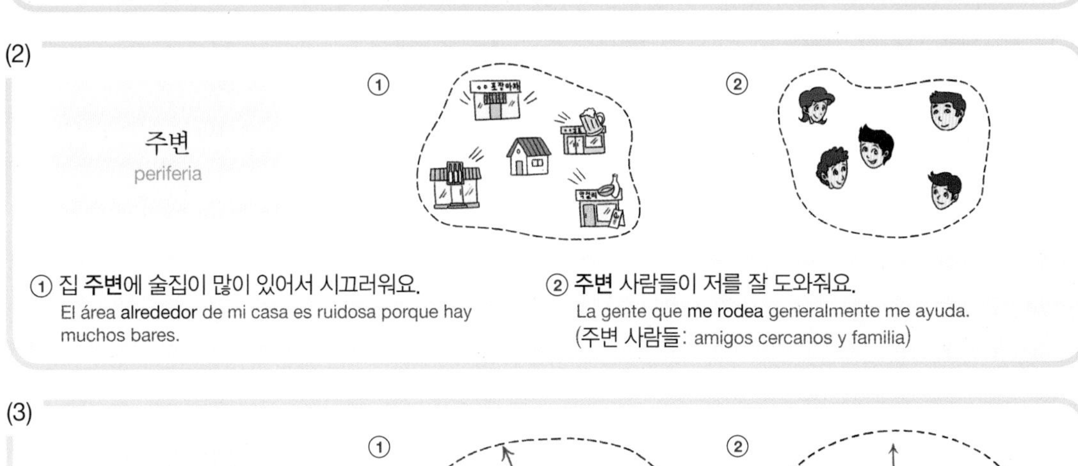

주변
periferia

① 집 **주변**에 술집이 많이 있어서 시끄러워요.
El área **alrededor** de mi casa es ruidosa porque hay muchos bares.

② **주변** 사람들이 저를 잘 도와줘요.
La gente que **me rodea** generalmente me ayuda.
(주변 사람들: amigos cercanos y familia)

(3)

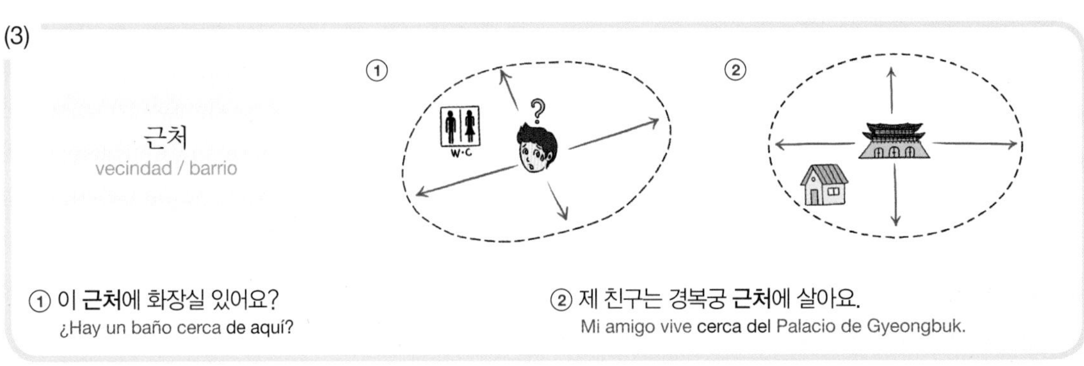

근처
vecindad / barrio

① 이 **근처**에 화장실 있어요?
¿Hay un baño cerca **de aquí**?

② 제 친구는 경복궁 **근처**에 살아요.
Mi amigo vive **cerca del** Palacio de Gyeongbuk.

¡Cuestionario! Observe las imágenes y seleccione las respuestas correctas.

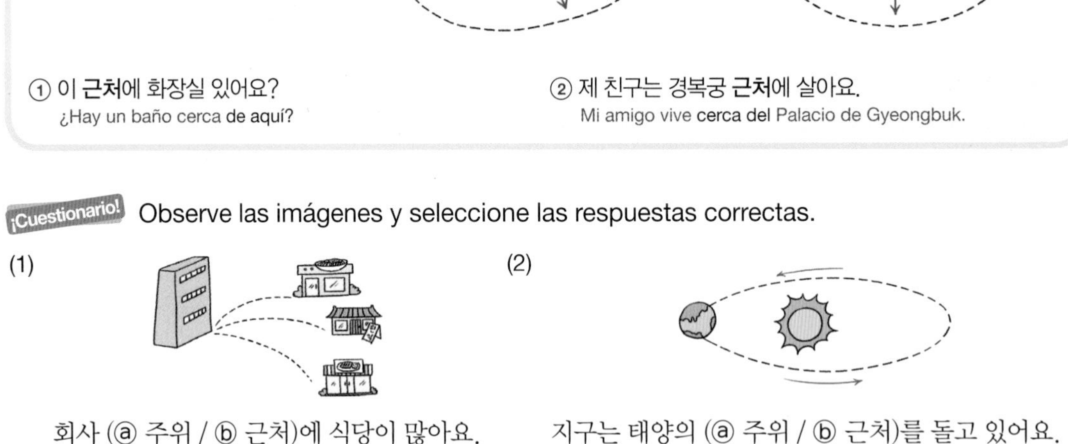

(1) 회사 (ⓐ 주위 / ⓑ 근처)에 식당이 많아요.

(2) 지구는 태양의 (ⓐ 주위 / ⓑ 근처)를 돌고 있어요.

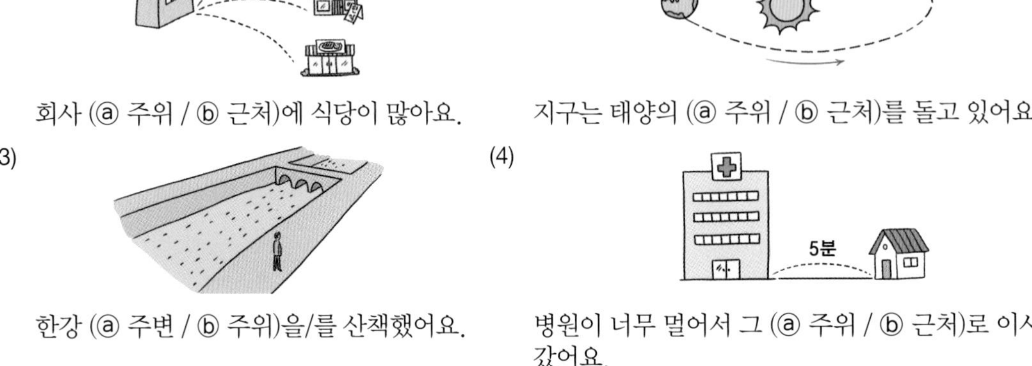

(3) 한강 (ⓐ 주변 / ⓑ 주위)을/를 산책했어요.

(4) 병원이 너무 멀어서 그 (ⓐ 주위 / ⓑ 근처)로 이사 갔어요.

C Direcciones

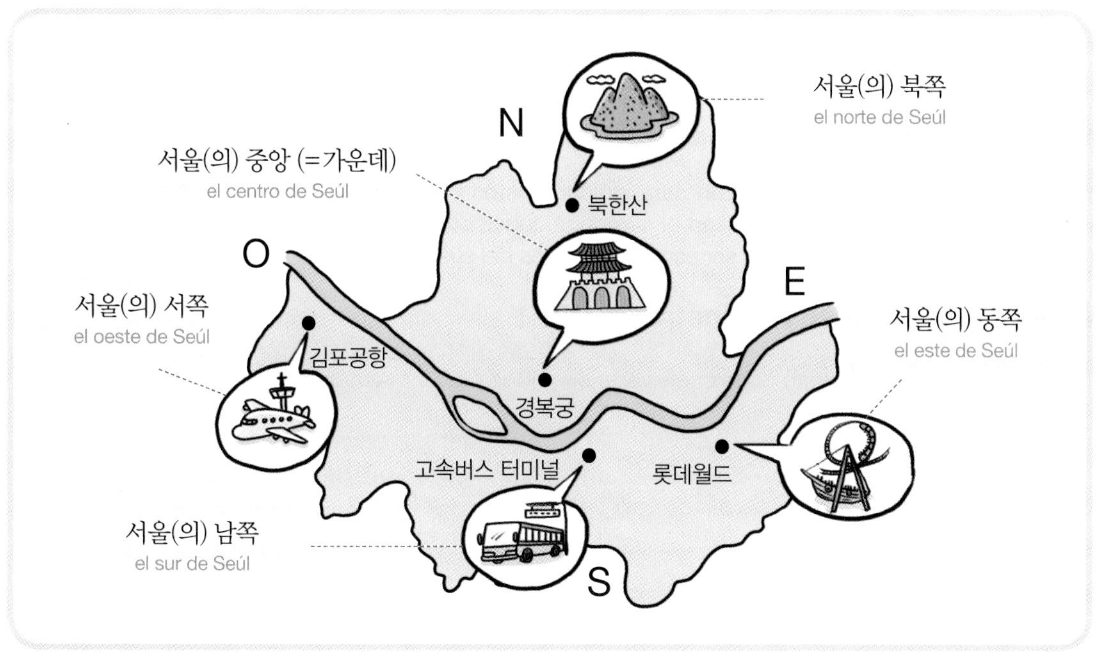

¡Cuestionario! 1 Complete las siguientes oraciones de acuerdo con el mapa.

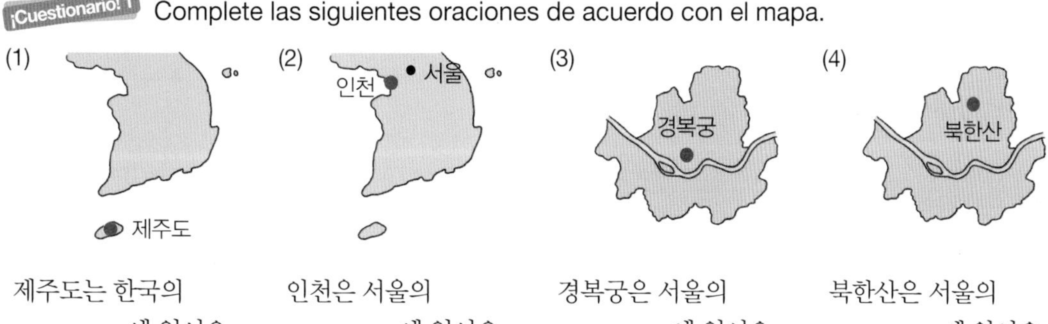

(1)	(2)	(3)	(4)
제주도는 한국의 ______ 에 있어요.	인천은 서울의 ______ 에 있어요.	경복궁은 서울의 ______ 에 있어요.	북한산은 서울의 ______ 에 있어요.

Marque cada casilla de acuerdo con el mapa con O si es correcta o X si es incorrecta.

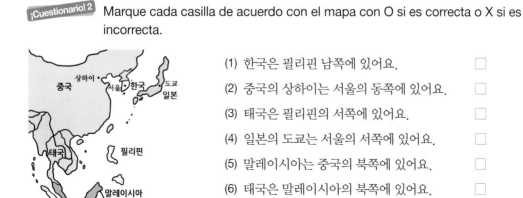

(1) 한국은 필리핀 남쪽에 있어요. ☐

(2) 중국의 상하이는 서울의 동쪽에 있어요. ☐

(3) 태국은 필리핀의 서쪽에 있어요. ☐

(4) 일본의 도쿄는 서울의 서쪽에 있어요. ☐

(5) 말레이시아는 중국의 북쪽에 있어요. ☐

(6) 태국은 말레이시아의 북쪽에 있어요. ☐

Partículas

Capítulo 95

¡Aprendamos!

En coreano, las partículas se utilizan para indicar sujetos y objetos y también pueden actuar como preposiciones en español que indican el tiempo, el lugar, etc. Sin embargo, a diferencia del español, recuerde que las partículas deben ser escritas después del sustantivo.

A Partícula de caso nominativo 이/가

Los sujetos que terminan con vocales son seguidos por 가 mientras que los que terminan con consonantes por 이.

① 호세 씨**가** 스페인 사람이에요. José es español.
② 선생님**이** 한국 사람이에요. El maestro es coreano.
③ 길에 사람들**이** 많아요. Hay mucha gente en la calle.
④ 집에 동생**이** 있어요. Mi hermano menor está en casa.
⑤ 제**가** 남자 친구가 있어요. Yo tengo novio.

Tip
La partícula 이/가 se utiliza con adjetivos.
Ej. 한국어가 쉬워요. El coreano es fácil.

Tip
La partícula 이/가 se utiliza después del objeto poseído en una frase con 있다/없다.
Ej. 저는 남자 친구가 있어요. (○) Yo tengo novio.
저는 남자 친구를 있어요. (×)

B Partícula de caso acusativo 을/를

Los objetos que terminan con vocales son seguidos por 를 mientras que los que terminan con consonantes por 을.

① 커피를 좋아해요. Me gusta el café.
② 물을 마셔요. Tomo agua.

¡Cuidado!
¡Preste atención a las partículas!
- 좋아하다 (verbo)
  Ej. 커피를 좋아해요. Me gusta el café.
- 좋다 (adjetivo)
  Ej. 커피가 좋아요. El café es bueno.

C Particula 은/는

Los objetos que terminan con vocales son seguidos por 는 mientras que los que terminan con consonantes por 은.

(1) Cuando hay un tema
① 저는 안나예요. Yo soy Ana.
② 선생님은 한국 사람이에요. El maestro es coreano.

(2) Cuando hay contraste
비빔밥하고 불고기를 좋아해요. 그런데 김치는 안 좋아해요. Me gusta el bibimbap y el bulgogi. Pero el kimchi no me gusta.

(3) Al comparar dos o más objetos
사과는 2,000원이에요. 배는 3,000원이에요. Las manzanas cuestan 2,000 wones. Las peras, 3,000 wones.

(4) Al poner énfasis
A 머리가 아파요. Me duele la cabeza.
B 약은 먹었어요? ¿Tomaste alguna medicina?

¡Cuestionario! 1 Seleccione las respuestas correctas.

(1) 친구(ⓐ 이 / ⓑ 가) 미국 사람이에요.
(2) 병원 전화번호(ⓐ 을 / ⓑ 를) 몰라요.
(3) 제 이름(ⓐ 은 / ⓑ 는) 김진수입니다.
(4) 선생님(ⓐ 이 / ⓑ 가) 사무실에 없어요.

¡Cuestionario! 2 Marque cada casilla O si es correcta o X si es incorrecta.

(1) 이를 닦을 때 치약을 필요해요. ☐
(2) 오늘 날씨가 정말 좋아요. ☐
(3) 저는 진수 아버지 얼굴이 알아요. ☐
(4) 요즘 일을 많아서 힘들어요. ☐
(5) 저는 커피가 정말 좋아해요. ☐
(6) 저는 자동차가 없어요. ☐

D Partícula de tiempo 에

(1) No importa si el sujeto acaba en vocal o consonante, siempre se utiliza 에.
3시**에** 만나요. Nos vemos **a** las tres.

(2) En una frase con más de un sujeto de tiempo, 에 solo le sigue al ultimo.
다음 주 금요일 저녁 7시**에** 만나요. Nos vemos el viernes de la próxima semana **a** las 7pm.
다음 주에 금요일에 저녁 7시에 만나요. (×)

¡Cuidado!
No se utiliza 에 después de 오늘, 어제, 내일.

E Partícula de lugar 에/에서

(1) la partícula 에 indica la existencia o el estado continuo de un objeto en un lugar
: Por lo general se utiliza con 있다/없다 y adjetivos.

① 화장실**에** 아무도 없어요. No hay nadie **en** el baño.
② 길**에** 사람이 많아요. Hay mucha gente **en** la calle.

(2) la partícula de lugar 에서 (con verbos de acción)
: La partícula 에서 indica una acción en un lugar.

① 회사**에서** 일해요. Trabajo **en** una compañía.
② 이따 공원**에서** 만나요! ¡Nos vemos al rato **en** el parque!

(3) la partícula 에 para indicar un punto de llegada (con verbos de movimiento)
: 에 también marca la dirección hacia un destino. Se usa normalmente con 가다/오다, 도착하다 y verbos de movimiento similares.

① 지금 은행**에** 가요. Voy **al** banco ahora.
② 8시에 부산**에** 도착해요. Voy a llegar **a** Busan a las ocho.

(4) la partícula de lugar 에서 para indicar punto de partida
: 에서 también marca una ubicación como punto de partida.

① 저는 미국**에서** 왔어요. Yo vengo **de** Estados Unidos.
② 우리 집은 회사**에서** 멀어요. Mi casa está lejos **de** la compañía.

¡Cuestionario! 1 Escriba las partículas y complete las oraciones.

(1) 보통 / 아침 / 8시 / 회사 / 가요.
(2) 밤 / 11시 / 길 / 사람 / 없어요.
(3) 올해 / 6월 / 박물관 / 일했어요.
(4) 다음 달 / 15일 / 고향 / 돌아갈 거예요.
(5) 오늘 / 오후 / 2시 / 친구 / 만나요.
(6) 토요일 / 저녁 / 6시 / 공원 / 입구 / 봐요.

¡Cuestionario! 2 Corrija las partes subrayadas.

(1) 시장에서 사람들이 많이 있어요.
(2) 일요일에 사무실에서 아무도 없어요.
(3) 다음 주에 금요일에 집에서 쉬어요.
(4) 3시간 후에 부산에서 도착할 거예요.
(5) 내일에 오후 3시에 여행 갈 거예요.
(6) 오늘 저녁 7시에 일본에서 여행 가요.

F 한테/에게/에 vs. 한테서/에게서/에서

En coreano, las partículas se utilizan de forma diferente según se trate de una persona o de un objeto. Al tratarse de una persona, también difieren dependiendo de si se habla de manera formal o informal.

(1) **한테/에게 para personas vs. 에 para objetos**

- Partícula 한테 (persona, informal)
  호세가 친구**한테** 전화해요. José llama por teléfono **a** sus amigos.
- Partícula 에게 (persona, formal)
  제가 동료**에게** 이메일을 보냈습니다. Le envié un email **a** mi compañero de trabajo.
- Partícula 에 (organizaciones, grupos etc.)
  회사**에** 전화해서 30분 동안 얘기했어요. Llamé **a** la compañía y hablé por 30 minutos.

(2) **한테서/에게서 para personas vs. 에서 para objetos**

- Partícula 한테서 (persona, informal)
  진수가 친구**한테서**(=친구한테) 선물을 받았어요. Jinsu recibió un regalo **de** su amigo.

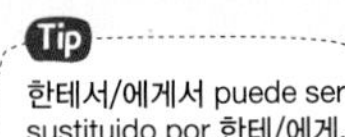

한테서/에게서 puede ser sustituido por 한테/에게.

- Partícula 에게서 (persona, formal)
  저는 사장님**에게서**(=사장님에게) 이메일을 받았습니다. Yo recibí un email **del** presidente de la compañía.
- Partícula 에서 (organizaciones, grupos etc.)
  병원**에서** 전화가 와서 깜짝 놀랐어요. Me asusté porque recibí una llamada **del** hospital.

(3) **한테/에게 con personas vs. 에 con objetos**

- Partícula 에게/한테 (persona)
  ① 한자는 미국 사람**에게** 너무 어려워요. Los caractéres chinos son difíciles de aprender **para** los estadounidenses.
  ② 담배는 아이들**한테** 나쁜 영향을 줘요. Los cigarrillos tienen efectos nocivos **en** los niños.
- Partícula 에 (objeto)
  ① 스트레스는 건강**에** 안 좋아요. El estrés no es bueno **para** la salud.
  ② 드라마는 듣기 공부**에** 도움이 돼요. Escuchar series ayuda **para** la práctica de escuchar un idioma.

¡Cuidado!

La partícula difiere dependiendo de si el objeto indirecto es una persona o un objeto.

Ej. 한국 문화에 관심이 있어요.
Estoy interesado **en** la cultura coreana.
한국 배우에게 관심이 있어요.
Tengo interés **en** los actores coreanos.

¡Cuestionario! Seleccione las respuestas correctas.

(1) 형이 동생(ⓐ 에게 / ⓑ 에) 선물을 줬어요.
(2) 담배와 술은 건강(ⓐ 에게 / ⓑ 에) 안 좋아요.
(3) 이 편지는 형(ⓐ 한테서 / ⓑ 에서) 받았어요.
(4) 회사(ⓐ 에게서 / ⓑ 에서) 서류가 왔어요.
(5) 질문이 있으면 친구(ⓐ 한테 / ⓑ 한테서) 물어보세요.
(6) 사람이 다치면 119(ⓐ 에게 / ⓑ 에) 전화하세요.
(7) 조금 전에 대학(ⓐ 에게서 / ⓑ 에서) 연락 왔어요.
(8) 이 옷은 저(ⓐ 에게 / ⓑ 에) 잘 안 어울려요.
(9) 저는 한국 역사(ⓐ 에게 / ⓑ 에) 관심이 많아요.
(10) 친구(ⓐ 에게서 / ⓑ 에서) 이메일을 받고 답장했어요.

G 에서 y 부터

(1) ~에서 ~까지

집에서 회사까지 시간이 얼마나 걸려요? ¿Cuánto tardas **desde** tu casa **hasta** la oficina?

(2) ~부터 ~까지

12시부터 1시까지 점심시간이에요. La hora de almuerzo es **desde** las doce **hasta** la una.

(3) 까지

5시까지 일을 끝낼게요. Voy a acabar el trabajo **hasta** las cinco.

(4) 까지

어제 새벽 2시까지 공부했어요. Ayer estudié **hasta** las dos de la madrugada.

Observe las imágenes y escoja la respuesta correcta.

(1)

화요일______ 금요일 ______ 출장을 가요.

(2)

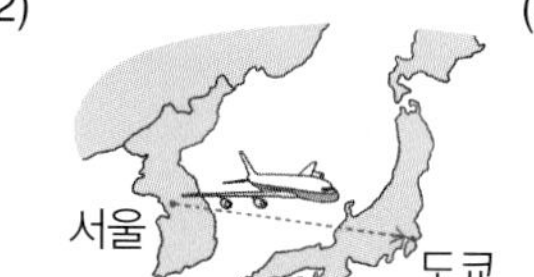

서울______ 도쿄 ______ 비행기로 2시간 걸려요.

(3)

한국에서는 6월 ______ 8월______ 여름이에요.

(4)

사무실은 이 빌딩 3층 ______ 6층______ 예요.

Escoja la opción correcta y complete las oraciones.

부터	에서	까지

(1) 축제는 10월______ 시작해요.

(2) 이 일은 금요일______ 끝내야 해요.

(3) 서울______ 제주도까지 여행하고 싶어요.

(4) 문제는 3번에서 5번______ 푸세요.

(5) 인천공항______ 서울 시내까지 1시간 걸려요.

(6) 한국에서는 8살______ 초등학교에 다녀요.

(7) 어제 시작한 이 영화는 다음 주______ 계속할 거예요.

(8) 이 일은 처음______ 문제가 있었어요.

(9) 걱정 마세요. 제가 끝______ 열심히 하겠습니다.

(10) 아침 9시______ 여기로 오세요.

H 하고 vs. 와/과 vs. (이)랑

(1) Cuando el sustantivo acaba en una vocal

- indicador 하고: con (alguien) (informal)
  친구**하고** 점심을 먹어요. Como el almuerzo junto con mis amigos.
  주말에 가족**하고** 여행 갔어요. Salgo de viaje con mi familia el fin de semana.
- indicador 와/과: con (alguien) (formal)
  동료**와** 회의를 했습니다. Tuve una reunión con mis compañeros de trabajo.
  내일 사장님**과** 같이 출장 갑니다. Mañana salgo en un viaje de negocios con mi jefe.
- indicador (이)랑: con (alguien) (casual)
  친구**랑** 같이 한국어를 공부해요. Estudio coreano con mis amigos.
  선생님**이랑** 한국 문화에 대해 얘기했어요. Hablé sobre la cultura coreana con mi profesor.

(2) Cuando el sustantivo acaba en una consonante

- indicador 하고: con (informal)
  아침에 라면**하고** 물을 샀어요. Por la mañana compré fideos instantáneos y agua.
  동생**하고** 저는 같은 학교에 다녀요. Mi hermano y yo asistimos a la misma escuela.
- indicador 와/과: con (formal)
  서류**와** 노트북이 책상 위에 있습니다. Los documentos y la computadora portátil están sobre el escritorio.
  사장님**과** 직원들은 이번 제품에 대해 회의를 했습니다.
  El presidente y el personal se reunieron con nosotros para hablar de este proyecto.
- indicador (이)랑: con (casual)
  어제 모자**랑** 가방을 샀어요. Ayer compré un sombrero y una bolsa.
  한국 음악**이랑** 영화를 진짜 좋아해요. Me gustan las películas y música coreanas

I La partícula posesiva 의

의 es similar a "de" en español.

① 이것은 아버지**의** 가방이에요. Esta es la bolsa **de** mi padre.
② 그 사람**의** 이름을 잊어버렸어요. Me olvidé del nombre **de** esa persona.

¡Cuidado!
En el uso diario se suele omitir 의.
Ej. 선생님의 안경 → 선생님 안경
las gafas del maestro

¡Cuestionario! Seleccione las respuestas correctas.

(1) 저녁에 저는 가족(ⓐ 이 / ⓑ 과) 식사합니다.
(2) 동료(ⓐ 가 / ⓑ 와) 제가 같이 발표했습니다.
(3) 저(ⓐ 랑 / ⓑ 는) 친구는 취미가 같아요.
(4) 동생은 아버지(ⓐ 에서 / ⓑ 하고) 닮았어요.
(5) 한국 음식(ⓐ 을 / ⓑ 이랑) 중국 음식을 만들 거예요.
(6) 동생(ⓐ 은 / ⓑ 과) 친구는 이름이 비슷합니다.

J (으)로

Los sujetos que terminan con vocales son seguidos por 로 mientras que los que terminan con consonantes por 으로.

〔dirección〕 사거리에서 왼쪽**으로** 가세요 Vaya **a la** izquierda en la intersección.

〔dirección de cambio〕 미국 돈을 한국 돈**으로** 바꿔 주세요.
Por favor, cambie mi dinero americano **por el** equivalente coreano.

〔composición〕 불고기는 소고기**로** 만들어요. El bulgogi se prepara **con** carne de res.

〔método〕 저는 사촌과 영어**로** 말해요. Yo hablo **en** inglés con mi primo.

〔razón〕 저 여자는 교통사고**로** 다리를 다쳤어요. Esa chica se lastimó la pierna **en** un accidente

¡Cuestionario! Marque cada casilla O si es correcta o X si es incorrecta.

(1) 신촌으로 이사하려고 해요. ☐

(2) 이 음식은 돼지 고기로 만들었어요. ☐

(3) 회사에 갈 때 지하철로 타세요. ☐

(4) 이번 사고로 많은 사람이 다쳤어요. ☐

(5) 신호등에서 왼쪽으로 가세요. ☐

(6) 지하철 2호선에서 3호선에 갈아타세요. ☐

(7) 검은색을 흰색에 바꿔 주세요. ☐

(8) 사거리에서 오른쪽으로 가면 왼쪽으로 있어요. ☐

K Partículas 도 y 만

(1) 도 también: Cuando 도 es utilizado con un objeto o sujeto se omiten 이/가 y 을/를.

① 동생이 음악을 좋아해요. 저**도** 음악을 좋아해요.
A mi hermano menor le gusta la música. A **mí también** me gusta la música.

② 저는 영화를 좋아해요. 저는 연극**도** 좋아해요. A mí me gustan las películas. **También** me gusta el teatro.

Otras partículas, sin embargo, deben ser escritas en conjunto con –도

③ 저는 동생에게 편지를 보냈어요. 저는 친구**에게도** 편지를 보냈어요.
Escribí una carta a mi hermano menor. **También** le escribí una carta a mi amigo.

④ 동생은 회사에서 양복을 입어요. 동생은 집**에서도** 양복을 입어요.
Mi hermano menor viste de traje en la oficina. **También en** casa viste de traje.

(2) 만 solo: Cuando 만 es utilizado con un objeto o sujeto se omiten 이/가 y 을/를.

① 동생**만** 시간이 없어요. **Solo** mi hermana no tiene tiempo.

② 저는 한국 음식 중에서 김치**만** 못 먹어요. De toda la comida coreana, **solo** no puedo comer kimchi.

Otras partículas, sin embargo, deben ser escritas en conjunto con 만

③ 그 사람이 저**에게만** 책을 빌려줬어요. Esa persona me prestó el libro **solo a** mí.

④ 저는 집**에서만** 인터넷을 해요. Navego en internet **solo en** casa.

¡Cuestionario! Seleccione las respuestas correctas.

(1) 주말에 쉬지 못했어요. 일도 하고 (ⓐ 청소도 / ⓑ 청소만) 했어요.

(2) 친구가 다른 사람한테 화를 내지 않아요. (ⓐ 나한테도 / ⓑ 나한테만) 화를 내요.

(3) 저는 집에서 청바지를 입어요. 그리고 (ⓐ 회사에서도 / ⓑ 회사에서만) 청바지를 입어요.

(4) 너무 피곤해서 아무것도 못 하고 하루 종일 (ⓐ 잠도 / ⓑ 잠만) 잤어요.

(5) 반찬을 먹을 때에는 고기만 먹지 말고 (ⓐ 채소도 / ⓑ 채소만) 먹어야 돼요.

L Partículas honoríficas

En el lenguaje honorífico del coreano, no sólo se inflexionan los verbos de manera diferente, sino que también se utilizan diferentes partículas tras los sujetos.

	partícula de caso nominativo 이/가	partícula de caso acusativo 을/를	partícula 은/는
normal	동생**이** 신문을 읽어요. Mi hermano menor lee el periódico.	제가 동생**을** 도와줘요. Le ayudo a mi hermano menor.	동생**은** 회사원이에요. Mi hermano menor trabaja en una compañía.
honorífico	아버지**께서** 신문을 읽으세요. Mi padre lee el periódico.	제가 아버지**를** 도와드려요. Le ayudo a mi padre.	아버지**께서는** 공무원이세요. Mi padre trabaja en una compañía.
	한테/에게	한테서/에게서	한테는
normal	저는 친구**에게** 전화해요. Llamo por teléfono a mi amigo.	저는 친구**에게서** 선물을 받았어요. Recibí un regalo de mi amigo.	친구**한테는** 선물 못 줬어요. No le pude dar un regalo a mi amigo.
honorífico	저는 부모님**께** 전화 드려요. Llamo por teléfono a mis padres.	저는 부모님**께** 선물을 받았어요. Recibí un regalo de mis padres.	선생님**께는** 선물 못 드렸어요. No le pude dar un regalo a mi maestro.

을/를 Son iguales en el lenguaje normal y en el honorífico.

¡Cuidado!
Para las partes del cuerpo de una persona respetada, el verbo se inflexiona honoríficamente, pero no se usa ninguna partícula honorífica.
Ej. 아버지 손이 크세요. (O)
Las manos de mi padre son grandes.
아버지 손께서 크세요. (X)

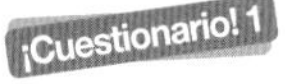

Seleccione las opciones más apropiadas.

(1) 할아버지(ⓐ 가 / ⓑ 께서) 아직도 일하세요.
(2) 할머니 다리(ⓐ 가 / ⓑ 께서) 아프세요.
(3) 지금 친구(ⓐ 에게 / ⓑ 께) 전화를 할 거예요.
(4) 동생(ⓐ 은 / ⓑ 께서는) 대학교에 다녀요.
(5) 어제 할머니(ⓐ 에게 / ⓑ 께) 선물을 드렸어요.
(6) 저는 어머니(ⓐ 께 / ⓑ 께서) 전화를 받았어요.
(7) 아버지(ⓐ 는 / ⓑ 께서는) 변호사세요.
(8) 아이가 어른(ⓐ 께 / ⓑ 께서) 인사를 드려요.

Corrija y reemplace las partículas subrayadas con las partículas honoríficas apropiadas.

(1) 우리 할아버지는 요리사세요. →
(2) 사람들이 할아버지가 만든 음식을 아주 좋아해요. →
(3) 요즘 할아버지에게 스마트폰 사용법을 가르쳐 드려요. →
(4) 그래도 할아버지가 건강하시니까 계속 일하실 거예요. →
(5) 어제는 할아버지에게 과자를 선물 받아서 정말 기분이 좋았어요. →

M Otras partículas

(1) **partícula (이)나 〔entre sustantivos〕**

① 커피**나** 차 드시겠어요? ¿Quiere tomar un café **o** un té?

② 토요일**이나** 일요일에 놀러 오세요. Venga a jugar el sábado **o** el domingo.

(2) **partícula 에 por / al, a la**

① 하루**에** 두 번 지하철을 타요. Tomo el metro dos veces **al** día.

② 사과가 한 개**에** 2,000원이에요. Son 2,000wones **por** manzana.

(3) **partícula 마다 cada**

① 일요일**마다** 친구를 만나요. Me reuno con mi amigo **cada** domingo.

② 사람**마다** 생각이 달라요. **Cada** persona piensa de manera diferente.

(4) **partícula 보다 (más / menos) que**

① 내가 형**보다** 키가 더 커요. Soy **más** alto **que** mi hermano mayor.

② 서울이 제주도**보다** 날씨가 더 추워요. Seúl es **más** frío **que** Jeju.

(5) **partícula 처럼 (como / similar) a**

① 아직 4월인데 여름**처럼** 날씨가 더워요. Todavía es abril, pero el clima está **tan** caliente **como** el verano.

② 그 여자는 아이**처럼** 웃어요. Esa chica se ríe **como** una niña.

¡Cuidado!

A pesar de tener un significado similar las siguientes expresiones se utilizan de distinta manera.

Ej. 이 음식은 초콜릿처럼 달아요.
Esta comida es dulce como chocolate.
〔partícula para verbos y adjetivos〕
저는 초콜릿 같은 것을 좋아해요.
A mí me gusta la comida como el chocolate.
〔partícula para sustantivos〕

N Afijos utilizados en sustantivos específicos

Lo que sigue son afijos, no partículas, escritas después de un sustantivo particular.

(1) **sufijo 씩: utilizado después de los sustantivos de cantidad.**

① 매일 한 시간**씩** 운동해요. Hago **una hora de** ejercicio todos los días.

② 한 사람이 만 원**씩** 돈을 냈어요. Todos pagaron 10.000 wones **cada uno**.

(2) **sufijo 짜리: utilizado después de los números, las cantidades y los precios. Significa "de esa cantidad".**

① 열 살**짜리** 아이가 혼자 밥을 해 먹어요. El niño **de 10 años** prepara comida para sí mismo

② 제주도에서 십만 원짜리 방에서 묵었어요. Me quedé en una habitación **de 100.000** wones en Jeju.

(3) **sufijo 끼리: utilizado después de los sustantivos plurales. Significa "como un grupo".**

① 남자는 남자**끼리** 여자는 여자**끼리** 버스를 따로 탔어요.
Los hombres tomaron un autobús solo para hombres y la mujeres uno **solo para** mujeres.

② 같은 반**끼리** 놀러 갔어요. Fuimos a divertirnos **todos los de** clase.

¡Cuestionario! Seleccione la respuesta correcta y escríbala en la casilla correspondiente.

에　　처럼　　마다　　보다　　(이)나　　씩

(1) 저는 어머니하고 친구_____ 지내요.

(2) 일주일_____ 한 번 친구를 만나요.

(3) 사람_____ 취미가 달라요.

(4) 저한테 바지가 치마_____ 더 잘 어울려요.

(5) 사과하고 귤을 3개_____ 샀어요.

(6) 저는 시간이 있을 때 영화_____ 드라마를 봐요.

Adverbios interrogativos

¡Aprendamos!

A Personas

(1) 누가 "Quién"

Se utiliza cuando "quién" es el sujeto de la oración. Se usa con la particula de sujeto 가.

① **누가** 사무실에 있어요? ¿Quién está en la oficina? ② **누가** 운동해요? ¿Quién está haciendo ejercicio?

¡Cuidado!
누구가 (×)

(2) 누구 "Quién / qué persona"

- Se utiliza con el verbo 이다
  이분이 **누구예요**? ¿Quién es esta persona?
- Utilizado con otras partículas.
  ① Con la partícula de caso acusativo 를
  누구를 좋아해요? ¿Quién te gusta?
  ② Con 하고
  누구하고 식사해요? ¿Con quién comes?
  ③ Con 한테
  누구한테 전화해요? ¿A quién llamas?
  ④ Con 한테서
  누구한테서 한국어를 배워요? ¿De quién aprendes coreano?
- Cuando se pregunta por el dueño de algo
  이 가방이 **누구** 거예요? ¿De quién es esta bolsa?

Seleccione la respuesta correcta y escríbala en la casilla correspondiente.

누가 누구를 누구한테 누구한테서 누구하고 누구

(1) A ________ 여행을 가요?
B 가족하고 여행을 가요.

(2) A 이 책이 ________ 거예요?
B 선생님 거예요.

(3) A 제가 ________ 전화할까요?
B 선생님한테 전화해 주세요.

(4) A ________ 제일 먼저 집에 들어와요?
B 동생이 제일 먼저 집에 들어와요.

(5) A 어제 ________ 만났어요?
B 회사 동료를 만났어요.

(6) A ________ 그 얘기를 들었어요?
B 반 친구한테서 들었어요.

B Objetos

(1) 뭐 / 무엇 "Qué, cuál"

- Utilizado con el verbo 이다

  이름이 **뭐예요**? ¿**Cuál** es tu nombre?

  이번 회의 주제가 **무엇입니까**? ¿**Cuál** es el tema de esta reunión?

- Se utiliza cuando "qué" es el objeto de la oración.

  오늘 오후에 **뭐** 해요? ¿**Qué** haces hoy por la tarde?

  회의에서 보통 **무엇**을 합니까? ¿**Qué** se hace normalmente en una reunión?

- Se usa cuando "qué" es el sujeto de la oración con el marcador de sujeto 이/가

  뭐가 제일 어려워요? ¿**Qué es** lo más difícil?

  면접 때 **무엇**이 중요합니까? ¿**Qué es** lo más importante durante una entrevista de trabajo?

Tip
뭐 (informal)
무엇 (formal)

(2) 무슨 "Qué, cuál"

Se utiliza para preguntar "qué clase" o "qué tipo"
무슨 영화를 좋아해요? ¿**Qué tipo** de películas te gusta?

(3) 어느 "Qué, cuál"

Se utiliza cuando se elige entre varias posibilidades
어느 나라 사람이에요? ¿**De qué** país eres?

(4) 어떤 "Qué, cuál"

- Se utiliza para preguntar sobre los atributos o el estado de una persona u objeto. Está relacionado con 어떻게

  그 사람이 **어떤** 옷을 입었어요? ¿**Qué tipo** de ropa llevaba esa persona?

- Utilizado cuando hay múltiples opciones para elegir

  이 중에서 **어떤** 것이 제일 마음에 들어요? Entre estos, ¿**Cuál** es el que más le gusta?

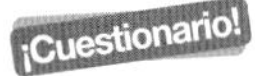

Seleccione las respuestas correctas.

(1) A (ⓐ 무슨 / ⓑ 어느) 나라에 여행 가요?
B 아프리카에 가고 싶어요.

(2) A 이 중에서 (ⓐ 어떤 / ⓑ 무슨) 가방이 마음에 들어요?
B 왼쪽에 있는 가방이 마음에 들어요.

(3) A (ⓐ 어떤 / ⓑ 무슨) 집에 살고 싶어요?
B 정원이 있는 집에서 살고 싶어요.

(4) A (ⓐ 무슨 / ⓑ 어느) 선생님이 박 선생님이에요?
B 갈색 옷을 입은 분이에요.

(5) A (ⓐ 무슨 / ⓑ 어느) 일로 부산에 가요?
B 출장으로 부산에 가요.

(6) A (ⓐ 어떤 / ⓑ 무슨) 사람을 좋아해요?
B 솔직한 사람을 좋아해요.

C Tiempo

(1) 언제 "Cuándo"

- Con 이다
  생일이 **언제예요?** ¿Cuándo es tu cumpleaños?
- Con otros verbos (Preste atención, la partícula de tiempo 에 es innecesaria)
  언제 사무실에 가요? ¿Cuándo vas a la oficina?
- Se utiliza cuando "cuándo" es el sujeto de la frase. Se utiliza con la partícula del sujeto 가
  언제가 제일 좋아요? ¿Cuándo es mejor?

(2) 며칠 "Qué día"

- Con el verbo 이다
  오늘이 **며칠이에요?** ¿Qué día es hoy?
- Con otros verbos (se necesita de la partícula de tiempo 에)
  며칠에 여행 가요? ¿Qué día te vas de viaje?

(3) 몇 시 "Qué hora"

- Con el verbo 이다
  지금 **몇 시예요?** ¿Qué hora es ahora?
- Con otros verbos (se necesita la partícula de tiempo 에)
  몇 시에 운동해요? ¿A qué hora haces ejercicio?

(4) 무슨 요일 "Qué día de la semana"

- Con el verbo 이다
  오늘이 **무슨 요일이에요?**
  ¿Qué día de la semana es hoy?
- Con otros verbos (se necesita de la partícula de tiempo 에)
  무슨 요일에 영화를 봐요?
  ¿Qué día de la semana ves películas?

D Lugar

어디 "Dónde"

- Con el verbo 이다
  집이 **어디예요?** ¿Dónde está tu casa?
- Con los verbos 있다/없다, 가다/오다 y 다니다 (se necesita de la partícula de lugar 에)
  어디에 가요? ¿A dónde vas?
- Con otros verbos de acción (se necesita de la partícula de lugar 에)
  어디에서 친구를 만나요? ¿En dónde te vas a encontrar con tu amigo?

¡Cuestionario! Seleccione las respuestas correctas.

(1) 학교가 (ⓐ 언제 / ⓑ 누가) 시작해요?
(2) 오늘이 (ⓐ 언제예요 / ⓑ 며칠이에요)?
(3) 축제가 토요일부터 (ⓐ 어디까지 / ⓑ 며칠까지) 해요?
(4) 밥 먹으러 (ⓐ 어디에 / ⓑ 어디에서) 가요?
(5) 금요일 (ⓐ 몇 시에 / ⓑ 무슨 요일에) 만나요?
(6) 1시에 배가 출발해요. (ⓐ 몇 시까지 / ⓑ 몇 시간까지) 가야 해요?

E 몇 + (contador)

(1) ¿Cuántos?: Se utilizan delante de los sustantivos de conteo. En la respuesta se utilizan números coreanos nativos.

- Con el contador 개 para objetos
  가방이 **몇** 개 있어요? ¿Cuántas bolsas hay?
- Con el contador 명 para personas
  사람이 **몇** 명 있어요? ¿Cuántas personas hay?
- Con el contador 분 para personas en lenguaje honorífico
  할머니가 **몇** 분 계세요? ¿Cuántas ancianas hay?
- Con el contador 번 para frecuencia
  제주도에 **몇** 번 가 봤어요? ¿Cuántas veces has ido a Jeju?
- Con el contador 장 para objetos planos y delgados como el papel o el vidrio
  표를 **몇** 장 샀어요? ¿Cuántos boletos compraste?
- Con el contador 달 para meses
  몇 달 전에 여기 왔어요?
  ¿Hace cuántos meses llegaste aquí?
- Con el contador 살 para edad
  이 아이가 **몇** 살이에요? ¿Cuántos años tiene ese niño?

(2) En la respuesta se utilizan números coreanos nativos.

- Al leer un número
  전화번호가 **몇** 번이에요? ¿Cuál es tu número de teléfono?
- Al leer la hora
  몇 시 **몇** 분이에요? ¿Qué hora es?

Empareje las preguntas con sus respuestas correspondientes.

(1) 가족이 몇 명이에요? •
(2) 나이가 몇 살이에요? •
(3) 생일이 며칠이에요? •
(4) 가방이 몇 개예요? •
(5) 전화번호가 몇 번이에요? •

• ⓐ 3월 31일이에요.
• ⓑ 010-1234-5678이에요.
• ⓒ 두 개예요.
• ⓓ 서른 살이에요.
• ⓔ 다섯 명이에요.

Complete las preguntas usando 몇 según la imagen.

(1) 
A 우산 ________ 가져왔어요?
B 우산 3개 가져왔어요.

(2) 
A 아이들이 ________ 있어요?
B 2명 있어요.

(3) 
A 커피 ________ 마셨어요?
B 커피 2잔 마셨어요.

(4) 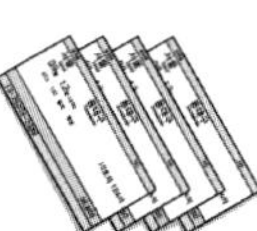
A 표 ________ 샀어요?
B 표 4장 샀어요.

(5) 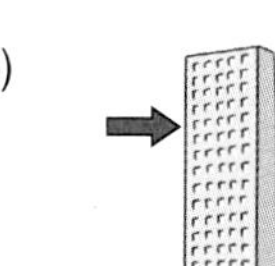
A ________ 에 살아요?
B 10층에 살아요.

(6) 

A ________ 에 있어요?
B 304호에 있어요.

F Etc.

(1) 얼마 Cuánto: con el verbo 이다

이게 **얼마예요?** ¿Cuánto cuesta esto?

(2) 얼마나 Cuánto: con otros verbos

① 시간이 **얼마나** 걸려요? ¿Cuánto tiempo se tarda?
② 돈이 **얼마나** 들어요? ¿Cuánto dinero cuesta?
③ 키가 **얼마나** 돼요? ¿Cuánto mide usted?

Se puede utilizar un adverbio después de 얼마나 para hacer una pregunta más específica.

④ **얼마나 자주** 운동해요? ¿Con qué frecuencia haces ejercicio?
⑤ **얼마나 많이** 단어를 알아요? ¿Cuántas palabras sabes?
⑥ **얼마나 오래** 회의를 해요? ¿Cuánto dura la reunión?
⑦ **얼마나 일찍** 가야 해요? ¿Qué tan temprano tienes que irte?

(3) 얼마 동안 Cuánto tiempo: para preguntar sobre la duración

① **얼마 동안** 한국에 살았어요? ¿Cuánto tiempo has vivido en corea?
② **얼마 동안** 기다렸어요? ¿Cuánto tiempo esperaste?

(4) 어떻게 Cómo

① **어떻게** 집에 가요? ¿Cómo te vas a casa?
② **어떻게** 알았어요? ¿Cómo lo supiste?

(5) 왜 Por qué

① **왜** 한국어를 공부해요? ¿Por qué estudias coreano?
② **왜** 표를 안 샀어요? ¿Por qué no compraste los boletos?

¡Cuestionario! Seleccione las opciones correctas para completar la conversación.

(1) A 컴퓨터가 (ⓐ 왜 / ⓑ 얼마나) 고장 났어요?
B 제가 바닥에 떨어뜨렸어요.

(2) A 회사까지 시간이 (ⓐ 어떻게 / ⓑ 얼마나) 걸려요?
B 30분쯤 걸려요.

(3) A 그 얘기를 (ⓐ 왜 / ⓑ 어떻게) 알았어요?
B 친구한테서 들었어요.

(4) A 한국 사람에 대해 (ⓐ 어떻게 / ⓑ 얼마나) 생각해요?
B 마음이 따뜻해요.

G Confirmación

(1) Al utilizar los adverbios interrogativos 뭐, 누구, 언제, 어디, 얼마,며칠, junto con el verbo 이다.

① 취미가 **뭐예요**? ¿Cuáles son tus aficiones?
② 저분이 **누구예요**? ¿Quién es esa persona?
③ 직장이 **어디예요**? ¿Dónde es tu oficina?
④ 휴가가 **언제예요**? ¿Cuándo tienes vacaciones?
⑤ 입장료가 **얼마예요**? ¿Cuánto cuesta la entrada?

(2) Al utilizar 뭐, 누구, 언제, 어디, 얼마, 며칠 como sujetos, este caso 누구 se convierte en 누가.

① 가방에 뭐**가** 있어요? ¿Qué hay en la bolsa?
② 누**가** 노래해요? ¿Quién está cantando?
③ 언제**가** 편해요? ¿Cuándo es conveniente?
④ 어디**가** 제일 마음에 들어요? ¿Dónde te gusta más?

(3) 몇 también se utiliza para indicar un número indeterminado, similar a "algunos" o "unos pocos". Pese a que "몇" se utiliza tanto en la pregunta como en la respuesta, el significado es diferente.

① A 사람들이 **몇 명** 왔어요? ¿Cuántas personas vinieron?
B **몇 명** 왔어요. Unas cuantas personas vinieron.

② A 제주도에 **몇 번** 가 봤어요? ¿Cuántas veces has ido a Jeju?
B **몇 번** 가 봤어요. Unas cuantas veces.

¡Cuestionario! 1 Seleccione la respuesta que no pertenece al conjunto.

(1) ⓐ 이름이 뭐예요?
ⓑ 취미가
ⓒ 나이가

(2) ⓐ 집이 어디예요?
ⓑ 직업이
ⓒ 학교가

(3) ⓐ 내일이 언제예요?
ⓑ 휴가가
ⓒ 회의가

¡Cuestionario! 2 Seleccione la respuesta correcta y escríbala en la casilla.

어디예요	언제예요	누구예요	얼마예요

(1) A 직장이 ____________?
B 은행이에요.

(2) A 부장님이 ____________?
B 저분이에요.

(3) A 모임이 ____________?
B 3시예요.

(4) A 이게 ____________?
B 3만 원이에요.

Capítulo 97 Adverbios

¡Aprendamos!

A Raíz de un adjetivo + -게 → Adverbio

Muchos adverbios se forman al adjuntar -게 a la raíz de un adjetivo.

① 예쁘 + 게 : 옷을 **예쁘게** 입었어요. Se vistió **muy bien**.

② 깨끗하 + 게: 손을 **깨끗하게** 씻었어요. Primero **lávese bien** las manos.

③ 쉽 + 게 : 문제를 **쉽게** 생각하세요. Piensa en el problema como algo **fácil**.

B Otros adverbios

(1)

아직
aún, todavía

아직 일이 안 끝났어요.
Aún no he acabado el trabajo.

(2)

벌써
ya, hace tiempo

지금 11시인데 **벌써** 점심을 먹었어요?
¿**Ya** almorzaste? Pero si son solo las 11AM.

(3)

점점
poco a poco, gradualmente

11월에 날씨가 **점점** 추워져요.
Poco a poco el clima se vuelve más frío en noviembre.

(4)

서로
uno con otro

두 사람은 **서로** 사랑했어요.
Ellos se amaban **mutuamente**.

(5)

갑자기
de repente

갑자기 비가 와서 옷이 젖었어요.
Mi ropa se mojó porque empezó a llover **de repente**.

(6)

직접
por uno mismo, directamente

직접 만든 음식이 더 맛있어요.
La comida hecha **por uno mismo** es la más deliciosa.

(7)

계속
continuo, seguidamente

5일 동안 **계속** 눈이 왔어요.
Continuó nevando durante 5 días.

(8)

그만
dejar (de)

밤이니까 **그만** 먹는 게 좋아요.
Es bueno **dejar ya de** comer porque es medianoche.

(9)

몰래
en secreto

아들이 부모님 **몰래** 밖으로 나가요.
El chico está saliendo **a escondidas**, sin que sus padres lo sepan.

(10)

우연히
de casualidad

옛날 친구를 길에서 **우연히** 만났어요.
De casualidad me encontré a un viejo amigo en la calle.

(11)

실수로
por accidente

다른 사람의 발을 **실수로** 밟았어요.
Accidentalmente pisé el pie de alguien.

(12)

일부러
a propósito

동생이 미워서 **일부러** 동생 컵을 깨뜨렸어요.
Rompí **a propósito** la copa de mi hermana menor porque la odio.

(13)

억지로
a la fuerza

배가 불렀지만 밥을 **억지로** 다 먹었어요.
Estaba lleno pero terminé mi comida **a la fuerza**.

(14)

급히
apresuradamente

갑자기 친구들이 오니까 **급히** 청소했어요.
Hice la limpieza **apresuradamente** porque mis amigos vinieron de repente.

(15)

겨우
apenas

뛰어가서 회의 시작 전에 **겨우** 사무실에 도착했어요.
Corrí y **apenas** llegué a mi oficina antes de la reunión.

C Adverbios contextuales

① 중요한 시험이라서 **열심히** 시험 준비를 했어요.
Me preparé **diligentemente** para el examen porque era importante.

② 이번 시험에 떨어졌지만, 내년에 **다시** 시험을 볼 거예요.
Fallé en el examen pero lo intentaré **de nuevo** el año que viene.

③ 시험이 한 달 후에 있지만 **미리** 준비하는 것이 마음이 편해요.
Mi examen es dentro de un mes, pero prepararme **con antelación** me hará sentir más cómodo.

④ 한국 음식을 좋아하는데, **특히** 불고기를 좋아해요.
Me gusta la comida coreana, **especialmente** el bulgogi.

⑤ 학교에 수업은 없지만 심심해서 **그냥** 왔어요.
No tenía clase, pero vine **simplemente** porque estaba aburrido.

⑥ 이번 휴가 때 **원래** 여행 가려고 했는데 계획이 취소됐어요.
Originalmente iba a salir de vacaciones, pero mis planes fueron cancelados.

⑦ 한국 음식이 맵다고 생각했는데 먹어 보니까 **역시** 매워요.
Pensaba que la comida coreana era picante y cuando la comí, era picante, **tal como** lo esperaba.

⑧ 이 구두는 **새로** 샀으니까 이걸 신고 산에 갈 수 없어요.
No puedo usar estos zapatos para subir a la montaña porque son **nuevos**.

⑨ 제주도가 따뜻하다고 생각했지만 **실제로** 가 보니까 추웠어요.
Pensé que la isla de Jeju era cálida, pero cuando fui hacía **realmente** frío.

⑩ 잘못한 사람이 **당연히** 그 문제를 책임져야 해요.
Por supuesto, es un hecho que la persona que lo hizo mal debe asumir la responsabilidad del problema.

⑪ 소고기가 없어서 소고기 **대신에** 돼지고기를 넣었어요.
Añadí carne de cerdo **en lugar** de carne de res porque no había carne de res.

⑫ 30분 후에 제가 치울게요. 제 물건은 **그대로** 두세요.
Lo limpiaré en 30 minutos. Deje mis cosas tal **como están** por ahora.

⑬ 다른 사람에게 부탁하지 말고 **스스로** 문제를 해결했어요.
No se lo pidas a otra persona, resuelve el problema **por ti mismo**.

⑭ 힘든 운동은 **오히려** 건강에 안 좋아요.
Al contrario, ejercicios demasiado duros no son buenos para la salud.

D Adverbios con dos significados

(1) 쭉

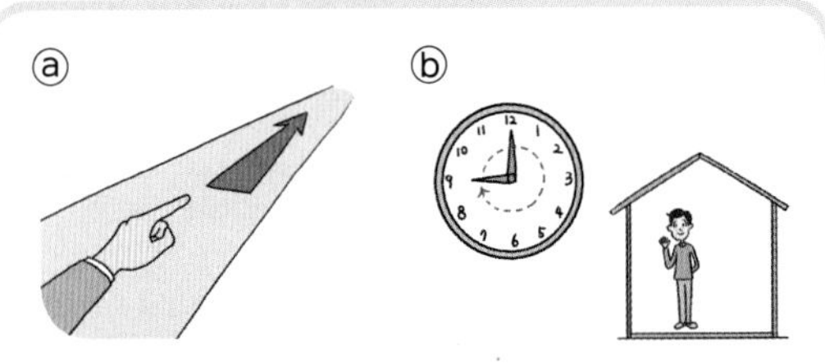

ⓐ 이 길로 **쭉** 가세요.
Ve **derecho** por este camino.

ⓑ 어제 **쭉** 집에 있었어요.
Estuve en casa **todo el día** de ayer.

(2) 바로

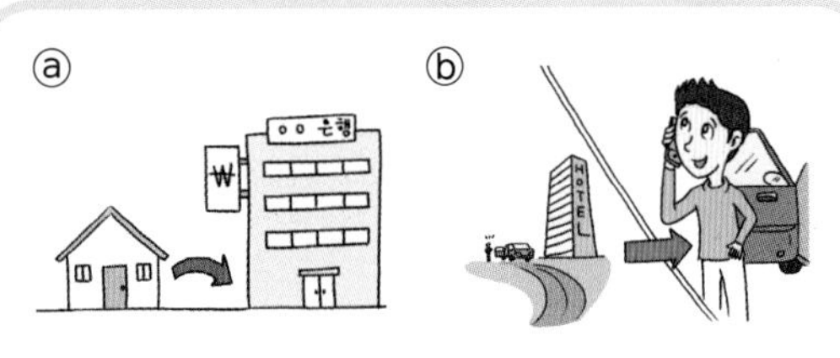

ⓐ 우리 집 **바로** 옆에 은행이 있어요.
Hay un banco **justo** al lado de nuestra casa.

ⓑ 호텔에 가면 **바로** 전화해 주세요.
Llámame **apenas** llegues al hotel.

(3) 중간에

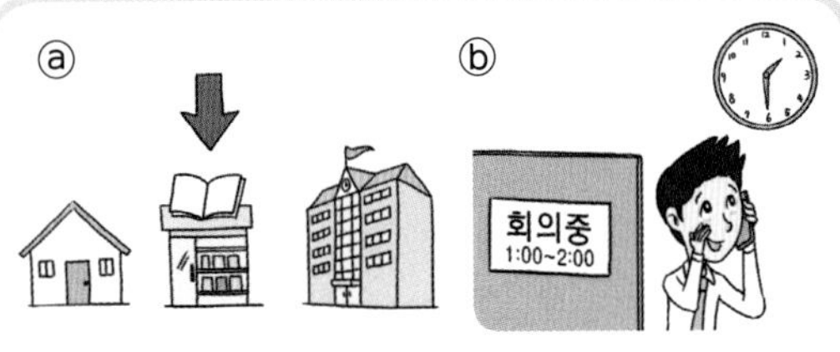

ⓐ 학교와 집 **중간에** 서점이 있어요.
Hay una librería **entre** la escuela y mi casa.

ⓑ 전화가 와서 회의 **중간에** 잠깐 나왔어요.
Me fui un momento **en medio** de la reunión porque recibí una llamada telefónica.

(4) 마지막에

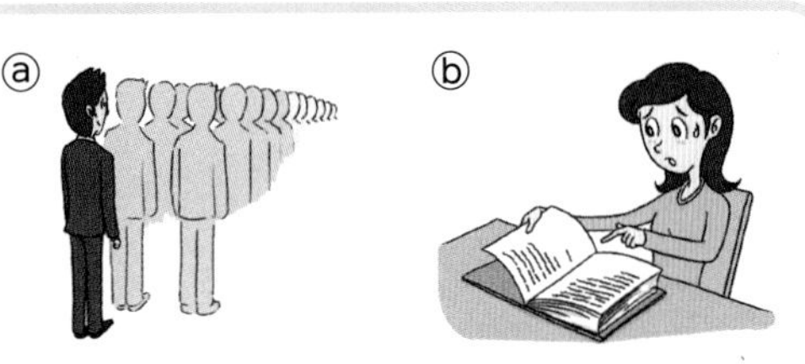

ⓐ 왼쪽 줄의 **마지막에** 서 있어요.
Estoy parado **al final** de la fila.

ⓑ 책이 처음에는 재미있었는데 **마지막에는** 재미없었어요.
El libro era interesante al principio pero **al final** fue aburrido.

¡Cuestionario! 1 Seleccione las respuestas correctas.

(1) 포기하지 마세요. (ⓐ 아직 / ⓑ 벌써) 늦지 않았어요.
(2) 일이 끝나는 대로 (ⓐ 바로 / ⓑ 직접) 퇴근할 거예요.
(3) 얘기를 못 들었는데 (ⓐ 역시 / ⓑ 다시) 말씀해 주시겠어요?
(4) 참을 수 없어서 수업 (ⓐ 중간에 / ⓑ 쭉) 화장실에 갔다 왔어요.
(5) 그 사람은 (ⓐ 실수로 / ⓑ 열심히) 일해서 3년 후에 집을 샀어요.
(6) 정말 친한 친구끼리는 문제가 생기면 (ⓐ 서로 / ⓑ 새로) 도와줘요.

¡Cuestionario! 2 Escoja la respuesta adecuada de entre las siguientes opciones y escríbala usando –게.

편하다　　두껍다　　시끄럽다　　사이좋다

(1) A 오늘 날씨가 추워요.
B 네, 옷을 ________ 입어야겠어요.

(2) A 방 친구하고 어떻게 지내요?
B 마음이 잘 맞아서 ________ 지내요.

(3) A 친구 집에서 어떻게 지냈어요?
B 방이 넓어서 ________ 지냈어요.

(4) A 왜 음악을 안 들어요?
B 아기가 자니까 ________ 하면 안 돼요.

¡Cuestionario! 3 Escoja la palabra adecuada para completar cada oración y escriba el símbolo correcto en cada espacio en blanco de la imagen.

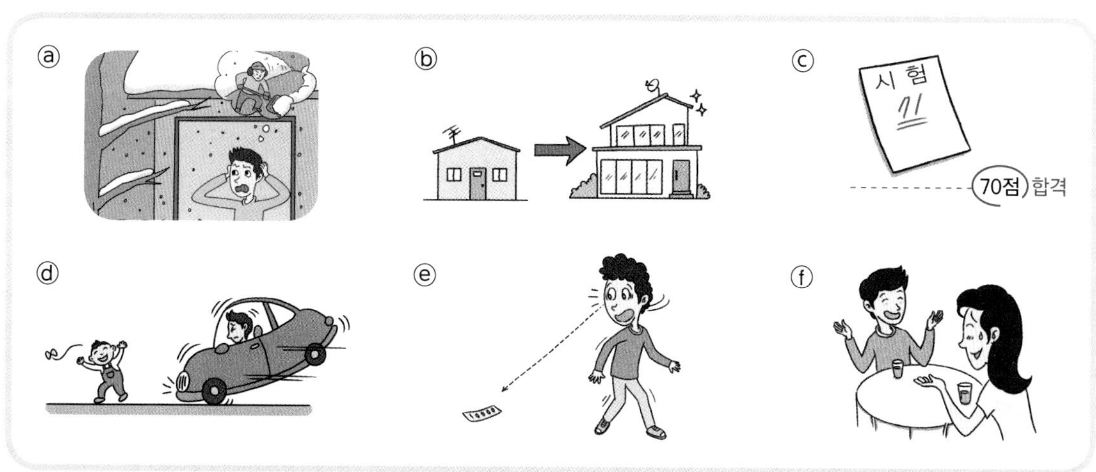

새로　　그만　　겨우　　갑자기　　억지로　　우연히

(1) ☐ 길에서 ________ 돈을 주웠어요.
(2) ☐ 집이 너무 오래돼서 ________ 집을 지었어요.
(3) ☐ 71점을 맞아서 시험에 ________ 합격했어요.
(4) ☐ 남자의 농담이 재미없었지만 ________ 웃었어요.
(5) ☐ 운전할 때 아이가 ________ 뛰어들어서 깜짝 놀랐어요.
(6) ☐ 눈이 너무 많이 와서 힘들어요. 이제 눈이 ________ 왔으면 좋겠어요.

E Indicando grado

(1)

아주 (=매우) muy	① 그 여자가 **아주** 예뻐요. La chica es **muy** bonita.
꽤 considerablemente, bastante	③ 그 여자가 **꽤** 예뻐요. Esa chica es **bastante** bonita.
조금 (=좀) poco, breve, algo	④ 그 여자가 **조금** 예뻐요. Esa chica es **algo** bonita.

(2)

가장 (=제일) más (superlativo)	① 월요일이 **가장** 바빠요. El lunes es mi día **más** ocupado.
더 más	② 어제보다 오늘이 **더** 추워요. Hoy hace **más** frío **que** ayer.
훨씬 mucho más, aún más	③ 이게 **훨씬** 더 맛있어요 Definitivamente esto es **mucho más** sabroso.
덜 menos	④ 이 과일은 **덜** 익었어요. Esta fruta **está menos** madura.

¡Cuidado!

¡Preste atención a los diferentes significados!

- 세계에서: se refiere al mundo literal
- 세상에서: se refiere a un mundo más abstracto y subjetivo.

Ej. 1 이 여자는 세계에서 제일 아름다운 여자예요.
Esta chica es la más bonita del mundo.
(= Ella ganó el primer lugar en un concurso de belleza mundial.)

Ej. 2 이 여자는 세상에서 제일 아름다운 여자예요.
Esta chica es la más bonita del mundo.
(= "Es la chica más bonita de mi mundo" o "Es la más bonita de las chicas que conozco.")

(3)

아주 muy (positivo), más que el promedio	① 시험 문제가 **아주** 쉬웠어요. Las preguntas del examen fueron **muy** fáciles. ② **아주** 많이 먹었어요. Comí **mucho**.
너무 muy, demasiado (negativo), más allá de un límite	③ 시험 문제가 **너무** 쉬웠어요. Las preguntas del test fueron **demasiado** fáciles. ④ **너무** 많이 먹었어요. Comí **demasiado**.

¡Cuestionario! Seleccione las respuestas correctas.

(1) 러시아에 여행 갔는데 생각보다 (ⓐ 가장 / ⓑ 훨씬) 추워서 많이 고생했어요.

(2) 약을 먹으니까 (ⓐ 더 / ⓑ 덜) 아팠어요. 이제 감기가 다 나았어요.

(3) 이 음식은 (ⓐ 너무 / ⓑ 조금) 매워서 매운 음식을 잘 먹는 저도 먹을 수 없었어요.

(4) 저 아이가 우리 반에서 가수처럼 (ⓐ 조금 / ⓑ 제일) 노래를 잘해요.

F Indicando frecuencia

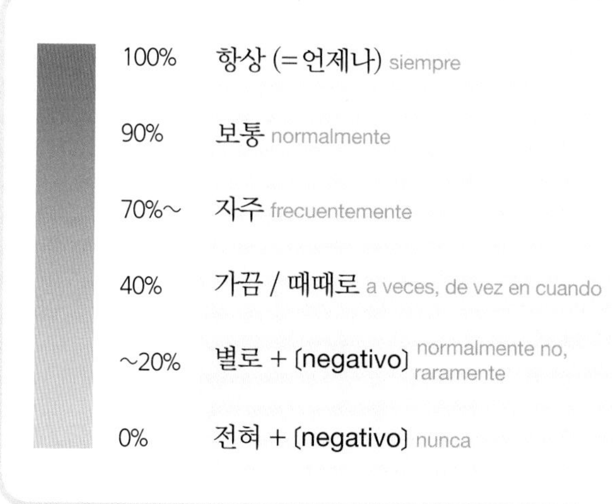

100% 항상 (=언제나) siempre
90% 보통 normalmente
70%~ 자주 frecuentemente
40% 가끔 / 때때로 a veces, de vez en cuando
~20% 별로 + (negativo) normalmente no, raramente
0% 전혀 + (negativo) nunca

① 나는 아침마다 **항상** 커피 한 잔을 마셔요.
Yo **siempre** tomo una taza de café por la mañana.

② 금요일 저녁에는 **보통** 친구들을 만나요.
Normalmente veo a mis amigos el viernes por la noche

③ 저는 무역 회사에 다녀서 **자주** 출장 가요.
Frecuentemente hago viajes de negocios porque trabajo en una empresa de comercio.

④ 영화를 좋아하지만 시간이 없어서 **가끔** 영화관에 가요.
Me gustan las películas, pero como no tengo tiempo, sólo voy a al cine **de vez en cuando**.

⑤ 고기를 좋아하지 않아서 **별로** 먹지 않아요.
No me gusta la carne, así que **raramente** la como.

⑥ 너무 바빠서 **전혀** 운동하지 않아요.
Nunca hago ejercicio porque estoy muy ocupado.

Seleccione la respuesta correcta y escríbala en la casilla.

항상	보통	자주	가끔	별로	전혀

(1) 여행을 자주 못 가지만 ______ 가요. 일 년에 세 번쯤 가요.

(2) 자동차가 ______ 고장 나서 서비스 센터에 일주일에 한 번 가야 해요.

(3) ______ 저녁을 사 먹지만 주말에는 집에서 저녁을 해 먹어요.

(4) 진수는 부지런해서 ______ 일찍 나와요. 전혀 늦지 않아요.

G Indicando el progreso de un evento o acción

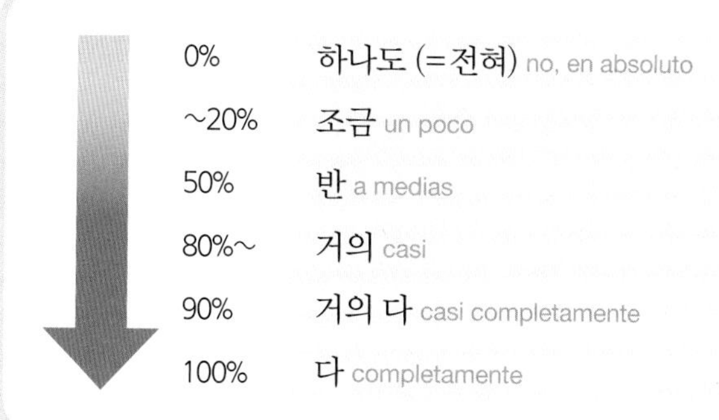

0% 하나도 (=전혀) no, en absoluto
~20% 조금 un poco
50% 반 a medias
80%~ 거의 casi
90% 거의 다 casi completamente
100% 다 completamente

A 밥이 얼마나 됐어?
¿Cómo vas con la preparación de la comida?

B ① **하나도 안** 됐어. No he empezado **para nada**.
② **조금밖에 안** 됐어. Acabo de empezar.
③ **반쯤** 됐어. Estoy a **medio** camino.
④ **거의** 됐어. Ya **casi** termino.
⑤ **거의 다** 됐어. Ya **casi todo** está completo.
⑥ **다** 됐어. Está **lista**.

Seleccione la opción correcta.

(1) 집에 (ⓐ 거의 / ⓑ 전혀) 왔어요. 조금만 더 가면 돼요.

(2) 책을 (ⓐ 다 / ⓑ 반) 읽었어요. 50% 더 읽어야 해요.

(3) 숙제가 (ⓐ 다 / ⓑ 조금) 끝났어요. 이제 숙제가 없어요.

(4) 저녁 준비가 (ⓐ 조금 / ⓑ 하나도) 안 됐어요. 오늘 외식해요.

H -든지 vs. 아무 -나

(1)

누구든지 quien sea
뭐든지 = 무엇이든지 lo que sea
언제든지 cuando sea
어디든지 donde sea

① 하고 싶은 사람은 **누구든지** 말씀하세요. Quien quiera hacerlo, que hable.
② 질문이 있으면 **뭐든지** 물어보세요. Pregunte lo que quiera.
③ 시간이 있을 때 **언제든지** 오세요. Venga cualquier momento que tenga tiempo.
④ 당신이 가는 곳이라면 **어디든지** 갈게요. Iré a donde sea que vayas.

(2)

아무나 cualquiera
아무거나 cualquier cosa
아무 때나 en cualquier momento
아무 데나 en cualquier lugar

① 여기에 **아무나** 들어가지 못해요. No cualquiera puede entrar aquí.
② 저는 **아무거나** 먹을 수 있어요. Yo puedo comer cualquier cosa.
③ **아무 때나** 전화하면 안 돼요. No puedes llamar en cualquier momento.
④ 밤에 혼자 **아무 데나** 가지 마세요. No vaya a ningún sitio solo por la noche.

¡Cuestionario! Seleccione las respuestas correctas.

(1) 저는 항상 사무실에 있으니까 (ⓐ 어디든지 / ⓑ 언제든지) 오세요.
(2) 다리가 너무 아픈데 (ⓐ 아무 때나 / ⓑ 아무 데나) 앉으면 안 돼요?
(3) 저는 (ⓐ 뭐든지 / ⓑ 누구든지) 괜찮으니까 먹고 싶은 음식을 말해 보세요.

I Expresar incertidumbre

(1) Se parecen a los usos previamente aprendidos pero los significados son diferentes.

뭐 (= 뭔가)	누가 (= 누군가)	어디 (= 어딘가)	언제 (= 언젠가)
Qué (= alguna cosa)	Quién (= alguien)	Dónde (= algún lugar)	Cuándo (= algún momento)

① A **뭐** 먹었어요? ¿Qué comiste?
B 아까 **뭐** 먹어서 배 안 고파요.
Antes comí algo, no tengo hambre.

② A **누가** 전화했어? ¿Quién te llamo?
B **누가** 전화했는데 이름이 생각 안 나요.
Alguien me llamo, pero no recuerdo su nombre.

③ A **어디** 가요? ¿A dónde vas?
B **어디** 가니까 내일 얘기해요.
Hablemos mañana porque me voy a algún lado.

④ A **언제** 우리 집에 올 수 있어요?
¿Cuándo puedes venir a mi casa?
B **언제** 갈게요. Iré en algún momento.

(2) 몇 se utiliza para indicar cantidad indeterminada. Cuando 몇 se utiliza en una frase positiva, significa "unos cuantos". Cuando 몇 se utiliza con una frase negativa, significa "sólo unos pocos".

① 중국에 **몇 번** 여행 갔어요.
He ido a China unas cuantas veces.
중국에 **몇 번** 여행 못 갔어요.
Solo he ido a China unas pocas veces.

② 교실에 사람이 **몇 명** 있어요.
Hay unas cuantas personas en la clase.
교실에 사람이 **몇 명** 없어요.
Hay solo unas pocas personas en la clase.

¡Cuestionario! Conecte lo que sigue para completar las frases.

(1) 요즘 일이 많아서 •
(2) 지금 배고프면 •
(3) 누가 찾아왔는데 •
(4) 언제 시간이 있으면 •

• ⓐ 얼굴이 생각 안 나요.
• ⓑ 인도에 가 보고 싶어요.
• ⓒ 뭐 먹고 오세요.
• ⓓ 며칠 못 잤어요.

J Al referirse a múltiples objetos

(1) Al referirse a dos o más objetos

① **하나**는 부모님 선물이고 **다른 하나**는 동생 선물이에요.
Uno es el regalo de mis padres y **el otro** es el regalo de mi hermano menor.

② **왼쪽 것**은 언니 것이고 **가운데 것**은 동생 것이고 **오른쪽 것**은 제 것이에요.
La de la izquierda es la de mi hermana mayor, **la del medio** es la de mi hermana menor y **la de la derecha** es la mía.

(2) Al hablar de orden

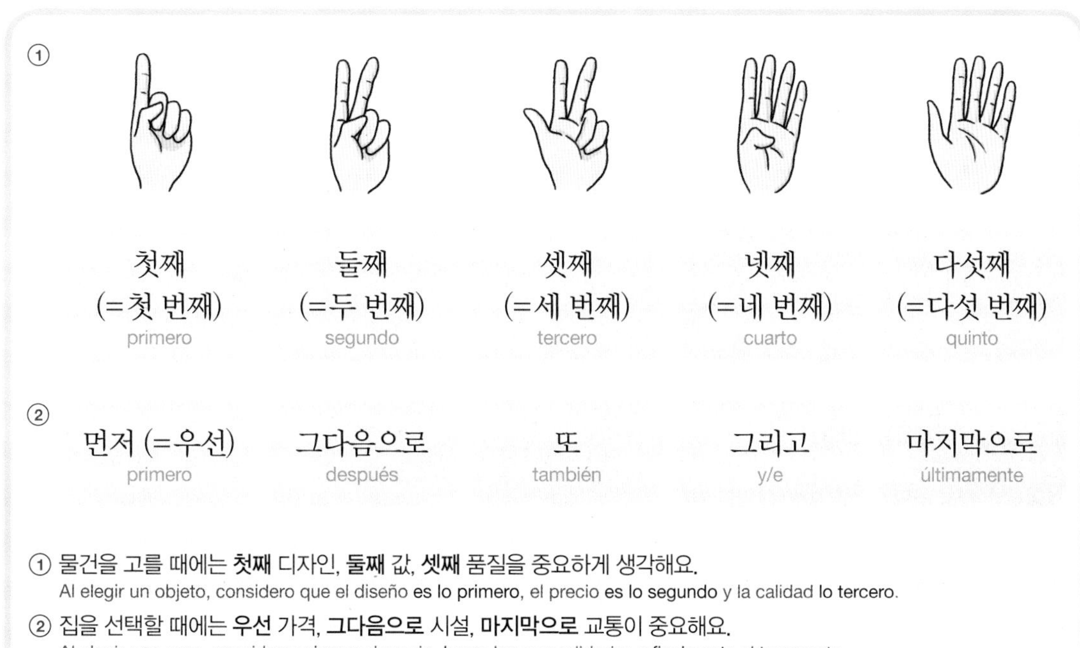

① 물건을 고를 때에는 **첫째** 디자인, **둘째** 값, **셋째** 품질을 중요하게 생각해요.
Al elegir un objeto, considero que el diseño **es lo primero**, el precio **es lo segundo** y la calidad **lo tercero**.

② 집을 선택할 때에는 **우선** 가격, **그다음으로** 시설, **마지막으로** 교통이 중요해요.
Al elegir una casa, considero **primero** el precio, **luego** las comodidades y **finalmente** el transporte.

¡Cuestionario! Seleccione las respuestas correctas.

(1) 먼저 청소를 하고 또 설거지를 한 다음에 ________ 빨래해요.

(2) 왼쪽 것은 한국 차이고, ________ 것은 일본 차이고, 오른쪽 것은 독일 차예요.

(3) 결혼하고 싶은 사람을 찾을 때 ________ 성격, 둘째 외모, 셋째 경제력이 중요해요.

(4) 한국어를 공부할 때 두 가지가 중요한데, 하나는 책이고 ________ 한국인 친구예요.

K Adverbios que se confunden frecuentemente

(1)

Se refiere a un período de tiempo específico	Se refiere a un período de tiempo recurrente
주말 **내내** todo el fin de semana 일주일 **내내** toda la semana 한 달 **내내** todo el mes 일 년 **내내** todo el año	**매**일 cada día **매**주 cada semana **매**달 cada mes **매**년 cada año
밤새 toda la noche 하루 종일 todo el día	밤**마다** cada noche 주말**마다** cada fin de semana

ⓐ 지난주 **일주일 내내** 비가 왔어요. La última semana llovió **toda la semana.**

ⓑ 지난달에는 **매주** 토요일에 비가 왔어요. Llovió **cada sábado** del último mes.

(2) ⓐ **아마** 선생님은 사무실에 있을 거예요. **Quizás** el maestro está en su oficina.

ⓑ **혹시** 선생님을 못 봤어요? ¿**Por casualidad** no has visto al maestro?

(3) ⓐ 3년 전에 한국에 **처음** 왔어요. Vine a Corea **por primera vez** hace tres años.

ⓑ 영화 **처음에** 너무 지루했어요. La película era aburrida **al principio.**

(4) ⓐ **마지막으로** 여러분께 감사의 말씀을 드립니다. **Finalmente** nos gustaría darle las gracias a todos.

ⓑ 영화 **마지막에** 그 노래가 나왔어요. Una canción apareció **al final** de la película.

(5) ⓐ 제 친구는 **항상** 약속에 늦게 나와요. Mi amigo **siempre** llega tarde a las citas.

ⓑ 이 메일을 보면 **꼭(=반드시)** 연락해 주세요. Ponte en contacto conmigo **sin falta**, cuando veas este correo electrónico.

(6) ⓐ **전혀** 늦지 않아요. Esa persona **nunca** llega tarde.

ⓑ **절대로** 거짓말을 하지 마세요. **Nunca** diga mentiras.

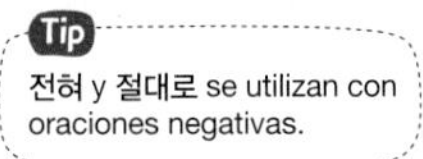

Tip
전혀 y 절대로 se utilizan con oraciones negativas.

Seleccione las respuestas correctas.

(1) 오늘 (ⓐ 처음 / ⓑ 처음에) 호랑이를 직접 봤어요.

(2) 밤에 단 음식을 (ⓐ 전혀 / ⓑ 절대로) 먹지 마세요.

(3) 어제 (ⓐ 밤새 / ⓑ 밤마다) 책을 읽어서 지금 졸려요.

(4) (ⓐ 아마 / ⓑ 혹시) 선생님 전화번호를 알면 가르쳐 주세요.

(5) 이 책은 (ⓐ 처음 / ⓑ 처음에) 재미있었는데 중간부터 재미없어요.

(6) 질문은 나중에 회의 (ⓐ 마지막에 / ⓑ 마지막으로) 받겠습니다.

(7) ⓐ 영화를 좋아하니까 **자주** 영화관에 가요. **A menudo** voy al cine porque me gustan las películas.

ⓑ 오래된 자동차라서 **자꾸** 고장 나요. El coche se avería **constantemente** porque es viejo.

(8) ⓐ 친구가 없어서 오늘 **혼자** 밥을 먹었어요. Hoy comí **solo** porque mi amigo no estaba aquí.

ⓑ 이민 가려고 **스스로** 회사를 그만두었어요.
Yo mismo dejé la compañía porque tengo la intención de migrar a otro país.

(9) ⓐ 잘 못 들었는데 **다시** 말씀해 주시겠어요? No pude escucharlo. ¿Podría decirlo **una vez más**?

ⓑ 이 세탁기가 **또** 고장 났어요. Esta lavadora está rota **otra vez**.

Tip
- 다시: Indica la repetición de una acción
- 또: Indica la repetición de una acción. Suele tener una connotación negativa.

(10) ⓐ 사고 **때문에** 회사에 지각했어요. Llegué tarde al trabajo **debido a** un accidente.

ⓑ 선생님 **덕분에** 한국어를 재미있게 공부했어요. **Gracias a** mi profesor, me divertí aprendiendo coreano.

(11) ⓐ 직원이 9명이니까 사장님을 **포함해서** 모두 10명이에요. Hay nueve trabajadores, diez **incluyendo** al presidente.

ⓑ 직원이 9명이니까 사장님을 **빼고** 9명이에요. Hay nueve trabajadores **excluyendo** al presidente.

(12) ⓐ 한국 요리가 쉬울 줄 알았는데 **실제로** 해 보니까 어려워요.
Pensé que cocinar comida coreana sería fácil, pero después de intentarlo **de verdad**, me di cuenta de que es realmente difícil.

ⓑ 제가 그만둔다고 해서 놀랐어요? **사실은** 농담이에요.
¿Estás sorprendido porque dije que renuncié? **En realidad** estaba bromeando.

(13) ⓐ **아무리** 밥을 먹어도 배고파요. Todavía tengo hambre **aunque ya** he comido.

ⓑ **얼마나** 밥을 많이 먹었는지 잘 수 없어요. Comí **tanto que** no puedo dormir.

(14) ⓐ 일이 **아직** 안 끝났어요. **Todavía** no he terminado mi trabajo.

ⓑ 지금 11시인데 **아직도** 안 일어났어요. Son ahora las 11AM pero **aún** no me he levantado.

¡Cuestionario! 2 Seleccione las respuestas correctas.

(1) 시험 (ⓐ 때문에 / ⓑ 덕분에) 어젯밤에 자지 못했어요.

(2) 친구가 밤늦게 (ⓐ 자주 / ⓑ 자꾸) 전화해서 귀찮아요.

(3) 아까 많이 먹었는데 (ⓐ 다시 / ⓑ 또) 먹어요?

(4) 저는 고기를 안 먹으니까 고기 (ⓐ 포함해서 / ⓑ 빼고) 주세요.

(5) 아이가 자기 잘못을 (ⓐ 혼자 / ⓑ 스스로) 말할 때까지 기다리려고 해요.

(6) 김치가 매워 보였는데 (ⓐ 실제로 / ⓑ 사실은) 먹어 보니까 안 매워요.

(7) (ⓐ 아무리 / ⓑ 얼마나) 돈이 많아도 행복을 살 수 없어요.

(8) 10분 후에 회의가 시작하는데 (ⓐ 아직 / ⓑ 아직도) 회의 자료를 만들고 있어요.

Adverbios conjuntivos

¡Aprendamos!

A Adverbios conjuntivos comunes

Los siguientes adverbios se utilizan para conectar dos frases.

다음 달에 유럽에 여행 갈 거예요.
Me voy a Europa el mes que viene.

① **그리고** 홍콩에 갈 거예요.
Y también voy a ir a Hong Kong.

② **그러면** 유럽에 있는 친구를 만날 수 있을 거예요.
Así que podré ver a mis amigos europeos.

③ **그런데** 지금 표가 없어서 아직 표를 못 샀어요.
Sin embargo, no he comprado un billete todavía porque no hay billetes en este momento.

④ **그래서** 이번 달에 호텔을 예약해야 해요.
Por eso planeo reservar un hotel este mes.

⑤ **그래도** 다음 달 10일까지 일은 제가 끝낼 거예요.
Aún así, dejaré de trabajar el día 10 del mes que viene.

⑥ **왜냐하면** 다음 달 중순에 2주 동안 휴가예요.
Porque tengo 2 semanas de vacaciones a mediados del próximo mes.

⑦ **예를 들면** 프랑스, 독일, 스페인에 갈 거예요.
Por ejemplo, voy a ir a Francia, Alemania y España.

⑧ **그렇지 않으면** 올해 여행 갈 수 없을 거예요.
De no ser así, no podré viajar este año.

¡Cuestionario! 1 Seleccione las respuestas correctas y complete las oraciones.

그리고　　그러면　　그래도　　그래서　　왜냐하면　　그렇지 않으면

(1) 오늘 시간이 없어요. ________ 오늘 만날 수 없어요.
(2) 담배를 끊으세요. ________ 건강이 좋아질 거예요.
(3) 지금 배가 너무 고파요. ________ 오늘 아침을 못 먹었어요.
(4) 저는 낮에는 회사에 다녀요. ________ 밤에는 학원에 다녀요.
(5) 지금부터 운동을 시작하세요. ________ 나중에 후회할 거예요.
(6) 이 음식은 조금 매워요. ________ 맛있어요.

¡Cuestionario! 2 Empareje con lo que iría a continuación.

(1) 한국어를 열심히 공부해요. •
(2) 마음에 드는 옷이 있어요. •
(3) 이 가게는 분위기가 좋아요. •
(4) 친구들이 요즘 많이 바빠요. •
(5) 내일 비가 많이 올 거예요. •
(6) 약속에 늦으면 미리 전화하세요. •

• ⓐ 그런데 돈이 없어서 살 수 없어요.
• ⓑ 그래서 보통 주말에 혼자 집에 있어요.
• ⓒ 그렇지 않으면 친구가 많이 기다릴 거예요.
• ⓓ 그리고 음식도 정말 맛있어요.
• ⓔ 왜냐하면 한국 회사에서 일하고 싶어요.
• ⓕ 그래도 꼭 여행을 떠날 거예요.

B Adverbios conjuntivos con varios significados

(1) 그리고
(se pronuncia también como 그리구 al hablar)

① [y - conjuntivo] 저는 한국 음식을 좋아해요. **그리고** 한국 영화도 좋아해요.
Me gusta la comida coreana. **Y también** me gustan las películas coreanas.

② [y entonces] 저녁에 운동했어요. **그리고** 샤워했어요.
Hice ejercicio por la noche. **Y entonces** me duché.

(2) 그런데
(se pronuncia también como 근데 al hablar)

① [pero] 제 동생은 일찍 자고 일찍 일어나요. **그런데** 저는 늦게 자고 늦게 일어나요.
Mi hermano menor se duerme temprano y se despierta temprano. **Pero** yo me duermo tarde y me despierto tarde.

② [por cierto] 우리 같이 밥 먹어요. **그런데** 그 얘기 들었어요?
Comamos. **Por cierto**, ¿Escuchaste acerca de eso?

C Adverbios conjuntivos con significados similares pero formas diferentes

(1) 하지만/그렇지만/그러나
(pero / sin embargo)

① [sin embargo] 이 식당은 음식이 맛있어요. **하지만** 너무 비싸요.
La comida de este restaurante sabe bien. **Sin embargo**, es demasiado cara. (usado en el lenguaje informal y cotidiano)

② [aún así] 날씨가 너무 덥습니다. **그렇지만** 참아야 합니다.
El clima es muy caluroso. **Aún así**, debo soportarlo.

③ [no obstante] 생활이 힘듭니다. **그러나** 포기할 수 없습니다.
La vida es dura. **No obstante**, no puedo rendirme.

(2) 그래서/그러니까/따라서/그러므로
(así que / por lo tanto)

① [así que] 어제 감기에 걸렸어요. **그래서** 아무것도 못 했어요.
Me enfermé, **así que** no pude hacer nada.

② [por lo tanto] 이 일은 혼자 하기 어려워요. **그러니까** 다른 사람하고 같이 하세요.
Este trabajo es difícil para hacerlo solo, **por lo tanto** hágalo con otra persona.

③ [en consecuencia] 이번 달에 집 수리를 했습니다. **따라서** 이번 달에 쓸 돈이 부족할 것입니다.
Reparé mi casa este mes. **En consecuencia**, tendré poco dinero para gastar este mes.

④ [a raíz de] 누구나 화를 내는 사람을 싫어합니다. **그러므로** 화가 나도 참아야 합니다.
Odio a la gente que se enfada con todo el mundo. **A raíz de** eso, aunque me enfade, tengo que contenerme.

(3) 그러면/그럼 (entonces / si es así)

① [entonces / de ser así] 이 음악을 들으세요. **그러면** 기분이 좋아질 거예요.
Escuche esta canción. **Entonces** se sentirá mejor (usado en el lenguaje de uso diario y formal).

② [entonces / pues] 공포 영화를 안 좋아해요? **그럼** 코미디 영화는 어때요?
¿Ne te gustan las películas de terror? ¿**Pues entonces** qué tal una de comedia?

(4) 아니면/또는

① [o / u] 같이 사무실에 갈래요? **아니면** 여기에서 기다릴래요?
¿Quieres que vayamos juntos a la oficina? ¿**O** quieres esperar aquí?

② [o / u] 주말에 집안일을 해요. **또는** 책을 읽어요.
Hago las tareas domésticas los fines de semana. **O** leo libros.

¡Cuestionario! Seleccione las respuestas correctas.

(1) 친구하고 만났어요. (ⓐ 그리고 / ⓑ 하지만) 같이 식사했어요.
(2) 시간이 있을 때 책을 읽어요. (ⓐ 그렇지만 / ⓑ 또는) 운동해요.
(3) 오늘 같이 커피 마셔요. (ⓐ 그런데 / ⓑ 그러나) 진수는 어디 있어요?
(4) 같이 영화 보러 갈까요? (ⓐ 그래서 / ⓑ 아니면) 식사하러 갈까요?
(5) 옷을 두껍게 입으세요. (ⓐ 그러면 / ⓑ 아니면) 감기에 걸리지 않을 거예요.
(6) 일을 미리 끝내세요. (ⓐ 그러면 / ⓑ 그렇지 않으면) 5시까지 다 못 끝낼 거예요.

D Adverbios conjuntivos que se confunden frecuentemente

(1) **그런데 vs. 그래도**

그래도 significa "aún así" y se utiliza cuando la segunda frase expresa un resultado contrario al anticipado naturalmente por la primera frase.

ⓐ 저 식당 음식은 맛없어요. **그런데** 값이 너무 비싸요.
La comida del restaurante no sabe bien. **No obstante** es demasiado caro.

ⓑ 저 식당 음식은 맛없어요. **그래도** 오늘 저기에 갈 거예요. (≠ 그런데)
La comida del restaurante no sabe bien. **Aún así**, voy a ir allí hoy.

(2) **그래서 vs. 그러니까**

그러니까 se utiliza para enfatizar la segunda frase, cuando esta es una proposición o un imperativo.

ⓐ 밖에 비가 와요. **그래서** 밖에 안 나가요.
Está lloviendo afuera. **Por eso** no voy a salir.

ⓑ 밖에 비가 와요. **그러니까** 우산을 가져가세요. (≠ 그래서)
Está lloviendo afuera. **Así que** llévate un paraguas.

(3) **그래서 vs. 왜냐하면**

그래서 se escribe entre una causa y un efecto mientras que 왜냐하면 se escribe entre un efecto y una causa.

ⓐ 이번 시험을 잘 못 봤어요. **그래서** 부모님이 화가 났어요.
Me fue mal en este examen. **Por ello** mis padres se enojaron.

ⓑ 이번 시험을 잘 못 봤어요. **왜냐하면** 시험 공부를 많이 못 했어요.
Me fue mal en este examen **porque** no pude estudiar mucho.

(4) **그래서 vs. 그러면**

그래서 se utiliza cuando la primera frase es la razón de la segunda frase.
그러면 se utiliza cuando la primera frase es la condición para la segunda frase.

ⓐ 머리가 아파요. **그래서** 병원에 가려고 해요.
Me duele la cabeza. **Por eso** pienso ir al hospital.

ⓑ 머리가 아파요. **그러면** 병원에 가세요.
¿Te duele la cabeza? **Entonces** ve al hospital.

¡Cuestionario! 1 Seleccione las respuestas correctas.

(1) 오늘 친구들과 약속이 있어요? (ⓐ 그래서 / ⓑ 그러면) 내일 만나요.
(2) 시간이 많이 있어요. (ⓐ 그래서 / ⓑ 그러니까) 천천히 갔다 오세요.
(3) 날씨가 추워요. (ⓐ 그래서 / ⓑ 왜냐하면) 두꺼운 옷을 입어요.
(4) 내년에도 바쁠 거예요. (ⓐ 그런데 / ⓑ 그래도) 한국어를 공부할 거예요.

¡Cuestionario! 2 Selecciona la frase que no encaje en el siguiente conjunto.

(1) 아버지가 건강이 안 좋아요.
ⓐ 그래도 가끔 술을 마셔요.
ⓑ 그리고 운동을 좋아해요.
ⓒ 그래서 병원에 다녀요.

(2) 지금 단 음식을 먹고 싶어요.
ⓐ 예를 들면 초콜릿이나 케이크를 먹고 싶어요.
ⓑ 그래도 다이어트 때문에 참아야 해요.
ⓒ 그렇지만 단 음식을 사러 백화점에 왔어요.

(3) 이번 주말에 같이 등산 갈까요?
ⓐ 그러면 이번 주말에 날씨가 좋아요.
ⓑ 아니면 시내를 구경하러 갈까요?
ⓒ 그렇지 않으면 다음에는 같이 못 갈 거예요.

(4) 이제부터 운동을 시작해야겠어요.
ⓐ 왜냐하면 살이 너무 쪘어요.
ⓑ 그러면 운동을 하러 헬스장에 갔어요.
ⓒ 하지만 어떤 운동이 좋을지 모르겠어요.

E Frases frecuentemente mal utilizadas

La forma en que “y” e “o” se traducen al coreano difiere según el contexto.

	y / e	o / u
entre sustantivos	**하고** ① 아침에 빵**하고** 우유를 먹었어요. Comí pan **y** tomé leche en la mañana.	**(이)나** ① 식사 후에 커피**나** 차를 마셔요. Después de comer me tomo un café **o** té.
entre verbos	**-고** ② 아침을 먹**고** 이를 닦아요. Desa **y** uno **y** después me cepillo los dientes.	**-거나** ② 주말에 책을 읽**거나** 영화를 봐요. Los fines de semana leo un libro **o** veo una película.
entre frases	**그리고** ③ 아침을 먹어요. **그리고** 이를 닦아요. Desayuno **y entonces** me cepillo los dientes	**또는** ③ 주말에 책을 읽어요. **또는** 영화를 봐요. Los fines de semana leo **o** veo una película.

¡Cuestionario! 1 Cambie la parte subrayada y rellene los espacios en blanco.

(1) 저는 커피를 마셔요. 그리고 저는 주스를 마셔요. ➡ 저는 ________ 를 마셔요.

(2) 휴가 때 집에서 쉬어요. 또는 친구를 만나요. ➡ 휴가 때 집에서 ________ 친구를 만나요.

(3) 친구하고 전화 통화해요. 그리고 잠이 들었어요. ➡ 친구하고 전화 ________ 잠이 들었어요.

(4) 주말에 소설을 읽어요. 또는 잡지를 읽어요. ➡ 주말에 ________ 를 읽어요.

Seleccione la respuesta correcta y escríbala en la casilla.

그래서	하지만	예를 들면	왜냐하면

저는 한국 문화에 관심이 많이 있어요. (1) ________ 태권도, 탈춤, 도자기에 관심이 많아요. 이번 달부터 태권도를 배우기 시작했어요. 처음에는 태권도를 배울 때 많이 힘들었어요. (2) ________ 태권도 선생님이 너무 빨리 말해요. (3) ________ 선생님의 말을 알아듣기 어려웠어요. (4) ________ 지금은 익숙해져서 괜찮아요.

그리고	그래도	그래서	그런데

저는 한국 음식을 좋아해요. (5) ________ 점심 식사로 비빔밥이나 김밥을 자주 먹어요. (6) ________ 저녁 식사는 친구하고 같이 불고기를 먹어요. (7) ________ 한국 요리는 못해요. 요리 방법이 조금 복잡해요. (8) ________ 한국 요리를 좋아하니까 배우고 싶어요.

Capítulo 99

Adjetivos

¡Aprendamos!

A Adjetivos opuestos

(1)

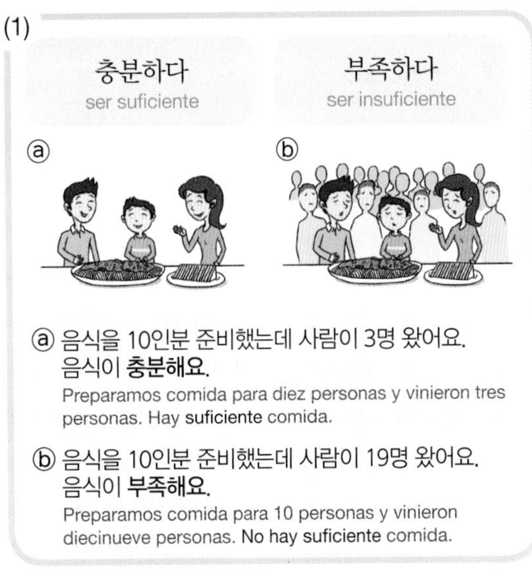

충분하다
ser suficiente

부족하다
ser insuficiente

ⓐ 음식을 10인분 준비했는데 사람이 3명 왔어요. 음식이 **충분해요.**
Preparamos comida para diez personas y vinieron tres personas. Hay **suficiente** comida.

ⓑ 음식을 10인분 준비했는데 사람이 19명 왔어요. 음식이 **부족해요.**
Preparamos comida para 10 personas y vinieron diecinueve personas. No hay **suficiente** comida.

(2)

간단하다
simple

복잡하다
complicado

ⓐ **간단한** 지도를 보면 길을 쉽게 찾을 수 있어요.
Si miras un mapa sencillo, podrás encontrar **fácilmente** el camino.

ⓑ **복잡한** 지도를 보면 길을 찾기 어려워요.
Si miras un mapa **complicado**, es difícil encontrar el camino.

(3)

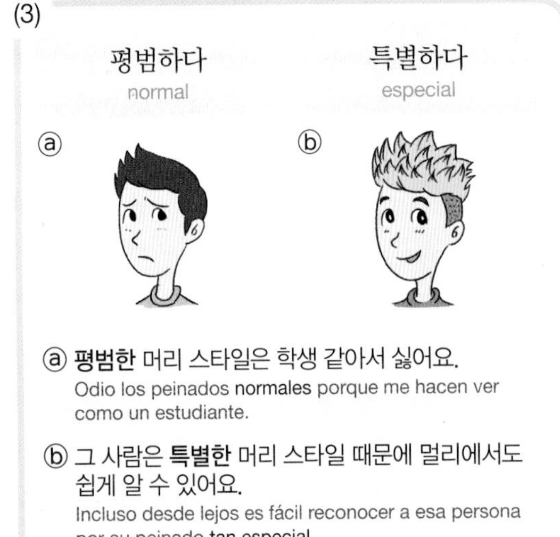

평범하다
normal

특별하다
especial

ⓐ **평범한** 머리 스타일은 학생 같아서 싫어요.
Odio los peinados **normales** porque me hacen ver como un estudiante.

ⓑ 그 사람은 **특별한** 머리 스타일 때문에 멀리에서도 쉽게 알 수 있어요.
Incluso desde lejos es fácil reconocer a esa persona por su peinado **tan especial**.

(4)

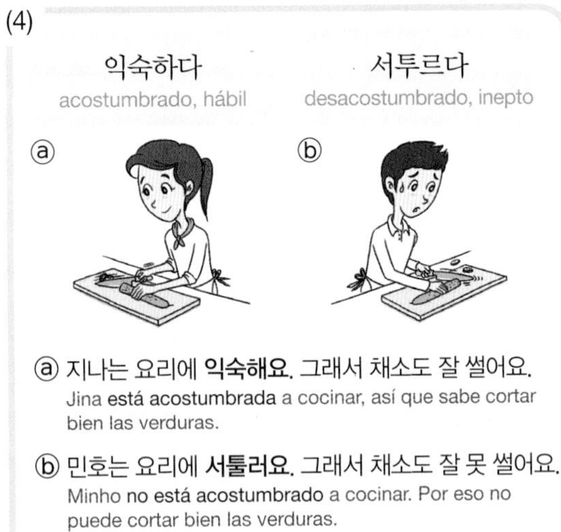

익숙하다
acostumbrado, hábil

서투르다
desacostumbrado, inepto

ⓐ 지나는 요리에 **익숙해요.** 그래서 채소도 잘 썰어요.
Jina **está acostumbrada** a cocinar, así que sabe cortar bien las verduras.

ⓑ 민호는 요리에 **서툴러요.** 그래서 채소도 잘 못 썰어요.
Minho **no está acostumbrado** a cocinar. Por eso no puede cortar bien las verduras.

¡Cuestionario! Seleccione las respuestas correctas.

(1) 음식을 5인분만 준비했는데 사람이 10명이 와서 음식이 (ⓐ 충분했어요. / ⓑ 부족했어요.)

(2) 문법을 너무 짧고 (ⓐ 간단하게 / ⓑ 복잡하게) 설명해서 이해가 안 돼요. 설명이 더 필요해요.

(3) 제 친구는 성격이 (ⓐ 평범해서 / ⓑ 특별해서) 사람과 쉽게 친해지기 어려워요.

(4) 제 친구는 고치는 것에 (ⓐ 익숙해서 / ⓑ 서툴러서) 어떤 것이 고장 나도 쉽게 고쳐요.

B Frase con función adjetival

En coreano existen frases que cumplen la función de un solo adjetivo en el español estos utilizan la partícula 이/가 dentro de su estructura.

(1)

인기가 있다 ↔ 인기가 없다
ser popular — impopular

관심이 있다 ↔ 관심이 없다
estar interesado — estar desinteresado

ⓐ 이 가수는 **인기가 있어요.**
Ese cantante **es popular.**

ⓑ 이 가수는 **인기가 없어요.**
Ese cantante **no es popular.**

ⓒ 저 사람은 도자기에 **관심이 있어요.**
Esta persona **está interesada** en la cerámica.

ⓓ 저 사람은 도자기에 **관심이 없어요.**
Esta persona **no está interesada** en la cerámica.

(2)

예의가 있다 ↔ 예의가 없다
ser educado — ser maleducado

나이가 많다 ↔ 나이가 어리다
ser viejo/anciano — ser joven

ⓐ 진수는 **예의가 있어요.**
Jinsu **es educado.**

ⓑ 민규는 **예의가 없어요.**
Mingyu **es maleducado.**

ⓒ 우리 할머니는 **나이가 많아요.**
Mi abuela **es anciana.**

ⓓ 우리 딸은 **나이가 어려요.**
Mi hija **es joven.**

(3)

힘이 세다 ↔ 힘이 없다
ser fuerte — ser débil

키가 크다 ↔ 키가 작다
ser alto — ser bajo

ⓐ 저 사람은 **힘이 세요.**
Esa persona **es fuerte.**

ⓑ 저 사람은 **힘이 없어요.**
Esa persona **es débil.**

ⓒ 이 남자는 **키가 커요.**
Ese hombre **es alto.**

ⓓ 이 남자는 **키가 작아요.**
Ese hombre **es bajo.**

(4)

운이 좋다 ↔ 운이 나쁘다
tener suerte — ser desafortunado

도움이 되다 ↔ 도움이 안 되다
ser de ayuda/útil — ser inútil

ⓐ 이 남자는 **운이 좋아요.**
Este hombre **tiene suerte.**

ⓑ 이 남자는 **운이 나빠요.**
Este hombre **es desafortunado.**

ⓒ 드라마가 한국어 발음 연습에 **도움이 돼요.**
La serie **ayuda** para la práctica de la pronunciación del coreano.

ⓓ 쓰기 숙제가 한국어 발음 연습에 **도움이 안 돼요.**
La práctica de la escritura **no es útil** para la práctica de la pronunciación del coreano.

C Orden de frases

건강에 좋다 ser bueno para la salud

① 운동이 **건강에 좋아요.**
El ejercicio **es bueno para la salud.**
② 휴식이 **건강에 좋아요.**
Descansar **es bueno para la salud.**
③ 채소가 **건강에 좋아요.**
Los vegetales **son buenos para la salud.**

건강에 나쁘다 ser malo para la salud

① 담배가 **건강에 나빠요.**
Los cigarrillos **son malos para la salud.**
② 스트레스가 **건강에 나빠요.**
El estrés **es malo para la salud.**
③ 패스트푸드가 **건강에 나빠요.**
La comida rápida **es mala para la salud.**

D Otras expresiones

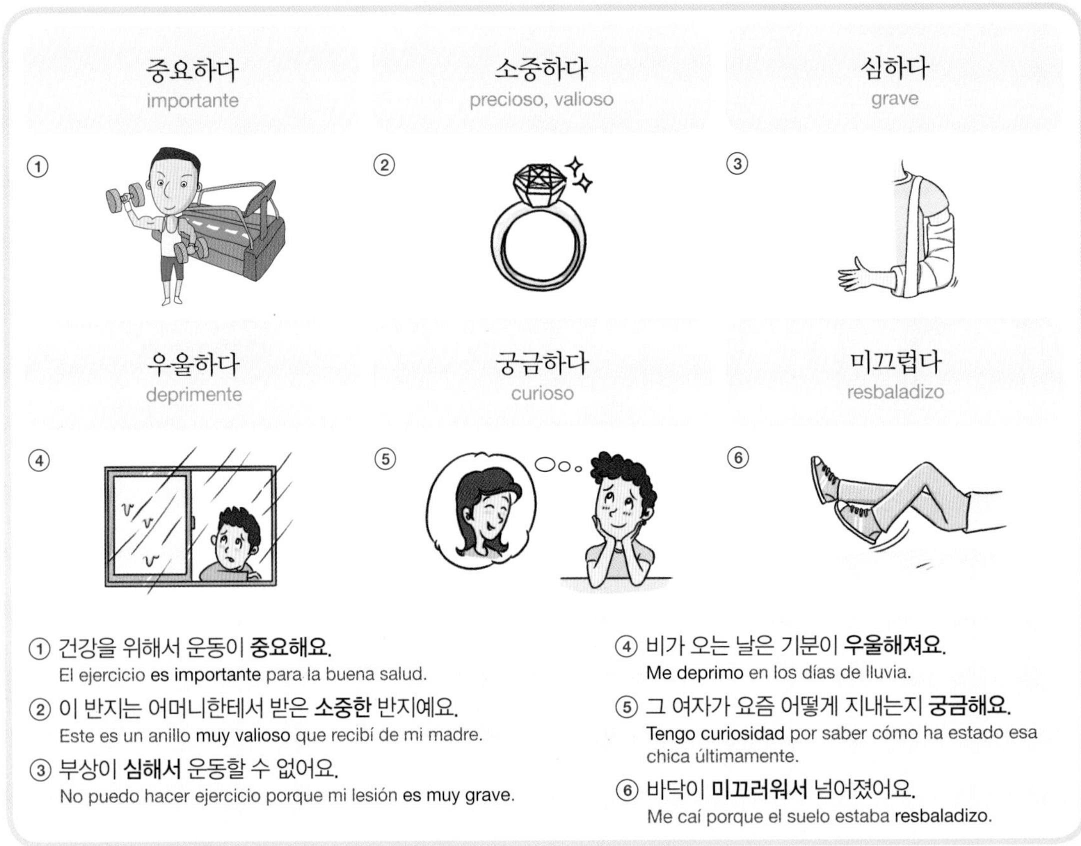

중요하다 importante ①
소중하다 precioso, valioso ②
심하다 grave ③
우울하다 deprimente ④
궁금하다 curioso ⑤
미끄럽다 resbaladizo ⑥

① 건강을 위해서 운동이 **중요해요.**
El ejercicio **es importante** para la buena salud.
② 이 반지는 어머니한테서 받은 **소중한** 반지예요.
Este es un anillo **muy valioso** que recibí de mi madre.
③ 부상이 **심해서** 운동할 수 없어요.
No puedo hacer ejercicio porque mi lesión **es muy grave.**
④ 비가 오는 날은 기분이 **우울해져요.**
Me deprimo en los días de lluvia.
⑤ 그 여자가 요즘 어떻게 지내는지 **궁금해요.**
Tengo curiosidad por saber cómo ha estado esa chica últimamente.
⑥ 바닥이 **미끄러워서** 넘어졌어요.
Me caí porque el suelo estaba **resbaladizo.**

¡Cuestionario! Seleccione las respuestas correctas.

(1) 친구와 약속한 것을 잘 지키는 것이 (ⓐ 중요해요. / ⓑ 중요하지 않아요.)

(2) 제 동생은 장난이 (ⓐ 심해서 / ⓑ 심하지 않아서) 항상 문제가 생겨요.

(3) 저는 역사에 관심이 없으니까 역사 이야기가 (ⓐ 궁금해요. / ⓑ 궁금하지 않아요.)

(4) 겨울에 길이 (ⓐ 미끄러우면 / ⓑ 미끄럽지 않으면) 위험해요.

(5) 저에게 (ⓐ 소중한 / ⓑ 소중하지 않은) 물건은 청소할 때 버려요.

(6) 기분이 (ⓐ 우울하면 / ⓑ 우울하지 않으면) 아무것도 하고 싶지 않아요.

E Dos maneras de usar adjetivos

En coreano se añaden distintas terminaciones a los adjetivos cuando estos van tras un sustantivo o cuando estos modifican un sustantivo como se muestra a continuación;

(1) Cuando el adjetivo va tras un sustantivo y es utilizado como predicado, este es conjugado como un verbo con -아/어요.

Español (sustantivo + verbo ser / estar + adjetivo)	: El clima está agradable.
Coreano (raíz de adjetivo + -아/어요)	: 날씨가 좋아요. (← 좋 + -아요)

(2) Cuando el adjetivo va a modificar a un sustantivo y va antes de este, la forma determinante -ㄴ/은 es agregada a la raíz del adjetivo.

Español (adjetivo + sustantivo / sustantivo + adjetivo)	: el buen clima / clima bueno
Coreano (raíz de adjetivo + -ㄴ/은)	: 좋은 날씨 (← 좋 + -은)

		como predicado	como adjetivo
(1)	유명하다 ser famoso	김치가 **유명해요**. (유명하 + -여요) El Kimchi es famoso.	**유명한** 김치 (유명하 + -ㄴ) el famoso Kimchi
(2)	같다 ser igual	이름이 **같아요**. (같 + -아요) El nombre es igual.	**같은** 이름 (같 + -은) Igual nombre
(3)	맛있다 ser delicioso	음식이 **맛있어요**. (맛있 + -어요) La comida es deliciosa.	**맛있는** 음식 (맛있 + -는) deliciosa comida
(4)	바쁘다 estar ocupado	일이 **바빠요**. (바쁘 + -아요) El trabajo está ajetreado.	**바쁜** 일 (바쁘 + -ㄴ) trabajo complicado
(5)	길다 ser largo	머리가 **길어요**. (길 + -어요) Mi cabello está largo.	**긴** 머리 (길 + -ㄴ) largo cabello
(6)	맵다 ser picante	음식이 **매워요**. (맵 + -어요) La comida está picante.	**매운** 음식 (맵 + -은) comida picante
(7)	다르다 ser diferente	성격이 **달라요**. (다르 + -아요) Sus personalidades son diferentes.	**다른** 성격 (다르 + -ㄴ) diferentes personalidades

Seleccione la respuesta correcta y escríbala en la casilla correspondiente.

아름답다 　 힘들다 　 게으르다 　 젊다 　 이상하다 　 필요하다

(1) 동생이 너무 ________서 방 청소를 하나도 안 해요.
(2) 부산에 갔는데 바다 경치가 정말 ________.
(3) 여권을 만들 때 ________ 서류는 여기에 다 있어요.
(4) 너무 ________ 운동은 건강에 도움이 안 돼요.
(5) 발음이 ________면 알아듣기 어려워요.
(6) ________ 사람이 나이 많은 사람보다 경험이 부족해요.

¡Cuidado!
En coreano, 필요하다 (necesitar / ser necesario) es un adjetivo. Por consiguiente, 이/가 debe ser utilizado después del sujeto.
Ej. 신분증이 필요해요.
Necesita su identificación.

Capítulo 100 Sustantivos

¡Aprendamos!

A Las raíces de los verbos con 하다

verbo		sustantivo	verbo		sustantivo
사랑하다 amar	→	사랑 amor	경험하다 experimentar	→	경험 experiencia
걱정하다 preocuparse	→	걱정 preocupación	실망하다 decepcionar	→	실망 decepción
준비하다 preparar	→	준비 preparación	후회하다 arrepentirse	→	후회 arrepentimiento
생각하다 pensar	→	생각 pensamiento	성공하다 triunfar	→	성공 éxito
기억하다 recordar	→	기억 recuerdo	실패하다 fracasar	→	실패 fracaso

¡Cuestionario! Seleccione la respuesta correcta y escríbala en la casilla correspondiente.

준비 걱정 기억 사랑

(1) 진수는 비싼 학비 때문에 ______ 이/가 많아요.
(2) 민호는 지금 ______ 에 빠져서 아무것도 못 해요.
(3) 일찍 시험 ______ 을/를 끝낸 사람은 밤새 공부하지 않아요.
(4) 어렸을 때 부모님과 바닷가에 간 것이 지금도 ______ 에 남아요.

B Raíz del verbo + –기 ➡ Sustantivo

verbo	sustantivo	verbo	sustantivo
말하다 hablar	말하기 el hablar (말하 + –기)	쓰다 escribir	쓰기 la escritura (쓰 + –기)
듣다 escuchar	듣기 el escuchar (듣 + –기)	걷다 caminar	걷기 la caminata (걷 + –기)
읽다 leer	읽기 el leer (읽 + –기)	달리다 correr	달리기 el correr (달리 + –기)

¡Cuestionario! Observe la imagen y seleccione las opciones correctas.

(1)

(ⓐ 걷기 / ⓑ 달리기)가 건강에 좋아요.

(2)

(ⓐ 걷기 / ⓑ 달리기)에 자신이 있어요.

(3)

(ⓐ 쓰기 / ⓑ 말하기)를 좋아해서 매일 일기를 써요.

(4)

매일 드라마를 보면 (ⓐ 듣기 /ⓑ 쓰기)가 좋아져요.

C Raíz del adjetivo + -(으)ㅁ ➡ Sustantivo

-(으)ㅁ expresa un sentimiento o un estado.

adjetivo		sustantivo	adjetivo		sustantivo
기쁘다 ser feliz	➡	기쁨 felicidad (기쁘 + -ㅁ)	고맙다 estar agradecido	➡	고마움 gratitud (고맙 + -음)
슬프다 triste		슬픔 tristeza (슬프 + -ㅁ)	무섭다 aterrador		무서움 terror (무섭 + -음)
아프다 doloroso		아픔 dolor (아프 + -ㅁ)	즐겁다 agradable		즐거움 alegría (즐겁 + -음)
배고프다 tener hambre		배고픔 hambre (배고프 + -ㅁ)	아쉽다 lamentable		아쉬움 lástima, pena (아쉽 + -음)

Transforme los adjetivos proporcionados a sustantivos y escríbalos en el lugar correspondiente.

(1) (아프다 ➞)을 참고 이기면 곧 병이 나을 거예요.

(2) 나이 어린 아이들이 (배고프다 ➞)을 참기 어려워요.

(3) 내 옆에서 나를 도와준 친구에게 (고맙다 ➞)을 느껴요.

(4) 할머니께서 돌아가셔서 가족이 (슬프다 ➞)에 빠졌어요.

D Raíz de verbo + -(으)ㅁ ➡ Sustantivo

-(으)ㅁ expresa actos completados o concretos.

verbo		sustantivo	verbo		sustantivo
자다 dormir	➡	잠 sueño (자 + -ㅁ)	죽다 morir	➡	죽음 muerte (죽 + -음)
(꿈을) 꾸다 soñar		꿈 sueño (꾸 + -ㅁ)	느끼다 sentir		느낌 sentimiento (느끼 + -ㅁ)
(춤을) 추다 bailar		춤 baile (추 + -ㅁ)	바라다 desear		바람 deseo (바라 + -ㅁ)
웃다 reír		웃음 risa (웃 + -음)	믿다 creer		믿음 creencia (믿 + -음)
울다 llorar		울음 llanto (울 + -음)	싸우다 pelear		싸움 pelea (싸우 + -ㅁ)
걷다 caminar		걸음 paso (걷 + -음)	모이다 juntar		모임 junta (모이 + -ㅁ)

Transforme los verbos proporcionados a sustantivos y escríbalos en el lugar correspondiente.

(1) (추다 ➞)보다 노래가 더 자신이 있어요.

(2) 어젯밤에 (꾸다 ➞)에서 돌아가신 할머니를 봤어요.

(3) 연말에는 (모이다 ➞)이 많아서 집에 늦게 들어가요.

(4) (싸우다 ➞)에서 진 아이가 결국 울기 시작했어요.

(5) 그 영화를 보고 (죽다 ➞)에 대해서 생각하게 됐어요.

(6) 교통사고 이후에 그 여자는 (웃다 ➞)을 잃어버렸어요.

E Raíz de verbo + –개 ➡ Sustantivo

Un sustantivo construído adjuntando –개 normalmente representa una herramienta.

verbo	sustantivo	verbo	sustantivo
지우다 borrar	지우개 borrador (지우 + –개)	가리다 ocultar	가리개 cubierta, funda (가리 + –개)
베다 apoyar, poner	베개 almohada (베 + –개)	싸다 envolver	싸개 envoltura (싸 + –개)
덮다 cubrir	덮개 cobertura (덮 + –개)	따다 abrir (una botella)	따개 abridor, abrebotellas (따 + –개)

Empareje los verbos con los sustantivos y las imágenes correctas.

(1) 지우다 • • ① 베개 • • ⓐ

(2) 베다 • • ② 덮개 • • ⓑ

(3) 덮다 • • ③ 지우개 • • ⓒ

F Raíz del adjetivo + –(으)ㄴ + 이 ➡ Sustantivo

Sustantivos que acaban en 이 normalmente se refieren a personas.

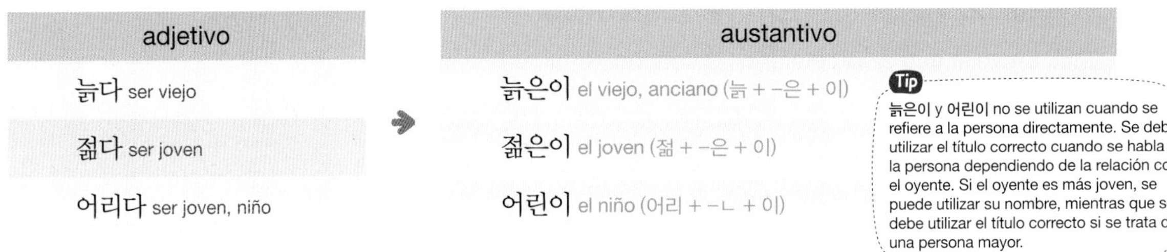

adjetivo		austantivo
늙다 ser viejo	➜	늙은이 el viejo, anciano (늙 + –은 + 이)
젊다 ser joven		젊은이 el joven (젊 + –은 + 이)
어리다 ser joven, niño		어린이 el niño (어리 + –ㄴ + 이)

Tip
늙은이 y 어린이 no se utilizan cuando se refiere a la persona directamente. Se debe utilizar el título correcto cuando se habla a la persona dependiendo de la relación con el oyente. Si el oyente es más joven, se puede utilizar su nombre, mientras que se debe utilizar el título correcto si se trata de una persona mayor.

Empareje los verbos con los sustantivos y las imágenes correctas.

(1) • • ① 어린이 • • ⓐ 청년

(2) • • ② 늙은이 • • ⓑ 아이

(3) • • ③ 젊은이 • • ⓒ 노인

G Sustantivos propios

El significado de los sustantivos propios se puede deducir si han sido creados con caractéres de origen chino (sino-coreanos).

(1) Si el sustantivo general es una palabra coreana nativa, se cambia al equivalente sino-coreano cuando se forman los sustantivos propios.

sustantivo simple (Coreano nativo)	nombre propio	ej.
바다 mar	해	동**해**, 서**해**, 남**해**
다리 puente	교	잠수**교**, 금천**교**, 양화**교**
섬 isla	도	제주**도**, 여의**도**, 거제**도**, 강화**도**
절 templo	사	불국**사**, 해인**사**, 부석**사**, 내소**사**
길 calle	로	종**로**, 을지**로**, 대학**로**, 퇴계**로**

(2) Si el sustantivo general es una palabra sino-coreana de una sola sílaba, no se cambia cuando se forman los sustantivos propios.

sustantivo simple (Sino-Coreano)	nombre propio	ej.
산 montaña	산	남**산**, 북한**산**, 설악**산**, 한라**산**
강 río	강	한**강**, 남한**강**, 낙동**강**, 금**강**
문 puerta	문	동대**문**, 서대**문**, 광화**문**, 독립**문**
궁 palacio	궁	경복**궁**, 창덕**궁**, 창경**궁**, 덕수**궁**
탕 sopa	탕	설렁**탕**, 곰**탕**, 매운**탕**, 갈비**탕**

(3) Si el sustantivo general es una palabra sino-coreana multisilábica, sólo se utiliza una de las sílabas en el sustantivo propio.

sustantivo simple (compuesto Sino-Coreano multisilábico)	proper Noun	ej.
도시 ciudad	시	서울**시**, 부산**시**, 대전**시**, 광주**시**
대학 universidad	대	고려**대**, 서강**대**, 서울**대**, 연세**대**

¡Cuestionario! Seleccione el significado correcto para cada palabra sino-coreana.

(1) 감자탕을 오늘 처음 봤어요.
ⓐ 채소 ⓑ 사탕 ⓒ 뜨거운 음식

(2) 울산시에 갔다 왔어요.
ⓐ 시내 ⓑ 도시 ⓒ 시간

(3) 부산대에서 수업을 들어요.
ⓐ 군대 ⓑ 대학 ⓒ 바다

(4) 통도사에 갔다 왔어요.
ⓐ 절 ⓑ 회사 ⓒ 사진관

H Honorífico

Algunos sustantivos tienen equivalentes honoríficos para referirse a una persona de mayor edad o de mayor estatus.

general
이름 Nombre
나이 edad
말 habla
밥 comida, arroz
집 casa
생일 cumpleaños

➔

honorífico
성함 nombre
연세 edad
말씀 habla
진지 comida, arroz
댁 casa
생신 cumpleaños

¡Cuestionario! 1 Empareje las preguntas con igual significado.

(1) 이름이 뭐예요? •
(2) 몇 살이에요? •
(3) 집이 어디예요? •
(4) 밥 먹었어요? •
(5) 생일이 며칠이에요? •
(6) 말 들었어요? •

• ⓐ 댁이 어디세요?
• ⓑ 진지 드셨어요?
• ⓒ 말씀 들었어요?
• ⓓ 성함이 어떻게 되세요?
• ⓔ 연세가 어떻게 되세요?
• ⓕ 생신이 며칠이세요?

¡Cuestionario! 2 Escriba la respuesta correcta en cada casilla.

(1) 친구의 이름은 알지만 선생님 ________ 은/는 잊어버렸어요.

(2) 할머니께 ________ 을/를 차려 드리고 우리도 밥을 먹었어요.

(3) 우리 아버지 ________ 와/과 제 생일이 같은 날짜예요.

(4) 우리 할아버지께서는 ________ 이/가 많으시지만 건강하세요.

(5) 사장님의 ________ 을/를 듣고 직원들이 힘을 냈어요.

(6) 급한 일이 있는데 선생님께서 사무실에 안 계셔서 선생님 ________ 에 찾아뵈었어요.

Estilo formal

Algunos sustantivos tienen equivalentes en este estilo para referirse a una persona de mayor edad o de mayor estatus.

general

reverente　　　　honorífico

general		formal
나 yo	→	저 yo
우리 nosotros		저희 nosotros
말 habla		말씀 habla

Tip

말씀 se utiliza para dirigirse de manera honrífica al habla/discurso (말) del locutor o persona a la que uno se refiere a la vez que se disminuye la importancia del propio discurso (lo que uno dice).

Ej. (honorífico) 지금부터 사장님 말씀이 있겠습니다.
A partir de este momento, el presidente de la compañía dará su discurso..

Ej. (reverente) 말씀드릴 게 있는데요.
Tengo algo que decirle.

Cambie las partes subrayadas a lenguaje honorífico y complete el párrafo.

나는 오늘 동료들하고 부산으로 출장 갈 거야. 출장에서 돌아와서 내가 전화할게. 그리고 우리 회사 근처에서 만나면 출장에 대해 말해 줄게.

(1) ________ 오늘 동료들하고 부산으로 출장 갈 거예요. 출장에서 돌아와서 (2) ________ 전화 드릴게요. 그리고 (3) ________ 회사 근처에서 만나면 출장에 대해 (4) ________ 드릴게요.

Apéndice

Respuestas

Transcripciones

Índice de vocabulario

Respuestas

Parte 1

Capítulo 01 Leer números 1

Vocabulario

2 (1) ⓔ (2) ⓕ (3) ⓑ (4) ⓒ
(5) ⓐ (6) ⓓ (7) ⓖ

Ejercicio 2

(1) ○ (2) ○ (3) × (4) ×
(5) ○ (6) × (7) × (8) ○
(9) ×

Capítulo 02 Leer números 2

Vocabulario

2 (1) ⓓ (2) ⓖ (3) ⓐ (4) ⓒ
(5) ⓔ (6) ⓕ (7) ⓗ (8) ⓑ

Ejercicio 2

(1) ⓔ (2) ⓒ (3) ⓓ (4) ⓑ
(5) ⓖ (6) ⓗ (7) ⓕ (8) ⓐ

Capítulo 03 Cómo leer precios

Vocabulario

2 (1) ⓑ (2) ⓔ (3) ⓓ (4) ⓐ
(5) ⓒ (6) ⓕ

Ejercicio 2

(1) ⓗ (2) ⓕ (3) ⓓ (4) ⓔ
(5) ⓒ (6) ⓐ (7) ⓑ (8) ⓖ

Capítulo 04 Cómo contar objetos

Vocabulario

2 (1) ⓑ (2) ⓓ (3) ⓒ (4) ⓔ
(5) ⓕ (6) ⓐ

Ejercicio 1

(1) ⓒ (2) ⓓ (3) ⓓ (4) ⓐ
(5) ⓒ (6) ⓓ (7) ⓐ (8) ⓑ

Ejercicio 2

(1) ⓔ (2) ⓒ (3) ⓓ (4) ⓖ
(5) ⓑ (6) ⓘ (7) ⓐ (8) ⓙ
(9) ⓕ (10) ⓗ

Capítulo 05 Meses y días

Vocabulario

2 (1) ⓐ (2) ⓑ (3) ⓑ (4) ⓐ

Ejercicio 2

(1) ⓐ (2) ⓑ (3) ⓐ (4) ⓑ

Capítulo 06 Días festivos

Vocabulario

(1) ⓒ (2) ⓑ (3) ⓐ (4) ⓖ
(5) ⓘ (6) ⓕ (7) ⓗ (8) ⓓ
(9) ⓔ

Ejercicio 1

(1) ⓒ (2) ⓑ (3) ⓓ (4) ⓐ

Ejercicio 2

(1) ⓒ (2) ⓐ (3) ⓑ (4) ⓓ

Capítulo 07 Los días de la semana

Vocabulario

1 (1) ⓔ (2) ⓒ (3) ⓖ (4) ⓐ
(5) ⓓ (6) ⓕ (7) ⓑ
2 (1) ⓑ (2) ⓐ (3) ⓐ (4) ⓑ
(5) ⓐ, ⓓ (6) ⓑ

Ejercicio 2

(1) ⓐ, ⓒ, ⓕ, ⓗ (2) ⓑ, ⓒ, ⓔ
(3) ⓑ, ⓓ, ⓕ

Capítulo 08 Años

Vocabulario

2 (1) ⓑ (2) ⓔ (3) ⓐ (4) ⓒ
(5) ⓓ (6) ⓕ

Ejercicio 2

1 (1) ⓓ (2) ⓒ (3) ⓐ (4) ⓑ
2 (1) ⓒ (2) ⓑ (3) ⓓ (4) ⓐ

Capítulo 09 Semanas y meses

Vocabulario

2 (1) ⓑ (2) ⓐ (3) ⓐ (4) ⓑ
(5) ⓐ (6) ⓑ (7) ⓐ (8) ⓐ

Ejercicio 2

(1) ⓑ (2) ⓐ (3) ⓑ (4) ⓐ
(5) ⓐ (6) ⓑ

Capítulo 10 Días y años

Vocabulario

(1) 그제 (2) 어제 (3) 내일 (4) 모레
(5) 재작년 (6) 작년 (7) 올해 (8) 내년
(9) 후년

Ejercicio 1

(1) 달 (2) 전 (3) 어제 (4) 매주
(5) 모레 (6) 내일 (7) 일주일 (8) 후
(9) 화요일 (10) 오늘

Ejercicio 2

(1) 오늘 오후 2시 30분에 명동에서 약속이 있어요.
(2) 지난주 금요일 밤 8시에 동료하고(동료와/동료랑) 저녁 식사를 했어요.
(3) 올해 12월 마지막 주 토요일에 콘서트를 보러 가요.
(4) 다음 주 월요일 아침 9시에 한국어 수업을 시작해요.

Capítulo 11 Cómo leer el tiempo

Vocabulario

2 (1) ⓓ (2) ⓑ (3) ⓔ (4) ⓐ
(5) ⓒ (6) ⓕ

Ejercicio 1

(1) ⓑ (2) ⓓ (3) ⓐ (4) ⓒ

Capítulo 12 Duración de tiempo

Vocabulario

2 (1) ⓓ (2) ⓐ (3) ⓒ (4) ⓑ

Ejercicio 1

(1) ⓔ (2) ⓓ (3) ⓖ (4) ⓑ
(5) ⓕ (6) ⓒ (7) ⓐ (8) ⓗ
(9) ⓘ

Ejercicio 2

(1) ⓔ (2) ⓐ (3) ⓕ (4) ⓓ
(5) ⓑ (6) ⓒ

Capítulo 13 Países

Vocabulario

(1) ⑦ 한국 ⑥ 중국 ⑧ 일본 ⑨ 호주 ① 인도 ② 태국 ⑤ 필리핀 ③ 베트남 ④ 싱가포르
(2) ② 미국 ① 캐나다 ④ 브라질 ③ 멕시코 ⑤ 아르헨티나
(3) ① 영국 ④ 독일 ⑦ 이란 ⑧ 케냐 ② 스페인 ⑥ 이집트 ③ 프랑스 ⑤ 러시아

Ejercicio 1

(1) ⓗ (2) ⓒ (3) ⓖ (4) ⓕ
(5) ⓑ (6) ⓔ (7) ⓐ (8) ⓓ

Ejercicio 2

(1) ⓓ (2) ⓖ (3) ⓐ (4) ⓔ
(5) ⓒ (6) ⓑ (7) ⓗ (8) ⓕ

Capítulo 14 Nacionalidades e idiomas

Vocabulario

(1) 일본어 (2) 중국인 (3) 프랑스 (4) 아랍어
(5) 미국 사람 (6) 영어 (7) 외국

Ejercicio 1

(1) ⓐ (2) ⓑ (3) ⓑ (4) ⓐ
(5) ⓑ (6) ⓑ

Ejercicio 2

(1) ○ (2) × (3) ○ (4) ×
(5) ○ (6) ×

Capítulo 15 Trabajo y ocupación

Vocabulario

2 (1) ⓔ (2) ⓐ (3) ⓕ (4) ⓒ
(5) ⓚ (6) ⓗ (7) ⓑ (8) ⓙ
(9) ⓘ (10) ⓛ (11) ⓓ (12) ⓖ

Ejercicio 1

(1) ⓑ (2) ⓐ (3) ⓔ (4) ⓒ
(5) ⓓ

Ejercicio 2

(1) ⓒ (2) ⓔ (3) ⓐ (4) ⓑ
(5) ⓓ (6) ⓕ

Capítulo 16 Edad

Vocabulario

1 (1) ⓑ (2) ⓐ (3) ⓓ (4) ⓔ
(5) ⓒ

2 (1) ⓐ (2) ⓙ (3) ⓖ (4) ⓓ
(5) ⓒ (6) ⓘ (7) ⓕ (8) ⓗ
(9) ⓔ (10) ⓑ

Ejercicio 1

2 (1) ⓑ (2) ⓕ (3) ⓓ (4) ⓐ
(5) ⓒ (6) ⓔ

Ejercicio 2

(1) ⓕ (2) ⓓ (3) ⓐ (4) ⓒ
(5) ⓔ (6) ⓑ

Capítulo 17 Familia

Vocabulario

(1) ⓘ (2) ⓒ (3) ⓚ (4) ⓕ
(5) ⓖ (6) ⓑ (7) ⓛ (8) ⓔ
(9) ⓗ (10) ⓐ (11) ⓙ (12) ⓓ

Ejercicio 1

(1) ⓑ (2) ⓐ (3) ⓑ (4) ⓑ

Ejercicio 2

(1) ⓑ (2) ⓑ (3) ⓐ (4) ⓐ

Capítulo 18 Lugares y ubicación 1

Vocabulario

(1) ⓒ (2) ⓔ (3) ⓖ (4) ⓓ
(5) ⓘ (6) ⓕ (7) ⓗ (8) ⓑ
(9) ⓐ (10) ⓙ

Ejercicio 1

(1) ⓑ (2) ⓓ (3) ⓐ (4) ⓔ
(5) ⓕ (6) ⓒ

Ejercicio 2

(1) ⓕ (2) ⓒ (3) ⓑ (4) ⓓ
(5) ⓐ (6) ⓔ

Capítulo 19 Lugares y ubicación 2

Vocabulario

2 (1) ⓕ (2) ⓖ (3) ⓗ (4) ⓙ
(5) ⓔ (6) ⓑ (7) ⓚ (8) ⓐ
(9) ⓛ (10) ⓓ (11) ⓘ (12) ⓒ

Ejercicio 1

(1) ⓕ (2) ⓑ (3) ⓐ (4) ⓔ
(5) ⓒ (6) ⓓ

Ejercicio 2

(1) ⓑ (2) ⓒ (3) ⓕ (4) ⓓ
(5) ⓐ (6) ⓔ

Capítulo 20 En la calle

Vocabulario

(1) ⓓ (2) ⓐ (3) ⓜ (4) ⓔ
(5) ⓚ (6) ⓑ (7) ⓝ (8) ⓒ
(9) ⓘ (10) ⓕ (11) ⓛ (12) ⓞ
(13) ⓙ (14) ⓖ (15) ⓗ

Ejercicio 1

(1) ⓑ (2) ⓐ (3) ⓐ (4) ⓐ
(5) ⓑ (6) ⓐ

Ejercicio 2

(1) ⓑ (2) ⓐ (3) ⓑ (4) ⓐ
(5) ⓐ

Capítulo 21 Lugares y direcciones

Vocabulario

(1) ⓖ (2) ⓑ (3) ⓐ (4) ⓒ
(5) ⓘ (6) ⓓ (7) ⓕ (8) ⓔ
(9) ⓙ (10) ⓗ

Ejercicio 1

(1) ⓔ (2) ⓓ (3) ⓑ (4) ⓐ
(5) ⓒ

Ejercicio 2

(1) ⓑ (2) ⓔ (3) ⓕ (4) ⓐ
(5) ⓓ (6) ⓒ

Capítulo 22 Pedir direcciones

Vocabulario

(1) ⓕ (2) ⓖ (3) ⓓ (4) ⓐ
(5) ⓚ (6) ⓒ (7) ⓘ (8) ⓔ
(9) ⓙ (10) ⓗ (11) ⓑ

Ejercicio

(1) 수영장 (2) 영화관 (3) 동물원 (4) 교회
(5) 은행

Capítulo 23 Pertenencias y posesiones

Vocabulario

(1) ⓑ (2) ⓠ (3) ⓐ (4) ⓝ
(5) ⓞ (6) ⓒ (7) ⓓ (8) ⓚ
(9) ⓕ (10) ⓘ (11) ⓟ (12) ⓗ
(13) ⓔ (14) ⓜ (15) ⓖ (16) ⓛ

Ejercicio 1

(1) 열쇠, 서류, 안경, 지갑, 사진, 핸드폰
(2) 우산, 수첩, 휴지, 빗, 화장품
(3) 책, 공책, 펜, 필통

Ejercicio 2

(1) ⓐ (2) ⓑ (3) ⓐ (4) ⓑ
(5) ⓐ (6) ⓑ

Capítulo 24 Describir la habitación

Vocabulario

(1) ⓑ (2) ⓗ (3) ⓔ (4) ⓙ
(5) ⓘ (6) ⓞ (7) ⓕ (8) ⓒ
(9) ⓜ (10) ⓟ (11) ⓓ (12) ⓖ
(13) ⓚ (14) ⓛ (15) ⓝ (16) ⓐ

Ejercicio 1

(1) ⓑ (2) ⓑ (3) ⓐ (4) ⓑ
(5) ⓑ (6) ⓐ (7) ⓐ (8) ⓐ
(9) ⓑ (10) ⓑ

Ejercicio 2

(1) ⓐ (2) ⓐ (3) ⓑ (4) ⓐ
(5) ⓑ (6) ⓑ (7) ⓐ (8) ⓑ
(9) ⓐ (10) ⓑ

Capítulo 25 Describir la casa

Vocabulario

(1) ⓑ (2) ⓔ (3) ⓖ (4) ⓗ
(5) ⓕ (6) ⓓ (7) ⓐ (8) ⓘ
(9) ⓒ

Ejercicio 1

(1) ⓑ (2) ⓕ (3) ⓔ (4) ⓐ
(5) ⓓ (6) ⓒ

Ejercicio 2

(1) ⓘ (2) ⓔ (3) ⓑ (4) ⓖ
(5) ⓐ (6) ⓓ (7) ⓕ (8) ⓚ
(9) ⓒ (10) ⓗ (11) ⓙ (12) ⓛ

Capítulo 26 Muebles y artículos del hogar

Vocabulario

(1) ⓛ (2) ⓒ (3) ⓐ (4) ⓡ
(5) ⓖ (6) ⓔ (7) ⓓ (8) ⓘ
(9) ⓑ (10) ⓙ (11) ⓠ (12) ⓜ
(13) ⓝ (14) ⓞ (15) ⓚ (16) ⓕ
(17) ⓗ (18) ⓣ (19) ⓟ (20) ⓢ

Ejercicio 1

(1) ⓐ (2) ⓐ (3) ⓑ (4) ⓐ
(5) ⓐ (6) ⓑ (7) ⓐ (8) ⓐ

Ejercicio 2

(1) ⓐ (2) ⓑ (3) ⓐ (4) ⓐ
(5) ⓐ (6) ⓑ

Capítulo 27 Rutina diaria

Vocabulario

(1) ⓒ (2) ⓔ (3) ⓓ (4) ⓑ
(5) ⓗ (6) ⓕ (7) ⓘ (8) ⓖ
(9) ⓐ

Ejercicio 1

(1) ⓔ (2) ⓑ (3) ⓐ (4) ⓓ
(5) ⓒ (6) ⓕ

Ejercicio 2

(1) ⓑ (2) ⓐ, ⓒ (3) ⓑ (4) ⓓ

Capítulo 28 Actividades domésticas

Vocabulario

(1) ⓔ (2) ⓓ (3) ⓚ (4) ⓖ
(5) ⓘ (6) ⓒ (7) ⓐ (8) ⓕ
(9) ⓛ (10) ⓑ (11) ⓙ (12) ⓗ

Ejercicio 1

(1) ⓑ (2) ⓐ (3) ⓒ (4) ⓑ
(5) ⓒ (6) ⓒ (7) ⓐ (8) ⓒ
(9) ⓑ (10) ⓐ (11) ⓐ (12) ⓑ

Ejercicio 2

(1) ⓗ (2) ⓒ (3) ⓓ (4) ⓖ
(5) ⓐ (6) ⓛ (7) ⓕ (8) ⓚ
(9) ⓙ (10) ⓘ (11) ⓔ (12) ⓑ

Capítulo 29 Actividades diarias

Vocabulario

(1) 1　(2) 3　(3) 5　(4) 3
(5) 3　(6) 4　(7) 1　(8) 0
(9) 1−2　(10) 3−4　(11) 1　(12) 1−2
(13) 0　(14) 1　(15) 2−3　(16) 2

Ejercicio 1

(1) ⓑ　(2) ⓒ　(3) ⓓ　(4) ⓔ
(5) ⓐ

Ejercicio 2

(1) ⓑ　(2) ⓕ　(3) ⓔ　(4) ⓐ
(5) ⓑ　(6) ⓓ　(7) ⓒ　(8) ⓕ

Capítulo 30 Labores domésticas

Vocabulario

(1) ⓖ　(2) ⓔ　(3) ⓙ　(4) ⓑ
(5) ⓓ　(6) ⓘ　(7) ⓒ　(8) ⓕ
(9) ⓗ　(10) ⓐ　(11) ⓚ　(12) ⓛ

Ejercicio 1

(1) ⓓ　(2) ⓔ　(3) ⓑ　(4) ⓕ
(5) ⓗ　(6) ⓐ　(7) ⓖ　(8) ⓒ

Ejercicio 2

(1) ⓖ　(2) ⓒ　(3) ⓔ　(4) ⓗ
(5) ⓐ　(6) ⓑ　(7) ⓓ　(8) ⓕ

Capítulo 31 Actividades de fin de semana

Vocabulario

(1) ⓓ　(2) ⓕ　(3) ⓘ　(4) ⓒ
(5) ⓐ　(6) ⓑ　(7) ⓔ　(8) ⓗ
(9) ⓙ　(10) ⓛ　(11) ⓖ　(12) ⓚ

Ejercicio 1

(1) ⓐ　(2) ⓑ　(3) ⓐ　(4) ⓑ
(5) ⓑ　(6) ⓐ

Ejercicio 2

(1) ⓕ　(2) ⓒ　(3) ⓑ　(4) ⓓ
(5) ⓔ　(6) ⓐ

Capítulo 32 Verbos comunes

Vocabulario

(1) ⓓ　(2) ⓐ　(3) ⓒ　(4) ⓜ
(5) ⓕ　(6) ⓔ　(7) ⓝ　(8) ⓗ
(9) ⓑ　(10) ⓖ　(11) ⓙ　(12) ⓘ
(13) ⓚ　(14) ⓛ

Ejercicio 1

(1) ⓐ　(2) ⓑ　(3) ⓑ　(4) ⓐ
(5) ⓐ　(6) ⓐ　(7) ⓑ　(8) ⓐ

Ejercicio 2

(1) ③, ⓔ　(2) ⑤, ⓑ　(3) ②, ⓐ　(4) ①, ⓓ
(5) ⑥, ⓕ　(6) ④, ⓒ

Capítulo 33 Adjetivos comunes

Vocabulario

(1) ⓗ　(2) ⓑ　(3) ⓕ　(4) ⓒ
(5) ⓖ　(6) ⓘ　(7) ⓔ　(8) ⓓ
(9) ⓐ　(10) ⓙ

Ejercicio 1

(1) 필요 없다　(2) 쉽다　(3) 안전하다
(4) 재미없다　(5) 맛없다　(6) 한가하다
(7) 안 중요하다　(8) 인기가 없다

Ejercicio 2

(1) ⓑ　(2) ⓓ　(3) ⓐ　(4) ⓔ
(5) ⓕ　(6) ⓗ　(7) ⓒ　(8) ⓖ

Capítulo 34 Expresiones comunes 1

Vocabulario

(1) ⓓ　(2) ⓗ　(3) ⓚ　(4) ⓖ
(5) ⓑ　(6) ⓕ　(7) ⓔ　(8) ⓛ
(9) ⓙ　(10) ⓐ　(11) ⓒ　(12) ⓘ

Ejercicio 1

(1) ⓓ　(2) ⓒ　(3) ⓐ　(4) ⓕ
(5) ⓔ　(6) ⓑ

Ejercicio 2

(1) ⓒ　(2) ⓓ　(3) ⓐ　(4) ⓑ

Capítulo 35 Expresiones comunes 2

Vocabulario

(1) ⓓ　(2) ⓐ　(3) ⓒ　(4) ⓜ
(5) ⓕ　(6) ⓔ　(7) ⓝ　(8) ⓗ
(9) ⓑ　(10) ⓖ　(11) ⓙ　(12) ⓘ
(13) ⓚ　(14) ⓛ

Ejercicio 1

(1) ⓒ (2) ⓔ (3) ⓘ (4) ⓑ
(5) ⓙ (6) ⓖ (7) ⓐ (8) ⓓ
(9) ⓗ (10) ⓕ

Ejercicio 2

(1) ⓒ (2) ⓑ (3) ⓔ (4) ⓓ
(5) ⓕ (6) ⓐ

Capítulo 36 Frutas

Vocabulario

(1) ⓑ (2) ⓐ (3) ⓔ (4) ⓙ
(5) ⓗ (6) ⓚ (7) ⓛ (8) ⓓ
(9) ⓖ (10) ⓕ (11) ⓒ (12) ⓘ

Ejercicio 2

(1) ④, ⓐ (2) ①, ⓓ (3) ②, ⓒ (4) ③, ⓑ

Capítulo 37 Verduras

Vocabulario

(1) ⓘ (2) ⓔ (3) ⓕ (4) ⓑ
(5) ⓗ (6) ⓙ (7) ⓒ (8) ⓐ
(9) ⓓ (10) ⓖ (11) ⓢ (12) ⓜ
(13) ⓣ (14) ⓝ (15) ⓡ (16) ⓠ
(17) ⓛ (18) ⓚ (19) ⓟ (20) ⓞ

Ejercicio 1

(1) ○, × (2) ○, ○ (3) ×, × (4) ×, ○

Ejercicio 2

(1) × (2) ○ (3) × (4) ×
(5) × (6) × (7) ○ (8) ×

Capítulo 38 Carne y mariscos

Vocabulario

2 (1) ⓕ (2) ⓘ (3) ⓑ (4) ⓗ
(5) ⓙ (6) ⓐ (7) ⓔ (8) ⓖ
(9) ⓓ (10) ⓒ (11) ⓜ (12) ⓚ
(13) ⓝ (14) ⓛ (15) ⓞ (16) ⓟ

Ejercicio 2

(1) ⓒ, ⓔ (2) ⓐ, ⓑ (3) ⓔ, ⓓ (4) ⓐ, ⓔ
(5) ⓔ, ⓒ (6) ⓑ, ⓒ

Capítulo 39 Alimentos y bebidas comunes

Vocabulario

1 (1) ⓒ (2) ⓓ (3) ⓐ (4) ⓑ
(5) ⓔ (6) ⓕ
2 (1) ⓑ (2) ⓑ (3) ⓐ (4) ⓐ
(5) ⓐ (6) ⓑ

Ejercicio 1

(1) ⓓ (2) ⓐ (3) ⓔ (4) ⓒ
(5) ⓕ (6) ⓑ

Ejercicio 2

(1) ⓕ (2) ⓖ (3) ⓐ (4) ⓒ
(5) ⓔ (6) ⓗ (7) ⓑ (8) ⓙ
(9) ⓘ (10) ⓓ

Capítulo 40 Bebidas

Vocabulario

(1) ⓕ (2) ⓒ (3) ⓔ (4) ⓑ
(5) ⓓ (6) ⓗ (7) ⓐ (8) ⓖ
(9) ⓙ (10) ⓛ (11) ⓚ (12) ⓜ
(13) ⓘ

Ejercicio 2

(1) ⓕ (2) ⓔ (3) ⓑ (4) ⓐ
(5) ⓒ (6) ⓓ

Capítulo 41 Bocadillos y postres

Vocabulario

1 (1) ⓓ (2) ⓒ (3) ⓐ (4) ⓗ
(5) ⓑ (6) ⓕ (7) ⓖ (8) ⓔ

Ejercicio 1

(1) ⓑ (2) ⓐ (3) ⓔ (4) ⓖ
(5) ⓕ (6) ⓗ (7) ⓓ (8) ⓒ

Ejercicio 2

(1) ⓑ (2) ⓒ (3) ⓐ (4) ⓓ

Capítulo 42 La mesa del comedor

Vocabulario

1 (1) ⓐ (2) ⓓ (3) ⓕ (4) ⓘ
(5) ⓖ (6) ⓗ (7) ⓑ (8) ⓔ
(9) ⓒ
2 (1) ⓒ (2) ⓐ (3) ⓓ (4) ⓕ
(5) ⓑ (6) ⓔ

Ejercicio 1

(1) × (2) ○ (3) × (4) ×
(5) ○ (6) ○ (7) ○ (8) ○
(9) ○ (10) ×

Ejercicio 2

(1) ⓐ (2) ⓑ (3) ⓑ (4) ⓐ
(5) ⓐ (6) ⓐ

Capítulo 43 Comidas

Vocabulario

(1) ⓓ (2) ⓒ (3) ⓑ (4) ⓐ
(5) ⓔ (6) ⓕ

Ejercicio 1

(1) ⓔ (2) ⓛ (3) ⓚ (4) ⓗ
(5) ⓓ (6) ⓐ (7) ⓘ (8) ⓒ
(9) ⓕ (10) ⓖ (11) ⓑ (12) ⓙ

Ejercicio 2

(1) ⓖ (2) ⓐ (3) ⓗ (4) ⓒ
(5) ⓔ (6) ⓓ (7) ⓕ (8) ⓑ

Capítulo 44 Métodos de cocina

Vocabulario

2 (1) ⓑ, ⓐ (2) ⓐ, ⓑ (3) ⓑ, ⓐ (4) ⓑ, ⓐ
(5) ⓐ, ⓑ (6) ⓑ, ⓐ

Ejercicio 1

(1) ⓓ (2) ⓒ (3) ⓒ (4) ⓐ
(5) ⓒ (6) ⓒ

Ejercicio 2

ⓒ → ⓔ → ⓐ → ⓓ → ⓕ → ⓑ

Capítulo 45 Pasatiempos y aficiones

Vocabulario

(1) ⓒ (2) ⓘ (3) ⓑ (4) ⓕ
(5) ⓓ (6) ⓗ (7) ⓝ (8) ⓙ
(9) ⓜ (10) ⓐ (11) ⓛ (12) ⓞ
(13) ⓟ (14) ⓖ (15) ⓔ (16) ⓚ

Ejercicio 2

(1) ○, × (2) ×, × (3) ×, ○ (4) ×, ×
(5) ○, ×, × (6) ×, ○, ×

Capítulo 46 Deportes

Vocabulario

(1) ⓛ (2) ⓔ (3) ⓖ (4) ⓚ
(5) ⓑ (6) ⓞ (7) ⓘ (8) ⓕ
(9) ⓗ (10) ⓓ (11) ⓐ (12) ⓙ
(13) ⓜ (14) ⓒ (15) ⓝ

Ejercicio 2

(1) × (2) ○ (3) × (4) △
(5) × (6) ○ (7) × (8) △
(9) ○ (10) △ (11) △ (12) ×

Capítulo 47 Ir de viaje 1

Vocabulario

(1) ⓐ (2) ⓕ (3) ⓒ (4) ⓞ
(5) ⓟ (6) ⓡ (7) ⓙ (8) ⓝ
(9) ⓑ (10) ⓠ (11) ⓜ (12) ⓗ
(13) ⓔ (14) ⓘ (15) ⓚ (16) ⓓ
(17) ⓖ (18) ⓛ

Ejercicio 1

(1) ⓓ (2) ⓐ (3) ⓒ (4) ⓑ
(5) ⓗ (6) ⓖ (7) ⓔ (8) ⓕ

Ejercicio 2

2 (1) ⓓ (2) ⓒ (3) ⓐ (4) ⓕ
(5) ⓒ (6) ⓔ

Capítulo 48 Ir de viaje 2

Vocabulario

(1) ⓓ (2) ⓐ (3) ⓑ (4) ⓚ
(5) ⓔ (6) ⓒ (7) ⓘ (8) ⓕ
(9) ⓛ (10) ⓙ (11) ⓖ (12) ⓗ

Ejercicio 1

(1) ⓔ (2) ⓘ (3) ⓐ (4) ⓓ
(5) ⓗ (6) ⓑ (7) ⓕ (8) ⓙ
(9) ⓒ (10) ⓖ

Ejercicio 2

(1) ⓓ (2) ⓔ (3) ⓐ (4) ⓕ
(5) ⓑ (6) ⓖ (7) ⓗ (8) ⓒ

Capítulo 49 Comunicación

Vocabulario

1 (1) ⓒ (2) ⓕ (3) ⓐ (4) ⓙ
(5) ⓔ (6) ⓗ (7) ⓘ (8) ⓖ
(9) ⓓ (10) ⓑ

2 (1) ⓓ (2) ⓑ (3) ⓒ (4) ⓐ

Ejercicio 1

(1) ⓓ (2) ⓑ (3) ⓒ (4) ⓐ
(5) ⓒ

Ejercicio 2

(1) ⓐ, ⓑ (2) ⓐ, ⓑ (3) ⓑ, ⓐ (4) ⓒ, ⓐ, ⓑ

Capítulo 50 Adquisición de bienes

Vocabulario

(1) ⓖ (2) ⓒ (3) ⓔ (4) ⓘ
(5) ⓓ (6) ⓕ (7) ⓐ (8) ⓑ
(9) ⓗ

Ejercicio 1

(1) ⓑ (2) ⓐ (3) ⓕ (4) ⓔ
(5) ⓓ (6) ⓒ

Ejercicio 2

(1) 3, 0, 1 (2) 15, 0, 2 (3) 3, 4, 0 (4) 6, 2, 0
(5) 6, 0, 4 (6) 9, 4, 0

Capítulo 51 Sentimientos y sensaciones

Vocabulario

(1) ⓖ (2) ⓓ (3) ⓐ (4) ⓘ
(5) ⓕ (6) ⓔ (7) ⓒ (8) ⓗ
(9) ⓑ

Ejercicio 1

(1) ⓓ (2) ⓒ (3) ⓑ (4) ⓐ
(5) ⓕ (6) ⓔ

Ejercicio 2

(1) ⓓ (2) ⓔ (3) ⓐ (4) ⓒ
(5) ⓑ

Capítulo 52 Emociones

Vocabulario

(1) ⓙ (2) ⓖ (3) ⓐ (4) ⓒ
(5) ⓘ (6) ⓔ (7) ⓗ (8) ⓑ
(9) ⓛ (10) ⓕ (11) ⓓ (12) ⓚ

Ejercicio 1

(1) ⓑ (2) ⓐ (3) ⓑ (4) ⓑ
(5) ⓐ

Ejercicio 2

(1) ⓒ (2) ⓐ (3) ⓕ (4) ⓔ
(5) ⓑ (6) ⓓ

Capítulo 53 Describir personas

Vocabulario

(1) ⓑ (2) ⓐ (3) ⓑ (4) ⓐ
(5) ⓐ (6) ⓑ (7) ⓐ (8) ⓑ
(9) ⓑ (10) ⓐ (11) ⓐ (12) ⓑ
(13) ⓑ (14) ⓒ (15) ⓐ

Ejercicio 1

(1) ⓔ (2) ⓓ (3) ⓒ (4) ⓐ
(5) ⓑ (6) ⓕ

Ejercicio 2

(1) ⓑ (2) ⓒ (3) ⓓ (4) ⓐ

Capítulo 54 El cuerpo y las enfermedades

Vocabulario

(1) ⓗ (2) ⓖ (3) ⓒ (4) ⓕ
(5) ⓘ (6) ⓔ (7) ⓐ (8) ⓓ
(9) ⓑ (10) ⓙ (11) ⓝ (12) ⓜ
(13) ⓣ (14) ⓚ (15) ⓠ (16) ⓞ
(17) ⓟ (18) ⓡ (19) ⓛ (20) ⓢ

Ejercicio 1

(1) ⓓ (2) ⓑ (3) ⓐ (4) ⓕ
(5) ⓔ (6) ⓒ

Ejercicio 2

(1) ⓒ (2) ⓑ (3) ⓕ (4) ⓔ
(5) ⓐ (6) ⓓ (7) ⓗ (8) ⓖ
(9) ⓘ

Capítulo 55 El cuerpo

Vocabulario

A (1) ⓑ (2) ⓔ (3) ⓐ (4) ⓓ
(5) ⓕ (6) ⓒ

B (1) ⓔ (2) ⓒ (3) ⓓ (4) ⓑ
(5) ⓕ (6) ⓐ

C (1) ⓑ (2) ⓓ (3) ⓔ (4) ⓒ
(5) ⓐ (6) ⓕ

D (1) ⓒ (2) ⓔ (3) ⓑ (4) ⓐ
(5) ⓕ (6) ⓓ

Ejercicio 1

(1) ⓐ, ⓑ, ⓒ, ⓔ, ⓗ, ⓘ, ⓞ, ⓟ, ⓡ
(2) ⓕ, ⓛ, ⓜ, ⓤ (3) ⓖ, ⓝ, ⓢ, ⓣ
(4) ⓓ, ⓙ, ⓚ, ⓠ

Ejercicio 2

(1) ⓑ (2) ⓕ (3) ⓓ (4) ⓒ
(5) ⓔ (6) ⓐ

Capítulo 56 Vestuario

Vocabulario

A (1) ⓔ (2) ⓚ (3) ⓞ (4) ⓐ
(5) ⓘ (6) ⓗ (7) ⓓ (8) ⓜ
(9) ⓛ (10) ⓙ (11) ⓑ (12) ⓕ
(13) ⓒ (14) ⓖ (15) ⓝ
B (1) ⓑ (2) ⓐ (3) ⓒ (4) ⓔ
(5) ⓓ (6) ⓖ (7) ⓕ
C (1) ⓒ (2) ⓓ (3) ⓐ (4) ⓑ
(5) ⓔ
D (1) ⓓ (2) ⓑ (3) ⓕ (4) ⓒ
(5) ⓔ (6) ⓐ
E (1) ⓒ (2) ⓐ (3) ⓑ
F (1) ⓑ (2) ⓐ

Ejercicio 1

(1) ⓐ (2) ⓐ (3) ⓑ (4) ⓐ
(5) ⓑ (6) ⓐ

Capítulo 57 Las cuatro estaciones

Vocabulario

1 (1) ⓒ (2) ⓑ (3) ⓓ (4) ⓐ

Ejercicio 1

(1) ⓒ (2) ⓐ (3) ⓓ (4) ⓑ

Ejercicio 2

(1) ⓑ (2) ⓑ (3) ⓑ (4) ⓐ
(5) ⓑ

Capítulo 58 El clima

Vocabulario

1 (1) ⓑ (2) ⓔ (3) ⓒ (4) ⓐ
(5) ⓗ (6) ⓓ (7) ⓕ (8) ⓖ
2 (1) ⓒ (2) ⓐ (3) ⓓ (4) ⓑ
(5) ⓔ (6) ⓕ

Ejercicio 1

(1) ⓐ (2) ⓒ (3) ⓓ (4) ⓔ
(5) ⓑ

Ejercicio 2

(1) ⓐ, ⓓ, ⓗ (2) ⓕ, ⓘ
(3) ⓑ, ⓔ, ⓖ (4) ⓒ, ⓙ

Capítulo 59 Animales

Vocabulario

1 (1) ⓔ (2) ⓐ (3) ⓓ (4) ⓕ
(5) ⓗ (6) ⓖ (7) ⓑ (8) ⓒ
(9) ⓛ (10) ⓚ (11) ⓙ (12) ⓘ
2 A (1) ⓓ (2) ⓔ (3) ⓕ (4) ⓑ
(5) ⓒ (6) ⓐ
B (1) ⓑ (2) ⓒ (3) ⓓ (4) ⓐ
C (1) ⓐ (2) ⓒ (3) ⓑ (4) ⓓ

Ejercicio 1

(2) ⓓ (5) ⓕ (6) ⓐ (7) ⓒ
(10) ⓔ (11) ⓑ

Ejercicio 2

(1) ⓑ (2) ⓒ (3) ⓐ (4) ⓑ
(5) ⓐ (6) ⓒ (7) ⓑ (8) ⓐ
(9) ⓒ (10) ⓑ (11) ⓒ (12) ⓐ

Capítulo 60 En el campo

Vocabulario

(1) ⓣ (2) ⓜ (3) ⓙ (4) ⓐ
(5) ⓑ (6) ⓓ (7) ⓗ (8) ⓢ
(9) ⓡ (10) ⓒ (11) ⓘ (12) ⓞ
(13) ⓖ (14) ⓕ (15) ⓝ (16) ⓟ
(17) ⓔ (18) ⓛ (19) ⓠ (20) ⓚ

Ejercicio 1

(1) ○ (2) × (3) × (4) ○
(5) ○ (6) ×

Ejercicio 2

(1) ⓒ (2) ⓗ (3) ⓔ (4) ⓐ
(5) ⓕ (6) ⓙ (7) ⓘ (8) ⓓ
(9) ⓖ (10) ⓑ

Parte 2

Capítulo 61 Apariencia

¡Autoevaluación!

1 (1) ⓓ (2) ⓐ (3) ⓕ (4) ⓒ (5) ⓑ (6) ⓔ

2 (1) 키가 작아요 (2) 뚱뚱해요 (3) 머리가 짧아요 (4) 잘생겼어요

3 (1) 눈이 커요 (2) 말랐어요 (3) 커요 (4) 잘생겼어요 (5) 20대 초반이에요 (6) 검은색 머리예요

4 (1) ⓔ (2) ⓒ (3) ⓑ (4) ⓐ (5) ⓕ (6) ⓓ

Capítulo 62 Personalidad

¡Autoevaluación!

1 (1) ⓒ (2) ⓓ (3) ⓐ (4) ⓑ

2 (1) ⓑ (2) ⓐ (3) ⓑ (4) ⓑ (5) ⓐ (6) ⓐ (7) ⓑ (8) ⓑ

3 (1) 착한 (2) 인내심이 없어요 (3) 게을러 (4) 성실한 (5) 이기적이에요 (6) 활발하

4 (1) ⓓ (2) ⓒ (3) ⓑ (4) ⓐ (5) ⓕ (6) ⓔ

Capítulo 63 Sentimientos

¡Autoevaluación!

1 (1) ⓑ (2) ⓐ (3) ⓑ (4) ⓐ

2 (1) ⓒ, 그리워요 (2) ⓑ, 대단해요 (3) ⓕ, 불쌍해요 (4) ⓓ, 신기해요 (5) ⓔ, 아쉬워요 (6) ⓐ, 싫어요

Capítulo 64 Relaciones interpersonales

¡Autoevaluación!

1 (1) ① 할아버지, 아저씨, 사위, 삼촌, 아들, 형, 손자, 아빠, 남편
② 딸, 아내, 엄마, 이모, 장모, 며느리, 손녀, 고모, 할머니, 누나
③ 조카, 동생
(2) ① 할아버지, 아저씨, 엄마, 이모, 장모, 삼촌, 고모, 할머니, 형, 아빠, 누나
② 딸, 아내, 조카, 사위, 며느리, 손녀, 아들, 동생, 손자, 남편

2 (1) ⓑ (2) ⓔ (3) ⓕ (4) ⓐ (5) ⓒ (6) ⓓ

3 (1) 부모님 (2) 부부 (3) 형제 (4) 동료

4 (1) ⓒ (2) ⓒ (3) ⓓ (4) ⓒ (5) ⓐ (6) ⓑ

5 (1) 이모 (2) 부모님 (3) 사위 (4) 조카 (5) 시어머니 (6) 엄마 (7) 손자 (8) 큰아버지 (9) 며느리 (10) 사촌

Capítulo 65 Vida

¡Autoevaluación!

1 (1) 퇴근 (2) 퇴직 (3) 졸업 (4) 이혼

2 (1) ⓑ (2) ⓒ (3) ⓐ (4) ⓓ

3 (1) ⓑ (2) ⓑ (3) ⓐ (4) ⓑ (5) ⓑ (6) ⓐ

Capítulo 66 Lesiones y heridas

¡Autoevaluación!

1 (1) ⓐ (2) ⓑ (3) ⓑ (4) ⓐ

2 (1) ②, ⓐ (2) ③, ⓒ (3) ④, ⓑ (4) ①, ⓓ

3 (1) ⓑ (2) ⓑ (3) ⓐ (4) ⓐ

Capítulo 67 Tratamiento médico

¡Autoevaluación!

1 (1) ⓑ (2) ⓐ (3) ⓑ (4) ⓑ

2 (1) ⓓ (2) ⓐ (3) ⓕ (4) ⓒ (5) ⓔ (6) ⓑ

3 (1) 피부과 (2) 안과 (3) 치과 (4) 소아과 (5) 내과 (6) 정형외과

Capítulo 68 Problemas en el hogar

¡Autoevaluación!

1 (1) ⓐ (2) ⓐ (3) ⓑ (4) ⓐ

2 (1) ⓑ (2) ⓐ (3) ⓑ (4) ⓐ (5) ⓑ (6) ⓐ

3 (1) ⓔ (2) ⓒ (3) ⓓ (4) ⓐ (5) ⓑ

Capítulo 69 Problemas diarios

¡Autoevaluación!

1 (1) ⓑ (2) ⓒ (3) ⓐ (4) ⓑ
(5) ⓓ (6) ⓐ

2 (1) ⓑ (2) ⓐ (3) ⓑ (4) ⓑ
(5) ⓐ

Capítulo 70 Conflictos y problemas

¡Autoevaluación!

1 (1) ⓐ (2) ⓑ (3) ⓓ (4) ⓑ

2 (1) ⓒ (2) ⓑ (3) ⓑ (4) ⓒ
(5) ⓐ (6) ⓑ

3 (1) ⓔ (2) ⓐ (3) ⓓ (4) ⓒ
(5) ⓑ (6) ⓕ

4 (1) ⓓ (2) ⓒ (3) ⓕ (4) ⓔ
(5) ⓑ (6) ⓐ

Capítulo 71 Adverbios opuestos 1

¡Autoevaluación!

1 (1) ⓒ (2) ⓑ (3) ⓐ (4) ⓕ
(5) ⓓ (6) ⓔ

2 (1) 혼자 (2) 잘
(3) 오래 (4) 빨리
(5) 많이 (6) 일찍

3 (1) 일찍 (2) 조금
(3) 혼자 (4) 천천히

Capítulo 72 Adverbios opuestos 2

¡Autoevaluación!

1 (1) ⓔ (2) ⓐ (3) ⓓ (4) ⓑ
(5) ⓒ

2 (1) ⓓ, 다 (2) ⓕ, 더
(3) ⓔ, 같이 (4) ⓑ, 자세히
(5) ⓒ, 먼저 (6) ⓐ, 대충

3 (1) 하나 더 (2) 전혀 안 해요
(3) 먼저

Capítulo 73 Adjetivos opuestos 1

¡Autoevaluación!

1 (1) ⓑ (2) ⓐ (3) ⓐ (4) ⓐ

2 (1) ⓒ (2) ⓓ (3) ⓔ (4) ⓕ
(5) ⓑ (6) ⓐ

3 (1) ⓑ (2) ⓐ (3) ⓑ (4) ⓑ

Capítulo 74 Adjetivos opuestos 2

¡Autoevaluación!

1 (1) 낮아요 (2) 많아요
(3) 불편해요 (4) 빨라요

2 (1) ⓒ (2) ⓐ (3) ⓑ (4) ⓓ

3 (1) ⓐ (2) ⓑ (3) ⓐ (4) ⓑ
(5) ⓐ (6) ⓑ (7) ⓐ (8) ⓐ

4 (1) ⓕ (2) ⓗ (3) ⓒ (4) ⓑ
(5) ⓔ (6) ⓐ (7) ⓖ (8) ⓓ

5 (1) 달라요 (2) 느려서
(3) 좁아서 (4) 안 불편해요
(5) 적어서

Capítulo 75 Verbos opuestos 1

¡Autoevaluación!

1 (1) 등, 얼굴, 다리 (2) 피아노, 외국어, 태권도
(3) 스트레스, 월급, 선물

2 (1) ⓐ (2) ⓐ (3) ⓑ

3 (1) ⑤, ⓑ (2) ①, ⓐ (3) ③, ⓑ (4) ②, ⓑ
(5) ⑥, ⓐ (6) ④, ⓑ

Capítulo 76 Verbos opuestos 2

¡Autoevaluación!

1 (1) ⓐ (2) ⓑ (3) ⓐ (4) ⓑ
(5) ⓑ (6) ⓑ

2 (1) ⓒ (2) ⓑ (3) ⓐ (4) ⓓ

3 (1) ⓐ (2) ⓐ (3) ⓐ (4) ⓑ
(5) ⓑ (6) ⓐ (7) ⓑ (8) ⓑ

4 (1) 에 (2) 에서 (3) 을 (4) 에
(5) 을 (6) 에 (7) 에서 (8) 가

5 (1) 놓으세요 (2) 주웠어요
(3) 덮으세요

Capítulo 77 Verbos opuestos 3

¡Autoevaluación!

1 (1) ⓐ (2) ⓑ (3) ⓐ (4) ⓐ
2 (1) ⓑ (2) ⓐ (3) ⓓ (4) ⓒ
3 (1) 올랐어요 (2) 몰라요
(3) 줄여요

Capítulo 78 Verbos de acción

¡Autoevaluación!

1 (1) ⓐ (2) ⓑ (3) ⓑ (4) ⓐ
(5) ⓑ (6) ⓐ
2 (1) ⓒ (2) ⓑ (3) ⓑ (4) ⓐ
(5) ⓑ (6) ⓐ

Capítulo 79 Verbos relacionados con el cuerpo

¡Autoevaluación!

1 (1) ⓑ (2) ⓐ (3) ⓓ (4) ⓒ
(5) ⓒ (6) ⓑ
2 (1) ⓑ (2) ⓐ (3) ⓑ (4) ⓐ
(5) ⓑ (6) ⓑ (7) ⓑ (8) ⓐ
3 (1) ⓑ (2) ⓐ (3) ⓑ (4) ⓑ
(5) ⓑ (6) ⓑ
4 (1) ⓐ (2) ⓑ (3) ⓑ (4) ⓐ

Capítulo 80 Pares de verbos comunes

¡Autoevaluación!

1 (1) ⓑ (2) ⓑ (3) ⓐ (4) ⓐ
(5) ⓑ (6) ⓐ
2 (1) ⓔ (2) ⓒ (3) ⓓ (4) ⓕ
(5) ⓑ (6) ⓐ
3 (1) ⓑ (2) ⓐ (3) ⓑ (4) ⓑ
(5) ⓐ (6) ⓑ
4 (1) ⓔ (2) ⓓ (3) ⓑ (4) ⓐ
(5) ⓕ (6) ⓒ

Parte 3

Capítulo 81 Los verbos 가다 y 오다

A ¡Cuestionario!
(1) 선아 (2) 영호 (3) 동현 (4) 지수
(5) 소연 (6) 준기

B ¡Cuestionario!
(1) ⓑ (2) ⓐ (3) ⓑ (4) ⓑ
(5) ⓐ (6) ⓑ

C ¡Cuestionario!
(1) ⓒ (2) ⓑ (3) ⓓ (4) ⓓ
(5) ⓒ (6) ⓓ (7) ⓐ (8) ⓑ

D ¡Cuestionario!
(1) ⓑ (2) ⓑ (3) ⓐ (4) ⓐ

E ¡Cuestionario!
(1) 가지고 다니 (2) 다니
(3) 돌아다녔어요 (4) 데리고 다녔

F ¡Cuestionario!
(1) 다니고 (2) 가지고 다녀요
(3) 돌아다녔어요 (4) 찾아다녔어요
(5) 다녀갔어요 (6) 따라다녔지만
(7) 마중 나갔지만 (8) 다녀왔습니다

Capítulo 82 El verbo 나다

A, B ¡Cuestionario!
(1) ⓐ (2) ⓑ (3) ⓐ (4) ⓑ

C, D ¡Cuestionario!
(1) ⓓ (2) ⓑ (3) ⓐ (4) ⓒ

E, F ¡Cuestionario!
(1) ⓐ (2) ⓑ (3) ⓑ (4) ⓐ
(5) ⓑ (6) ⓑ

G, H ¡Cuestionario!
(1) ⓒ (2) ⓕ (3) ⓐ (4) ⓓ
(5) ⓑ (6) ⓔ

Capítulo 83 El verbo 하다

A ¡Cuestionario!
(1) 공부해요 (2) 운동해요
(3) 연습해요 (4) 청소해요

C ¡Cuestionario!

(1) ⓑ (2) ⓓ (3) ⓒ (4) ⓐ

D ¡Cuestionario!

(1) 했어요 (2) 썼어요
(3) 썼어요 (4) 했어요
(5) 찼어요 (6) 했어요

E ¡Cuestionario!

(1) ⓑ (2) ⓐ (3) ⓑ (4) ⓐ

F ¡Cuestionario!

(1) × (2) × (3) ○ (4) ○

G ¡Cuestionario!

(1) 없냐고 했어요 (2) 만났다고 했어요
(3) 점심 먹자고 했어요 (4) 운동한다고 했어요

H ¡Cuestionario!

(1) ⓓ (2) ⓒ (3) ⓑ (4) ⓐ

I ¡Cuestionario!

(1) ⓐ (2) ⓑ (3) ⓑ (4) ⓑ

Capítulo 84 El verbo 되다

A ¡Cuestionario!

(1) 작가 (2) 경찰 (3) 의사 (4) 배우

B ¡Cuestionario!

(1) ⓑ (2) ⓐ (3) ⓓ (4) ⓒ

C ¡Cuestionario!

(1) 송년회 (2) 환갑잔치
(3) 집들이 (4) 환송회
(5) 돌잔치 (6) 환영회

D ¡Cuestionario!

(1) 거의 (2) 다 (3) 반 (4) 하나도

E ¡Cuestionario!

(1) ⓑ (2) ⓑ (3) ⓐ (4) ⓑ

F ¡Cuestionario!

(1) 세탁기 (2) 전화기 (3) 면도기 (4) 자판기

G ¡Cuestionario!

(1) ⓑ (2) ⓐ (3) ⓐ (4) ⓑ

H ¡Cuestionario!

(1) ⓒ (2) ⓐ (3) ⓓ (4) ⓑ

Capítulo 85 Los verbos 생기다, 풀다, 걸리다

Los verbos 생기다

A, B ¡Cuestionario!

(1) ⓐ (2) ⓑ (3) ⓑ (4) ⓐ

C ¡Cuestionario! 1

(1) ⓑ (2) ⓓ (3) ⓐ (4) ⓒ

¡Cuestionario! 2

(1) ⓑ (2) ⓐ (3) ⓐ (4) ⓑ

Los verbos 풀다

A ¡Cuestionario! 1

(1) ⓐ (2) ⓑ (3) ⓐ (4) ⓒ
(5) ⓑ (6) ⓒ

¡Cuestionario! 2

(1) ⓐ (2) ⓑ (3) ⓑ (4) ⓐ
(5) ⓐ (6) ⓑ

B ¡Cuestionario!

(1) ⓑ (2) ⓒ (3) ⓓ (4) ⓐ

Los verbos 걸리다

A ¡Cuestionario!

(1) ○ (2) × (3) × (4) ○
(5) ×

B ¡Cuestionario!

(1) ⓑ (2) ⓓ (3) ⓒ (4) ⓐ

C, D, E ¡Cuestionario!

(1) ⓓ (2) ⓐ (3) ⓒ (4) ⓑ

Capítulo 86 La acción y el resultado de la acción

A ¡Cuestionario! 1

(1) ⓓ (2) ⓒ (3) ⓐ (4) ⓕ
(5) ⓔ (6) ⓑ

¡Cuestionario! 2

(1) ⓑ, ⓐ (2) ⓑ, ⓐ (3) ⓑ, ⓐ (4) ⓑ, ⓐ
(5) ⓑ, ⓐ (6) ⓐ, ⓑ (7) ⓐ, ⓑ (8) ⓑ, ⓐ

B ¡Cuestionario!

(1) 깨져 (2) 부러뜨려
(3) 빠졌어요 (4) 떨어뜨려

C ¡Cuestionario!

(1) ⓐ (2) ⓑ (3) ⓐ (4) ⓑ
(5) ⓐ (6) ⓐ (7) ⓑ (8) ⓑ

D ¡Cuestionario!

(1) ⓑ (2) ⓐ (3) ⓐ (4) ⓑ
(5) ⓐ (6) ⓐ

Capítulo 87 Verbos relacionados con dinero

A ¡Cuestionario!

(1) ⓑ, ⓐ (2) ⓐ (3) ⓑ (4) ⓑ
(5) ⓑ (6) ⓐ

B ¡Cuestionario!

(1) ⓓ (2) ⓐ (3) ⓑ (4) ⓒ

C, D ¡Cuestionario!

(1) 썼어요 (2) 내
(3) 모이 (4) 떨어졌어요
(5) 들어요 (6) 모으

E ¡Cuestionario!

(1) ⓐ (2) ⓑ (3) ⓑ (4) ⓐ
(5) ⓐ (6) ⓑ

F ¡Cuestionario!

(1) ⓒ (2) ⓐ (3) ⓑ (4) ⓓ

Capítulo 88 Verbos por categoría

A ¡Cuestionario!

(1) 미루 (2) 고민하
(3) 정했어요 (4) 세우
(5) 믿을 (6) 바라

B ¡Cuestionario!

(1) 그만뒀어요 (2) 고생했어요
(3) 참으 (4) 포기하
(5) 계속하

C, D ¡Cuestionario!

(1) ⓐ (2) ⓑ (3) ⓐ (4) ⓑ

E ¡Cuestionario!

(1) ⓒ (2) ⓔ (3) ⓓ (4) ⓐ
(5) ⓑ

F ¡Cuestionario!

(1) ⓓ (2) ⓑ (3) ⓐ (4) ⓔ
(5) ⓒ

G ¡Cuestionario!

(1) 태워 (2) 갈아타요
(3) 탈 (4) 내려

H ¡Cuestionario!

(1) 알아볼게요 (2) 알아두세요
(3) 알아듣기 (4) 알아차리지

I, J ¡Cuestionario!

(1) ⓐ (2) ⓐ (3) ⓑ (4) ⓑ

Capítulo 89 Expresiones de emoción

A ¡Cuestionario!

(1) ⓑ (2) ⓔ (3) ⓕ (4) ⓐ
(5) ⓒ (6) ⓓ

B ¡Cuestionario!

(1) 만족하 (2) 질투해요
(3) 마음에 들 (4) 사랑하
(5) 당황했 (6) 실망했어요

C ¡Cuestionario! 1

(1) ⓐ (2) ⓒ (3) ⓐ (4) ⓒ

¡Cuestionario! 2

(1) ⓐ (2) ⓑ (3) ⓐ (4) ⓑ

D ¡Cuestionario!

(1) ⓐ (2) ⓑ (3) ⓑ (4) ⓐ

E ¡Cuestionario!

(1) ⓐ (2) ⓐ (3) ⓑ (4) ⓐ

F ¡Cuestionario!

(1) ⓓ (2) ⓐ (3) ⓑ (4) ⓒ

Capítulo 90 Expresiones para compras

A ¡Cuestionario! 1

(1) ⓓ (2) ⓔ (3) ⓒ (4) ⓑ
(5) ⓐ

¡Cuestionario! 2

(1) ⓑ (2) ⓐ (3) ⓐ (4) ⓑ

B ¡Cuestionario!

(1) ⓐ (2) ⓑ (3) ⓐ (4) ⓑ

C ¡Cuestionario!

(1) ⓐ (2) ⓑ (3) ⓐ (4) ⓑ

D ¡Cuestionario!

(1) ⓐ (2) ⓐ (3) ⓐ (4) ⓑ

Capítulo 91 Expresiones para ropa

A ¡Cuestionario! 1

(1) ⓓ (2) ⓓ (3) ⓒ (4) ⓑ

¡Cuestionario! 2

(1) ⓐ (2) ⓑ (3) ⓐ (4) ⓑ

B ¡Cuestionario!

(1) ⓑ (2) ⓐ (3) ⓐ (4) ⓑ
(5) ⓑ (6) ⓑ

C ¡Cuestionario!

(1) 잠옷 (2) 수영복 (3) 운동복 (4) 비옷
(5) 반팔 옷 (6) 속옷 (7) 양복 (8) 교복

D ¡Cuestionario!

(1) 입다, 벗다 (2) 차다, 풀다
(3) 신다, 벗다 (4) 끼다, 벗다
(5) 쓰다, 벗다 (6) 하다, 빼다
(7) 하다, 풀다 (8) 하다, 풀다
(9) 끼다, 빼다 (10) 쓰다/끼다, 벗다
(11) 차다, 풀다 (12) 신다, 벗다

E ¡Cuestionario!

(1) ⓐ (2) ⓑ (3) ⓐ

F ¡Cuestionario!

(1) 가죽 (2) 유리 (3) 금 (4) 모
(5) 은 (6) 고무 (7) 털 (8) 면

G ¡Cuestionario!

(1) 단추 (2) 끈 (3) 거울

H ¡Cuestionario!

(1) ⓑ (2) ⓑ (3) ⓐ

Capítulo 92 Expresiones de tiempo

A ¡Cuestionario! 1

(1) ⓐ (2) ⓑ (3) ⓐ (4) ⓑ
(5) ⓑ (6) ⓐ

¡Cuestionario! 2

(1) ⓑ (2) ⓑ (3) ⓐ (4) ⓐ
(5) ⓑ (6) ⓐ

¡Cuestionario! 3

(1) ⓐ (2) ⓐ (3) ⓑ (4) ⓐ

¡Cuestionario! 4

(1) ⓑ (2) ⓑ (3) ⓐ (4) ⓑ

B ¡Cuestionario!

(1) ⓑ (2) ⓐ (3) ⓑ (4) ⓑ

C ¡Cuestionario!

(1) ⓐ (2) ⓐ (3) ⓐ (4) ⓑ

D ¡Cuestionario! 1

(1) ⓑ (2) ⓑ (3) ⓐ (4) ⓑ
(5) ⓐ (6) ⓐ

¡Cuestionario! 2

(1) 보냈어요 (2) 지내요
(3) 지냈어요 (4) 보내요

¡Cuestionario! 3

(1) ⓑ (2) ⓓ (3) ⓐ (4) ⓒ

Capítulo 93 Cantidades

A ¡Cuestionario!

(1) 삼 대 영 (2) 영 점 오 점
(3) 이백십 점 (4) 이 대 이

B ¡Cuestionario!

(1) ⓐ (2) ⓑ (3) ⓐ (4) ⓑ
(5) ⓑ

C, D, E, F ¡Cuestionario! 1

(1) ⓑ (2) ⓒ

¡Cuestionario! 2

(1) ⓐ (2) ⓑ

¡Cuestionario! 3

(1) ⓒ (2) ⓐ (3) ⓓ (4) ⓑ
(5) ⓔ

Capítulo 94 Expresiones de lugar

A ¡Cuestionario! 1

(1) 작은아버지 (2) 아버지
(3) 작은형 (4) 어머니
(5) 큰형 (6) 고모
(7) 큰아버지 (8) 큰어머니
(9) 작은어머니 (10) 할아버지
(11) 할머니 (12) 막내 삼촌

¡Cuestionario! 2

(1) 아버지 (2) 고모
(3) 큰형 (4) 작은어머니

B ¡Cuestionario!

(1) ⓑ (2) ⓐ (3) ⓐ (4) ⓑ

C ¡Cuestionario! 1

(1) 남쪽 (2) 서쪽 (3) 중앙, 가운데 (4) 북쪽

¡Cuestionario! 2

(1) × (2) × (3) ○ (4) ×
(5) × (6) ○

Capítulo 95 Partículas

A, B, C ¡Cuestionario! 1

(1) ⓑ (2) ⓑ (3) ⓐ (4) ⓐ

¡Cuestionario! 2

(1) × (2) ○ (3) × (4) ×
(5) ○ (6) ○

D, E ¡Cuestionario! 1

(1) 보통 아침 8시에 회사에 가요.
(2) 밤 11시에 길에 사람이 없어요.
(3) 올해 6월에 박물관에서 일했어요.
(4) 다음 달 15일에 고향에 돌아갈 거예요.
(5) 오늘 오후 2시에 친구를 만나요.
(6) 토요일 저녁 6시에 공원 입구에서 봐요.

¡Cuestionario! 2

(1) 시장에 (2) 사무실에
(3) 다음 주 금요일에 (4) 부산에
(5) 내일 오후 3시에 (6) 일본에

F ¡Cuestionario!

(1) ⓐ (2) ⓑ (3) ⓐ (4) ⓑ
(5) ⓐ (6) ⓑ (7) ⓑ (8) ⓐ
(9) ⓑ (10) ⓐ

G ¡Cuestionario! 1

(1) 부터, 까지 (2) 에서, 까지
(3) 부터, 까지 (4) 에서, 까지

¡Cuestionario! 2

(1) 부터 (2) 까지
(3) 에서 (4) 까지
(5) 에서 (6) 부터
(7) 까지 (8) 부터
(9) 까지 (10) 까지

H, I ¡Cuestionario!

(1) ⓑ (2) ⓑ (3) ⓐ (4) ⓑ
(5) ⓑ (6) ⓑ

J ¡Cuestionario!

(1) ○ (2) ○ (3) × (4) ○
(5) ○ (6) × (7) × (8) ×

K ¡Cuestionario!

(1) ⓐ (2) ⓑ (3) ⓐ (4) ⓑ
(5) ⓐ

L ¡Cuestionario! 1

(1) ⓑ (2) ⓐ (3) ⓐ (4) ⓐ
(5) ⓑ (6) ⓐ (7) ⓑ (8) ⓐ

¡Cuestionario! 2

(1) 께서는 (2) 께서
(3) 께 (4) 께서
(5) 께

M, N ¡Cuestionario!

(1) 처럼 (2) 에
(3) 마다 (4) 보다
(5) 씩 (6) 나

Capítulo 96 Adverbios interrogativos

A ¡Cuestionario!

(1) 누구하고 (2) 누구
(3) 누구한테 (4) 누가
(5) 누구를 (6) 누구한테서

B ¡Cuestionario!

(1) ⓑ (2) ⓐ (3) ⓐ (4) ⓑ
(5) ⓐ (6) ⓐ

C, D ¡Cuestionario!

(1) ⓐ (2) ⓑ (3) ⓑ (4) ⓐ
(5) ⓐ (6) ⓐ

E ¡Cuestionario! 1

(1) ④, ⓔ (2) ①, ⓓ (3) ②, ⓐ (4) ⑤, ⓒ
(5) ③, ⓑ

¡Cuestionario! 2

(1) 몇 개 (2) 몇 명
(3) 몇 잔 (4) 몇 장
(5) 몇 층 (6) 몇 호

F ¡Cuestionario!

(1) ⓐ (2) ⓑ (3) ⓑ (4) ⓐ

G ¡Cuestionario! 1

(1) ⓒ (2) ⓑ (3) ⓐ

¡Cuestionario! 2

(1) 어디예요 (2) 누구예요
(3) 언제예요 (4) 얼마예요

Capítulo 97 Adverbios

A, B, C, D ¡Cuestionario! 1

(1) ⓐ (2) ⓐ (3) ⓑ (4) ⓐ
(5) ⓑ (6) ⓐ

¡Cuestionario! 2

(1) 두껍게 (2) 사이좋게
(3) 편하게 (4) 시끄럽게

¡Cuestionario! 3

(1) ⓔ, 우연히 (2) ⓑ, 새로
(3) ⓒ, 겨우 (4) ⓕ, 억지로
(5) ⓓ, 갑자기 (6) ⓐ, 그만

E ¡Cuestionario!

(1) ⓑ (2) ⓑ (3) ⓐ (4) ⓑ

F ¡Cuestionario!

(1) 가끔 (2) 자주 (3) 보통 (4) 항상

G ¡Cuestionario!

(1) ⓐ (2) ⓑ (3) ⓐ (4) ⓑ

H ¡Cuestionario!

(1) ⓑ (2) ⓑ (3) ⓐ

I ¡Cuestionario!

(1) ⓓ (2) ⓒ (3) ⓐ (4) ⓑ

J ¡Cuestionario!

(1) 마지막으로 (2) 가운데
(3) 첫째 (4) 다른 하나는

K ¡Cuestionario! 1

(1) ⓐ (2) ⓑ (3) ⓐ (4) ⓑ
(5) ⓑ (6) ⓐ

¡Cuestionario! 2

(1) ⓑ (2) ⓑ (3) ⓑ (4) ⓑ
(5) ⓑ (6) ⓐ (7) ⓐ (8) ⓑ

Capítulo 98 Adverbios conjuntivos

A ¡Cuestionario! 1

(1) 그래서 (2) 그러면
(3) 왜냐하면 (4) 그리고
(5) 그렇지 않으면 (6) 그래도

¡Cuestionario! 2

(1) ⓔ (2) ⓐ (3) ⓓ (4) ⓑ
(5) ⓕ (6) ⓒ

B, C ¡Cuestionario!

(1) ⓐ (2) ⓑ (3) ⓐ (4) ⓑ
(5) ⓐ (6) ⓑ

D ¡Cuestionario! 1

(1) ⓑ (2) ⓑ (3) ⓐ (4) ⓑ

¡Cuestionario! 2

(1) ⓑ (2) ⓒ (3) ⓐ (4) ⓑ

E ¡Cuestionario! 1

(1) 커피하고 주스 (2) 쉬거나
(3) 통화하고 (4) 소설이나 잡지

¡Cuestionario! 2

(1) 예를 들면 (2) 왜냐하면
(3) 그래서 (4) 하지만
(5) 그래서 (6) 그리고
(7) 그런데 (8) 그래도

Capítulo 99 Adjetivos

A ¡Cuestionario!

(1) ⓑ (2) ⓐ (3) ⓑ (4) ⓐ

B, C, D ¡Cuestionario!

(1) ⓐ (2) ⓐ (3) ⓑ (4) ⓐ
(5) ⓑ (6) ⓐ

E ¡Cuestionario!

(1) 게을러 (2) 아름다웠어요
(3) 필요한 (4) 힘든
(5) 이상하 (6) 젊은

Capítulo 100 Sustantivos

A ¡Cuestionario!

(1) 걱정 (2) 사랑
(3) 준비 (4) 기억

B ¡Cuestionario!

(1) ⓑ (2) ⓐ (3) ⓐ (4) ⓐ

C ¡Cuestionario!

(1) 아픔 (2) 배고픔
(3) 고마움 (4) 슬픔

D ¡Cuestionario!

(1) 춤 (2) 꿈
(3) 모임 (4) 싸움
(5) 죽음 (6) 웃음

E ¡Cuestionario!

(1) ③, ⓑ (2) ①, ⓐ (3) ②, ⓒ

F ¡Cuestionario!

(1) ②, ⓒ (2) ③, ⓐ (3) ①, ⓑ

G ¡Cuestionario!

(1) ⓒ (2) ⓑ (3) ⓑ (4) ⓐ

H ¡Cuestionario! 1

(1) ⓓ (2) ⓔ (3) ⓐ (4) ⓑ
(5) ⓕ (6) ⓒ

¡Cuestionario! 2

(1) 성함 (2) 진지
(3) 생신 (4) 연세
(5) 말씀 (6) 댁

I ¡Cuestionario!

(1) 저는 (2) 제가
(3) 저희 (4) 말씀해

Transcripciones

Parte 1

Capítulo 01

Vocabulario ▸ pista **003**

(1) A 전화번호가 몇 번이에요?
B 3371-2420이에요.
(2) A 핸드폰 번호가 몇 번이에요?
B 010-9523-8614예요.
(3) A 비밀번호가 몇 번이에요?
B 7203이에요.
(4) A 우편 번호가 몇 번이에요?
B 150-879예요.
(5) A 자동차 번호가 몇 번이에요?
B 3152예요.
(6) A 외국인 등록 번호가 몇 번이에요?
B 4952300이에요.
(7) A 카드 번호가 몇 번이에요?
B 9428 7780 3631 2768이에요.

Ejercicio 2 ▸ pista **005**

(1) 영화관 전화번호가 1544-1570이에요.
(2) 공항 전화번호가 1577-2600이에요.
(3) 교회 전화번호가 398-1287이에요.
(4) 리에 전화번호가 010-5690-0235예요.
(5) 민호 전화번호가 010-3467-3230이에요.
(6) 제인 전화번호가 010-2924-3573이에요.
(7) 병원 전화번호가 507-7584예요.
(8) 미용실 전화번호가 6334-1010이에요.
(9) 경찰서 전화번호가 2438-9670이에요.

Capítulo 02

Vocabulario ▸ pista **008**

(1) A 몇 쪽이에요?
B 27쪽이에요.
(2) A 책이 몇 쪽으로 되어 있어요?
B 84쪽으로 되어 있어요.
(3) A 몇 층이에요?
B 15층이에요.
(4) A 몇 층이에요?
B 32층이에요.
(5) A 몇 퍼센트예요?
B 41퍼센트예요.
(6) A 몇 퍼센트예요?
B 29퍼센트예요.
(7) A 몸무게가 몇 킬로그램이에요?
B 74킬로그램이에요.
(8) A 몸무게가 몇 킬로그램이에요?
B 16킬로그램이에요.

Capítulo 05

Vocabulario ▸ pista **019**

(1) A 몇 월이에요? B 1(일)월이에요.
(2) A 몇 월이에요? B 2(이)월이에요.
(3) A 몇 월이에요? B 3(삼)월이에요.
(4) A 몇 월이에요? B 4(사)월이에요.
(5) A 몇 월이에요? B 5(오)월이에요.
(6) A 몇 월이에요? B 6(유)월이에요.
(7) A 몇 월이에요? B 7(칠)월이에요.
(8) A 몇 월이에요? B 8(팔)월이에요.
(9) A 몇 월이에요? B 9(구)월이에요.
(10) A 몇 월이에요? B 10(시)월이에요.
(11) A 몇 월이에요? B 11(십일)월이에요.
(12) A 몇 월이에요? B 12(십이)월이에요.

▸ pista **020**

(1) 시험을 1월에 봐요.
(2) 출장을 10월에 가요.
(3) 휴가를 8월에 가요.
(4) 축제를 6월에 해요.

Ejercicio 1 ▸ pista **022**

(1) A 며칠이에요? B 1(일)일이에요.
(2) A 며칠이에요? B 2(이)일이에요.
(3) A 며칠이에요? B 3(삼)일이에요.
(4) A 며칠이에요? B 4(사)일이에요.
(5) A 며칠이에요? B 5(오)일이에요.
(6) A 며칠이에요? B 6(육)일이에요.
(7) A 며칠이에요? B 7(칠)일이에요.

(8) A 며칠이에요? B 8(팔)일이에요.
(9) A 며칠이에요? B 9(구)일이에요.
(10) A 며칠이에요? B 10(십)일이에요.
(11) A 며칠이에요? B 11(십일)일이에요.
(12) A 며칠이에요? B 12(십이)일이에요.
(13) A 며칠이에요? B 13(십삼)일이에요.
(14) A 며칠이에요? B 14(십사)일이에요.
(15) A 며칠이에요? B 15(십오)일이에요.
(16) A 며칠이에요? B 16(십육)일이에요.
(17) A 며칠이에요? B 17(십칠)일이에요.
(18) A 며칠이에요? B 18(십팔)일이에요.
(19) A 며칠이에요? B 19(십구)일이에요.
(20) A 며칠이에요? B 20(이십)일이에요.
(21) A 며칠이에요? B 21(이십일)일이에요.
(22) A 며칠이에요? B 22(이십이)일이에요.
(23) A 며칠이에요? B 23(이십삼)일이에요.
(24) A 며칠이에요? B 24(이십사)일이에요.
(25) A 며칠이에요? B 25(이십오)일이에요.
(26) A 며칠이에요? B 26(이십육)일이에요.
(27) A 며칠이에요? B 27(이십칠)일이에요.
(28) A 며칠이에요? B 28(이십팔)일이에요.
(29) A 며칠이에요? B 29(이십구)일이에요.
(30) A 며칠이에요? B 30(삼십)일이에요.
(31) A 며칠이에요? B 31(삼십일)일이에요.

Ejercicio 2 ▸ pista **023**

(1) 오늘이 13일이에요.
(2) 졸업이 27일이에요.
(3) 발표가 11일이에요.
(4) 생일이 31일이에요.

Capítulo 06

Vocabulario ▸ pista **025**

(1) A 설날이 며칠이에요?
B 음력 1월 1일이에요.
(2) A 개천절이 며칠이에요?
B 10월 3일이에요.
(3) A 어린이날이 며칠이에요?
B 5월 5일이에요.
(4) A 광복절이 며칠이에요?
B 8월 15일이에요.
(5) A 추석이 며칠이에요?
B 음력 8월 15일이에요.
(6) A 부처님 오신 날이 며칠이에요?
B 음력 4월 8일이에요.
(7) A 성탄절이 며칠이에요?
B 12월 25일이에요.
(8) A 현충일이 며칠이에요?
B 6월 6일이에요.
(9) A 한글날이 며칠이에요?
B 10월 9일이에요.

Ejercicio 1 ▸ pista **026**

(1) A 설날 때 뭐 해요?
B 세배해요.
(2) A 돌 때 뭐 해요?
B 돌잔치를 해요.
(3) A 어버이날 때 뭐 해요?
B 부모님께 꽃을 드려요.
(4) A 추석 때 뭐 해요?
B 성묘 가요.

Capítulo 07

Ejercicio 1 ▸ pista **031**

(1) A 언제 휴가 가요? B 9월 초에 가요.
(2) A 언제 여행 가요? B 9월 중순에 가요.
(3) A 언제 출장 가요? B 9월 말에 가요.

Capítulo 11

Ejercicio 1 ▸ pista **048**

(1) A 몇 시에 지하철을 타요?
B 아침 8시 반에 지하철을 타요.
(2) A 몇 시에 퇴근해요?
B 저녁 8시 반에 퇴근해요.
(3) A 몇 시에 이메일을 써요?
B 새벽 1시 30분에 이메일을 써요.
(4) A 몇 시에 회의해요?
B 오후 1시 30분에 회의해요.

Capítulo 12

Ejercicio 1 ▸ pista 053

(1) A 어떻게 가요? B 자동차로 가요.
(2) A 어떻게 가요? B 버스로 가요.
(3) A 어떻게 가요? B 지하철로 가요.
(4) A 어떻게 가요? B 택시로 가요.
(5) A 어떻게 가요? B 비행기로 가요.
(6) A 어떻게 가요? B 기차로 가요.
(7) A 어떻게 가요? B 배로 가요.
(8) A 어떻게 가요? B 자전거로 가요.
(9) A 어떻게 가요? B 오토바이로 가요.
(10) A 어떻게 가요? B 걸어서 가요.
(11) A 어떻게 가요? B 뛰어서 가요.

Ejercicio 2 ▸ pista 055

(1) A 서울에서 뉴욕까지 어떻게 가요?
B 비행기로 가요.
A 시간이 얼마나 걸려요?
B 14시간 걸려요.
(2) A 집에서 공항까지 어떻게 가요?
B 택시로 가요.
A 시간이 얼마나 걸려요?
B 40분 걸려요.
(3) A 서울에서 부산까지 어떻게 가요?
B 기차로 가요.
A 시간이 얼마나 걸려요?
B 3시간 30분 걸려요.
(4) A 부산에서 오사카까지 어떻게 가요?
B 배로 가요.
A 시간이 얼마나 걸려요?
B 18시간 걸려요.
(5) A 집에서 회사까지 어떻게 가요?
B 지하철로 가요.
A 시간이 얼마나 걸려요?
B 50분 걸려요.
(6) A 집에서 지하철역까지 어떻게 가요?
B 걸어서 가요.
A 시간이 얼마나 걸려요?
B 10분 걸려요.

Capítulo 13

Ejercicio 1 ▸ pista 057

(1) A 에펠탑이 어디에 있어요?
B 프랑스에 있어요.
(2) A 만리장성이 어디에 있어요?
B 중국에 있어요.
(3) A 피라미드가 어디에 있어요?
B 이집트에 있어요.
(4) A 오페라하우스가 어디에 있어요?
B 호주에 있어요.
(5) A 할리우드가 어디에 있어요?
B 미국에 있어요.
(6) A 타지마할이 어디에 있어요?
B 인도에 있어요.
(7) A 한강이 어디에 있어요?
B 한국에 있어요.
(8) A 타워브리지가 어디에 있어요?
B 영국에 있어요.

Ejercicio 2 ▸ pista 058

(1) A 한국은 뭐가 유명해요?
B 태권도가 유명해요.
(2) A 일본은 뭐가 유명해요?
B 초밥이 유명해요.
(3) A 독일은 뭐가 유명해요?
B 맥주가 유명해요.
(4) A 미국은 뭐가 유명해요?
B 카우보이가 유명해요.
(5) A 영국은 뭐가 유명해요?
B 여왕이 유명해요.
(6) A 호주는 뭐가 유명해요?
B 캥거루가 유명해요.
(7) A 인도는 뭐가 유명해요?
B 카레가 유명해요.
(8) A 스페인은 뭐가 유명해요?
B 투우가 유명해요.

Capítulo 14

Ejercicio 2 pista **061**

(1) A 한국어 할 수 있어요?
B 네, 할 수 있어요.
(2) A 일본어 할 수 있어요?
B 아니요, 못해요.
(3) A 영어 할 수 있어요?
B 그럼요, 잘해요.
(4) A 중국어로 말할 수 있어요?
B 아니요, 말할 수 없어요.
(5) A 스페인어로 말이 통해요?
B 네, 말이 통해요.
(6) A 아랍어 할 수 있어요?
B 아니요, 할 수 없어요.

Capítulo 15

Vocabulario pista **063**

(1) A 직업이 뭐예요? B 교사예요.
(2) A 직업이 뭐예요? B 의사예요.
(3) A 직업이 뭐예요? B 간호사예요.
(4) A 직업이 뭐예요? B 회사원이에요.
(5) A 직업이 뭐예요? B 변호사예요.
(6) A 직업이 뭐예요? B 주부예요.
(7) A 직업이 어떻게 되세요? B 작가예요.
(8) A 직업이 어떻게 되세요? B 가수예요.
(9) A 직업이 어떻게 되세요? B 요리사예요.
(10) A 직업이 어떻게 되세요? B 운동선수예요.
(11) A 직업이 어떻게 되세요? B 배우예요.
(12) A 직업이 어떻게 되세요? B 군인이에요.

Ejercicio 1 pista **064**

(1) A 기자가 무슨 일을 해요?
B 기자가 기사를 써요.
(2) A 미용사가 무슨 일을 해요?
B 미용사가 머리를 잘라요.
(3) A 경찰이 무슨 일을 해요?
B 경찰이 도둑을 잡아요.
(4) A 영화감독이 무슨 일을 해요?
B 영화감독이 영화를 만들어요.
(5) A 수리 기사가 무슨 일을 해요?
B 수리 기사가 기계를 고쳐요.

Capítulo 18

Vocabulario pista **074**

(1) A 어디에서 책을 사요?
B 서점에서 책을 사요.
(2) A 어디에서 약을 사요?
B 약국에서 약을 사요.
(3) A 어디에서 빵을 사요?
B 빵집에서 빵을 사요.
(4) A 어디에서 꽃을 사요?
B 꽃집에서 꽃을 사요.
(5) A 어디에서 옷을 사요?
B 옷 가게에서 옷을 사요.
(6) A 어디에서 우유를 사요?
B 편의점에서 우유를 사요.
(7) A 어디에서 커피를 사요?
B 카페에서 커피를 사요.
(8) A 어디에서 표를 사요?
B 여행사에서 표를 사요.
(9) A 어디에서 구두를 사요?
B 백화점에서 구두를 사요.
(10) A 어디에서 채소를 사요?
B 시장에서 채소를 사요.

Ejercicio 1 pista **075**

(1) A 어디에 가요?
B 돈을 찾으러 은행에 가요.
(2) A 어디에 가요?
B 산책하러 공원에 가요.
(3) A 어디에 가요?
B 일하러 회사에 가요.
(4) A 어디에 가요?
B 기도하러 성당에 가요.
(5) A 어디에 가요?
B 머리를 자르러 미용실에 가요.
(6) A 어디에 가요?
B 소포를 보내러 우체국에 가요.

Ejercicio 2 pista **076**

(1) A 집에서 뭐 해요? B 집에서 쉬어요.
(2) A 공항에서 뭐 해요? B 공항에서 비행기를 타요.
(3) A 식당에서 뭐 해요? B 식당에서 밥을 먹어요.
(4) A 학원에서 뭐 해요? B 학원에서 요리를 배워요.
(5) A 영화관에서 뭐 해요? B 영화관에서 영화를 봐요.
(6) A 피시방에서 뭐 해요? B 피시방에서 게임해요.

Capítulo 19

Vocabulario ▸ pista **077**

(1) A 여기가 어디예요? B 노래방이에요.
(2) A 여기가 어디예요? B 대학교예요.
(3) A 여기가 어디예요? B 도서관이에요.
(4) A 여기가 어디예요? B 헬스장이에요.
(5) A 여기가 어디예요? B 대사관이에요.
(6) A 여기가 어디예요? B 박물관이에요.
(7) A 여기가 어디예요? B 사진관이에요.
(8) A 여기가 어디예요? B 교회예요.
(9) A 여기가 어디예요? B 지하철역이에요.
(10) A 여기가 어디예요? B 술집이에요.
(11) A 여기가 어디예요? B 경찰서예요.
(12) A 여기가 어디예요? B 주차장이에요.

Ejercicio 1 ▸ pista **078**

(1) A 경찰이 어디에 있어요?
B 경찰이 경찰서에 있어요.
(2) A 신부가 어디에 있어요?
B 신부가 성당에 있어요.
(3) A 요리사가 어디에 있어요?
B 요리사가 식당에 있어요.
(4) A 교수가 어디에 있어요?
B 교수가 대학교에 있어요.
(5) A 의사가 어디에 있어요?
B 의사가 병원에 있어요.
(6) A 소방관이 어디에 있어요?
B 소방관이 소방서에 있어요.

Ejercicio 2 ▸ pista **079**

(1) 옷이 더러워요. 그러면 세탁소에 가요.
(2) 교통사고가 났어요. 그러면 병원에 가요.
(3) 살을 빼고 싶어요. 그러면 헬스장에 가요.
(4) 스피커가 고장 났어요. 그러면 서비스 센터에 가요.
(5) 여권을 잃어버렸어요. 그러면 대사관에 가요.
(6) 기름이 떨어졌어요. 그러면 주유소에 가요.

Capítulo 21

Vocabulario ▸ pista **083**

(1) A 은행이 어디에 있어요?
B 모퉁이에 있어요.
(2) A 우체국이 어디에 있어요?
B 길 건너편에 있어요.
(3) A 세탁소가 어디에 있어요?
B 병원 오른쪽에 있어요.
(4) A 약국이 어디에 있어요?
B 병원 왼쪽에 있어요.
(5) A 경찰서가 어디에 있어요?
B 병원 앞에 있어요.
(6) A 교회가 어디에 있어요?
B 병원 바로 뒤에 있어요.
(7) A 꽃집이 어디에 있어요?
B 약국하고 병원 사이에 있어요.
(8) A 빵집이 어디에 있어요?
B 병원 근처에 있어요.
(9) A 대사관이 어디에 있어요?
B 횡단보도 지나기 전에 오른쪽에 있어요.
(10) A 박물관이 어디에 있어요?
B 횡단보도 지나서 오른쪽에 있어요.

Capítulo 23

Ejercicio 1 ▸ pista **090**

(1) 아빠가 열쇠하고 서류하고 안경하고 지갑을 갖고 있어요. 핸드폰하고 사진도 있어요.
(2) 엄마가 우산하고 수첩하고 휴지하고 빗하고 화장품을 갖고 있어요.
(3) 아이가 책하고 공책하고 펜하고 필통이 있어요. 그런데 핸드폰을 갖고 있지 않아요.

Capítulo 24

Ejercicio 1 ▸ pista **093**

(1) A 공책이 어디에 있어요?
B 공책이 휴지 옆에 있어요.
(2) A 나무가 어디에 있어요?
B 나무가 창문 밖에 있어요.
(3) A 신문이 어디에 있어요?
B 신문이 휴지통 안에 있어요.
(4) A 가방이 어디에 있어요?
B 가방이 책상 아래에 있어요.
(5) A 책꽂이가 어디에 있어요?
B 책꽂이가 휴지 뒤에 있어요.
(6) A 옷이 어디에 있어요?
B 옷이 침대 위에 있어요.

(7) A 시계가 어디에 있어요?
B 시계가 안경 앞에 있어요.
(8) A 모자가 어디에 있어요?
B 모자가 책상 서랍 안에 있어요.
(9) A 그림이 어디에 있어요?
B 그림이 창문 오른쪽에 있어요.
(10) A 노트북이 어디에 있어요?
B 노트북이 핸드폰과 선풍기 사이에 있어요.

Ejercicio 2 pista **094**

(1) A 안경이 누구 거예요? B 인경이 지수 거예요.
(2) A 치마가 누구 거예요? B 치마가 지수 거예요.
(3) A 노트북이 누구 거예요? B 노트북이 승민 거예요.
(4) A 시계가 누구 거예요? B 시계가 지수 거예요.
(5) A 핸드폰이 누구 거예요? B 핸드폰이 승민 거예요.
(6) A 모자가 누구 거예요? B 모자가 승민 거예요.
(7) A 공책이 누구 거예요? B 공책이 지수 거예요.
(8) A 가방이 누구 거예요? B 가방이 승민 거예요.
(9) A 연필이 누구 거예요? B 연필이 지수 거예요.
(10) A 바지가 누구 거예요? B 바지가 승민 거예요.

Capítulo 25

Vocabulario pista **096**

(1) A 방이 어디에 있어요?
B 방이 2층 왼쪽에 있어요.
(2) A 창고가 어디에 있어요?
B 창고가 2층 계단 바로 왼쪽 옆에 있어요.
(3) A 계단이 어디에 있어요?
B 계단이 2층 중앙에 있어요.
(4) A 화장실이 어디에 있어요?
B 화장실이 2층 계단 오른쪽에 있어요.
(5) A 정원이 어디에 있어요?
B 정원이 1층 현관 밖에 있어요.
(6) A 현관이 어디에 있어요?
B 현관이 1층 정원과 거실 사이에 있어요.
(7) A 거실이 어디에 있어요?
B 거실이 1층 주방 옆에 있어요.
(8) A 주방이 어디에 있어요?
B 주방이 1층 거실 옆에 있어요.
(9) A 지하실이 어디에 있어요?
B 지하실이 지하에 있어요.

Ejercicio 1 pista **097**

(1) A 방에서 뭐 해요?
B 방에서 자요.
(2) A 주방에서 뭐 해요?
B 주방에서 요리해요.
(3) A 거실에서 뭐 해요?
B 거실에서 텔레비전을 봐요.
(4) A 현관에서 뭐 해요?
B 현관에서 신발을 벗어요.
(5) A 창고에서 뭐 해요?
B 창고에서 물건을 정리해요.
(6) A 지하실에서 뭐 해요?
B 지하실에서 운동해요.

Ejercicio 2 pista **098**

(1) A 식탁이 어디에 있어요? B 식탁이 주방에 있어요.
(2) A 칫솔이 어디에 있어요? B 칫솔이 화장실에 있어요.
(3) A 접시가 어디에 있어요? B 접시가 주방에 있어요.
(4) A 침대가 어디에 있어요? B 침대가 방에 있어요.
(5) A 소파가 어디에 있어요? B 소파가 거실에 있어요.
(6) A 옷장이 어디에 있어요? B 옷장이 방에 있어요.
(7) A 치약이 어디에 있어요? B 치약이 화장실에 있어요.
(8) A 냄비가 어디에 있어요? B 냄비가 주방에 있어요.
(9) A 상자가 어디에 있어요? B 상자가 창고에 있어요.
(10) A 책상이 어디에 있어요? B 책상이 방에 있어요.
(11) A 변기가 어디에 있어요? B 변기가 화장실에 있어요.
(12) A 시계가 어디에 있어요? B 시계가 거실에 있어요.

Capítulo 26

Vocabulario pista **100**

(1) A 에어컨이 어디에 있어요?
B 에어컨이 방에 있어요.
(2) A 옷걸이가 어디에 있어요?
B 옷걸이가 방에 있어요.
(3) A 책장이 어디에 있어요?
B 책장이 방에 있어요.
(4) A 선풍기가 어디에 있어요?
B 선풍기가 방에 있어요.
(5) A 청소기가 어디에 있어요?
B 청소기가 방에 있어요.
(6) A 옷장이 어디에 있어요?
B 옷장이 방에 있어요.
(7) A 서랍장이 어디에 있어요?
B 서랍장이 방에 있어요.

(8) A 침대가 어디에 있어요?
B 침대가 방에 있어요.

(9) A 베개가 어디에 있어요?
B 베개가 방에 있어요.

(10) A 이불이 어디에 있어요?
B 이불이 방에 있어요.

(11) A 의자가 어디에 있어요?
B 의자가 방에 있어요.

(12) A 탁자가 어디에 있어요?
B 탁자가 방에 있어요.

(13) A 변기가 어디에 있어요?
B 변기가 화장실에 있어요.

(14) A 세면대가 어디에 있어요?
B 세면대가 화장실에 있어요.

(15) A 샤워기가 어디에 있어요?
B 샤워기가 화장실에 있어요.

(16) A 욕조가 어디에 있어요?
B 욕조가 화장실에 있어요.

(17) A 냉장고가 어디에 있어요?
B 냉장고가 부엌에 있어요.

(18) A 전자레인지가 어디에 있어요?
B 전자레인지가 부엌에 있어요.

(19) A 가스레인지가 어디에 있어요?
B 가스레인지가 부엌에 있어요.

(20) A 신발장이 어디에 있어요?
B 신발장이 현관에 있어요.

Ejercicio 1 ▸ pista **101**

(1) A 이 집에 냉장고가 있어요?
B 네, 있어요.

(2) A 이 집에 청소기가 있어요?
B 네, 있어요.

(3) A 이 집에 의자가 있어요?
B 아니요, 없어요.

(4) A 이 집에 옷장이 있어요?
B 네, 있어요.

(5) A 이 집에 신발장이 있어요?
B 네, 있어요.

(6) A 이 집에 선풍기가 있어요?
B 아니요, 없어요.

(7) A 이 집에 침대가 있어요?
B 네, 있어요.

(8) A 이 집에 세탁기가 있어요?
B 네, 있어요.

Ejercicio 2 ▸ pista **102**

(1) A 거울이 어디에 있어요?
B 거울이 벽에 있어요.

(2) A 냄비가 어디에 있어요?
B 냄비가 가스레인지 바로 위에 있어요.

(3) A 그림이 어디에 있어요?
B 그림이 창문 옆에 있어요.

(4) A 청소기가 어디에 있어요?
B 청소기가 옷장 옆에 있어요.

(5) A 신발이 어디에 있어요?
B 신발이 신발장 안에 있어요.

(6) A 방석이 어디에 있어요?
B 방석이 탁자 양쪽에 있어요.

Capítulo 27

Vocabulario ▸ pista **103**

(1) A 몇 시에 일어나요?
B 아침 6시 55분에 일어나요.

(2) A 몇 시에 세수해요?
B 아침 7시에 세수해요.

(3) A 몇 시에 이를 닦아요?
B 아침 7시 10분에 이를 닦아요.

(4) A 몇 시에 옷을 입어요?
B 아침 7시 20분에 옷을 입어요.

(5) A 몇 시에 집에서 나가요?
B 아침 7시 30분에 집에서 나가요.

(6) A 몇 시에 집에 돌아와요?
B 저녁 7시 30분에 집에 돌아와요.

(7) A 몇 시에 밥을 먹어요?
B 저녁 8시에 밥을 먹어요.

(8) A 몇 시에 목욕해요?
B 밤 9시 30분에 목욕해요.

(9) A 몇 시에 자요?
B 밤 11시에 자요.

Ejercicio 2 ▸ pista **105**

(1) A 뭐 마셔요?
B 녹차를 마셔요.

(2) A 뭐 읽어요?
B 신문하고 잡지를 읽어요.

(3) A 뭐 봐요?
B 영화만 봐요.

(4) A 뭐 해요?
B 아무것도 안해요.

Capítulo 28

Vocabulario ▸ pista 106

(1) A 아빠가 뭐 해요? B 자동차를 닦아요.
(2) A 아이가 뭐 해요? B 단어를 찾아요.
(3) A 아이가 뭐 해요? B 라면을 먹어요.
(4) A 엄마가 뭐 해요? B 손을 씻어요.
(5) A 아이가 뭐 해요? B 이를 닦아요.
(6) A 엄마가 뭐 해요? B 화장해요.
(7) A 아빠가 뭐 해요? B 면도해요.
(8) A 엄마가 뭐 해요? B 머리를 빗어요.
(9) A 아빠가 뭐 해요? B 화분에 물을 줘요.
(10) A 아이가 뭐 해요? B 편지를 써요.
(11) A 엄마가 뭐 해요? B 음식을 만들어요.
(12) A 아빠가 뭐 해요? B 집을 수리해요.

Ejercicio 1 ▸ pista 107

(1) A 누가 손을 씻어요?
B 엄마가 손을 씻어요.
(2) A 누가 면도해요?
B 아빠가 면도해요.
(3) A 누가 이를 닦아요?
B 아이가 이를 닦아요.
(4) A 누가 화장해요?
B 엄마가 화장해요.
(5) A 누가 라면을 먹어요?
B 아이가 라면을 먹어요.
(6) A 누가 편지를 써요?
B 아이가 편지를 써요.
(7) A 누가 자동차를 닦아요?
B 아빠가 자동차를 닦아요.
(8) A 누가 단어를 찾아요?
B 아이가 단어를 찾아요.
(9) A 누가 머리를 빗어요?
B 엄마가 머리를 빗어요.
(10) A 누가 화분에 물을 줘요?
B 아빠가 화분에 물을 줘요.
(11) A 누가 집을 수리해요?
B 아빠가 집을 수리해요.
(12) A 누가 음식을 만들어요?
B 엄마가 음식을 만들어요.

Ejercicio 2 ▸ pista 108

(1) A 뭘로 머리를 빗어요?
B 빗으로 머리를 빗어요.
(2) A 뭘로 손을 씻어요?
B 비누로 손을 씻어요.
(3) A 뭘로 이를 닦아요?
B 칫솔로 이를 닦아요.
(4) A 뭘로 단어를 찾아요?
B 사전으로 단어를 찾아요.
(5) A 뭘로 면도해요?
B 면도기로 면도해요.
(6) A 뭘로 화분에 물을 줘요?
B 물통으로 화분에 물을 줘요.
(7) A 뭘로 편지를 써요?
B 펜으로 편지를 써요.
(8) A 뭘로 집을 수리해요?
B 망치로 집을 수리해요.
(9) A 뭘로 음식을 만들어요?
B 냄비로 음식을 만들어요.
(10) A 뭘로 자동차를 닦아요?
B 수건으로 자동차를 닦아요.
(11) A 뭘로 라면을 먹어요?
B 젓가락으로 라면을 먹어요.
(12) A 뭘로 화장해요?
B 화장품으로 화장해요.

Capítulo 29

Vocabulario ▸ pista 109

(1) 하루에 한 번 커피를 마셔요.
(2) 하루에 세 번 이를 닦아요.
(3) 하루에 다섯 번 손을 씻어요.
(4) 하루에 세 번 밥을 먹어요.
(5) 일주일에 세 번 운동해요.
(6) 일주일에 네 번 요리해요.
(7) 일주일에 한 번 택시를 타요.
(8) 신용 카드를 전혀 사용 안 해요.
(9) 한 달에 한두 번 친구를 만나요.
(10) 한 달에 세네 번 빨래해요.
(11) 한 달에 한 번 가족한테 전화해요.
(12) 한 달에 한두 번 장을 봐요.
(13) 선물을 전혀 안 사요.
(14) 일 년에 한 번 여행해요.
(15) 일 년에 두세 번 영화를 봐요.
(16) 일 년에 두 번 미용실에 가요.

Ejercicio 2 ▸ pista 111

(1) A 자주 외식해요?
B 아니요, 거의 외식하지 않아요.

(2) A 담배를 피워요?
B 가끔 담배를 피워요.

(3) A 가끔 거짓말해요?
B 아니요, 저는 거짓말을 전혀 안 해요.

(4) A 늦잠을 잘 때도 있어요?
B 네, 보통 늦잠을 자요.

(5) A 감기에 자주 걸려요?
B 아니요, 저는 감기에 거의 걸리지 않아요.

(6) A 보통 정장을 입어요?
B 네, 저는 항상 정장을 입어요.

(7) A 자주 술을 마셔요?
B 네, 회식이 있어서 자주 술을 마셔요.

(8) A 자주 운동해요?
B 일주일에 한 번쯤 운동해요. 가끔 해요.

Capítulo 30

Vocabulario ▸ pista 112

(1) A 지금 뭐 해요? B 장을 봐요.
(2) A 지금 뭐 해요? B 요리해요.
(3) A 지금 뭐 해요? B 음식을 데워요.
(4) A 지금 뭐 해요? B 상을 차려요.
(5) A 지금 뭐 해요? B 상을 치워요.
(6) A 지금 뭐 해요? B 설거지해요.
(7) A 지금 뭐 해요? B 빨래해요.
(8) A 지금 뭐 해요? B 다리미질해요.
(9) A 지금 뭐 해요? B 옷을 정리해요.
(10) A 지금 뭐 해요? B 청소해요.
(11) A 지금 뭐 해요? B 바닥을 닦아요.
(12) A 지금 뭐 해요? B 쓰레기를 버려요.

Ejercicio 1 ▸ pista 113

(1) A 걸레로 뭐 해요?
B 바닥을 닦아요.

(2) A 청소기로 뭐 해요?
B 청소해요.

(3) A 세탁기로 뭐 해요?
B 빨래해요.

(4) A 다리미로 뭐 해요?
B 다리미질해요.

(5) A 쓰레기봉투로 뭐 해요?
B 쓰레기를 버려요.

(6) A 도마와 칼로 뭐 해요?
B 요리해요.

(7) A 전자레인지로 뭐 해요?
B 음식을 데워요.

(8) A 행주로 뭐 해요?
B 상을 치워요.

Ejercicio 2 ▸ pista 114

(1) A 뭐가 필요해요? B 베개가 필요해요.
(2) A 뭐가 필요해요? B 뚜껑이 필요해요.
(3) A 뭐가 필요해요? B 사다리가 필요해요.
(4) A 뭐가 필요해요? B 망치가 필요해요.
(5) A 뭐가 필요해요? B 이불이 필요해요.
(6) A 뭐가 필요해요? B 바늘하고 실이 필요해요.
(7) A 뭐가 필요해요? B 삽이 필요해요.
(8) A 뭐가 필요해요? B 빗자루가 필요해요.

Capítulo 31

Vocabulario ▸ pista 115

(1) A 지난 주말에 뭐 했어요?
B 시험을 봤어요.

(2) A 지난 주말에 뭐 했어요?
B 친구를 만났어요.

(3) A 지난 주말에 뭐 했어요?
B 책을 읽었어요.

(4) A 지난 주말에 뭐 했어요?
B 구경했어요.

(5) A 지난 주말에 뭐 했어요?
B 쉬었어요.

(6) A 지난 주말에 뭐 했어요?
B 데이트했어요.

(7) A 지난 주말에 뭐 했어요?
B 이사했어요.

(8) A 지난 주말에 뭐 했어요?
B 아르바이트했어요.

(9) A 지난 주말에 뭐 했어요?
B 피아노를 배웠어요.

(10) A 지난 주말에 뭐 했어요?
B 친구 집에 놀러 갔어요.

(11) A 지난 주말에 뭐 했어요?
B 산책했어요.

(12) A 지난 주말에 뭐 했어요?
B 인터넷했어요.

Ejercicio 1 pista **116**

(1) 절을 구경했어요.
(2) 길을 산책했어요.
(3) 영화관에서 데이트했어요.
(4) 놀이공원에 놀러 갔어요.
(5) 술집에서 친구를 만났어요.
(6) 편의점에서 아르바이트했어요.

Ejercicio 2 pista **117**

(1) A 데이트가 어땠어요? B 그저 그랬어요.
(2) A 생일 파티가 어땠어요? B 심심했어요.
(3) A 여행이 어땠어요? B 별로였어요.
(4) A 수업이 어땠어요? B 재미있었어요.
(5) A 영화가 어땠어요? B 재미없었어요.
(6) A 공연이 어땠어요? B 신났어요.

Capítulo 32

Vocabulario pista **118**

(1) A 정우가 뭐 하고 있어요?
B 정우가 웃고 있어요.
(2) A 동현이 뭐 하고 있어요?
B 동현이가 울고 있어요.
(3) A 지연이 뭐 하고 있어요?
B 지연이가 나리하고 얘기하고 있어요.
(4) A 진규가 뭐 하고 있어요?
B 진규가 유나하고 놀고 있어요.
(5) A 준기가 뭐 하고 있어요?
B 준기가 춤을 추고 있어요.
(6) A 민수가 뭐 하고 있어요?
B 민수가 소은을 찾고 있어요.
(7) A 윤호가 뭐 하고 있어요?
B 윤호가 친구를 기다리고 있어요.
(8) A 동욱이 뭐 하고 있어요?
B 동욱이가 의자에 앉아 있어요.
(9) A 소은이 뭐 하고 있어요?
B 소은이가 의자 뒤에 숨어 있어요.
(10) A 정희가 뭐 하고 있어요?
B 정희가 풍선을 사고 있어요.
(11) A 영식이 뭐 하고 있어요?
B 영식이가 풍선을 팔고 있어요.
(12) A 현철이 뭐 하고 있어요?
B 현철이가 사진을 찍고 있어요.
(13) A 혜인이 뭐 하고 있어요?
B 혜인이가 진석하고 싸우고 있어요.
(14) A 성하가 뭐 하고 있어요?
B 성하가 음악을 듣고 있어요.

Ejercicio 2 pista **120**

(1) A 누가 운동화를 신고 있어요?
B 진석이 운동화를 신고 있어요.
(2) A 누가 시계를 차고 있어요?
B 윤호가 시계를 차고 있어요.
(3) A 누가 치마를 입고 있어요?
B 소은이 치마를 입고 있어요.
(4) A 누가 목도리를 하고 있어요?
B 성하가 목도리를 하고 있어요.
(5) A 누가 부채를 들고 있어요?
B 동욱이 부채를 들고 있어요.
(6) A 누가 모자를 쓰고 있어요?
B 동현이 모자를 쓰고 있어요.

Capítulo 36

Vocabulario pista **127**

(1) A 뭐 드릴까요? B 사과 주세요.
(2) A 뭐 드릴까요? B 배 주세요.
(3) A 뭐 드릴까요? B 포도 주세요.
(4) A 뭐 드릴까요? B 딸기 주세요.
(5) A 뭐 드릴까요? B 수박 주세요.
(6) A 뭐 드릴까요? B 참외 주세요.
(7) A 뭐 드릴까요? B 복숭아 주세요.
(8) A 뭐 드릴까요? B 감 주세요.
(9) A 뭐 드릴까요? B 귤 주세요.
(10) A 뭐 드릴까요? B 레몬 주세요.
(11) A 뭐 드릴까요? B 키위 주세요.
(12) A 뭐 드릴까요? B 바나나 주세요.

Ejercicio 2 pista **129**

(1) A 사과가 얼마예요?
B 사과 한 개에 1,500원이에요.
(2) A 사과가 얼마예요?
B 사과 한 상자에 25,000원이에요.
(3) A 사과가 얼마예요?
B 사과 한 봉지에 6,000원이에요.
(4) A 사과가 얼마예요?
B 사과 한 바구니에 10,000원이에요.

Capítulo 37

Ejercicio 1 pista **132**

(1) 저는 양파를 좋아하는데 마늘을 안 좋아해요.
(2) 저는 옥수수도 고구마도 둘 다 좋아해요.
(3) 저는 고추하고 콩 둘 다 안 좋아해요.
(4) 저는 호박은 안 좋아하지만 버섯은 좋아해요.

Capítulo 38

Vocabulario pista **135**

(1) A 이게 한국어로 뭐예요? B 새우예요.
(2) A 이게 한국어로 뭐예요? B 조개예요.
(3) A 이게 한국어로 뭐예요? B 홍합이에요.
(4) A 이게 한국어로 뭐예요? B 게예요.
(5) A 이게 한국어로 뭐예요? B 가재예요.
(6) A 이게 한국어로 뭐예요? B 문어예요.
(7) A 이게 한국어로 뭐예요? B 낙지예요.
(8) A 이게 한국어로 뭐예요? B 오징어예요.
(9) A 이게 한국어로 뭐예요? B 굴이에요.
(10) A 이게 한국어로 뭐예요? B 미역이에요.
(11) A 이게 한국어로 뭐예요? B 고등어예요.
(12) A 이게 한국어로 뭐예요? B 장어예요.
(13) A 이게 한국어로 뭐예요? B 연어예요.
(14) A 이게 한국어로 뭐예요? B 참치예요.
(15) A 이게 한국어로 뭐예요? B 갈치예요.
(16) A 이게 한국어로 뭐예요? B 멸치예요.

Ejercicio 2 pista **137**

(1) 남자 저는 소고기를 좋아하는데 좀 비싸서 가끔 먹어요.
여자 저는 소고기를 전혀 안 먹어요.
(2) 남자 저는 돼지고기를 좋아해서 매일 먹어요.
여자 저도 돼지고기를 자주 먹어요.
(3) 남자 저는 닭고기를 못 먹어요.
여자 저도 닭고기를 거의 안 먹어요.
(4) 남자 저는 아침마다 새우를 먹어요.
여자 저는 새우를 전혀 안 먹어요.
(5) 남자 저는 조개를 못 먹어요.
여자 저는 가끔 조개를 먹어요.
(6) 남자 저는 장어를 좋아해서 자주 먹어요.
여자 저도 장어를 좋아해서 가끔 먹어요.

Capítulo 39

Ejercicio 1 pista **139**

(1) 고추가 매워요.
(2) 바닷물이 짜요.
(3) 초콜릿이 달아요.
(4) 레몬이 시어요.
(5) 닭고기가 느끼해요.
(6) 인삼이 써요.

Capítulo 40

Vocabulario pista **142**

(1) A 뭐 드릴까요? B 커피 주세요.
(2) A 뭐 드릴까요? B 녹차 주세요.
(3) A 뭐 드릴까요? B 홍차 주세요.
(4) A 뭐 드릴까요? B 주스 주세요.
(5) A 뭐 드릴까요? B 콜라 주세요.
(6) A 뭐 드릴까요? B 사이다 주세요.
(7) A 뭐 드릴까요? B 우유 주세요.
(8) A 뭐 드릴까요? B 생수 주세요.
(9) A 뭐 드릴까요? B 맥주 주세요.
(10) A 뭐 드릴까요? B 생맥주 주세요.
(11) A 뭐 드릴까요? B 소주 주세요.
(12) A 뭐 드릴까요? B 막걸리 주세요.
(13) A 뭐 드릴까요? B 와인 주세요.

Capítulo 41

Ejercicio 2 pista **148**

(1) 케이크 한 조각하고 커피 한 잔 주세요.
(2) 과자 두 봉지에 콜라 한 병 주세요.
(3) 떡 한 접시와 물 세 잔 주세요.
(4) 땅콩 한 접시하고 생맥주 두 잔 주세요.

Capítulo 42

Vocabulario pista **150**

(1) 물수건 좀 갖다 주세요.
(2) 국자 좀 갖다 주세요.
(3) 계산서 좀 갖다 주세요.

(4) 개인 접시 좀 갖다 주세요.

(5) 냅킨 좀 갖다 주세요.

(6) 영수증 좀 갖다 주세요.

Ejercicio 1 ▸ pista **151**

A 찌개에 뭐가 들어가요?

B 파하고 마늘, 감자가 들어가요. 고추하고 양파, 버섯도 들어가요.

A 그럼, 찌개에 뭐가 안 들어가요?

B 오이하고 당근은 안 들어가요. 옥수수하고 호박도 안 들어가요.

▸ pista **152**

(1) A 찌개에 오이가 들어가요?
B 아니요, 안 들어가요.

(2) A 찌개에 감자가 들어가요?
B 네, 들어가요.

(3) A 찌개에 당근이 들어가요?
B 아니요, 안 들어가요.

(4) A 찌개에 옥수수가 들어가요?
B 아니요, 안 들어가요.

(5) A 찌개에 파가 들어가요?
B 네, 들어가요.

(6) A 찌개에 고추가 들어가요?
B 네, 들어가요.

(7) A 찌개에 양파가 들어가요?
B 네, 들어가요.

(8) A 찌개에 버섯이 들어가요?
B 네, 들어가요.

(9) A 찌개에 마늘이 들어가요?
B 네, 들어가요.

(10) A 찌개에 호박이 들어가요?
B 아니요, 안 들어가요.

Capítulo 44

Vocabulario ▸ pista **158**

(1) 썰어요, 잘라요

(2) 넣어요, 빼요

(3) 구워요, 부쳐요

(4) 발라요, 뿌려요

(5) 섞어요, 저어요

(6) 삶아요, 데쳐요

Ejercicio 2 ▸ pista **159**

먼저, 여러 가지 채소를 잘 씻으세요.
그 다음에, 채소를 썰어 놓으세요.
그리고 그릇에 밥을 넣고 그 위에 채소를 놓으세요.
그 다음에 고추장을 넣으세요.
그리고 채소와 밥을 잘 비비세요.
마지막으로 맛있게 드세요.

Capítulo 45

Vocabulario ▸ pista **160**

(1) A 시간이 있을 때 뭐 해요?
B 여행해요.

(2) A 시간이 있을 때 뭐 해요?
B 등산해요.

(3) A 시간이 있을 때 뭐 해요?
B 책을 읽어요.

(4) A 시간이 있을 때 뭐 해요?
B 영화를 봐요.

(5) A 시간이 있을 때 뭐 해요?
B 사진을 찍어요.

(6) A 시간이 있을 때 뭐 해요?
B 음악을 들어요.

(7) A 시간이 있을 때 뭐 해요?
B 악기를 연주해요.

(8) A 시간이 있을 때 뭐 해요?
B 그림을 그려요.

(9) A 시간이 있을 때 뭐 해요?
B 쇼핑해요.

(10) A 시간이 있을 때 뭐 해요?
B 운동해요.

(11) A 시간이 있을 때 뭐 해요?
B 테니스를 쳐요.

(12) A 시간이 있을 때 뭐 해요?
B 게임해요.

(13) A 시간이 있을 때 뭐 해요?
B 개하고 놀아요.

(14) A 시간이 있을 때 뭐 해요?
B 수리해요.

(15) A 시간이 있을 때 뭐 해요?
B 요리해요.

(16) A 시간이 있을 때 뭐 해요?
B 낚시해요.

Ejercicio 2 ▸ pista **162**

(1) 저는 한국 음악에 관심이 있지만, 가수에는 관심이 없어요.
(2) 친구는 사진도 안 좋아하고, 사진 작가에도 관심이 없어요.
(3) 저는 한국 음식을 좋아해요. 하지만 요리 방법에 관심이 없어요.
(4) 저는 운동도 안 좋아하고 운동선수에도 관심이 없어요.
(5) 제 동생은 한국 영화에 관심이 있지만 한국 배우하고 감독은 잘 몰라요.
(6) 저는 한국 역사하고 그림은 잘 모르겠어요. 하지만 서예에 관심이 있어요.

Capítulo 46

Vocabulario ▸ pista **165**

(1) A 수리 잘해요? B 아니요, 전혀 못해요.
(2) A 요리 잘해요? B 네, 잘해요.
(3) A 춤 잘 춰요? B 아니요, 전혀 못 춰요.
(4) A 노래 잘해요? B 아니요, 잘 못해요.
(5) A 기타 잘 쳐요? B 아니요, 전혀 못 쳐요.
(6) A 운전 잘해요? B 네, 잘해요.
(7) A 바둑 잘해요? B 아니요, 전혀 못해요.
(8) A 외국어 잘해요? B 아니요, 잘 못해요.
(9) A 피아노 잘 쳐요? B 네, 잘 쳐요.
(10) A 컴퓨터 잘해요? B 아니요, 잘 못해요.
(11) A 농담 잘해요? B 아니요, 잘 못해요.
(12) A 한자 잘해요? B 아니요, 전혀 못해요.

Capítulo 47

Vocabulario ▸ pista **167**

(1) A 옷을 가져가요? B 네, 가져가요.
(2) A 속옷을 가져가요? B 네, 가져가요.
(3) A 양말을 가져가요? B 네, 가져가요.
(4) A 수영복을 가져가요? B 아니요, 안 가져가요.
(5) A 모자를 가져가요? B 네, 가져가요.
(6) A 운동화를 가져가요? B 아니요, 안 가져가요.
(7) A 담요를 가져가요? B 아니요, 안 가져가요.
(8) A 수건을 가져가요? B 네, 가져가요.
(9) A 비누를 가져가요? B 아니요, 안 가져가요.
(10) A 칫솔을 가져가요? B 네, 가져가요.
(11) A 치약을 가져가요? B 아니요, 안 가져가요.
(12) A 화장품을 가져가요? B 네, 가져가요.
(13) A 책을 가져가요? B 아니요, 안 가져가요.
(14) A 약을 가져가요? B 네, 가져가요.
(15) A 지도를 가져가요? B 아니요, 안 가져가요.
(16) A 카메라를 가져가요? B 네, 가져가요.
(17) A 우산을 가져가요? B 아니요, 안 가져가요.
(18) A 슬리퍼를 가져가요? B 아니요, 안 가져가요.

Ejercicio 1 ▸ pista **168**

(1) A 어디로 놀러 갔어요?
B 산으로 놀러 갔어요.
(2) A 어디로 놀러 갔어요?
B 바닷가로 놀러 갔어요.
(3) A 어디로 놀러 갔어요?
B 강으로 놀러 갔어요.
(4) A 어디로 놀러 갔어요?
B 섬으로 놀러 갔어요.
(5) A 어디로 놀러 갔어요?
B 궁으로 놀러 갔어요.
(6) A 어디로 놀러 갔어요?
B 동물원으로 놀러 갔어요.
(7) A 어디로 놀러 갔어요?
B 관광지로 놀러 갔어요.
(8) A 어디로 놀러 갔어요?
B 놀이 공원으로 놀러 갔어요.

Ejercicio 2 ▸ pista **170**

(1) A 누구하고 산에 등산 갔어요?
B 가족이 시간이 없었어요. 그래서 이웃하고 등산 갔어요.
(2) A 누구하고 강에 놀러 갔어요?
B 회사에서 동료하고 강에 놀러 갔어요.
(3) A 누구하고 바다에 여행 갔어요?
B 지난 여름에 여행을 못 갔어요. 그래서 이번에는 가족하고 바다에 여행 갔어요.
(4) A 누구하고 관광지에 구경 갔어요?
B 저는 산책을 좋아해요. 그래서 혼자 구경 갔어요.
(5) A 누구하고 동물원에 구경 갔어요?
B 원래 친구하고 동물원에 가려고 했어요. 하지만 결국 동료하고 갔어요.
(6) A 누구하고 놀이공원에 놀러 갔어요?
B 친구하고 놀이공원에 가고 싶었어요. 하지만 친구가 시간이 없어서 아는 사람하고 놀러 갔어요.

Capítulo 51

Vocabulario ▸ pista 177

(1) A 지금 어때요? B 아파요.
(2) A 지금 어때요? B 더워요.
(3) A 지금 어때요? B 추워요.
(4) A 지금 어때요? B 배고파요.
(5) A 지금 어때요? B 배불러요.
(6) A 지금 어때요? B 목말라요.
(7) A 지금 어때요? B 피곤해요.
(8) A 지금 어때요? B 긴장돼요.
(9) A 지금 어때요? B 졸려요.

Ejercicio 2 ▸ pista 179

(1) 배고파요. 빵 좀 주세요.
(2) 더워요. 부채 좀 주세요.
(3) 아파요. 약 좀 주세요.
(4) 목말라요. 물 좀 주세요.
(5) 추워요. 담요 좀 주세요.

Capítulo 52

Vocabulario ▸ pista 180

(1) A 기분이 어때요? B 기분이 좋아요.
(2) A 기분이 어때요? B 외로워요.
(3) A 기분이 어때요? B 기뻐요.
(4) A 기분이 어때요? B 슬퍼요.
(5) A 기분이 어때요? B 놀랐어요.
(6) A 기분이 어때요? B 무서워요.
(7) A 기분이 어때요? B 화가 났어요.
(8) A 기분이 어때요? B 심심해요.
(9) A 기분이 어때요? B 기분이 나빠요.
(10) A 기분이 어때요? B 창피해요.
(11) A 기분이 어때요? B 실망했어요.
(12) A 기분이 어때요? B 걱정돼요.

Capítulo 58

Vocabulario ▸ pista 198

(1) A 날씨가 어때요? B 비가 와요.
(2) A 날씨가 어때요? B 맑아요.
(3) A 날씨가 어때요? B 눈이 와요.
(4) A 날씨가 어때요? B 흐려요.
(5) A 날씨가 어때요? B 바람이 불어요.
(6) A 날씨가 어때요? B 안개가 꼈어요.

Ejercicio 2 ▸ pista 199

(1) 날씨가 더워요. 선풍기하고 손수건하고 부채가 필요해요.
(2) 비가 와요. 비옷하고 우산이 필요해요.
(3) 날씨가 추워요. 장갑하고 코트하고 목도리가 필요해요.
(4) 햇빛이 강해요. 선글라스하고 모자가 필요해요.

Capítulo 59

Ejercicio 1 ▸ pista 202

(1) A 무슨 띠예요? B 쥐띠예요.
(2) A 무슨 띠예요? B 소띠예요.
(3) A 무슨 띠예요? B 호랑이띠예요.
(4) A 무슨 띠예요? B 토끼띠예요.
(5) A 무슨 띠예요? B 용띠예요.
(6) A 무슨 띠예요? B 뱀띠예요.
(7) A 무슨 띠예요? B 말띠예요.
(8) A 무슨 띠예요? B 양띠예요.
(9) A 무슨 띠예요? B 원숭이띠예요.
(10) A 무슨 띠예요? B 닭띠예요.
(11) A 무슨 띠예요? B 개띠예요.
(12) A 무슨 띠예요? B 돼지띠예요.

Índice de vocabulario

Vocabulario

ㄹ

ㅁ

ㅂ

ㅅ

ㅇ

ㅈ

ㅊ

ㅋ

ㅌ

ㅍ

Expresiones